Außervertragliche Produkt- und Umwelthaftpflicht – Parallelität oder Autonomie?

AF811031

Europäische Hochschulschriften
Publications Universitaires Européennes
European University Studies

Reihe II
Rechtswissenschaft

Série II Series II
Droit
Law

Bd./Vol. 3339

PETER LANG
Frankfurt am Main · Berlin · Bern · Bruxelles · New York · Oxford · Wien

Ingo Großkinsky

Außervertragliche Produkt- und Umwelthaftpflicht – Parallelität oder Autonomie?

Die Rechtsentwicklung in der Europäischen Union und US-amerikanische Erfahrungen

PETER LANG
Europäischer Verlag der Wissenschaften

Die Deutsche Bibliothek - CIP-Einheitsaufnahme

Großkinsky, Ingo :

Außervertragliche Produkt- und Umwelthaftpflicht – Parallelität oder Autonomie? : die Rechtsentwicklung in der Europäischen Union und US-amerikanische Erfahrungen / Ingo Großkinsky. - Frankfurt am Main ; Berlin ; Bern ; Bruxelles ; New York ; Oxford ; Wien : Lang, 2002
(Europäische Hochschulschriften : Reihe 2, Rechtswissenschaft ; Bd. 3339)
Zugl.: Heidelberg, Univ., Diss., 2001
ISBN 3-631-38471-8

D 16
ISSN 0531-7312
ISBN 3-631-38471-8

© Peter Lang GmbH
Europäischer Verlag der Wissenschaften
Frankfurt am Main 2002
Alle Rechte vorbehalten.

Das Werk einschließlich aller seiner Teile ist urheberrechtlich geschützt. Jede Verwertung außerhalb der engen Grenzen des Urheberrechtsgesetzes ist ohne Zustimmung des Verlages unzulässig und strafbar. Das gilt insbesondere für Vervielfältigungen, Übersetzungen, Mikroverfilmungen und die Einspeicherung und Verarbeitung in elektronischen Systemen.

www.peterlang.de

Meinen Eltern und meiner Frau Simone

Vorwort

Die vorliegende Arbeit wurde im Sommersemester 2001 von der Juristischen Fakultät der Ruprecht-Karls-Universität Heidelberg als Dissertation angenommen. Sie ist in den Jahren 1997-2000 parallel zur beruflichen Tätigkeit als Rechtsanwalt entstanden. Die Zitate aus Rechtsprechung und Literatur befinden sich auf dem Stand des Frühsommers 2000.

Ich möchte die Gelegenheit des Vorworts dazu benutzen, meinem verehrten Doktorvater, Herrn Prof. Dr. Dr. h.c.mult. Erik Jayme, für die Anregung zum Thema der Arbeit und das großzügige Gewährenlassen zu danken, welches die Arbeit überhaupt erst ermöglicht hat. Mein weiterer Dank gilt Herrn Prof. Dr. Fritz Nicklisch für die rasche Erstellung des Zweitvotums. Danken möchte ich schließlich all denen, die durch ihre Unterstützung zum Gelingen der Arbeit beigetragen haben.

Hardheim, im Oktober 2001 Ingo Großkinsky

Inhaltsübersicht

Inhaltsverzeichnis

Abkürzungsverzeichnis:

A.2d	Atlantic Reporter, Second Series
a.A.	andere Ansicht
A.L.R.	American Law Reports
AbfallG.	Abfallgesetz
ABl.	Amtsblatt
Abs.	Absatz
AcP	Archiv für die civilistische Praxis
aff'd	affirmed
AGBG	Gesetz zur Regelung des Rechts der Allgemeinen Geschäftsbedingungen
Ala.	Alabama
ALI	American Law Institute
Allg.	Allgemein
Alt.	Alternative
Ann.	Annotated
App.	Court of Appeals
App.Div.	Appellate Division
Ariz.St.L.J.	Arizona State Law Journal
Ark.	Arkansas
Art.	Artikel; Article
ArzneiMG	Arzneimittelgesetz
AT	Allgemeiner Teil
AtomR	Atomrecht
Aufl.	Auflage
B.C.Int.&Comp.L.Rev.	Boston College International and Comparative Law
BNA	Bureau of National Affairs
B.P.	British Petrol
B.U.L.Rev.	Boston University Law Review
BB	Der Betriebs-Berater
Bd.	Band
BGB	Bürgerliches Gesetzbuch
BGBl.	Bundesgesetzblatt
BGH	Bundesgerichtshof
BGHZ	Entscheidungen des Bundesgerichtshofes in Zivilsachen
BR	Bundesrat
BSE	Bovine Spongiforme Enzephalopathie
BT	Bundestag
Bull.	Bulletin
BVerfG	Bundesverfassungsgericht
BVerfGE	Entscheidungen des Bundesverfassungsgerichts
bzw.	beziehungsweise
Cal.	California
Cal.2d	California Supplement, Second Series
Cal.3d	California Supplement, Third Series
Cal.L.Rev.	California Law Review
Cal.Rptr.	California Reporter
CEFIC	Conseil Européen de l'Industrie Chimique
CERCLA	Comprehensive Environmental Response, Compensation, and Liability Act
cert. denied	certiorari denied
Cir.	Circuit
Civ.Pr.	Civil Procedure
Co.	Company
Col. L.Rev.	Columbia Law Review

Col.J.Envtl.L.	Columbia Journal on Environmental Law
Colo.	Colorado
Concl.	Conclusion
Cong.	Congress
Cornell L.Q.	Cornell Law Quarterly
Cornell L.Rev.	Cornell Law Review
Corp.	Corporation
CR	Computer und Recht
CRTD	Convention on Civil Liability for Damage caused during Carriage of Dangerous Goods by Road, Rail and Inland Navigation Vessels
Ct.App.	Court of Appeals
CWA	Clean Water Act
D.	District Court
D.C.	District Court; auch: District of Columbia
d.h.	das heißt
DB	Der Betrieb
Dept.	Department
ders.	derselbe
DES	Diethylstilbestrol
DJT	Deutscher Juristentag
Dok.	Dokument
DÖV	Die Öffentliche Verwaltung
Dr(uck)s.	Drucksache
dt.	deutsch
DVBl	Deutsches Verwaltungsblatt
ed.	edition
E.D.	Eastern District
EG	Europäische Gemeinschaft(en)
Einf.	Einführung
Einl.	Einleitung
ELR	European Law Reporter; auch Environmental Law Reporter
EMF	Electromagnetic Fog
endg.	endgültig
Eng.Rep.	English Reports
Envtl.	Environmental
Envtl.L.	Environmental Law
Envtl. L.Inst.	Environmental Law Institute
Envtl. L.Rep.	Environmental Law Reporter
EPA	Environmental Protection Agency
et al.	et alii (aliae; alia)
etc.	et cetera
EU	Europäische Union
EuGH	Gerichtshof der Europäischen Gemeinschaften
EuGVÜ	Europäisches Gerichtsstands- und Vollstreckungsübereinkommen
EuZW	Europäische Zeitschrift für Wirtschaftsrecht
EWC	European Waste Catalogue
EWG	Europäische Wirtschaftsgemeinschaft
F.2d	Federal Reporter, Second Series
F.R.	Federal Rules
F.R.D.	Federal Rules Decisions
F.Supp.	Federal Supplement
Fed. Reg	Federal Regulation
ff.	Folgende
Fn.	Fußnote
Fordham Envtl.L.Rev.	Fordham Environmental Law Review
Fordham L.Rev.	Fordham Law Review
FS	Festschrift

Ga.	Georgia
Harv.Envtl.L.Rev.	Harvard Environmental Law Review
Harv.L.Review	Harvard Law Review
haz.	hazardous
Hofstra L.Rev.	Hofstra Law Review
Hous.L.Rev.	Houston Law Review
Hrsg.	Herausgeber
hrsgg.	herausgegeben
i.d.F.	in der Fassung
i.S.v.	im Sinne von
i.V.m.	in Verbindung mit
id.	identisch
Ill.	Illinois
Inc.	Incorporated
Ind.	Industries oder Indiana
IPRax	Praxis des Internationalen Privat- und Verfahrensrechts
IUD	Intrauterine device
IUR	Informationsdienst Umweltrecht
J.Legal Stud.	Journal of Legal Studies
J.of Envtl.Law and Litigation	Journal of Environmental Law and Litigation
J.P.M.D.L.	Judicial Panel on Multidistrict Litigation
JuS	Juristische Schulung
JW	Juristische Wochenschrift
JZ	Juristen-Zeitung
Kan.	Kansas
KF	Karlsruher Forum (Beiheft zur Zeitschrift Versicherungsrecht)
KJ	Kritische Justiz
KOM	Dokumente der Kommission der Europäischen Gemeinschaften
Kz.	Kennzahl
L.R.Ex.	Law Reports, Exchequer Cases
L.R.H.L.	Law Reports, House of Lords, English and Irish Appeals (1866-1875)
LC	Lugano-Convention; Convention on Civil Liability for Damage Resulting from Activities Dangerous to the Environment
lit.	Litera
Litig.	Litigation
Ltd.	Limited
LÜ	Luganer Übereinkommen über die gerichtliche Zuständigkeit und die Vollstreckung gerichtlicher Entscheidungen in Zivil- und Handelssachen vom 16.9.1988
m.w.N.	mit weiteren Nachweisen
Maine L.Rev.	Maine Law Review
Man.	Manitoba
Mass.	Massachusetts
Md.	Maryland
Me.	Maine
Mgt.	Management
Mich.	Michigan
Mich.L.Rev.	Michigan Law Review
Minn.	Minnesota
Mo.	Montana
MPRSA	Marine Protection, Research, and Sanctuaries Act
MÜKO	Münchener Kommentar
N.C.	North Carolina
N.D.	Northern District
N.E.2d	North Eastern Reporter, Second Series
N.H.	New Hampshire
N.J.	New Jersey

N.W.2d	North Western Reporter, Second Series
N.W.U.L.Rev.	North Western University Law Review
N.Y.	New York
N.Y.S.2d	New York Supplement, Second Series
NCP	National Contingency Plan
NJW	Neue Juristische Wochenschrift
No.	Number
Nr.	Nummer
NuR	Natur und Recht
NVwZ	Neue Zeitschrift für Verwaltungsrecht
OLG	Oberlandesgericht
OPA	Oil Pollution Act
P.2d	Pacific Reporter, Second Series
Pa.	Pennsylvania
PCB	Polychlorbiphenyl
PCP	Polychlorperphenyl
PHI	Produkt- und Umwelthaftpflicht international, Recht und Versicherung
PHR	Produkthaftungsrichtlinie
PLRA	Product Liability Reform Act of 1998/1999
Prod.Liab.	Product Liability
Prod.Liab.Rep.	Product Liability Reporter
ProdH.	Produkthaftung
ProdHHdb.	Produkthaftungshandbuch
ProdHR	Produkthaftungsrecht
ProdHG	Produkthaftungsgesetz
ProdSiR	Produktsicherheitsrichtlinie
ProfE (UGB)	Professorenentwurf für ein deutsches Umweltgesetzbuch
Publ.L.	Public Law
PVC	Polyvinylchlorid
R.A.E.	Revue des Affaires Européennes
R.I.	Rhode Island
RCRA	Resource Conservation and Recovery Act
Rep.	Reporter
Rev.	Review
rev'd	reversed
RG	Reichsgericht
Richtl.	Richtlinie
RIW	Recht der internationalen Wirtschaft
RLVA	Richtlinienvorschlag Abfall; Kommissionsvorschlag für eine Abfallrichtlinie der Europäischen Gemeinschaften in der geänderten Fassung vom 28.6.1991
Rn.	Randnummer
Rptr.	Reporter
Rs.	Rechtssache
Rutgers L.Rev.	Rutgers Law Review
Rutgers Camden L.J.	Rutgers Camden Law Journal
Rz.	Randziffer
S.	Seite
S.C.	South Carolina
S.C.L.Rev.	South Carolina Law Review
S.Ct.	Superior Court
S.D.	Southern District
S.W.2d	South Western Reporter, Second Series
San Diego L.Rev.	San Diego Law Review
SARA	Superfund Amendment and Reauthorization Act
Sect(s).	Section(s)
Sess.	Session

Slg.	Sammlung der Rechtsprechung des Gerichtshofs und des Gerichts erster Instanz der Europäischen Gemeinschaften
So.2d	Southern Reporter, Second Series
sog.	sogenannt
Stan.L.Rev.	Stanford Law Review
Stat.	Statutes at large
sub nom.	sub nomine
Super.	Superior Court
Super. L.D.	Superior Court Legal Department
Super.Ct.	Superior Court
Syracuse L.Rev.	Syracuse Law Review
TCDD	Tetrachlordibenzo-p-dioxin
Tenn.	Tennessee
Tex.	Texas
Texas L.Rev.	Texas Law Review
Tort and Insurance L.J.	Tort and Insurance Law Journal
Tox.L.Rep.	Toxic(s) Law Reporter
Tulane L.Rev	Tulane Law Review
Tz.	Textziffer
u.a.	und andere, auch: unter anderem
U.Balt.L.Rev.	University of Baltimore Law Review
U.Chi.L.Rev.	University of Chicago Law Review
U.Ill.L.Rev.	University of Illinois Law Review
U.Pitt.L.Rev.	University of Pittsburg Law Review
U.S.	United States
UGB (KOM-E)	Entwurf der Unabhängigen Sachverständigenkommission zum Umweltgesetzbuch beim Ministerium für Umwelt, Naturschutz und Reaktorsicherheit
UGB	Umweltgesetzbuch
UmweltHG	Umwelthaftungsgesetz
UNICE	Union des confédérations de l'industrie et des employeurs d'Europe
UPLA	Uniform Product Liability Act
UPR	Umwelt- und Planungsrecht
US	United States
USA	United States of America
USC	United States Code
USCA	United States Code Annotated
UTR	Jahrbuch des Umwelt- und Technikrechts
UWF	Umwelt-Wirtschafts-Forum
v.	versus
Va.	Virginia
Va.J.of Nat.Res.L.	Virginia Journal of Natural Resource Law
Va.J.Int.L.	Virginia Journal of International Law
Vand.L.Rev.	Vanderbilt Law Review
VC	Vinylchlorid
VersR	Versicherungsrecht
VerwR	Verwaltungsrecht
vgl.	vergleiche
Virg.L.Rev.	Virginia Law Review
Vol.	Volume
Vt.	Vermont
VW	Versicherungswirtschaft
VwGO	Verwaltungsgerichtsordnung
W.D.	Western District
Wake Forest L.Rev.	Wake Forest Law Review
WM	Zeitschrift für Wirtschafts- und Bankrecht, Wertpapiermitteilungen
Yale L.J.	Yale Law Journal

Yale L.Rev.	Yale Law Review
z.B.	Zum Beispiel
ZEuP	Zeitschrift für Europäisches Privatrecht
ZfU	Zeitschrift für Unternehmens- und Gesellschaftsrecht
ZHR	Zeitschrift für das gesamte Handels- und Wirtschaftsrecht
Ziff.	Ziffer
zit.	zitiert
ZRP	Zeitschrift für Rechtspolitik
ZUR	Zeitschrift für Umweltrecht

1.Teil: Einleitung und Gang der Untersuchung

A: Einleitung

Seit dem Beginn des industriellen Zeitalters nahm und nimmt die Zahl von Produktionsprozessen weltweit ständig zu. Analog hierzu ist, nicht zuletzt als Folge der immer weiter fortschreitenden technischen Entwicklung - insbesondere im chemischen, biologischen und nuklearen Bereich -, auch das Gefährdungspotential dieser Prozesse sowie der daraus resultierenden Erzeugnisse stetig angestiegen.

Während diese Gefahren in den frühen Jahren der Industrialisierung vernachlässigt und als unvermeidliche Nebenfolge schlicht hingenommen wurden, ist seit der Mitte dieses Jahrhunderts eine diesbezüglich immer stärker werdende Sensibilisierung der Gesellschaft festzustellen, die ihre Ursache offensichtlich in einem wohlstandsbedingten Wertewandel hat[1]. Beleg hierfür ist, daß die Thematisierung industrieller Gefahren und Schäden praktisch ausnahmslos von Staaten ausging, in denen infolge weitgehender Befriedigung grundlegenderer Bedürfnisse[2] der Blick frei war für andere, gesellschaftspolitisch höhere Werte[3].

So ist es kein Zufall, daß die Diskussion um „Verbraucherschutz" (*consumerism*) und die damit in engem Zusammenhang stehende Frage der Haftung für fehlerhafte Produkte (*products liability*) ihren Ausgangspunkt in den nach Beendigung des zweiten Weltkrieges sowie des Koreakrieges wirtschaftlich prosperierenden USA hatte.

Auslöser waren dort wie auch später in anderen Industrieländern meist medienträchtige Unfälle, in denen Endverbraucher durch industriell erzeugte Produkte Schaden genommen[4] und die in deutlicher Weise aufgezeigt hatten, daß die traditionellen Haftungsmodelle nur begrenzt tauglich waren, die aufgeworfene soziale Problematik befriedigend und fair zu bewältigen. Diese sahen eine Haftung des Herstellers regelmäßig nur dann vor, wenn es dem Geschädigten gelang,

---

[1] MASLOW, Psychology of Being, S.156 ff.; SCHMIDT-SALZER in Ahrens/Simon, Umwelthaftung, S.59, 60, WINKELMANN, Produkthaftung bei internationaler Unternehmenskooperation, S.19.

[2] Wie etwa Essen, Schlafen, Partnerschaft, Wohnung etc.

[3] Vgl. insoweit auch SCHMIDT-SALZER, NJW 1994, 1305, 1313.

[4] So war im US-amerikanischen Fall Escola v. Coca-Cola Bottling Co. of Fresno die Klägerin durch eine explodierende Coca Cola-Flasche verletzt worden, 24 Cal.2d 453, 150 P.2d 436 (1944); im Fall Greenman v. Yuba Power Products, Inc. richtete sich die Klage gegen den Hersteller einer Heimwerkermaschine, die, als Drehbank benutzt, ein bearbeitetes Stück Holz nicht festhielt, weshalb es dem Kläger an den Kopf geschleudert wurde, 59 Cal.2d 57, 377 P.2d 897 (1963).

darzulegen und zu beweisen, daß dieser die übliche und erforderliche Sorgfalt außer acht gelassen hatte, was sich in Anbetracht des fehlenden Einblicks in die meist komplexe innerbetriebliche Organisation, Überwachung und Kontrolle nicht selten als ein unmögliches Unterfangen darstellte.

Die Reaktion auf diese haftungsrechtlich unbefriedigende Situation war die Suche sowohl der Wissenschaft wie auch der Rechtsprechung nach geeigneten Lösungen, mit denen die rechtliche Position des Produktgeschädigten gegenüber dem Hersteller des Produkts verbessert werden konnte. Verständlicherweise wurde das Hauptaugenmerk dabei zunächst auf die bereits vorhandenen rechtlichen Instrumentarien gelenkt, welche durchaus Ansatzpunkte für eine gestaltende Weiterentwicklung des gegebenen Rechtszustandes boten. Folgerichtig waren es in den verschiedenen Ländern und Rechtskreisen denn auch die Gerichte, die - unter dem neuen Rechtsbegriff der „Produzentenhaftung“[5] - verschiedenste juristisch-konstruktive Wege zur adäquaten Regelung dieses Problembereichs beschritten und dabei kontinuierlich eine Anpassung der Rechtslage an die gewandelten Verhältnisse und Bedürfnisse der sozialen Wirklichkeit vollzogen[6].

Eine Vorreiterrolle spielte dabei, wie so oft, die US-amerikanische Rechtsprechung. Diese war, nachdem sich ihr zunächst unternommener Versuch, der Produktschadensproblematik über Kunstgriffe im Bereich der vertraglichen Haftung, insbesondere der Fiktion einer Garantiezusage, Herr zu werden, als untauglich erwiesen hatte, immer mehr dazu übergegangen, eine gänzlich vom Verschulden unabhängige deliktische Haftung (*strict liability in tort*) zu entwickeln. Den Durchbruch brachte insoweit der 1963 vom *Supreme Court of California* verhandelte und entschiedene Fall *Greenman v. Yuba Power Products, Inc.*[7], in welchem erstmals einem Anspruch aus *strict liability in tort* stattgegeben wurde. Ausgehend hiervon bahnte sich die neue „Gefährdungshaftung“ schnell ihren Weg durch fast alle US-Jurisdiktionen und wurde schließlich auch für viele

---

[5] Identisch werden im deutschsprachigen Raum die Begriffe Produzentenhaftpflicht, Produkt(en)haftpflicht, Produkt(en)haftung, Warenhaftung, Haftung des Warenherstellers, Herstellerhaftung, Fabrikantenhaftung und Haftung für schadensstiftende Produkte verwendet, vgl. WESCH, Produzentenhaftung im internationalen Rechtsvergleich, S.1 ff.

[6] So wurde in Deutschland beispielsweise im Wege richterlicher Rechtsfortbildung in Anlehnung an den in § 831 Abs.1 S.2 BGB niedergelegten Gedanken eine Beweislastumkehr im Bereich der deliktischen Haftung vorgenommen, sog. „Hühnerpestentscheidung“ des BGH vom 26.11.1968 = BGHZ 51, 91; auch in England wurde der für den Kläger schwer zu erbringende Nachweis einer fahrlässigen Handlung durch zunehmende Anwendung des Rechtssatzes "res ipsa loquitur“ erleichtert, vgl. FICKER in FS Konrad Duden, S.93, 101.

[7] Greenman v. Yuba Power Products, Inc., 59 Cal.2d 57, 377 P.2d 897 (1963); zur Vorreiterrolle Kaliforniens im Hinblick auf diese und die in Fn.4 weiter aufgeführte Entscheidung vgl. auch SCHWARZ, 67 Cal.L.Rev. 435, 437 (1979).

Gerichte anderer Staaten zum Vorbild einer interessengerechten Risikoverteilung zwischen Hersteller und Verbraucher.

Erst zu Beginn der 80er Jahre begannen dann auch die Legislativorgane, sich der Produktschadensproblematik anzunehmen. In der Folge wurden, meist auf Basis der bereits durch die Rechtsprechung entwickelten Grundsätze, erste Verbraucherschutz- und Produkthaftungsgesetze erlassen.[8]

Als wichtigste gesetzliche Initiative in Europa ist insoweit die EU-Richtlinie zur Produkthaftung[9] herauszustellen, die nach mehr als 10 Jahre andauernden Vorarbeiten[10] am 25. Juli 1985 durch den Ministerrat der Europäischen Gemeinschaften verabschiedet wurde.

Zu diesem Zeitpunkt drängte sich bereits immer stärker eine weitere bis dahin wenig beachtete Folge der Industrialisierung in den Blickpunkt der Öffentlichkeit. So machten spektakuläre Unglücksfälle wie in Seveso (1976)[11], Bhopal (1984)[12], Harrisburg (1979)[13], Tschernobyl (1986)[14] und bei Sandoz (1986)[15], um nur einige zu nennen, aber auch das Auftauchen vorher unbekannter Phänomene wie Waldsterben, Ozonloch und globale Meeresverschmutzung erstmals in drastischer Weise auf das Gefahrenpotential industrieller Emissionen und Abfälle sowohl für das Leben und die Gesundheit von Menschen als auch für die Umwelt selbst aufmerksam.

---

8 So beispielsweise das französische Verbraucherschutzgesetz vom 21.7.1983 (Gesetz Nr. 83/660) und das österreichische Produkthaftungsgesetz vom 21.01.1988, BGBl.1988/99.

9 Richtlinie des Rates zur Angleichung der Rechts- und Verwaltungsvorschriften der Mitgliedstaaten über die Haftung für fehlerhafte Produkte, ABl. EG 1985 Nr. L 210/29-33.

10 Zur Geschichte der EU-Richtlinie vgl. TASCHNER/FRIETSCH, EG-PHR, Einf., Rn.9.

11 Durch eine Explosion in einem Chemiewerk im Juli 1976 wurde in der norditalienischen Stadt Seveso eine große Menge des hochgiftigen TCDD (Dioxin) freigesetzt; in den folgenden Wochen und Monaten ließen zahlreiche schwangere Frauen ihre Kinder abtreiben, da die Ärzte vor schweren Mißbildungen warnten; über 50 landwirtschaftliche Betriebe mußten aufgrund der Verseuchung des Bodens aufgegeben werden, die Aufräumungsarbeiten und die Entseuchung der Region nahmen Jahre in Anspruch.

12 Am 3.12.1984 führte das Ausströmen von hochgiftigen Gasen aus einem undichten Ventil einer Pflanzenschutzmittelfabrik (Union Carbide) in der indischen Stadt Bhopal zum Tod von mehr als 2.000 Menschen; weitere Zigtausende verloren ihr Augenlicht.

13 Durch einen schweren Unfall im dortigen Kernkraftwerk trat eine erhebliche Menge von Radioaktivität aus. Nachfolgend kam es zu Fehlbildungen bei Neugeborenen und zu einer deutlich erhöhten Krebsrate.

14 Am 26.4.1986 explodierte in Tschernobyl/Ukraine (damals Sowjetunion) der zweite Reaktorblock des dortigen Atomkraftwerks. Folge dieses „Supergaus" war die radioaktive Verstrahlung weiter Teile Weißrußlands, der Ukraine sowie Nord- und Westeuropas.

15 Infolge eines Großbrandes im Chemiewerk der Fa. Sandoz (Basel) gelangten mit dem Löschwasser giftige Chemikalien (u.a. Pflanzenschutzmittel) in den Rhein, wo sie Flora und Fauna abtöteten.

Wie schon bei der Produkthaftung mußte man auch hier feststellen, daß die althergebrachten Haftungsinstrumentarien nicht beziehungsweise nur begrenzt geeignet waren, zufriedenstellende und gerechte Ergebnisse herbeizuführen. Dies unter anderem deshalb, weil dem Geschädigten faktisch durchgängig das volle und in diesem Bereich besonders hohe Aufklärungsrisiko aufgebürdet wurde[16].

Da sich diese Erkenntnis, wie die Internationalität der Unglücksorte und der Zeitpunkt der Katastrophen schon vermuten lassen, nahezu gleichzeitig in mehreren Industriestaaten vollzog, entwickelte sich um die Regelung und Ausgestaltung der sog. "Umwelthaftung"[17] eine rege internationale Diskussion die zum Teil auch zum Erlaß internationaler[18] und nationaler[19] Vorschriften geführt hat.

Auch hier kam den USA eine nicht unerhebliche Führungsrolle zu. Ausgehend vom Gesetz über die nationale Umweltpolitik von 1970 setzte dort neben praktizierter richterlicher Rechtsfortbildung eine umfangreiche Umweltschutzgesetzgebung sowohl des Bundes wie auch der Einzelstaaten ein.[20] Umfassende Regelungen wurden insbesondere mit dem *Comprehensive Environmental Response, Compensation, and Liability Act of 1980* (CERCLA)[21], dem *Clean Water Act* (CWA)[22] und dem *Oil Pollution Act of 1990* (OPA)[23] geschaffen.

Auf europäischer Ebene ist man demgegenüber bislang, jedenfalls was die Schaffung eines umfassenden Umwelthaftungsregulativs für den Bereich der EU angeht, trotz mehrfacher Anläufe nicht über das Stadium von Vorarbeiten und Entwürfen hinausgekommen.

---

16 Vgl. zu dieser Problematik HAGER, ZEuP 1997, 9, 22 ff.

17 Näher betrachtet ist dieser Begriff ungenau und in sich widersprüchlich: So haftet nicht die Umwelt für entstandene Schäden, sondern soll eigentlich geschützt werden; sprachlich besser wäre deshalb zur Heraushebung des Haftungsträgers der Begriff „Umweltschädigerhaftung".

18 Zu erwähnen sind hier insbesondere die Konvention über die zivilrechtliche Haftung für Schäden aus der Ölverschmutzung des Meeres von 1969, ihre Revisionsprotokolle von 1984 und 1992 sowie das UN-Übereinkommen vom 10. Oktober 1989 über die zivilrechtliche Haftung beim Transport gefährlicher Güter (CRTD-Konvention); im Überblick bei REST, NuR 1992, 155 ff., ders., NJW 1989, 2153 ff.

19 Etwa wurde in Deutschland am 10. Dezember 1990 das Umwelthaftungsgesetz (UmweltHG) verkündet.

20 Vgl. Deepwater Port Act of 1974, 33 USC §1517 (d),(e); Trans-Alaska Pipeline Authorization Act (TAPAA), 43 USCA § 1653 ff.; Marine Protection, Research, and Sanctuaries Act Amendments of 1972/1988 (MPRSA), 16 USCA § 1432 ff.

21 Publ.L.No. 96-510, §§ 1-308, 94 Stat.2767 (1980), abgedruckt in 42 USCA §§ 9601-9657 (1982) - Superfund Amendments and Reauthorization Act of 1986, Publ.L.No.99-499, 100 Stat.1613 (1986); eine weitere Verlängerung erfolgte durch die Amendments von 1990.

22 Clean Water Act von 1977, 33 USCA § 1321 ff.

23 Publ.L.No. 101-380, 104 Stat. 484 (1990).

Betrachtet man nunmehr mit Ruhe und Distanz die Entwicklung der verschiedenen zu den vorbenannten Problemkreisen entworfenen Lösungsansätze und Vorschriften, fällt auf, daß produkt- und umwelthaftungsrechtliche Fragen von Anfang an isoliert und weitgehend zusammenhangslos erörtert und zu beantworten versucht worden sind.

Diese segmentierte Sichtweise dürfte der tatsächlichen Beziehung zwischen beiden Haftungssystemen indes kaum gerecht werden. So zeigen sich bei intensiverer Betrachtung trotz der sowohl zeitlich wie auch sachlich getrennten Entwicklung enge Verbindungen und Zusammenhänge: Produkt- wie Umweltschädigerhaftung sind rechtshistorisch gesehen „Kinder der Neuzeit", mit denen jeweils der Versuch unternommen wird, aufgedeckte Regelungslücken zu schließen und befriedigende und faire Ergebnisse herbeizuführen. Daneben haben beide Haftungsinstitute denselben Gefahrenbereich, nämlich die industrielle Produktion, im Visier.

Noch über diese Gemeinsamkeiten hinaus kann es zu unmittelbaren Berührungen und Überschneidungen kommen. Paradigmatisch hierfür steht die rechtliche Behandlung umweltgefährlicher Produkte. Diese beinhalten nicht nur ein erhebliches Gefährdungspotential für den Verbraucher, sondern auch für die Umwelt. Nicht vergessen werden darf schließlich die moderne wirtschaftliche Entwicklung, bei der die auf den ersten Blick klar abgesteckten Grenzen zwischen „gewünschtem" und „ungewünschtem Produkt" in Fluß geraten sind. So werden heutzutage Industrieabfälle häufig - von vorneherein geplant oder schlicht, um sie nicht entsorgen zu müssen - als „Ware" einer anderweitigen Verwertung zugeführt[24] und erweisen sich damit gleichzeitig als gewollt und ungewollt.

Produkt- und Umwelthaftung ergänzen einander demnach offensichtlich nicht nur, sondern greifen eng ineinander.

Diese interessante Feststellung wiederum gibt Anlaß zur Untersuchung der Frage, ob und inwieweit zwischen den Lösungsansätzen und Regimen der Produkt- und der Umwelthaftung Parallelen bzw. Unterschiede bestehen und inwiefern diese - im Hinblick auf einen möglichst lückenlosen Schutz der Verbraucher und der Umwelt - jeweils sinnvoll und geboten sind.

Ausgangspunkt und zugleich anvisiertes Ziel ist dabei das in statu nascendi befindliche europäische (Umwelt-) Haftungsrecht.

Als Richtschnur und Vergleichsmaßstab herangezogen wird die Rechtssituation in den Vereinigten Staaten von Amerika. Der Blick über den Atlantik bietet sich deshalb besonders an, weil den USA, was die (Weiter-) Entwicklung der Haftung für industriell verursachte Schäden angeht, noch immer eine führende Rolle in der

[24] Z.B. als Schrott; organische Abfälle als Viehfutter.

Welt zukommt. Daneben verfügt das amerikanische Recht[25] mit seinem weitenteils von der Rechtsprechung geschaffenen ungeschriebenen Recht, dem *common law,* über einen gänzlich unterschiedlichen rechtsdogmatischen Ansatzpunkt.

B: Gang der Untersuchung

Der Gang der Untersuchung ist so gewählt, daß im sich anschließenden zweiten Teil zunächst die aktuelle Rechtssituation sowie die Entwicklungstendenzen in der Europäischen Union im Bereich der Produzenten- und Umweltschädigerhaftung dargestellt und anschließend - zur Feststellung des Istzustandes - einer vergleichenden Betrachtung im Hinblick auf Gemeinsamkeiten und Unterschiede unterzogen werden.

Dem folgt im dritten Teil die Analyse der Zusammenhänge zwischen Produkt- und Umwelthaftung und der sich daraus ergebenden haftungsrechtlichen Konsequenzen. Ferner wird der Frage nachgegangen, ob die jeweiligen europäischen Lösungsansätze der Produkt- und Umwelthaftung dem besonderen Verhältnis zwischen beiden Haftungssystemen ausreichend Rechnung tragen oder ob Schutzlücken verbleiben.

Nach einer kurzen Darstellung denkbarer und zum Teil auch schon diskutierter Angleichungsmöglichkeiten beschäftigt sich der vierte Teil der Arbeit dann mit dem US-amerikanischen Vergleichsmodell und den in den Vereinigten Staaten im Hinblick auf die maßgebliche Frage der Arbeit gesammelten Erfahrungen.

Der fünfte und letzte Teil faßt schließlich die Ergebnisse der Untersuchung zusammen und zieht die entsprechenden Schlußfolgerungen.

[25] Dieser Begriff ist ungenau, weil er den Eindruck vermittelt, es gäbe ein einheitliches US--amerikanisches Recht; tatsächlich hat aber jeder US-Bundesstaat sein eigenes Recht, vgl. hierzu unten 4 B I 2), S.161 ff.

2.Teil: Harmonisierte Produkt- und Umwelthaftung in der Europäischen Union

A: Einführung

Mit der Unterzeichnung des Vertrages von Maastricht[26] und der Eröffnung des Binnenmarktes zu Beginn des Jahres 1993 haben die Mitgliedstaaten der EU[27] den Grundstein für die Schaffung einer gemeinsamen Wirtschafts- und Währungsunion gelegt. Gleichzeitig wurde damit nochmals der Wille bekräftigt, alle Hindernisse für den freien Verkehr von Waren, Personen, Dienstleistungen und Kapital[28] innerhalb des Vertragsgebiets aus dem Wege zu räumen.

Grundvoraussetzung für die Erreichung dieser Ziele ist anerkanntermaßen die Existenz weitgehend homogener, wirtschaftlicher Regelungswerke in den Einzelstaaten. Dies erklärt den Drang der EG wie auch später der EU zu Rechtsvereinheitlichung und Rechtsangleichung[29]. Dieser hat neben vielen anderen Gebieten des Privatrechts längst auch das außervertragliche Haftungsrecht erfaßt. Anders als in den meisten Nachbardisziplinen geht die Tendenz dabei klar in Richtung der gemäßigteren Rechtsangleichung[30]. So sind es die Richtlinien[31] und Richtlinienentwürfe, die das gemeineuropäische Deliktsrecht dominieren. Hierbei handelt es sich um bestehende bzw. projektierte Rahmengesetze, die der Transformation sowie der Konkretisierung durch den nationalen Gesetzgeber bedürfen und bis dahin, jedenfalls im Verhältnis zwischen zwei Privatrechtssubjekten, weder Rechte noch Pflichten begründen[32].

---

[26] Vertrag über die Europäische Union vom 7.2.1992, BGBl.1992, II, S.1253.

[27] Unterzeichnerstaaten waren: Belgien, Dänemark, Deutschland, Frankreich, Griechenland, Großbritannien, Irland, Italien, Luxemburg, Niederlande, Portugal, Spanien; 1995 traten drei weitere Staaten, nämlich Finnland, Österreich und Schweden, bei.

[28] Die „vier Freiheiten“ waren schon im EWG-Vertrag von 1957 (Art.3) genannt worden.

[29] Vgl. hierzu allgemein JAYME/ MANSEL (Hrsg.), Auf dem Wege zu einem gemeineuropäischen Privatrecht (1997).

[30] Der Grund dürfte wohl in der engen Beziehung des Deliktsrechts zum ordre public liegen; vgl. auch VON BAR, Europ. Deliktsrecht, § 4, Rz. 369; BLAUROCK, JZ 1994, 270, 273.

[31] Art.189 Abs.3 EWG-Vertrag.

[32] Anders ist dies im Verhältnis Bürger/Staat: Hier kann sich der Bürger unter der Prämisse, daß die Richtlinie „inhaltlich als unbedingt und hinreichend konkret erscheint“, auf sie berufen und den Staat, der seiner Verpflichtung zur Umsetzung nicht fristgerecht oder fehlerhaft nachgekommen ist, haftungsrechtlich in Anspruch nehmen; vgl. nur EuGH, 23.2.1994, Rs. C-236/92, Comitato di coordinamento per la difesa della cava u.a. v. Regione Lombardia u.a., EuZW 1994, 282 ff.

Auch im vorliegend relevanten Bereich der außervertraglichen Produkt- und Umwelthaftung hat man von Anfang an den moderaten Weg der Rechtsangleichung beschritten. Dies hat zwangsläufig zur Folge, daß die nachfolgend dargestellten Regelungen und Regelungsentwürfe nur einen gemeineuropäischen Rahmen stecken, nicht aber den tatsächlichen Stand der Umwelt- und Produkthaftung in den einzelnen Mitgliedstaaten wiedergeben.

B: Harmonisierte Produkthaftung in der EU

I) Genese

Am 25. Juli 1985 verabschiedete der Rat der Europäischen Gemeinschaften die „Richtlinie zur Angleichung der Rechts- und Verwaltungsvorschriften der Mitgliedstaaten über die Haftung für fehlerhafte Produkte“[33]. Diesem Ereignis waren jahrelange, zähe Verhandlungen vorausgegangen. So hatte die Kommission dem Rat die erste Fassung eines Richtlinienvorschlags bereits im Jahre 1976 zugeleitet[34]. Vorrangiges Ziel dieses Entwurfes war die Einführung einer verschuldensunabhängigen Herstellerhaftung, welche - unter Einbeziehung der Entwicklungsgefahren - an einen zu bestimmenden, allgemeinen Fehlerbegriff angeknüpft werden sollte. Der Vorschlag führte zu einer deutlichen Belebung der Diskussion um eine Gefährdungshaftung der Produzenten, stieß aber - aus verschiedensten Gründen - auf Ablehnung[35].

Nach Stellungnahmen des Europäischen Parlaments[36] und des Wirtschafts und Sozialausschusses[37] legte die Kommission 1979 eine korrigierte Neufassung vor[38]. Zusätzlich motiviert durch die parallel vom Europarat erarbeitete „Europäische Konvention zur Produkthaftung für Körperschäden und Tod vom

---

[33] Sog. EG/EU-Produkthaftungsrichtlinie vom 25.7.1985, ABl. EG 1985 Nr. L 210/29-33; die Bekanntgabe an die Mitgliedstaaten erfolgte am 30.07.1985.

[34] Richtlinienvorschlag vom 23.7.1976, ABl. EG 1976 Nr. C 241 (14.10.1976), 9 ff. = BT-Drucks. 7/5812.

[35] Zur Kritik vgl. HÜLSEN, RIW 1977, 373 ff. (gegen eine undifferenzierte strikte Haftung); SIMITIS, FS Duden, 605, 623 ff. (für eine absolute Haftung); DIEDERICHSEN, NJW 1978, 1281, 1291; befürwortend hingegen MICKLITZ, ZRP 1978, 37 ff.; BLENK, DB 1978, 1725 ff.

[36] ABl. EG 1979 Nr. C 127 (21.5.1979), S.61.

[37] ABl. EG 1979 Nr. C 114 vom 7.5.1979, S.15.

[38] Fassung vom 29.6.1979, ABl. EG 1979 Nr. C 271 vom 26.10.1979, S.3 = BT-Drucks. 8/3358; VON HÜLSEN, RIW 1981, 1, 7 ff.

27.1.1977"[39], in welcher erstmals ausdrücklich eine vom Verschulden unabhängige Haftung des Produktherstellers festgeschrieben wurde, einigte man sich schließlich nach weiteren Beratungen[40] auf eine mit verschiedenen Optionsmöglichkeiten versehene Kompromißlösung in Form der Richtlinie.

II) Die Haftungskonzeption der Produkthaftungsrichtlinie

1) Ziele

Entsprechend ihrer Bezeichnung war und ist vordringlichste Zielsetzung der Richtlinie, die unterschiedlichen Rechtsordnungen der verschiedenen Mitgliedstaaten[41] auf dem Gebiet der Produzentenhaftung anzugleichen und damit gleiche Wettbewerbsbedingungen innerhalb des gemeinsamen Marktes zu schaffen. Daneben hat sie aber auch einen verbesserten Verbraucherschutz im Auge. Diesem Gedanken trägt vornehmlich der mit der Richtlinie vollzogene Übergang von der Verschuldenshaftung in ihren verschiedenen Ausgestaltungen zu einer verschuldensunabhängigen Einstandsverpflichtung des Herstellers für fehlerhafte Produkte Rechnung. Schlußendlich soll die Haftungsregelung indirekt für ein verbessertes Risikomanagement[42] in den Betrieben sorgen und damit Schäden von vorneherein vermindern bzw. vermeiden helfen[43].

---

[39] „European Convention on products liability in regard to personal injury and death", European Treaty Series No.91, nachzulesen im Original mit deutscher, nichtamtlicher Übersetzung bei KULLMANN/PFISTER, ProdH, Nr.1100, S.1 ff.; vgl. hierzu auch SCHMIDT-SALZER, EG-ProdH, Bd. I, Einf., Rn. 67 ff.; die Konvention wurde zwar von Belgien, Frankreich, Luxemburg und Österreich gezeichnet, aber wegen der damals schon erwarteten EG-Produkthaftungsrichtlinie nicht in Kraft gesetzt.

[40] Zum Verlauf der Diskussion über die Ausgestaltung der Richtlinie von 1979 bis zur Verabschiedung am 25.7.1985 vgl. WESCH, Produzentenhaftung im internationalen Rechtsvergleich, S.28 ff.

[41] Einen guten Überblick zu den unterschiedlichen Rechtsordnungen vor der Umsetzung der Produkthaftungsrichtlinie gibt HÄGELE, Produkthaftung, S.24.

[42] Vgl. SCHMIDT-SALZER, BB 1972, 1430 ff.

[43] Denkbare Formen eines solchen Managements sind Qualitätssicherung in Konstruktion, Fertigung, Vertrieb und Marketing sowie der Aufbau einer Dokumentation; allgemein zur präventiven Steuerungsfunktion haftungsrechtlicher Vorschriften siehe unten 3 A V 3, S.101 ff.

2) Anwendungsbereich und Haftungsobjekt

Anknüpfungspunkt der Produkthaftungsrichtlinie[44] ist das fehlerhafte Produkt.

a) Der Produktbegriff

Art.2 S.1 PHR definiert den Begriff des Produkts als „jede bewegliche Sache", unabhängig davon, ob sie eigenständig ist oder lediglich den Teil einer anderen beweglichen oder unbeweglichen Sache bildet. Insoweit kommt es weder auf eine spezifische Gefährlichkeit[45] noch auf einen besonderen Verwendungszweck an. Betroffen sind vielmehr alle Arten von Konsumgütern, Maschinen und Geräten, aber auch chemische Stoffe, Zubereitungen und sonstige Erzeugnisse. Den beweglichen Sachen gleichgestellt wird ergänzend die Elektrizität[46].

De lege lata ausgenommen sind gemäß Art.14 nukleare Stoffe und Erzeugnisse, soweit sie in den Mitgliedstaaten hinreichend haftungsrechtlich erfaßt sind, und alle Produkte, die in Verkehr gebracht wurden, bevor die erforderlichen Rechts- und Verwaltungsvorschriften zur Umsetzung der Richtlinie in Kraft getreten sind[47].

Demgegenüber sind seit dem späten Frühjahr 1999 auch unverarbeitete landwirtschaftliche Produkte erfaßt[48]. Diese waren in der Erstfassung der Richtlinie trotz zum Teil erheblicher Widerstände[49] ausgenommen worden[50]. Angesichts der BSE-Krise und der wachsenden Sorge der Verbraucher um die Sicherheit von Lebensmitteln setzte insoweit allerdings ein Umdenken ein. Dem trugen Rat und Parlament durch die Richtlinie 1999/34 Rechnung, welche eine Streichung der bisherigen Ausnahmeregelung des Art.2 Satz 2 PHR vorsieht. Die Mitgliedstaaten sind angehalten, die Neuregelung ab dem 4.12. 2000 anzuwenden.

---

[44] Nachfolgend abgekürzt mit PHR.

[45] Anders insoweit das amerikanische Recht, das an die Eigenschaft eines Produktes als „unreasonably dangerous" anknüpft (Section 402A Restatement (Second) of Torts), vgl. hierzu weiter unten im vierten Teil, B I 2) a) aa), S.161 ff.

[46] Art.2 S.3 PHR; die Aufnahme erfolgte deshalb, weil die Kommission neben der Haftung für Gas, Wasser und Fernwärme auch die Elektrizitätsproduzenten erfassen wollte und nach einigen nationalen Rechten - u.a. dem deutschen - die Elektrizität nicht zu den beweglichen Sachen gezählt wird.

[47] Art.17 PHR.

[48] Richtlinie 1999/34 des Europäischen Parlaments und des Rates 1999/34 vom 10.5.1999, ABl. EG 1999 Nr. L 141, S.20; vgl. auch PALANDT-THOMAS, ProdHG, § 2, Rn.5.

[49] Einen guten Überblick über die Diskussion geben TASCHNER/FRIETSCH, EG-PHR, Art.2, Rn.10; SCHMIDT-SALZER, EG-ProdH, Art.2 Rn.72, 76 ff.; REICH, S.410.

[50] Art.2 S.2 PHR 1985; allerdings bestand nach Art.15 PHR die Option für alle Mitgliedstaaten, die Haftung auch auf diese Produkte auszudehnen.

b) Das fehlerhafte Produkt

Der Begriff des Produktfehlers ist in Art.6 PHR näher umschrieben. Danach ist ein Erzeugnis dann fehlerhaft, wenn es nicht die Sicherheit bietet, die man unter Berücksichtigung aller Umstände, insbesondere (a) der Darbietung des Produkts, (b) des Gebrauchs des Produkts, mit dem billigerweise gerechnet werden kann und (c) des Zeitpunkts, in dem das Produkt in den Verkehr gebracht wurde, zu erwarten berechtigt ist. Die Fehlerhaftigkeit wird insoweit von drei Faktoren bestimmt, den berechtigten Erwartungen der Benutzer[51], denen der Hersteller[52] und zuguterletzt von einer Gesamtabwägung zwischen diesen Erwartungen[53].

Dabei besteht Einigkeit darüber, daß bei den berechtigten Sicherheitserwartungen der Verbraucher entgegen dem subjektiv gefaßten Wortlaut objektive Maßstäbe anzulegen sind[54]. Entscheidend sind demzufolge die Erwartungen eines durchschnittlichen, idealtypischen Verbrauchers[55] und nicht die eventuell weit überzogenen eines einzelnen. Bei der Bewertung sind Faktoren wie der Preis, das Alter und die Natur des Produktes zu berücksichtigen[56]. Naturgemäß kann an ein altes oder besonders günstiges Produkt nicht derselbe Maßstab angelegt werden wie an ein neuwertiges und exklusives. Weiter spielt bei der Festlegung des Standards eine Rolle, wie das Produkt vertrieben und von wem es abgenommen wird[57].

Neben dieser Beurteilung aus Sicht des Verbrauchers sind nach Art.6 lit.b) PHR die berechtigten Interessen des Herstellers bei der Ermittlung der Fehlerhaftigkeit eines Produkts angemessen zu berücksichtigen. Damit soll sichergestellt werden, daß dieser die Sicherheit seines Produkts nicht in jedem nur denkbaren Verwendungsbereich zu gewährleisten hat. Wenngleich Art.6 Abs.1 lit.b) nicht explizit davon spricht, sind damit Konstellationen gemeint, in denen Produkte derart bestimmungsfremd, falsch oder gar mißbräuchlich verwendet werden, daß mit

---

51 Vgl. Art.6: „...Sicherheit, die man zu erwarten berechtigt ist..."

52 Art.6: „...unter Berücksichtigung aller Umstände, insbesondere des Gebrauchs des Produkts, mit dem billigerweise gerechnet werden kann..."

53 Vgl. Art.6: „...unter Berücksichtigung aller Umstände..."; siehe auch SCHMIDT-SALZER, BB 1988, 349 ff.

54 Hierfür spricht auch die Begründung der Kommission zu ihrem ursprünglichen Entwurf, wonach es auf die Erwartungen der Verbraucher in ihrer Gesamtheit ankommen und das zu erwartende Maß an Sicherheit vom Richter nach objektiven Kriterien zu bewerten sein soll, Bulletin der EG, Beilage 11/76, Nr.13, S.16.

55 SCHMIDT-SALZER/HOLLMANN, EG-ProdH, Art.6, Rn.45; HOLLMANN, DB 1985, 2389, 2392, BRÜGGEMEYER/REICH, WM 1986, 149, 150 (Kategorie des „verständigen Verbrauchers").

56 Vgl. SCHMIDT-SALZER, BB 1988, 349, 351.

57 SCHMIDT-SALZER, BB 1988, 349, 352.

einem solchen Gebrauch nach allgemeiner Lebenserfahrung nicht zu rechnen ist. In diesen Fällen soll sich der Benutzer mangels schutzwürdigen Vertrauens nicht auf die Fehlerhaftigkeit eines Produkts berufen können, sondern vielmehr die ihm obliegende Anwendungsverantwortung selbst tragen. Die berechtigten Sicherheitserwartungen des Verbrauchers werden demnach durch die schutzwürdigen Interessen und Erwartungen des Herstellers beschnitten[58].

Schlußendlich sind bei der Bestimmung der Fehlerhaftigkeit eines Produktes die Erwartungen der Verbraucher und die der Verwender nochmals „unter Berücksichtigung aller Umstände“ gegeneinander abzuwägen. Beispielhaft sind als solche „Umstände“ neben der bereits erwähnten Gebrauchsbestimmung im Gesetzestext zwei weitere genannt, die Darbietung[59] und der Zeitpunkt, in dem das Produkt in den Verkehr gebracht wurde[60]. Von erheblicher Bedeutung für den anzulegenden Abwägungsmaßstab ist demnach u.a. die jeweilige Präsentation und Aufmachung eines Produktes. Durch das sog. „Marketing“ können Sicherheitserwartungen der Verbraucher sowohl nach oben wie auch nach unten hin beeinflußt werden, je nachdem, wie stark Sicherheitsaspekte hervorgehoben werden[61]. Dies hat zur Folge, daß sich im Einzelfall die Fehlerhaftigkeit eines Produktes allein aus exzessiver Werbung ergeben kann. Zu beachten ist allerdings, daß Werbeanpreisungen stets mit Vorsicht zu genießen sind; „blindes Vertrauen“ verdient keinen Schutz[62].

Von Relevanz ist nach Art.6 Abs.1 lit.c) PHR weiter der Zeitpunkt des Inverkehrbringens. Mit dieser wichtigen Grundentscheidung wird klargestellt, daß ein einstmals den Anforderungen entsprechendes Produkt nicht nachträglich durch neue Erkenntnisse in Wissenschaft und Technik, verschärfte technische Normen oder durch das Inverkehrbringen eines verbesserten Produkts[63] als fehlerhaft angesehen werden kann.

Schließlich sind im Rahmen der Abwägung noch weitere, nicht genannte Umstände zu berücksichtigen. Zu denken ist insbesondere an die Einhaltung vorhandener Industrienormen sowie an Faktoren wie den Preis, die Natur des Produkts[64], die Kosten-Nutzen- bzw. Risiko-Nutzen-Analyse und die Möglichkeit alternativer Konstruktionsmöglichkeiten[65].

---

[58] Siehe hierzu auch HOLLMANN, DB 1985, 2389, 2393; SCHMIDT-SALZER, BB 1988, 349, 352, 353 mit guten Beispielen.

[59] Art.6 Abs.1 lit.a) PHR.

[60] Art.6 Abs.1 lit.c) PHR.

[61] Vgl. hierzu HOLLMANN, DB 1985, 2389, 2394.

[62] BORER, Produktehaftung, S.274.

[63] Vgl. hierzu auch die explizite Regelung in Art.6 Abs.2 PHR.

[64] FRIETSCH, DB 1990, 29, 33, BEHRENS, Produkthaftung, S.101.

[65] TASCHNER/FRIETSCH, EG-PHR, Art.6, Rn.22; SCHMIDT-SALZER/HOLLMANN, EG-ProdH, Art.6, Rn.196 ff.; LORENZ, ZHR 151 (1987) , 24 ff.

Zusammengefaßt ist ein Produkt demnach dann als fehlerhaft zu qualifizieren, wenn es seine eigenen Sicherheitsaussagen nicht erfüllt, wenn der voraussehbare Gebrauch des Produktes Risiken in sich birgt, mit denen nicht zu rechnen war oder wenn die Risiken herstellerseits durch mögliche und zumutbare Maßnahmen hätten vermieden, jedenfalls aber reduziert werden können.

Traditionell sind insoweit drei Fehlerkategorien zu unterscheiden, Fabrikations-, Konstruktions- und Instruktionsfehler. Der Fabrikationsfehler ist dadurch gekennzeichnet, daß ein Einzelstück von der geplanten Beschaffenheit in schadensträchtiger Weise abweicht und dadurch nicht den Sicherheitserwartungen entspricht. Ein Konstruktionsfehler ist anzunehmen, wenn das Produkt aufgrund seiner Konstruktion oder technischen Konzeption Sicherheitsaussagen des Herstellers nicht deckt oder wenn der Produzent ihm mögliche und zumutbare Maßnahmen der Risikominderung unterlassen hat. Die Besonderheit des Instruktionsfehlers liegt zuguterletzt darin, daß das Produkt als solches zwar im Hinblick auf den Gebrauchszweck fehlerfrei ist, gleichzeitig aber gefährliche Eigenschaften aufweist, die in seiner Bestimmung oder Natur begründet und unvermeidbar sind und die es notwendig machen, den Konsumenten über die bei unkorrekter Verwendung auftretenden Gefahren aufzuklären.

3) Das Haftungsprinzip

Wie bereits mehrfach angedeutet, sieht die Produkthaftungsrichtlinie eine vom Verschulden unabhängige Schadenshaftung des Warenherstellers vor[66]. Auswirkungen hat dies insbesondere im Bereich der Fabrikation. Dort war es den Herstellern vor dem Inkrafttreten der Richtlinie, wenn auch unter strengsten Bedingungen, möglich gewesen, sich zu exkulpieren, indem sie darlegten, daß sowohl der Produktionsablauf wie auch die Organisation der Produktkontrolle dem neuesten Stand der Technik entsprachen und nur ein vom Unternehmer nicht zu verhinderndes Einzelversagen der technischen Einrichtungen oder der Mitarbeiter vorlag[67]. Diese Exkulpationsmöglichkeit ist ihnen unter dem Regime der Richtlinie verwehrt.

---

[66] Art.1 PHR: „Der Hersteller eines Produkts haftet für den Schaden, der durch einen Fehler dieses Produkts verursacht worden ist."

[67] Sog. "Ausreißer".

4) Der Kreis der Haftpflichtigen

a) Der Produkthersteller

Produkthaftung ist in erster Linie Produzentenhaftung. Folgerichtig adressiert die Richtlinie als primären Haftungsschuldner die Hersteller von Waren und Produkten, worunter nach dem in Art.3 Abs.1 PHR niedergelegten Verständnis sowohl die Hersteller von Grund- und Teilprodukten wie die Endproduzenten zu verstehen sind. Damit wird den vielfältigen Funktionsteilungen der modernen Produktion Rechnung getragen. Richtigerweise bezieht sich die Fehlerprüfung dabei jeweils auf die vom konkreten Beklagten produzierte Einheit[68]. So hat der Endhersteller für die Sicherheit des kompletten Produkts einzustehen, der Zulieferer für die des von ihm gelieferten Teils. Entsprechend haftet letzterer nach Art.7 lit.f) PHR nicht, wenn er beweist, „...daß der Fehler durch die Konstruktion des Produkts, in welches das Teilprodukt eingearbeitet wurde, oder durch die Anleitungen des Herstellers des Produktes verursacht worden ist".

b) Quasi-Hersteller, Importeure und Vertriebshändler

Wie Hersteller behandelt die Produkthaftungsrichtlinie all die Personen[69], die nicht von ihnen produzierte Ware mit ihrem Namen oder einem sonstigen Erkennungszeichen versehen und damit bewußt den Anschein erwecken, selbst Hersteller zu sein[70]. Betroffen sind insbesondere Versandhäuser und Handelsketten, die Fremdprodukte in ihr Angebot aufnehmen und sich gegenüber dem Verbraucher wie Hersteller gerieren.

Unter das Haftungsregime der Richtlinie fallen ferner Importeure, die ein fehlerhaftes Produkt in die Europäische Union einführen[71]. Damit sollen all diejenigen Fälle haftungsrechtlich abgedeckt werden, in denen der Hersteller seinen Sitz außerhalb der EU hat und somit nicht unter das Recht der Union fällt. Für die Einfuhr von Waren innerhalb der EU haften die Importeure demgegenüber

---

[68] Vgl. auch die Gründe der PHR, wonach alle am Produktionsprozeß Beteiligten haften sollen, wenn das Endprodukt oder der von ihnen gelieferte Bestandteil bzw. Grundstoff fehlerhaft war.

[69] Sowohl natürliche wie auch juristische Personen; vgl. SCHMIDT-SALZER/HOLLMANN, Art.3, Rn.5.

[70] Sog. „Quasi-Hersteller", vgl. TASCHNER/FRIETSCH, EG-PHR, Art.3, Rn.13; kritisch PFEIFER, Produktfehler, S.243.

[71] Art.3 Abs.2 PHR; den Begriff des Imports umschreibt die Richtlinie mit „Einfuhr zum Zwecke des Vertriebs im Rahmen einer geschäftlichen Tätigkeit". Als Beispiele für den Vertrieb werden dabei Verkauf, Vermietung und Mietkauf genannt. Kritisch zum Umfang der Haftung des Importeurs: PFEIFER, Produktfehler, S.244.

nicht[72]. Der Richtliniengesetzgeber ist davon ausgegangen, daß die Haftung der im Inland ansässigen Produzenten und diejenige der Hersteller in anderen EU-Ländern gleichwertig sind[73]. Von der Haftung erfaßt werden aber sog. Reimporte, d.h. Produkte, die vormals in der EU hergestellt worden sind, dann aber, aus welchem Grund auch immer, zunächst in ein Nicht-EU-Land exportiert wurden[74].

Zuguterletzt kommt nach Art.3 Abs.3 PHR auch eine Haftung des Produktlieferanten in Betracht, allerdings nur dann, wenn es ihm nicht innerhalb einer angemessenen Frist gelingt, den Hersteller oder diejenige Person zu benennen, die ihm das Produkt geliefert hat. Durch diese - subsidiäre - Einbeziehung des Vertriebssystems in das Haftungsgefüge wird eine praxisrelevante Lücke geschlossen. Andernfalls nämlich würde dem Verbraucher das volle Risiko ihm nicht möglicher Feststellbarkeit des Herstellers aufgebürdet. Die „Auffanghaftung“[75] der Lieferanten stellt insoweit sicher, daß dem geschädigten Verbraucher in jedem Fall ein Schuldner innerhalb der Union zur Verfügung steht, und wenn es der Händler ist. Verständlich wird auf dieser Grundlage auch die Regelung des Art.3 Abs.3 S.2 PHR, wonach es für eine Entlastung des Lieferanten nicht immer ausreicht, den Hersteller zu benennen[76]; bei eingeführten Produkten bedarf es vielmehr der Benennung eines Haftpflichtigen in der EU.

5) Beweislast

Anders als ihre Entwürfe enthält die Richtlinie in Art.4 PHR eine explizite Regelung der Beweislast. Danach obliegt es dem Kläger, den Schaden, den Fehler und schließlich auch den ursächlichen Zusammenhang zwischen Fehler und Schaden zu beweisen. Er hat damit hinsichtlich aller drei haftungsbegründenden Tatsachen das volle Beweisrisiko zu tragen[77].

---

[72] Allerdings kommt eine Haftung als Lieferant gemäß Art.3 Abs.3 PHR in Betracht.

[73] Kritisch HÄGELE, Produkthaftung, S.30; zustimmend TASCHNER/FRIETSCH, EG-PHR, Art.3, Rn.20, der zwar auf die Forderungen der Verbraucherschutzverbände, den innergemeinschaftlichen Importeur ebenfalls einzubeziehen, eingeht, diese aber angesichts des innerhalb der EU vergleichbaren Sicherheitsstandards sowie der Rechtsverfolgungsmöglichkeiten als unbegründet ansieht.

[74] SCHMIDT-SALZER/HOLLMANN, EG-ProdH, Art.3, Rn.204 ff.

[75] Vgl. BARTL, Produkthaftung nach neuem EG-Recht, § 4, Rz.24.

[76] Art.3 Abs.3 S.2 PHR: „Dies (die Haftung des Lieferanten - Anm. des Verf.) gilt auch für eingeführte Produkte, wenn sich bei diesen der Importeur im Sinne des Absatz 2 nicht feststellen läßt, selbst wenn der Name des Herstellers angegeben ist.“

[77] Allerdings können im Rahmen dieser Grundregel durchaus Beweiserleichterungen - wie etwa in Deutschland der Beweis des ersten Anscheins - in Betracht kommen. Die Entscheidung hierüber liegt, ebenso wie die Beweiswürdigung selbst, in Händen der einzelstaatlichen Gerichte; siehe hierzu HOLLMANN, DB 1985, 2389, 2394.

6) Haftungsausschlußgründe

Die Reichweite der in Art.1 PHR festgeschriebenen Gefährdungshaftung wird erheblich durch Art.7 PHR mitbestimmt. Dieser enthält unter lit.a)-f) sechs enumerativ aufgezählte Entlastungsmöglichkeiten[78].

a) Nicht vom Hersteller in Verkehr gebrachtes Produkt

So greift die verschuldensunabhängige Haftung zu Lasten des Herstellers nicht, wenn er nachweist, daß er das Produkt nicht in den Verkehr gebracht hat. Die Haftungsverantwortung knüpft damit - sachgerecht - an die Gefahr an, die der Warenhersteller mit der Abgabe seines Produkts in den Geschäftsverkehr auslöst. Erfolgt dieselbe ohne sein Wissen, soll er nicht zur Rechenschaft gezogen werden können. Ausgeklammert werden damit in erster Linie unterschlagene, gestohlene oder sonst ohne Zutun des Herstellers in die Verteilungskette gelangte Produkte[79]. Hierunter fallen auch im Wege der Produktpiraterie oder durch sonstige rechtswidrige Nachahmung Dritter entstandene Produkte[80].

b) Nichtvorliegen des Fehlers bei Inverkehrbringen des Produkts

Eine weitere Entlastungsmöglichkeit für den Hersteller liegt in dem Nachweis, daß der Fehler, der den Schaden verursacht hat, (noch) nicht vorlag, als das Produkt von ihm in Verkehr gebracht wurde[81]. Die in dieser Beweisregel enthaltene Vermutung beinhaltet allerdings zugleich eine erhebliche Haftungsverschärfung für den Hersteller[82]. So haftet er auch dann, wenn ein Fehler erst lange Zeit nach der Herstellung festgestellt wird, es sei denn, er kann den Beweis führen, daß er zum Zeitpunkt des Inverkehrbringens noch nicht existierte oder erst danach entstanden ist.

Im Rahmen des Entlastungsbeweises wird dem Hersteller eine, wenn auch nur geringe Beweiserleichterung zugestanden. So muß er nicht den in praxi ohnehin kaum zu führenden vollen Beweis erbringen, sondern es reicht aus, wenn er

---

[78] Im Richtlinienentwurf waren demgegenüber lediglich 3 Entlastungsmöglichkeiten vorgesehen.

[79] Siehe auch die Erläuterungen zum Entwurf 1976, ABl. EG Nr. C 241 v. 14.10.1976, S.16.

[80] Infolge der Beweislastverteilung kann es hier allerdings zu erheblichen Beweisschwierigkeiten für den Hersteller kommen, nämlich dann, wenn sich Plagiat und Produkt kaum mehr unterscheiden lassen.

[81] Art.7 lit.b) PHR.

[82] Vorher galt in allen nationalen europäischen Rechten der Grundsatz, daß der Kläger - wenn auch mit erheblichen Erleichterungen - den Beweis führen mußte, daß der Fehler einer Sache seinen Ursprung im Produktionsbereich des Herstellers hat und somit von ihm verursacht wurde.

Umstände[83] dartut und beweist, die mit hoher Wahrscheinlichkeit[84] darauf schließen lassen, daß der Fehler zum Zeitpunkt, als das Produkt in den Verkehr gebracht wurde, (noch) nicht vorlag oder später entstanden ist[85]. Letztlich ist darin ein im Hinblick auf die Interessenlage durchaus sachgerechter Kompromiß zwischen einer Beweislastverteilung zu Lasten des Geschädigten bzw. allein zu Lasten des Herstellers zu sehen[86].

c) Nicht für den Verkauf hergestelltes Produkt

Nach Art.7 lit.c) PHR kommt eine Haftung des Produzenten weiter dann nicht in Betracht, wenn er den Beweis führt, daß er das Produkt weder für den Verkauf oder eine andere Form des Vertriebs mit wirtschaftlichem Zweck hergestellt noch im Rahmen seiner beruflichen Tätigkeit produziert oder vertrieben hat[87]. Da beide Bedingungen kumulativ gegeben sein müssen, ist insoweit lediglich der seltene Ausnahmefall betroffen, daß der Hersteller ein Erzeugnis ausschließlich für seine eigenen privaten Zwecke und ohne die Absicht der Gewinnerzielung hergestellt hat[88].

d) Fehler infolge der Einhaltung zwingender Rechtsnormen

Eine Ausnahme von der Haftung ist gemäß Art.7 lit.d) PHR ferner dann gegeben, wenn der Hersteller nachweist, daß der Fehler seines Produkts auf der Einhaltung verbindlicher, hoheitlich erlassener Normen beruht. Hiermit soll die abstrakt vorhandene Zwangslage für den Hersteller zwischen Ungehorsam gegenüber der Obrigkeit und Haftung vermieden werden[89]. Für eine Haftungsbefreiung reicht es allerdings nicht aus, darzutun und zu belegen, daß ein Produkt normgerecht hergestellt wurde; erforderlich ist vielmehr der Nachweis, daß gerade die Einhaltung einer verbindlichen Norm den Fehler hervorgerufen hat. Da unter diese ausschließlich Gesetze und Verordnungen und nicht reine Normierungsvorschriften, wie etwa DIN-Normen zu fassen sind[90], beschränkt sich der Anwendungsbereich

---

[83] Z.B. Art und Intensität des Einsatzes, Zeitspanne zwischen Schadenseintritt und Inverkehrbringen, Dokumentation der Fabrikation etc.

[84] Klarstellend insoweit die englische Fassung: "Is it probable that the defect...did not exist..."

[85] Vgl. TASCHNER/FRIETSCH, EG-PHR, Art.7, Rn.13; SCHMIDT-SALZER, EG-ProdH, Art.7, Rn.51.

[86] So auch TASCHNER/FRIETSCH, EG-PHR, Art.7, Rn.12, 13; SCHMIDT-SALZER, EG-ProdH, Art.7, Rn.52.

[87] Art.7 lit.c) PHR.

[88] TASCHNER/FRIETSCH, EG-PHR, Art.7, Rn.19.

[89] So auch TASCHNER/FRIETSCH, EG-PHR, Art.7, Rn. 23, 26.

[90] HOLLMANN, DB 1985, 2389, 2395; TASCHNER/FRIETSCH, EG-PHR, Art.7, Rn.26.

des Art.7 lit.d) auf die seltenen Fälle, in denen der Staat Hersteller zu einer festgelegten Produktionsweise zwingt[91].

e) Fehlende Erkenntnismöglichkeit nach dem Stand von Wissenschaft und Technik

Die wohl meistdiskutierte Entlastungsmöglichkeit für den Hersteller ist in Art.7 lit.e) PHR festgeschrieben. Danach entfällt seine Haftung, wenn er nachweist, daß der vorhandene Fehler nach dem Stand von Wissenschaft und Technik zu der Zeit, als das Produkt in den Verkehr gebracht wurde, nicht erkannt werden konnte.

Die Frage der Aufnahme der sogenannten „*state of the art-defense*" gehörte von Anfang an zu den umstrittensten Punkten der Richtlinie[92]. So hatte noch der Vorschlag von 1979 eine Haftung des Herstellers auch für Entwicklungsrisiken vorgesehen[93]. Begründet wurde dies hauptsächlich damit, daß andernfalls allein der Verbraucher mit dem Risiko unbekannter Gefahren belastet würde[94]. Kritiker hielten dieser Argumentation entgegen, daß auch die Übertragung des Entwicklungsrisikos auf den Hersteller keine gerechten Ergebnisse herbeiführe und sich darüberhinaus infolge der Verschärfung der Haftung negativ auf die Innovationsfreudigkeit und den unternehmerischen Wagemut auswirke[95].

Auf Anregung des Europäischen Parlaments[96] wurde schließlich in der Endfassung unter Berücksichtigung aller Argumente eine konsensfähige Kompromißlösung gefunden. Danach ist eine Haftung für Entwicklungsrisiken zwar ausgeschlossen; es besteht jedoch gemäß Art.15 Abs.1 lit.b) PHR die Möglichkeit für alle Mitgliedsstaaten, von Art.7 lit.e) PHR abweichende Regelungen beizubehalten[97] oder zu erlassen[98].

---

91 Vgl. TASCHNER/FRIETSCH, EG-PHR, Art.7, Rn.28.

92 SCHLECHTRIEM, VersR 1986, 1033, 1037.

93 ABl. EG 1979 C 271, S.3: „Der Hersteller haftet auch dann, wenn die Sache nach dem Stand von Wissenschaft und Technik in dem Zeitpunkt, in dem er sie in Verkehr brachte, nicht als fehlerhaft angesehen wurde."; vgl. auch BEHRENS, Produkthaftung, S.139.

94 Vgl. den Vorschlag der Kommission ABl. EG 1976 C 241 (14.10.1976), S.9.

95 WILL, Quellen erhöhter Gefahr, S.36.

96 Zur Entwicklung der Bestimmungen der PHR als Grundlage für das nationale deutsche Recht TASCHNER/FRIETSCH, EG-PHR, Art.7, Rn.49 mit Verweis auf den Calewaert-Bericht (Art.1 Abs.1 S.6 und die Erläuterungen Ziff.19 S.16); vgl. zur Entstehungsgeschichte auch SCHMIDT-SALZER, EG-ProdH, Art.7, Rn.140 ff; HOLLMANN, DB 1985, 2389, 2395.

97 Die Möglichkeit der Beibehaltung nationaler Regelungen wurde in erster Linie im Hinblick auf die zum Zeitpunkt der Verabschiedung der Richtlinie bereits bestehende gesetzliche Regelung des § 84 S.2 Nr.1 des deutschen Arzneimittelgesetzes eingeräumt.

Die Bedeutung der *state of the art-defense* ist nicht unerheblich, eröffnet sie doch die Möglichkeit der Freizeichnung der Haftung für Schäden durch sog. „Entwicklungsfehler". Allerdings birgt die Regelung des Art.7 lit.e) PHR etliche Auslegungsprobleme in sich.

Unklar ist zunächst schon der Begriff des Standes der Wissenschaft und Technik. Nach dem Wortlaut will Art.7 lit.e) PHR darunter offensichtlich einen einheitlichen Beurteilungsstandard verstanden wissen. Es reicht demzufolge nicht aus, Wissenschaft bzw. Technik lediglich alternativ heranzuziehen[99]. Vielmehr ist kumulativ die Gesamtheit des gesicherten wissenschaftlichen und technischen Gesamtwissens gemeint[100]. Diese ist objektiv zu beurteilen und setzt voraus, daß eine entsprechende Erkenntnis überhaupt gewonnen ist und sich unter Fachleuten allgemein durchgesetzt hat[101]. Abweichende Einzelauffassungen sind demnach nicht zu berücksichtigen[102].

Problematisch ist weiter, ob sich der Hersteller im Rahmen der *state of the art-defense* spezielles Sonderwissen zurechnen lassen muß, das noch nicht allgemein anerkannt ist. Teleologisch betrachtet spricht viel dafür[103]. So ist nicht einzusehen, warum gewonnene Erkenntnisse nur deshalb außen vor gelassen werden sollten, weil sie sich noch nicht zu einer allgemeinen Linie verfestigt haben[104].

Eine letzte Schwierigkeit liegt am Ende darin, daß international gesehen kein einheitlicher Standard von Wissenschaft und Technik existiert. Selbst innerhalb der EU bestehen insoweit erhebliche Unterschiede, was letztenendes auch eine divergierende Rechtsprechung zur Folge haben dürfte. Entgegen dem ersten Anschein sollte dieses Gefälle multinational operierenden Unternehmen indes kaum Vorteile bringen; sie haben sich stets an dem höchsten in ihrem Aktionsgebiet erreichbaren Standard messen zu lassen[105].

---

98 Die Neuregelung ist nur vorbehaltlich des formellen Verfahrens nach Art. 15 Abs.2 PHR möglich.

99 Die Berufung auf die „bewährte Praxis" allein reicht demnach nicht aus.

100 Vgl. hierzu auch BEHRENS, Produkthaftung, S.151; TASCHNER/FRIETSCH, EG-PHR, Art.7, Rn.43.

101 Vgl. hierzu PFEIFER, Produktfehler, der von einem objektiven und von einem quantitativ--subjektiven Element spricht, S.86 ff.

102 Zutreffend TASCHNER/FRIETSCH, EG-PHR, Art.7, Rn.43; a.A. BRÜGGEMEYER/REICH, WM 1986, 149, 153.

103 Anders SCHMIDT-SALZER, EG-ProdH, Art.7, Rn.142, 146.

104 Ebenso BEHRENS, Produkthaftung, S.152.

105 So auch TASCHNER/FRIETSCH, EG-PHR, Art.7, Rn.43.

f) Zuliefererhaftung

Die letzte in Art.7 PHR vorgesehene Entlastungsmöglichkeit wurde bereits weiter oben kurz angesprochen. Sie betrifft die Zuliefererhaftung und sieht vor, daß der Hersteller eines Teilprodukts nicht haftet, wenn er nachweist, daß der Fehler durch die Konstruktion des Produktes, in welches das Teilprodukt eingearbeitet wurde, oder durch die Anleitung des Endproduzenten verursacht worden ist[106].

g) Ungeschriebene Haftungsausschlußgründe ?

In Anbetracht der doch stattlichen Zahl von in der Richtlinie vorgesehenen Entlastungsgründen stellt sich am Ende die Frage, ob darüberhinausgehend ungeschriebene Haftungsausschlußgründe existieren. Zu denken ist dabei insbesondere an die sog. „höhere Gewalt." Darunter versteht man nach allgemeiner und anerkannter Definition betriebsfremde und von außen durch elementare Naturkräfte oder durch Handlungen dritter Personen herbeigeführte Ereignisse, die nach menschlicher Einsicht und Erfahrung unvorhersehbar sind und die mit wirtschaftlich erträglichen Mitteln auch durch äußerste nach der Sachlage vernünftigerweise zu erwartende Sorgfalt nicht verhütet oder unschädlich gemacht werden können[107].

Anders als noch im ersten Richtlinienvorschlag hat man sich dieses Gedankens weder im Entwurf von 1979 noch in der Endfassung der Richtlinie ausdrücklich angenommen. Dies indes nicht deshalb, weil man ihn nicht berücksichtigen wollte; vielmehr wurde eine explizite Regelung für obsolet erachtet, da die Einwendung der höheren Gewalt in allen Mitgliedstaaten als Verteidigungsmittel der Hersteller vorgesehen war und ist[108]. Die Berufung auf höhere Gewalt stellt damit ohne weiteres ein taugliches Verteidigungsmittel dar.

7) Schadensbegriff und Haftungsumfang

a) Schadensbegriff

Der Begriff des Schadens wird in Art.9 PHR näher beschrieben und sieht unter lit.a) zunächst die Wiedergutmachung von Einbußen vor, die durch Tod und Körperverletzungen verursacht werden. Daneben werden in lit.b) Beschädigungen an Sachen erfaßt, allerdings mit der Einschränkung, daß sie zum privaten Ge- oder Verbrauch bestimmt und vom Geschädigten auch dementsprechend verwendet

---

[106] Art.7 lit.f) PHR.

[107] So schon das RG, JW 1918, 176; vgl. auch BGHZ 62, 351.

[108] Vgl. hierzu auch BT-Drucks.7/5812, S.9.

worden sind. Ausdrücklich ausgenommen werden Schäden am fehlerhaften Produkt selbst[109]. Zwecks Vermeidung einer allzu großen Zahl gerichtlicher Streitfälle gilt für alle Sachschäden zudem eine Selbstbeteiligung des Geschädigten in Höhe von 500 ECU[110].

b) Begrenzung der Haftung durch Haftungshöchstbeträge

Lange im Streit war die Frage, ob die Haftung nach der Richtlinie mit einer Höchstgrenze versehen werden sollte. Dies war - gegen die Mehrheit im Rat - insbesondere von deutscher Seite vehement gefordert worden[111]. Nachdem sich dieser Forderung später dann auch Irland, Dänemark und Griechenland angeschlossen hatten[112], rang man sich schließlich zu einem Kompromiß durch, der in Art.16 der Richtlinie seinen Niederschlag gefunden hat. Danach ist allen Mitgliedstaaten die Möglichkeit eröffnet, die Gesamthaftung für Schäden summenmäßig zu begrenzen[113]. Dies gilt allerdings nur für Schäden infolge von Tod oder Körperverletzung, nicht für Sachschäden.

c) Immaterieller Schaden

Im Gegensatz zum Änderungsvorschlag von 1979[114] sieht die Endfassung der Produkthaftungsrichtlinie keinen Anspruch auf Schmerzensgeld und „andere immaterielle Schäden" mehr vor. Vielmehr wird die Frage des Ersatzes solcher Schäden in Art.9 Abs.2 PHR ausdrücklich den einzelstaatlichen Rechten zugewiesen[115].

8) Mitverschulden des Geschädigten und Handlungen Dritter

Nach Art.8 Abs.2 PHR kann die Haftung des Herstellers unter Berücksichtigung aller Umstände gemindert werden bzw. ganz entfallen, wenn der Schaden durch einen Fehler des Produkts und zugleich durch ein Verschulden des Geschädigten oder einer Person, für die der Geschädigte einzustehen hat, verursacht worden ist. Damit wurde der althergebrachte Grundsatz übernommen, daß mitwirkendes Verschulden des Geschädigten zu berücksichtigen ist.

---

[109] Art.9 lit.b) PHR.

[110] Vgl. hierzu auch Nr.9 der Erwägungsgründe zur Richtlinie.

[111] Siehe hierzu HOLLMANN, DB 1985, 2439.

[112] Zu erwähnen ist allerdings, daß all diese Länder für die Einführung einer Haftung für Entwicklungsschäden votierten; vgl. PFEIFER, Produktfehler, S.233.

[113] Nach Art.16 Abs.1 PHR darf der Höchstbetrag nicht unter 70 Millionen ECU liegen.

[114] Zu dessen Art.9 lit.c) SCHMIDT-SALZER, EG-ProdH, Art.9, Rn. 2.

[115] Vgl. TASCHNER/FRIETSCH, EG-PHR, Art.9, Rn.20; LORENZ, ZHR 151 (1987), 33.

Demgegenüber soll es gemäß Art.8 Abs.1 PHR keine Auswirkung auf den Umfang der Haftung des Herstellers haben, wenn der Schaden durch einen Fehler des Produkts und zugleich durch die Handlung eines Dritten verursacht worden ist. In solchen Fällen unterliegt der Hersteller im Verhältnis zum Geschädigten der strengen, verschuldensunabhängigen Haftung und muß versuchen, sich im Wege des einzelstaatlichen Rückgriffsrechts beim Dritten zu erholen[116].

9) Die Haftung mehrerer

Art.5 PHR regelt die Haftung mehrerer dergestalt, daß sämtliche Produkthaftpflichtige gesamtschuldnerisch und damit im Verhältnis zum Geschädigten in voller Höhe einzustehen haben. Dadurch wird dieser von der Schwierigkeit befreit, den jeweiligen Schadensanteil der einzelnen Beteilig müssen[117]. Er kann sich vielmehr - nach seiner Wahl - an den Leistungsfähigsten halten[118].

Die Frage des Innenausgleichs, d.h. der Rückgriffsmöglichkeiten eines oder mehrerer in Anspruch genommener Gesamtschuldner beantwortet die Richtlinie nicht, sondern überläßt sie den nationalen Gesetzgebern[119]. Daß sich dadurch in den einzelnen Mitgliedsstaaten unterschiedliche Belastungen ergeben können, ist nicht unproblematisch, wurde vom Gemeinschaftsgesetzgeber aber bewußt hingenommen[120].

10) Verbot der Freizeichnung

Gemäß Art.12 PHR dürfen Schadensersatzansprüche nach der Produkthaftungsrichtlinie im Verhältnis zum Verbraucher weder durch individuell vereinbarte vertragliche Haftungsausschlüsse noch durch Haftungsbegrenzungen in Allgemeinen Geschäftsbedingungen beschränkt oder ausgeschlossen werden. Mit dieser Regelung wird die Dispositionsfreiheit des Herstellers und ihm haftungsmäßig gleichgestellter Personen gegenüber dem Geschädigten umfassend eingeschränkt. Unzulässig ist auch eine zu Lasten des Geschädigten getroffene Vereinbarung zwischen verschiedenen Herstellern, wonach zur Umgehung der gesetzlich festgelegten gesamtschuldnerischen Haftung aller Hersteller nur ein bestimmter vom Geschädigten in Anspruch genommen werden soll[121].

---

116 Zur Frage des Regresses vgl. Art.5 PHR.

117 Vgl. hierzu TASCHNER/FRIETSCH, EG-PHR, Art.5, Rn.1.

118 SCHMIDT-SALZER, EG-ProdH, Art 5, Rn.2.

119 Art.5 PHR: „...unbeschadet des einzelstaatlichen Rückgriffsrechts...“.

120 Vgl. hierzu TASCHNER/FRIETSCH, EG-PHR, Art.5, Rn.4.

121 Vgl. HOLLMANN, DB 1985, 2439, 2441.

Zu beachten ist allerdings, daß das Verbot der Haftungsbefreiung bzw. -beschränkung nur für Regelungen gilt, die im voraus getroffen werden. Vereinbarungen nach Eintritt des Schadensfalls, etwa zur Regulierung durch Vergleich, bleiben ohne weiteres möglich.

11) Zeitliche Haftungsbegrenzung

a) Verjährung

Art.10 PHR gibt den Mitgliedstaaten auf, sicherzustellen, daß aus dem Produkthaftungsrecht hergeleitete Schadensersatzansprüche innerhalb von drei Jahren ab dem Zeitpunkt verjähren, in dem der Ersatzberechtigte von dem Schaden, dem Fehler und der Identität des Herstellers Kenntnis erlangt oder hätte erlangen müssen. Beachtenswert an dieser Regelung ist insbesondere, daß die Verjährungsfrist bereits bei fahrlässiger Unkenntnis der Verjährungsvoraussetzungen zu laufen beginnt[122]; hierdurch wird dem Geschädigten ein hoher Sorgfaltsmaßstab auferlegt. Hinsichtlich der Frage der Hemmung und Unterbrechung verweist die Richtlinie auf die jeweiligen Vorschriften der einzelnen Mitgliedsstaaten[123].

b) Ausschluß der Haftung

Neben der Regelung der Verjährung sieht die PHR in Art.11 PHR zusätzlich eine Ausschlußfrist vor. Danach erlöschen sämtliche dem Geschädigten aus der Richtlinie erwachsenden Ansprüche nach Ablauf einer Frist von zehn Jahren ab dem Zeitpunkt, in dem der Hersteller[124] das Produkt, das den Schaden verursacht hat, in den Verkehr gebracht hat. Durch den handlungsbezogenen Beginn der Frist ergeben sich unterschiedliche Laufzeiten für die jeweils in Betracht kommenden Haftungsadressaten. So haftet etwa der Lieferant - von wenigen denkbaren Ausnahmefällen abgesehen - länger als der Hersteller.

---

[122] Nach der Regelung des deutschen BGB beginnt die Verjährungsfrist immer erst bei „positiver Kenntnis" zu laufen; vgl. PALANDT-THOMAS, § 852, Rn.8-14.

[123] Art.10 Abs.2 PHR.

[124] Der Begriff „Hersteller" ist hier aus teleologischen Gründen weit zu verstehen: gemeint sind alle nach der PHR Haftpflichtigen, also auch „Quasi"-Hersteller, Importeure und Lieferanten., TASCHNER/FRIETSCH, EG-PHR, Art.11, Rn.6.

12) Ersatzansprüche aus anderen Rechtsgründen

Gemäß Art.13 PHR läßt die Produkthaftungsrichtlinie schließlich einzelstaatliche Ersatzansprüche des/der Geschädigten aus anderen Rechtsgründen unberührt. Dies bedeutet, daß neben dem in der Richtlinie verankerten verschuldensunabhängigen Anspruch auch vertragliche oder andere deliktische Ansprüche geltend gemacht werden können.

III) Bewertung und weitere Harmonisierungsbestrebungen

Keineswegs überraschend hat die Richtlinie ihr Ziel der vollständigen Rechtsangleichung im Vertragsgebiet nicht vollumfänglich erreichen können. Die Gründe hierfür sind vorrangig in den in ihr enthaltenen Abweichungsmöglichkeiten[125] zu suchen, deren Ausübung tatsächlich zu einer nicht unerheblichen Rechtsvielfalt geführt hat[126]. Trotz dieser Defizite überwiegt aber deutlich der Erfolg der Richtlinie[127]. So sind ihre wesentlichen Inhalte längst zu europäischem Gemeingut geworden. Überdies existieren deutliche Signale im Hinblick auf eine weitere Harmonisierung. Den ersten Schritt in diese Richtung hat die Union mit der Streichung der Privilegierung landwirtschaftlicher Erzeugnisse bereits getan. Daneben wird aber auch die Optionslösung bezüglich der Entwicklungsrisiken zunehmend in Frage gestellt[128].

---

[125] Dies sind insbesondere die mögliche Erstreckung der Haftung auf Entwicklungsrisiken (Art.15 lit.b) und die Frage der Einführung einer der Höhe nach unbegrenzten Haftung für Personenschäden (Art.16); daneben ist zu beachten, daß sich der Ersatz von Schmerzensgeld und anderen immateriellen Schäden ebenso nach dem jeweiligen nationalen Recht (Art.8) richtet wie die Hemmung oder Unterbrechung der Verjährung (Art.10); schließlich kann zu unterschiedlichen Ergebnissen führen, daß das vertragliche und außervertragliche Haftungsrecht der Mitgliedsstaaten neben der Haftung auf Grund der Richtlinie parallel weiter gilt (Art.13).

[126] So haben beispielsweise Luxemburg, Finnland und Norwegen von der Möglichkeit Gebrauch gemacht, eine Haftung für Entwicklungsrisiken einzuführen; eine Haftungshöchstgrenze für Personenschäden wurde in Deutschland, Portugal und Spanien eingeführt; vgl. hierzu näher HILL-ARNING, Produkthaftung in Europa, S.18; HOHLOCH, ZEuP 1994, 408, 421, TASCHNER, PHI 1997, 68, 69.

[127] Vgl. TASCHNER, PHI 1997, 68, 69; VON BAR bezeichnet die Richtlinie als den „bislang größten haftungsrechtlichen Rechtsangleichungserfolg in der Europäischen Union", Europ. Deliktsrecht, § 4, Rz.393.

[128] BÖHMEKE-TILLMANN, Entwicklungsrisiken, S.103; HAGER, JZ 1990, 397, 407.

C: Der Stand der Umwelthaftung in der Europäischen Union

Im Gegensatz zur Produkthaftung existiert bis heute keine unionsweite Regelung der Umwelthaftung. Gearbeitet wird daran allerdings bereits seit vielen Jahren.

I) Bisherige Rechtsentwicklung

So wurde die Europäische Kommission bereits im Jahre 1984 mit der Ausarbeitung eines gemeinschaftseinheitlichen Umwelthaftungsgesetzes beauftragt.

Vorangegangen war dem die Empfehlung des Rates in der Richtlinie 84/631/EWG[129], Abfallerzeuger und alle sonstigen Personen, die für Schäden durch die Verbringung gefährlicher Abfälle verantwortlich sind, zivilrechtlich haftbar zu machen. Nachdem dann sowohl der Rat[130] wie das Europäische Parlament[131] nach der Sandoz-Katastrophe[132] nochmals ihre Forderung bekräftigt hatten, geeignete Vorschläge für Haftungsregeln bei Umweltbeeinträchtigungen vorzulegen und auch das 1987 veröffentlichte Vierte Aktionsprogramm der EG für den Umweltschutz eindringlich auf die Notwendigkeit der Schaffung einer gemeinschaftsgleichen und verursacherorientierten Umwelthaftung[133] hinwies, nahm sich die Kommission dieser Aufgabe schließlich an und legte am 1.September 1989 einen von ihr ausgearbeiteten Vorschlag für eine Richtlinie über die zivilrechtliche Haftung für durch Abfälle entstandene Schäden vor[134]. Nach Klärung einer ganzen Reihe von Streitpunkten, die teilweise sogar zu einer Blockade der Beratungen durch das Europäische Parlament führten, beschloß der Rat diesen Vorschlag am 22.November 1990 gemäß Art.100a Abs.1, 149 Abs.2 EWGV mit Änderungen und gab so den Weg für weitere Beratungen frei[135]. Diese mündeten bereits ein halbes Jahr später in einen zweiten, geänderten Richtlinienvorschlag[136], der allerdings vom Rat aus politischen Gründen bis zum heutigen Tage nicht angenommen worden ist[137].

---

[129] Art.11 Abs.3 der Richtlinie des Rates v. 6.12.84 über die Überwachung und Kontrolle der grenzüberschreitenden Verbringung gefährlicher Stoffe, 84/631/EWG, ABl. EG 1984 L 326 (13.12.1984), S.31.

[130] Vgl. EG-Bull. 11-1986, S.64, Nr.2.1.146.; zur Entwicklung der EG/EU-Umwelthaftungsinitiativen SEIBT, PHI 1993, 124 ff.

[131] Dok. B2-1259/86, ABl. EG 1987 C7/118 (12.1.1987), Nr.2 lit.e).

[132] Siehe weiter oben im ersten Teil, Fn.15.

[133] Vgl. ABl. EG 1987 C 328/15 (7.12.1987), Nr.2 lit.e).

[134] KOM (89) 282 endg.-SYN 217, ABl. EG 1989 C 251/3 (4.10.1989).

[135] Dok.PE 146.824, ABl. EG 1990, C 324/248 (24.12.1990).

[136] KOM (91) 219 endg.- SYN 217, ABl. EG 1991 C 192/6 (23.7.1991).

[137] Hauptursache hierfür war und ist die Uneinigkeit der Mitgliedstaaten im Hinblick auf die scharfe Haftung des Vorschlags, die etlichen zu weit ging. Hinzu kamen die wirtschaftliche Rezession in Europa sowie die diesbezüglich erfolgreichen Bemühungen des Europarats um

Um die Diskussion über das Umwelthaftungsrecht als Instrument der Vermeidung und Sanierung von Umweltschäden von neuem anzustoßen, legte die Kommission zwei Jahre später, im Juni 1993, ein Grünbuch[138] über die Sanierung von Umweltschäden[139] vor, das eine intensive Auseinandersetzung mit den bisherigen Entwürfen und Erfahrungen beinhaltet.

Praktisch zeitgleich veröffentlichte der Europarat eine von ihm erarbeitete Konvention über die zivilrechtliche Haftung für Schäden, die von umweltgefährlichen Aktivitäten herrühren[140]. Die Konvention knüpft die Eintrittsverpflichtung an den Umgang mit nicht abschließend definierten gefährlichen Stoffen und enthält im Gegensatz zum Grünbuch eine fertige haftungsrechtliche Konzeption.

Den Schlußpunkt der bisherigen Entwicklung bildet der Entschließungsantrag B3-0473/93 des Europäischen Parlaments[141], in dem die Kommission nochmals aufgefordert wird, einen Richtlinienentwurf zur Regelung der Haftung für (künftige) Umweltschäden vorzulegen; zudem wird zu vielen offenen Fragen der europäischen Umwelthaftung Stellung bezogen.

Wie bereits ausgeführt, hat bis dato keine dieser Initiativen zu einer EU-weit einheitlichen oder wenigstens angeglichenen Gesamtregelung der Umwelthaftung geführt.

II) Regelungsentwürfe und Ansätze

Um dennoch einen Einblick in die insoweit relevanten Problemstellungen zu erhalten und Entwicklungslinien und Tendenzen innerhalb der EU greifbar zu machen, soll nachfolgend ein näherer Blick auf die einzelnen Entwürfe und Konzepte geworfen werden.

---

eine gesamteuropäische Kodifikation; vgl. SEIBT, PHI 1993, 124, 128; der Richtlinienvorschlag ist allerdings bis zum heutigen Tage nicht zurückgenommen worden.

138 Der Begriff „Grünbuch" stammt aus der englischen Verfassungspraxis (sog. „green papers") und charakterisiert Vorbereitungspapiere zu Gesetzesvorhaben.

139 Mitteilung der Kommission an den Rat und das Europäische Parlament und den Wirtschafts- und Sozialausschuß: Grünbuch über die Sanierung von Umweltschäden, KOM (93) 47 endg. 14.5.1993; vgl. hierzu HULST/KLINGE VAN ROOIJ, PHI 1994, 108 ff.; SEIBT, PHI 1993, 124 ff.

140 „Draft Convention on Civil Liability for Damage Resulting from Activities Dangerous to the Environment"; dt. Übersetzung in PHI 1993, 196-202, 211-217.

141 Entschließungsantrag B3-0473/93 des Ausschusses für Umweltfragen, Volksgesundheit und Verbraucherschutz, Bericht 1994, 8 ff.

1) Der Kommissionsvorschlag für eine Abfallhaftungsrichtlinie der Europäischen Gemeinschaften in der geänderten Fassung vom 28.6. 1991

a) Ziele

Der Vorschlag der Kommission[142] verfolgt im wesentlichen drei Hauptziele: An erster Stelle steht die Rechtsangleichung und, damit verbunden, die Vermeidung von Ungerechtigkeiten innerhalb des Binnenmarktes. Gleichgestellt soll zweitens das in Art.130r Abs. 2 EWGV festgeschriebene Verursacherprinzip durchgesetzt werden, indem all diejenigen Personen haftungsrechtlich in die Pflicht genommen werden, die für das Aufkommen von Abfällen verantwortlich zeichnen. Drittens und letztens zielt der Entwurf durch die Möglichkeit der Geltendmachung von Unterlassungsansprüchen sowie sonstiger vorbeugender Maßnahmen unmittelbar auf die Verwirklichung des Vorsorgeprinzips[143].

b) Rechtsgrundlage

Der Richtlinienentwurf basiert richtigerweise auf Art.100a des EWGV, der es ermöglicht, einzelstaatliche Rechtsvorschriften anzugleichen, „die die Errichtung und das Funktionieren des Binnenmarktes zum Gegenstand haben". Unbestritten können unterschiedliche zivilrechtliche Umwelthaftungsvorschriften in den Mitgliedstaaten zu Ungerechtigkeiten innerhalb des Marktes führen, etwa wenn in einigen Staaten für Umweltbeeinträchtigungen Schadensersatz zu leisten ist und in anderen nicht[144]. Um insoweit ungewollte Investitions- und Abfallströme in die Mitgliedstaaten, in denen die Haftungsvorschriften am unternehmensfreundlichsten sind, und Unterschiede im Schutzniveau der menschlichen Gesundheit und der Umweltgüter zu vermeiden, bedarf es der Harmonisierung der einzelnen mitgliedstaatlichen Umwelthaftungsregulative[145].

---

[142] Nachfolgend kurz RLVA.

[143] Siehe hierzu weiter unten C II 1) i) bb), S.36; Unterlassungsansprüche waren im ersten Richtlinienentwurf von 1989 noch nicht vorgesehen.

[144] Vgl. hierzu die Darlegung der Gründe für den Richtlinienvorschlag, KOM (89) endg.- SYN 217 v. 15.9.1989, S.1; diesbezüglich kritisch der Wirtschafts- und Sozialausschuß, ABl. EG 1990 C 112/3 (7.5.1990), Nr.2.1: „Angesichts ihrer Zielsetzung ist die Anwendung von Art.100a jedoch nicht gerechtfertigt; unter den gegebenen Umständen sollte sich die Kommission vielmehr auf die Art.130r und 130s EWGV stützen".

[145] Dritter Erwägungsgrund für den Vorschlag für eine Richtlinie des Rates über die zivilrechtliche Haftung für die durch Abfälle verursachten Schäden, KOM (89) endg.- SYN 217 v. 15.9.1989, S.1.

c) Anwendungsbereich und Haftungsobjekt

Der Richtlinienentwurf sieht in Art.1 eine zivilrechtliche Haftung für Schäden und Umweltbeeinträchtigungen aus gewerblich entstandenen Abfällen vor[146]. Nicht in den Anwendungsbereich fallen demzufolge private Haushaltsabfälle und Abwässer, wohl aber Abfälle, die von Handlungen des Staates oder der Gemeinden herrühren[147]. Ausdrücklich ausgenommen werden Nuklear- und Ölabfälle, soweit sie unter die einschlägigen internationalen Abkommen fallen[148].

Den Begriff „Abfall" umschreibt Art.2 Abs.1 lit.a) RLVA mit Stoffen und Gegenständen, deren sich der Besitzer entledigt, entledigen will oder muß und die im Anhang I der Richtlinie 75/442/EWG gruppenmäßig aufgeführt sind[149]. Damit gilt nicht nur der weite, kumulativ subjektive und objektive Abfallbegriff[150]; es werden darüberhinaus alle Stoffe und Gegenstände fester, flüssiger oder gasförmiger Form erfaßt[151]. Aufgrund dieser Anwendungsbreite ist der Richtlinienvorschlag verschiedentlich - nicht ganz zu Unrecht - als erstes umfassendes europäisches Umwelthaftungsgesetz bezeichnet worden[152].

---

[146] JAYME, IPRax 1992, 338; anders als im deutschen Recht ist das Attribut „gewerblich" weder im EWG-Vertrag noch in sonstigen europäischen Vertragswerken dahingehend bestimmt, daß freiberufliche Tätigkeiten ausgeschlossen werden; gemeint sein dürfte damit jede abfallrelevante Tätigkeit, die gewinnbezogen entfaltet wird; insoweit ist die freiberufliche Tätigkeit miteinzubeziehen; vgl. hierzu HAGER, UTR 1991, 149, 150; ebenfalls für die Einbeziehung freiberuflicher Tätigkeit votiert SALJE, DB 1990, 2053, 2054.

[147] Dies gilt insbesondere für Abfallentsorgungs- und Abfallbehandlungsanlagen, die von der öffentlichen Hand betrieben werden; darin liegt kein Widerspruch zum EWG-Vertrag mit seiner wirtschaftsrechtlichen Zielsetzung, da Abfallentsorgung nicht zum Kernbereich hoheitlicher Staatstätigkeit gehört; ebenso HAGER, UTR 1991, 149, 151; SALJE, DB 1990, 2053, 2054; kritisch DIECKMANN, EG-Abfallrecht, S.427.

[148] Art.1 Abs.2, 1./2.Alt. RLVA; vgl. hierzu das Pariser Abkommen vom 29.7.1960 und das Brüsseler Zusatzabkommen vom 31.3.1963; bei Ölschäden greift gegebenenfalls das Brüsseler Abkommen vom 29.11.1969 sowie das Abkommen über die Schaffung eines Int. Entschädigungsfonds für Ölschäden vom 18.12.1971.

[149] ABl. EG 1975 L 194/47 in der geänderten Fassung von 1991; die Änderungsrichtlinie vom 18.3.1991(ABl. EG 1991 L 78/32) mußte bis zum 1.4.1993 von den Mitgliedstaaten umgesetzt werden; allgemein zum europäischen Abfallbegriff SCHRÖDER, DÖV 1991, 910 ff.

[150] Zu diesen Begriffen siehe KUNIG/SCHWERMER/VERSTEYL, AbfallG., § 1, Rz.11 ff. (für das deutsche Recht); vgl. auch weiter unten 3 B I 1) a) aa), S.108 ff.

[151] Hierzu ausführlich DIECKMANN, EG-Abfallrecht, S.425, 426; ebenso KERSTING, DVBl 1992, 343, 344; SALJE, DB 1990, 253, 254; JAYME, BB 1993, Beilage 10 v. 30.05.1993, 50, 52; zweifelnd VON WILMOWSKY/ ROLLER, Civil Liability, S.10.

[152] SALJE, IUR 1992, 66, 69; zum insoweit identischen ersten Entwurf von 1989 ROLLER, PHI 1990, 154, 156, SALJE, DB 1990, 2053, 2054; VON WILMOWSKY, NuR 1991, 253, 254.

d) Das Haftungsprinzip

Nach Art.3 Abs.1 S.1 RLVA haftet der Abfallerzeuger unabhängig von eigenem Verschulden für sämtliche Schäden und Umweltbeeinträchtigungen, die „durch diese Abfälle" entstanden sind. Nach deutscher Nomenklatur liegt damit eine Gefährdungshaftung vor. Anknüpfungspunkt ist dabei, wie sich dem Wortlaut eindeutig entnehmen läßt, der gewerblich produzierte Abfall als Gefahrenquelle. Dieser stoffbezogene Ansatz hat gegenüber anderen, ebenfalls denkbaren[153] den Vorteil, daß eine umfassende Verantwortlichkeit des Abfallproduzenten sichergestellt wird. So kann er sich etwa nicht durchgreifend darauf berufen, daß er seine Anlage ordnungsgemäß betrieben habe[154].

e) Haftungsadressaten

Die einzelnen Haftungsadressaten benennt der Vorschlag in Art.2 Abs.1 und 2. Grob lassen sie sich in unmittelbare Erzeuger und ihnen gleichgestellte Quasierzeuger unterteilen.

aa) Erzeuger

Unter einem Erzeuger versteht der Entwurf jede natürliche oder juristische Person, die im Rahmen einer gewerblichen oder industriellen Tätigkeit Abfälle produziert sowie all diejenigen, die eine Vorbehandlung, eine Vermischung oder sonstige Handlungen vorgenommen haben, die zu einer Veränderung der Art und der Zusammensetzung dieser Abfälle führen[155]. Die Definition ist insoweit deckungsgleich mit der der Abfallverbringungsrichtlinie[156] und überantwortet das Risiko in Verwirklichung des Verursacherprinzips denjenigen, die an der Entstehung von Abfallrisiken teilhaben.

---

[153] So ist Anknüpfungspunkt der Gefährdungshaftung im deutschen UmweltHG beispielsweise der Betrieb einer gefährlichen Anlage, § 1 UmweltHG (sog. anlagenbezogene Gefährdungshaftung).

[154] Vgl. hierzu die fast konträre Regelung des § 6 Abs.2 UmweltHG mit ihrem Ausschluß der Ursachenvermutung.

[155] Art.2 Abs.1 lit.a) RLVA.

[156] Richtlinie des Rates vom 6.12.1984 über die Überwachung und Kontrolle der grenzüberschreitenden Verbringung gefährlicher Abfälle in Gestalt der Änderung 1991, Richtl. 91/692/EWG, ABl. EG 1990 L 377/48 (31.12.1991).

bb) Quasierzeuger

Art.2 Abs.2 RLVA erweitert den Kreis der haftpflichtigen Personen über die klassischen Erzeuger hinaus um den Abfallimporteur, den Abfallbesitzer und - schließlich - um den genehmigten Abfallbeseitiger.

Eine Haftung dieser sog. „Quasierzeuger" kommt allerdings nur für bestimmte Handlungen, Unterlassungen und Zeitabschnitte in Betracht. Entsprechend haftet der Abfallimporteur lediglich, wenn er Abfälle aus Nichtmitgliedstaaten eingeführt hat[157], der Abfallbesitzer nur, wenn er nicht in der Lage ist, den Abfallerzeuger innerhalb einer vertretbaren Frist festzustellen und mitzuteilen[158].

Sinn dieser Regelung ist es, dem Geschädigten die Suche nach Abfallerzeugern, womöglich außerhalb der Gemeinschaft, zu ersparen, indem man ihm einen greifbaren Haftungsschuldner verschafft. In dieselbe Richtung zielt die Verpflichtung des Betreibers einer genehmigten Abfallentsorgungsanlage, dem die Abfälle ordnungsgemäß übergeben worden sind[159]; auch hier soll der Geschädigte nicht mit dem Risiko belastet werden, den Erzeuger ausfindig machen zu müssen.

Nicht recht verständlich ist in diesem Zusammenhang allerdings die nach dem Wortlaut eindeutige Verdrängung der Erzeuger- durch die Quasierzeugerhaftung[160]. Zwar mag hierdurch die Einhaltung der ordnungsrechtlichen Vorschriften über den Anlagenzwang und die Anlagengenehmigung[161] stimuliert werden; auf der anderen Seite wird dem Abfallerzeuger aber gleichzeitig jeglicher Anreiz für eine Minimierung der von seinen Abfällen ausgehenden Gefahren genommen, wenn seine Haftung an der Pforte der Abfallentsorgungsanlage endet.

Die Kommission rechtfertigt ihre Konzeption der Ersatzhaftung damit, daß es für die Verteilung der finanziellen Lasten nicht von Bedeutung sei, an welches Glied der Kette sich die Haftung letztlich anknüpfe; schließlich könnten sich die Entsorger im Innenverhältnis an den Abfallerzeugern schadlos halten und so die Haftungsrisiken über den Entsorgungspreis internalisieren.

Diese Argumentation dürfte indes zu kurz greifen. Es ist ernsthaft in Frage zu stellen, ob die Singulärhaftung der Quasierzeuger und Abfallbeseitiger über den Umweg entsprechender Aushandlungsprozesse bzw. über den Entsorgungspreis tatsächlich eine gerechte Verteilung der Lasten sicherstellen kann. Es besteht die nicht geringe Gefahr, daß sich die Abfallerzeuger im Rahmen von Verhandlungen

---

157 Art.2 Abs.2 lit.a) RLVA.

158 Art.2 Abs.2 lit.b) RLVA.

159 Art.2 Abs.2 lit.c) RLVA.

160 Die Formulierung „anstelle" in Art.2 Abs.2 RLVA läßt praktisch keinen Auslegungsspielraum zu.

161 Vgl. hier nur die Rahmen-Richtlinie RL 75/442.

ihren unzweifelhaft vorhandenen Informationsvorsprung zunutze machen[162]. Überdies erweist sich die seitens der Kommission geäußerte Furcht, eine gesamtschuldnerische Haftung würde zu einem Überfluß an Prozessen führen, als unbegründet. Es ist belegt, daß sich die Geschädigten auch bei Gesamtschuldverhältnissen schon wegen des Kostenrisikos nur an den bzw. die potentesten Schuldner halten[163]. Last but not least ist zu bedenken, daß die Verdrängungskonzeption der Kommission nur dann funktionieren kann, wenn sichergestellt ist, daß der Entsorger dauerhaft greifbar und solvent ist. Fehlt es daran, hat dies die unbefriedigende Konsequenz, daß der Geschädigte, da er sich nicht unmittelbar an den Abfallverursacher halten kann, auf seinem Schaden sitzen bleibt.

f) Ersatzfähige Schäden und Wiederherstellung

Wie bereits ausgeführt, sieht Art.3 Abs.1 S.1 RLVA die Haftung für alle durch Abfälle entstandenen Schäden und Umweltbeeinträchtigungen vor.

Auffallend ist dabei zunächst die offensichtliche Zweiteilung der Haftungsgrundlagen, die sich im übrigen wie ein roter Faden durch den gesamten Entwurf zieht. Systematisch läßt sich daraus nur schließen, daß die Kommission die Umweltbeeinträchtigung nicht als Unterfall des Schadens, sondern als etwas Eigenständiges betrachtet wissen wollte und will[164]. Bestätigt wird dies dadurch, daß der Richtlinienentwurf für Schäden und Umweltbeeinträchtigungen unterschiedliche Rechtsfolgen[165] und zudem unterschiedliche Anspruchsinhaber[166] vorsieht.

Während sich der Begriff des Schadens als unproblematisch darstellt - er ist in Art.2 Abs.1 lit.c) (i),(ii) klassisch in Körper- und Sachschäden unterteilt - bedarf die über Art. 3 i.V.m. Art.2 Abs.1 lit.d) RLVA miterfaßte „Umweltbeeinträchtigung" näherer Betrachtung. Durch sie wird der Reihe der individualbezogenen Schutzobjekte in Form der Umwelt ein weiteres, diesmal nicht-individualrechtsbezogenes hinzugefügt. Dabei wird der Begriff „Umwelt" nicht eigens definiert, dürfte aber insbesondere die Umweltmedien Wasser, Boden und Luft umfassen, die in der ersten Fassung des Richtlinienvorschlags von 1989 noch explizit aufgeführt worden waren[167].

---

[162] Ebenso VON WILMOWSKY/ROLLER, Civil Liability, S.26 ff.

[163] Übereinstimmend DIECKMANN, EG-Abfallrecht, S.430.

[164] Ebenso SEIBT, Zivilrechtlicher Ausgleich ökologischer Schäden, S.124.

[165] Vgl. hierzu unten i), S.35 ff.

[166] Siehe unten j), S.37 ff.

[167] Art.2 Abs.1 lit.d) des ersten Richtlinienvorschlags von 1989; KOM (89) 282 endg.-SYN 217, ABl. EG 1989 C 251/3 (4.10.1989); vgl. hierzu ROLLER, PHI 1990, 154, 156 ff., VON WILMOWSKY, NuR 1991, 253 ff.; die Anregung des Europäischen Parlaments für eine Definition der Umwelt - ABl. EG 1990 C 324/251 (24.12.1990), Änderung Nr.8 - wurde nicht aufgegriffen.

Die wichtige, gleichzeitig aber auch schwierige Frage, ab wann ein ersatzpflichtiger Eingriff in die Natur vorliegt, beantwortet der Richtlinienentwurf mit der Umschreibung des Begriffs Beeinträchtigung als „erhebliche physische, chemische oder biologische Verschlechterung der Umwelt[168]“. Entscheidender Gesichtspunkt ist demnach interessanterweise der Zustand der Umweltmedien und nicht, wie noch im ersten Entwurf von 1989, beeinträchtigendes Verhalten. Dort waren Umweltbeeinträchtigungen noch als „erhebliche und nachhaltige Eingriffe, die durch eine Veränderung der physischen, chemischen, oder biologischen Beschaffenheit des Wassers, des Bodens und/oder der Luft verursacht werden“ umschrieben worden[169]. Aufgrund ihrer Unbestimmtheit war diese Definition jedoch schnell ins Kreuzfeuer der Kritik geraten[170]. Auf Anregung des Europäischen Parlaments[171] wurde deshalb eine zustandsbezogene Definition aufgenommen, um klarzustellen, daß nur negative Veränderungen der Umweltmedien eine Haftung auslösen können[172]. Die entscheidende Schwelle für die Haftung wird dabei durch das Adjektiv „erheblich“ und somit einen unbestimmten Rechtsbegriff gekennzeichnet[173]. Die Ausfüllung dieses Begriffes weist die Vorschlagsbegründung ausdrücklich dem einzelstaatlichen Richter zu[174], der es somit in der Hand hat, vernachlässigbare und vorübergehende Beeinträchtigungen haftungsrechtlich auszuschließen.

Die Einbeziehung nicht-individualrechtsbezogener Güter in den zivilrechtlichen Schutzbereich des Richtlinienentwufs hat international für einigen Aufruhr gesorgt. So wurde vielfach die Ansicht vertreten, Schäden an Allgemeingütern sei auf zivilrechtlichem Wege überhaupt nicht beizukommen, da es bereits an einem individuell Geschädigten fehle[175]. Nicht überraschend stieß die vorgesehene

---

[168] Art.2 Abs.1 lit.d) RLVA.

[169] Art.2 Abs.1 lit.d) des ersten Richtlinienvorschlags; KOM (89) 282 endg.-SYN 217, ABl. EG 1989 C 251/3 (4.10.1989).

[170] Hier tat sich insbesondere der Wirtschafts- und Sozialausschuß hervor; vgl. ABl. EG 1990 C 112/23 ff. (7.5.1990), Nr. 3.1 und 6.

[171] Vgl. ABl. EG 1990 C 324/251 (24.12.1990); Änderung Nr.8.

[172] Dies war ein Hauptanliegen des Wirtschafts- und Sozialausschusses, ABl. EG 1990 C 112/24, Nr. 6.4.

[173] Nach zutreffender Auffassung ist damit inhaltlich genau dasselbe gemeint wie im ersten Entwurf mit der Formulierung „erheblich und nachhaltig“; so auch SEIBT, Zivilrechtlicher Ausgleich ökologischer. Schäden, S.125; a.A. SMITH/HUNTER, ELR 21 (1991), 10718, 10723.

[174] KOM (89) 282 endg.-SYN 217 (15.9.1989); zur Kritik an diesem Abgrenzungsmerkmal VON WILMOWSKY/ROLLER, Civil Liability, S.80 ff.

[175] Vgl. etwa die Ausschüsse des deutschen Bundestages sowie der Bundesrat, BR-Drs. 528/1/89 v. 5.2.1990, Nr.26, S.9; Beschluß des Bundesrates, BR-Drs. 528/89 v. 16.2.1990, Nr.9, S.8.

Ausgleichspflicht für Beeinträchtigungen bzw. Schäden an Naturgütern auch in Kreisen von Industrie und Wirtschaft auf strikte Ablehnung[176].

g) Kausalität

Die Regelung der Kausalität sowie der entsprechenden Beweislastverteilung gehört zu den Kardinalfragen des Umwelthaftungsrechts. Dies hängt damit zusammen, die einzelnen Umstände der Verursachung im Umweltbereich nur selten klar auf der Hand liegen[177]. Die Durchsetzung von Schadensersatzansprüchen scheitert deshalb auch seltener am Verschuldens- denn am Kausalitätsnachweis.

Trotz dieser erheblichen Bedeutung sieht der Richtlinienentwurf keine konkrete Regelung der Ursächlichkeitsproblematik vor, sondern überläßt sie den einzelnen Mitgliedstaaten[178]. Als Vorgabe sieht Art.4 Abs.1 lit.c) RLVA insoweit lediglich vor, daß der Kläger „die Beweislast für den Zusammenhang zwischen den Abfällen oder der Industrietätigkeit auf der einen Seite und den erlittenen oder voraussichtlich zu erleidenden Schäden oder Umweltbeeinträchtigungen auf der anderen Seite tragen“ solle und daß diesbezüglich keine strengeren Maßstäbe als im jeweiligen nationalen Zivilrecht üblich angelegt werden dürften[179]. In Abweichung hierzu hatte sich die ursprüngliche Fassung des Vorschlags noch für eine für alle Mitgliedstaaten bindende Beweiserleichterung („überwiegende Wahrscheinlichkeit“) ausgesprochen[180].

h) Einwendungsmöglichkeiten

aa) Haftungsbefreiungen

Haftungsbefreiungen sieht der Richtlinienentwurf nur in begrenztem Umfange vor. So haftet der Erzeuger bzw. Quasierzeuger lediglich dann nicht, wenn er den Nachweis führen kann, daß der Schaden bzw. die Umweltbeeinträchtigung ohne

---

176 Vgl. UNICE (Europäischer Arbeitgeberverband), Stellungnahme (20.10.1989), S.2 ff.; CEFIC (Europäischer Verband der chemischen Industrie), Stellungnahme (13.2.1990), S.4.

177 Vgl. hierzu ausführlich unten III 1), S.65 sowie im 3.Teil, A III 6), S.86.

178 Art.4 Abs.1 lit.c) RLVA.

179 Bedauerlicherweise enthält der Richtlinienvorschlag auch keine homogene Regelung der Kausalität für den Fall, daß mehrere Schädiger kumulativ einen Schaden verursacht haben; vgl. VON WILMOWSKY/ROLLER, Civil Liability, S.56.

180 Art.4 Abs.6 des ersten RLVA: „Der Kläger muß beweisen und dartun, daß zwischen den Abfällen des Erzeugers und dem erlittenen Schaden oder der Umweltbeeinträchtigung mit überwiegender Wahrscheinlichkeit ein Ursachenzusammenhang besteht.“

sein Verschulden absichtlich durch einen Dritten verursacht wurde[181] oder auf einen Fall höherer Gewalt im Sinne des Gemeinschaftsrechts[182] zurückzuführen ist[183].

Mit in die Haftung einbezogen ist damit sowohl der rechtmäßige Normalbetrieb[184] wie das sog. Entwicklungsrisiko. Ein Haftpflichtiger kann sich demnach nicht mit Erfolg darauf berufen, daß der Eintritt des Schadens oder der Umweltbeeinträchtigung zum Zeitpunkt der von ihm entfalteten Aktivität nach dem Stand von Wissenschaft und Technik nicht vorhersehbar war.

bb) Genehmigungen

Die Frage, ob bzw. wie sich behördlich erteilte Genehmigungen auf die Haftpflicht auswirken, wird im Umweltsektor seit langem kontrovers diskutiert. Der Richtlinienentwurf bezieht insoweit eindeutig Stellung, indem er in Art.6 Abs.2 RLVA ausführt, daß der Erzeuger durch den Besitz einer Genehmigung der öffentlichen Hand nicht von seiner Haftung befreit wird. Damit soll verhindert werden, daß sich vorschnell oder gar fälschlich erteilte Genehmigungen zu Lasten der Geschädigten bzw. der Allgemeingüter auswirken[185].

cc) Individuelle Haftungsverlagerung

Der ohne weiteres denkbaren Möglichkeit einer individuellen Haftungsverlagerung[186] schiebt die Richtlinie in Art.8 einen Riegel vor. Darin wird eine vertragliche Abbedingung der Haftung zwar nicht grundsätzlich untersagt[187], allerdings dem Geschädigten bzw. Beeinträchtigten gegenüber für unwirksam erklärt.

Entsprechend dem Schutzzweck der Regelung gilt dies jedoch nur für vorab getroffene Vereinbarungen. Die Dispositionsfreiheit der Beteiligten nach Schadenseintritt wird nicht tangiert.

---

181 Art.6 Abs.1 lit.a) RLVA.

182 Auf eine Definition der höheren Gewalt wurde im Hinblick auf das diesbezüglich in allen Mitgliedstaaten kongruente Rechtsverständnis verzichtet.

183 Art.6 Abs.1 lit.b) RLVA.

184 Anders insoweit das deutsche Umwelthaftungsrecht, vgl. § 5 UmweltHG.

185 Instruktiv hierzu NICKLISCH, BB 1993, Beilage 10 v. 30.05.1993, S.56.

186 In Form einer Haftungsbegrenzung oder eines Haftungsausschlusses.

187 So unzutreffend DIECKMANN, EG-Abfallrecht, S.437.

dd) Verjährung

Die nicht unwichtige Regelung der Verjährung überläßt der Richtlinienentwurf schließlich ausdrücklich den einzelnen Mitgliedstaaten[188]. Nach Art.9 Abs.1 RLVA soll dabei gewährleistet werden, daß die in der Richtlinie vorgesehenen Schadensersatzansprüche in drei Jahren von dem Zeitpunkt an verjähren, in dem die klagebefugte Person Kenntnis von dem Schaden oder der Umweltbeeinträchtigung erlangt hat oder hätte erlangen müssen. Im Gegensatz zum ersten Richtlinienentwurf kommt es für den Beginn der Verjährung demnach nicht mehr auf die Kenntnis der ersatzpflichtigen Person an[189].

i) Haftungsumfang

Anders als noch sein Vorgänger enthält der Richtlinienvorschlag von 1991 keine unmittelbar die Rechtsfolgen regelnden Vorschriften mehr[190]. Die exakte Ausgestaltung wird vielmehr gemäß Art.4 Abs.1 lit.b) RLVA den einzelnen Mitgliedstaaten überantwortet. Deren Handlungsspielraum wird allerdings durch konkrete Vorgaben begrenzt. Ausgangspunkt sind dabei wiederum die verschiedenen nach dem Richtlinienentwurf geschützten Güter.

aa) Sach- und Personenschäden

So haben die Mitgliedstaaten bei Personen- und Sachschäden einmal einen Anspruch auf Verbot bzw. Unterlassung der Handlung, die den Schaden verursacht hat oder verursachen kann und daneben einen Anspruch auf Entschädigung für den entstandenen Schaden zu gewährleisten[191].

---

[188] Dies gilt gemäß Art.9 Abs.2 RLVA auch für die Hemmung und die Unterbrechung der Verjährung.

[189] In Art.9 Abs.1 des RLVA von 1989 hatte es insoweit noch wie folgt geheißen: „...von dem Schaden oder der Umweltbeeinträchtigung *und der Person des Erzeugers* Kenntnis erlangt hat oder hätte Kenntnis erlangen müssen."

[190] Vgl. Art.4 Abs.1 RLVA 1989: „ Der Kläger kann gerichtlich verlangen: (a) das Verbot oder die Einstellung der schadensstiftenden oder umweltbeeinträchtigenden Handlung; (b) die Erstattung der Kosten für Maßnahmen zur Verhinderung von Schäden und Umweltbeeinträchtigungen; (c) die Erstattung der durch Maßnahmen für die Behebung von Schäden im Sinne von Art.2 Abs.1 lit.c) Ziff. ii)) (Sachschäden) entstandenen Kosten; (d) die Wiederherstellung der Umwelt in den Zustand, in dem sie sich unmittelbar vor dem Zeitpunkt, an dem die Umweltbeeinträchtigung stattgefunden hat, befunden hat, oder die Erstattung der Kosten der hierfür durchgeführten Maßnahmen; (e) die Entschädigung für die Schäden.

[191] Art.4 Abs.1 lit.b) i) RLVA.

Dabei ist unter „Entschädigung" nicht lediglich billige Entschädigung in Geld, sondern voller Schadensersatz zu verstehen. Dies ergibt sich zum einen systematisch aus den im zweiten Richtlinienentwurf neugefaßten Artikeln 4 Abs.1 lit.d) und 4 Abs.4 RLVA, in denen explizit von „Schadensersatz" die Rede ist. Zum anderen entspricht aber auch nur ein solches Verständnis dem Zweck der Regelung; so stellt bei Sachschäden ausschließlich der volle Schadensersatz eine angemessene Kompensation dar[192].

Die Reichweite des zu gewährenden Schadensersatzes kann von den Mitgliedstaaten weitgehend frei bestimmt werden. Dies betrifft die Frage der Ersatzfähigkeit entgangenen Gewinns ebenso wie die wirtschaftlicher Verluste[193]. Unberührt bleiben ferner die mitgliedstaatlichen Vorschriften über den Ersatz nichtvermögensrechtlicher Schäden[194].

bb) Umweltbeeinträchtigungen

Bei Umweltbeeinträchtigungen ist gemäß Art.4 Abs.1 lit.b) RLVA neben Verbots- und Unterlassungsansprüchen ein Recht auf Wiederherstellung der Umwelt und/oder Durchführung vorbeugender Maßnahmen und darüberhinaus ein Anspruch auf Erstattung der durch Wiederherstellungs- und Präventionsmaßnahmen entstandenen Kosten vorzusehen[195].

Der insoweit festgeschriebene Restitutionsanspruch besteht indes nicht unbegrenzt. So kann der Kläger keine Wiederherstellung bzw. keinen Kostenersatz verlangen, wenn die Kosten den Gewinn für die Umwelt wesentlich übersteigen[196]. Besteht die Möglichkeit, alternative Maßnahmen für die Wiederherstellung des ursprünglichen Zustands zu wesentlich geringeren Kosten durchzuführen, kann lediglich die Vornahme dieser Maßnahmen bzw. der Ersatz der entsprechenden Kosten verlangt werden[197].

Bedauerlicherweise finden sich weder im Richtlinienentwurf noch in sonstigen Kommissionsdokumenten Hinweise für eine Konkretisierung bzw. eine Auslegung des Begriffs „Wiederherstellung". Auch der Maßstab der nach Art.4 Abs.2 RLVA vorzunehmenden Verhältnismäßigkeitsprüfung bleibt im

---

[192] Ebenso HAGER, UTR 1991, 149, 162.

[193] Art.4 Abs.1 lit.d) RLVA.

[194] Art.4 Abs.4 RLVA.

[195] Abs.1 lit.b) iii) RLVA; obwohl nicht ausdrücklich ausgeführt, ist dieser Ausgleichstatbestand lediglich auf „Umweltbeeinträchtigungen", nicht aber auf „Schäden" i.S. des Entwurfes anzuwenden; vgl. hierzu VON WILMOWSKY/ROLLER, Civil Liability, S.73 ff.; SALJE, IUR (ZUR) 1992, 70.

[196] Art.4 Abs.2, 1.Alt. RLVA.

[197] Art.4 Abs.2, 2.Alt. RLVA.

unklaren[198], so daß insgesamt weder der Bemessungsgrundsatz noch der Vergleichsmaßstab hinreichend bestimmt sind[199].

Abgesehen davon führt die Begrenzungsregelung zu potentiell unbilligen Ergebnissen. So sieht die erste Alternative des Art.4 Abs.2 RLVA im Falle der Unverhältnismäßigkeit der Wiederherstellung eine vollständige Freistellung von Schadensersatzforderungen vor[200], was bedeutet, daß der Kläger, sofern er derlei Maßnahmen vorgenommen hat, auf seinen gesamten Kosten sitzenbleibt.

cc) Mitverursachung des Geschädigten bzw. von Hilfspersonen

Eine die Haftung und ihren Umfang nicht unerheblich beeinflussende Regelung beinhaltet schließlich Art.7 Abs.2 RLVA. Danach besteht die Möglichkeit für einen Haftpflichtigen, seine Haftungsquote zu reduzieren[201], wenn er den Nachweis führt, daß der Schaden oder die Umweltbeeinträchtigung ganz oder teilweise vom Geschädigten bzw. diesem zuzuordnenden Hilfspersonen verursacht wurde.

j) Prozeßführungsbefugnis und Anspruchsberechtigung

Überraschenderweise enthält der Richtlinienentwurf weder konkrete Vorschriften zur Prozeßführungsbefugnis noch zur Anspruchsberechtigung bei Umweltbeeinträchtigungen.

aa) Klagebefugnis

So wird die Regelung der Frage nach dem klageberechtigten Personenkreis gemäß Art.4 Abs.1 RLVA den einzelnen Mitgliedstaaten überantwortet. Damit wird diesen, jedenfalls auf den ersten Blick, ein umfassendes Ermessen eingeräumt.

---

198 SMITH/HUNTER, ELR 21 (1991), 10718, 10724; VON WILMOWSKY/ROLLER, S.74 mit folgendem Vorschlag zur Abhilfe: „Where reinstatement of the environment is not possible or its costs would be dispropriate, the injured person shall be entitled to measures having ecologically equivalent effect. Costs shall not be considered dispropriate for the sole fact that they considerably exceed the economic value of the damaged environmental asset".

□ VILLENEUVE, Note from General Directorate, S.128.

□ Art.4 Abs.2 S.2 RLVA bezieht sich ausschließlich auf die zweite Alternative; vgl. hierzu auch von WILMOWSKY/ROLLER, Civil Liability, S.76 ff. mit Abhilfevorschlägen.

□ Und zwar bis zur gänzlichen Haftungsbefreiung; vgl. den Wortlaut von Art.7 Abs.2 RLVA.

(1) Individualgeschädigte

So sind nach dem Wortlaut nicht einmal unmittelbar Körper- bzw. Eigentumsverletzte zwingend mit einer Klagebefugnis zu versehen. Allerdings liegt auf der Hand, daß eine diese Personen ausschließende Auslegung im Hinblick auf die Intention des Entwurfs wenig Sinn machen würde. Bei den in Art.4 Abs.1 lit.b) RLVA verankerten Unterlassungs- und Schadensersatzansprüchen handelt es sich um individualbezogene Rechte, die sinnvollerweise nur den Geschädigten legitimieren können[202]. Daß dies so gewollt war und ist, zeigen sowohl die Regelungen zum Haftungsumfang wie zahlreiche weitere Vorschriften[203] und Erwägungen[204].

(2) Interessenvereinigungen

Als einzige die Legitimation konkret regelnde Vorschrift sieht Art.4 Abs.3 RLVA vor, daß Interessenvereinigungen und -verbände, deren Ziel die Erhaltung der Natur und die Qualität der Umwelt ist, berechtigt sein sollen, die in Art.4 Abs.1 lit.b) RLVA genannten Rechtsbehelfe zu ergreifen, d.h. eigenständig Ansprüche geltend zu machen[205] oder sich einer bereits anhängigen Klage anzuschließen. Die genaue Festlegung der Bedingungen, unter denen eine solches Kollektiv eine Klage bei den zuständigen Stellen einreichen kann, wird indes - wiederum - den einzelstaatlichen Gesetzgebern überlassen[206].

Diese Regelung wirft - aufgrund ihrer Widersprüchlichkeit zu Art.4 Abs.1 lit.a) RLVA - die Frage auf, ob den Umweltverbänden nun ein europarechtlich verbindliches Recht zur Prozeßführung eingeräumt ist oder ob die Verleihung eines solchen Rechts ausschließlich dem jeweiligen nationalen Gesetzgeber vorbehalten bleibt.

Für eine Auslegung im letzteren Sinne spricht, daß die Kommission einer Harmonisierung des Verbandsklagerechts von Anfang an skeptisch gegenüberstand. Folgerichtig war im ersten Richtlinienentwurf von 1989 eine solche auch nicht vorgesehen[207].

□ Von Wilmowsky/Roller, Civil Liability, S.69; Salje, DB 1990, 2053, 2055.

□ Vgl. z.B. Art.7 Abs.2 RLVA: „...schuldhafte Verhalten der Person, die den Schaden erlitten hat,...“; Art.10 RLVA: „Die dem Geschädigten zustehenden Klagebefugnisse...“.

□ Darlegung der Gründe für den Vorschlag einer Richtlinie des Rates über die zivilrechtliche Haftung für die durch Abfälle verursachten Schäden, Erwägungen 14-19.

□ Dies ergibt sich ganz deutlich aus der englischen Fassung, in der es wie folgt heißt: „shall have the right ... to seek any remedy under paragraph 1 (b)“.

□ Art.4 S.2 RLVA.

□ Hierzu ausführlich SEIBT, Zivilrechtlicher Ausgleich ökologischer Schäden, S.127.

Tatsächlich sprechen aber die wohl entscheidenden Argumente für eine verbürgte und harmonisierte Verbandsklagebefugnis. So läßt zunächst schon der Wortlaut des Art.4 Abs.3 RLVA wenig Spielraum für eine Ausgrenzung der Interessenverbände[208]. Zusätzlich ist Abs.3 aber auch systematisch deutlich von dem in Art.4 Abs.1 RLVA enthaltenen Hinweis auf eine notwendige mitgliedschaftliche Umsetzung distanziert. Den Ausschlag geben dürfte schließlich, daß in Art.4 Abs.3 S.2 RLVA lediglich von der Regelungsbefugnis der Mitgliedstaaten im Hinblick auf „die Bedingungen“, unter denen Umweltverbände Klage einreichen können, die Rede ist, nicht aber von der Möglichkeit hierzu selbst[209]. Daraus ist zu schließen, daß es den einzelnen Mitgliedstaaten gerade nicht vorbehalten bleiben soll, die Verbandsklagemöglichkeit gegebenenfalls ganz außen vor zu lassen oder aber höhere Anforderungen als in Art.4 Abs.3 RLVA vorgesehen zu stellen.

Richtigerweise ist daher davon auszugehen, daß den Mitgliedstaaten lediglich in der Einzelausgestaltung ein - dann allerdings sehr weiter - Spielraum eingeräumt wird[210].

(3) Staatliche Organe ?

Im Gegensatz zum ersten Richtlinienentwurf, nach dessen Art.4 Abs.3 die öffentliche Hand noch verbindlich berechtigt sein sollte, bei Beeinträchtigungen der Umwelt Klage zu erheben[211], enthält der geänderte Vorschlag keine derartige Befugnis mehr. Dies ist hauptsächlich im Zusammenhang mit der Ausweitung der Prozeßführungsbefugnis der privaten Verbände zu sehen, hat seine Ursache aber auch darin, daß die öffentliche Hand selbst als Haftungsadressat in Betracht kommt und eine somit mögliche Interessenkollision von vorneherein vermieden werden soll[212]. Nichtsdestotrotz steht es den einzelnen nationalen Gesetzgebern nach Art.4 Abs.1 lit.a) RLVA frei, auch staatlichen Organen die Legitimation zur Vornahme prozessualer Handlungen zu verleihen.

□ Dort heißt es: „...sind berechtigt...“

□ Es ist demnach nur die Regelung des „Wie“, nicht aber die des „Ob“ disponibel.

□ Im Ergebnis ebenso VON WILMOWSKY/ROLLER mit der Anregung eines einheitlichen Anerkennungsverfahrens zur Erlangung der Klagebefugnis, Civil Liability, S.97; SEIBT, PHI 1993, 124, 128; DIECKMANN, EG-Abfallrecht, S.435; SMITH/HUNTER, ELR 21 (1991), 10718, 10724; a.A. BRÜGGEMEIER, FS Jahr, S.240, SALJE, IUR 1992, 66, 70.

□ Art.4 Abs.3 RLVA 1989: „Soweit es sich um Umweltbeeinträchtigungen handelt, kann die öffentliche Hand aufgrund von Abs.1 Buchstaben a), b) und d) Klage erheben.“

□ Vgl. insoweit die Stellungnahme des Wirtschafts- und Sozialausschusses, ABl. EG 1990 C 112/24 (7.05.1990), Nr.7.2.

(4) Konkurrenzen

In Anbetracht der vielfältigen unterschiedlichen Klagemöglichkeiten stellt sich beinahe zwangsläufig die Frage nach dem Konkurrenzverhältnis.

Mit Ausnahme dessen, daß er es den Verbänden gestattet, sich den Klagen Geschädigter anzuschließen[213], enthält der Richtlinienentwurfs diesbezüglich keine Regelung. Dies wirft keine Probleme auf, sofern auf prozessualem Wege lediglich die Unterlassung von Handlungen begehrt wird, durch die Menschen oder Sachen in Mitleidenschaft gezogen werden können.

Zweifelhaft und im Ergebnis wohl zu verneinen ist jedoch, ob es den Interessenvereinigungen darüberhinausgehend gestattet sein soll, unmittelbar in die Dispositionsbefugnis des individuell Geschädigten einzugreifen, indem, eventuell gegen dessen Willen, Schadensersatzklage eingereicht oder ein höherer Entschädigungsbetrag geltend gemacht wird[214]. Gestützt wird dieses Resultat durch die Intention der Kommission, das prozessuale Hauptaugenmerk der Verbände auf Unterlassung sowie Verhütung und Ausgleich von Umweltbeeinträchtigungen auszurichten. Da in diesem Bereich üblicherweise kein individueller Kläger vorhanden ist, wird damit eine Haftungslücke geschlossen.

bb) Anspruchsberechtigung

Von der soeben untersuchten Frage der Prozeßführungsbefugnis zu unterscheiden ist, aus welchem Recht sich die einzelnen im Richtlinienentwurf skizzierten Ansprüche herleiten. Wie bereits weiter oben angedeutet, hält sich der Entwurfstext diesbezüglich weitgehend bedeckt; so ist in ihm lediglich vom „Kläger“ und somit von der Legitimation zur Prozeßführung die Rede.

Problematisch ist die Frage der tatsächlichen Rechtsinhaberschaft ausschließlich im Bereich der Umweltbeeinträchtigungen[215]. Hier ließe sich die Auffassung vertreten, dadurch werde - wie bei den Körper- und Sachschäden - eine Individualrechtsposition verletzt[216]. Dies wirkt aber nicht nur konstruiert; vielmehr ergibt sich auch aus der Begründung zum Richtlinienvorschlag[217], daß die Kommission

---

□ Art.4 Abs.3 RLVA.

□ Eingehend zu dieser Problematik: VON WILMOWSKY/ROLLER, die nicht ganz zu Unrecht darauf hinweisen, daß auch Fälle denkbar sind, in denen der private Geschädigte kein ausreichendes Eigeninteresse an Ausgleichsmaßnahmen hat, Civil Liability, S.86.

□ In allen anderen Fällen liegen Individualrechtsgutsverletzungen vor.

□ So LEVEL, R.A.E. 4/ 1991, 35 ff., der unter Bezugnahme auf das französische Zivilrecht das individualrechtliche Nutzungsrecht eines jeden an öffentlichen Gütern („la jouissance ouvert a tous“; „l'usage des choses communes“) verletzt sieht.

□ Vgl. die Darlegung der Gründe für den Vorschlag für eine Richtlinie des Rates über die zivilrechtliche Haftung für die durch Abfälle verursachten Schäden, KOM (89) 282 endg. - SYN 217 (15.9.1989), S.4 und 5: „,...,da es die Gemeinschaft angeht,...“.

bewußt einen anderen Weg gegangen ist, nämlich hin zu einer „gemeinschaftsgutsbezogenen Konzeption“[218]. Danach werden die Naturgüter ausschließlich der Allgemeinheit selbst zugeordnet[219]. Die Umweltschutzverbände erhalten lediglich eine Art „Treuhandposition“, die sie legitimiert, diese Güter zu schützen[220] und bei Beeinträchtigungen Wiederherstellung bzw. Schadensersatz zu verlangen.

k) Schädigermehrheit

Die bei einer Mehrheit von Schädigern anzuwendenden Grundsätze regelt der Richtlinienentwurf in Art.5 RLVA. Danach haften mehrere Personen, die für den gleichen Schaden oder die gleiche Umweltbeeinträchtigung verantwortlich sind, als Gesamtschuldner[221]. Zu beachten ist, daß darunter natürlich nicht diejenigen fallen, die gemäß Art.2 Abs.2 RLVA von der Haftung befreit sind. Insoweit spricht Art.5 Abs.1 RLVA zur Klarstellung bewußt von „Personen“, während im ersten Richtlinienentwurf noch mißverständlich von „Erzeugern“ die Rede war[222]. Die im Zusammenhang mit der Anordnung einer gesamtschuldnerischen Haftung bedeutsame Frage des Regresses beantwortet der Vorschlag nicht. Die Regelung wird vielmehr ausdrücklich dem jeweiligen nationalen Recht überlassen[223].

l) Deckungsvorsorge

Abschließend enthält Art.11 Abs.1 RLVA die Vorgabe, daß die Haftung des Abfallerzeugers und ihm gleichgestellter Personen durch eine Versicherung oder eine sonstige finanzielle Sicherheit[224] abgedeckt werden muß. Nach Abs.2 wird insoweit dem Rat aufgegeben, Regelungen für den Fall erlassen, daß der Schädiger nicht hinreichend leistungsfähig oder nicht festzustellen ist. Dabei soll ausdrücklich die Errichtung eines Entschädigungsfonds überprüft und in Erwägung gezogen werden.

□ VON WILMOWSKY, NuR 1991, 253, 256; zur allgemeinen Problematik, wie der Beeinträchtigung von Gemeinschaftsgütern mit zivilrechtlichen Mitteln dogmatisch korrekt begegnet werden kann vgl. REHBINDER, NuR 1989, 149, 162; GANTEN/LEMKE, UPR 1988, 1, 13 ff.

□ SEIBT, Zivilrechtlicher Ausgleich ökologischer Schäden, S.131, 132 mit weiteren Nachweisen und der Feststellung, daß die Kommission die nicht-individualrechtlichen Güter offensichtlich bewußt einer vom Staat verschiedenen Einheit zugeordnet hat.

[220] Zur entsprechenden Rechtslage in den USA siehe weiter unten 4 B I 2) b) aa) (5), S.169 ff.

[221] Art.5 Abs.1 RLVA.

[222] Art.5 Abs.1 des ersten RLVA von 1989.

[223] Art.5 Abs.2 RLVA.

[224] In Betracht kommen beispielsweise Fonds oder sonstige Sondervermögen.

m) Sonstiges

Erwähnenswert ist am Ende noch, daß der Richtlinienentwurf zusätzlich zur speziellen Verjährungsregelung des Art.9 RLVA einen zeitlichen Haftungsausschluß enthält. So sieht Art.10 RLVA vor, daß sämtliche den Geschädigten nach der Richtlinie zustehenden Klagebefugnisse nach Ablauf von 30 Jahren ab Vornahme der schadensstiftenden oder umweltbeeinträchtigenden Handlung erlöschen, es sei denn, daß bereits während dieses Zeitraums ein gerichtliches Verfahren eingeleitet wurde.

Ebenfalls wird klargestellt, daß sich der Richtlinienvorschlag nicht auf Schäden bezieht, die durch eine vor Inkrafttreten der Richtlinie vorgenommene Handlung ausgelöst wurden[225]. Eine Rückwirkung ist damit ausgeschlossen.

n) Bewertung

Alles in allem kann konstatiert werden, daß der Richtlinienentwurf mit der Einführung einer stoffbezogenen Gefährdungshaftung, der Einbeziehung der Umwelt in den Schutzbereich der Haftung und der Erstreckung der Haftung auf Schadensvermeidungskosten zentrale Fragen des Umwelthaftungsrechts aufgreift und im Rahmen einer in sich stimmigen Grundkonzeption einer Lösung näherbringt.

Näher betrachtet wirkt er allerdings in vielen Punkten unbestimmt und unausgegoren.

Nicht vollständig klar abgegrenzt ist etwa der Anwendungsbereich, sowohl was die Verweisung auf die Stoffe der Rahmen-Richtlinie[226] als auch den Begriff der gewerblichen Abfallerzeugung angeht. Anlaß zur Kritik gibt daneben die Regelung, wonach der Erzeuger durch die ordnungsgemäße Übergabe an einen zugelassenen Abfallentsorger aus der Haftung entlassen wird. Dadurch erhält er nicht nur eine Privilegierung, die er nicht verdient hat[227]; auch wird dadurch die Gefahr heraufbeschworen, daß der Geschädigte auf seinem Schaden sitzenbleibt.

Zu bemängeln ist schließlich das Fehlen eines Anspruchs auf Naturalrestitution bei Sachschäden und der unangemessene völlige Wegfall eines Wiederherstellungs- bzw. Ersatzanspruchs bei Umweltbeeinträchtigungen, wenn sich die Wiederherstellung im Hinblick auf den erzielbaren Gewinn für die Umwelt als unverhältnismäßig herausstellt.

---

[225] Art.13 RLVA.

[226] Problematisch ist insoweit insbesondere die Frage, ob und wie sich die Ausschlüsse der Rahmenrichtlinie auswirken; zum Abfallbegriff der Rahmenrichtlinie siehe auch unten 3 B I 1) a) aa), S.108 ff.

[227] Kritisch insoweit auch der Bundesrat, BR-Drucks. 528/89, S.5.

2) Die Konzeption des Grünbuchs zur zivilrechtlichen Umwelthaftung

Parallel zu ihren Bemühungen um den Richtlinienentwurf zur Abfallhaftung hatte die EG-Kommission bereits in den Jahren 1989/90 mit der Ausarbeitung einer umfassenderen Umwelthaftungskonzeption begonnen[228]. Diese mündete schließlich nach mehreren Vorentwürfen[229] im Frühjahr 1993 in der Vorlage des sog. „Grünbuchs über die Sanierung von Umweltschäden[230]".

a) Begriff und Zielsetzung

Unter „Grünbüchern" versteht man in der Praxis der europäischen Kommission Dokumente, die der Vorbereitung von Gesetzgebungsinitiativen dienen und zu diesem Zweck Problemfelder analysieren, bestehende Regelungen im Gemeinschaftsrecht wie auch im Recht von Mitglieds- und Drittstaaten hinterfragen und rechtspolitische Alternativen aufzeigen. Ihre Zielsetzung ist es, innerhalb und außerhalb der Gemeinschaftsinstitutionen eine breite gesellschaftliche Diskussion in Gang zu setzen, um möglichst adäquate und reife Regelungen zu finden. Nachvollziehbarerweise enthalten Grünbücher in Anbetracht dieser Zielsetzung weder fertige haftungsrechtliche Konzeptionen noch konkrete Vorschriften.

b) Inhalt

Das Grünbuch zur Umwelthaftung gliedert sich in vier Teile: Nach einer kurzen Einführung wird im zweiten Teil zunächst das Modell einer zivilrechtlichen Individualhaftung für Umweltschäden vorgestellt[231]. Gegenstand des dritten Teils ist dann die Analyse der Wirkungsweise und der Detailprobleme kollektiver Entschädigungssysteme[232], bevor schließlich im vierten und letzten Part versucht wird, gemeinschaftsrechtliche Regelungsmöglichkeiten aufzuzeigen. Auffällig ist dabei, daß sich die Kommission im Gegensatz zu den erheblich umfangreicheren Vorentwürfen[233] größtenteils auf die nüchterne Problemdarstellung beschränkt und sich mit rechtspolitischen Bewertungen und Lösungsvorschlägen weitgehend zurückhält.

---

[228] Zu den Vorarbeiten ausführlich KRETSCHMER/GANSEN, PHI 1992, 60 ff.

[229] KRETSCHMER/GANSEN, PHI 1992, 60 ff.

[230] KOM (93) 47, Mitteilung der Kommission an den Rat, das Europäische Parlament und den Wirtschafts- und Sozialausschuß, Grünbuch zur zivilrechtlichen Umwelthaftung, Brüssel, 14.5.1993, 28 und 8.

[231] „Sanierung von Umweltschäden mit Systemen der zivilrechtlichen Haftung".

[232] „Sanierung von Umweltschäden durch kollektive Entschädigungssysteme".

[233] KRETSCHMER/GANSEN, PHI 1992, 60 ff.

In ihrer Einleitung betont die Kommission zunächst die Bedeutung der zivilrechtlichen Umwelthaftung als rechtliches und wirtschaftspolitisches Instrument, Umweltschäden einerseits dem Verursacher haftungsrechtlich zuzuordnen und andererseits weiteren Schäden in der Zukunft vorzubeugen.

Dabei sieht sie die aktuelle Beschäftigung mit Fragen der Umwelthaftung aus mehreren Gründen als dringend erforderlich an, nämlich wegen (a) der öffentlichen Forderung, Umweltschäden dem jeweiligen Verursacher zuzurechnen und sie auf seine Kosten zu sanieren, (b) der mehrfachen Aufforderungen durch den Rat und durch das Europäische Parlament, eine allgemeine Umwelthaftungskonzeption auszuarbeiten und vorzulegen, (c) der Parallelaktivität des Europarats[234] sowie anderer internationaler Organisationen im Hinblick auf die Schaffung entsprechender Haftungskorrektive und schließlich, (d) wegen der Gefahr von Wettbewerbsverzerrungen und Störungen des Binnenmarktes aufgrund unterschiedlicher Haftungssysteme in den Mitgliedstaaten.

Gegenstand des zweiten Teils des Grünbuchs sind die nach Ansicht der Kommission elementaren Rechtsprobleme einer zivilrechtlichen Umwelthaftung. Diese sieht sie in

- der grundsätzlichen Frage des Haftungsprinzips, d.h. ob und wenn ja bei welchen Tätigkeiten und Verfahren vom Erfordernis des Verschuldens als Voraussetzung einer Haftung abgesehen werden soll[235];
- dem sogenannten "*channelling*"[236], d.h. der Frage, welcher Personenkreis neben dem unmittelbaren Schadensverursacher haftungsrechtlich in die Pflicht genommen werden soll und unter welchen Voraussetzungen;
- der Regelung der Haftung bei multipler Schadensverursachung sowie der Schadensaufteilung zwischen mehreren Haftpflichtigen;

---

[234] Convention on Civil Liability for Damage Resulting from Activities Dangerous to the Environment, Konvention Nr.150, 8.3.1993; Council of Europe, 102 (93), 9.3.1993, siehe hierzu ausführlich unter 3), S.51 ff.

[235] Dabei sind bei der Entscheidung nach Auffassung der Kommission folgende sechs Kriterien zu berücksichtigen: (1) die Gefährlichkeit einer bestimmten Geschäftstätigkeit; (2) die Wahrscheinlichkeit und das mögliche Ausmaß eines von einer solchen Geschäftstätigkeit ausgehenden Schadens; (3) der Anreiz einer verschuldensunabhängigen Haftung zu einem besseren Risikomanagement und besserer Schadensvorbeugung; (4) die Möglichkeit und die Kosten eines wahrscheinlichen Schadens; (5) die potentielle wirtschaftliche Belastung des betreffenden Wirtschaftszweigs bei einer verschuldensunabhängigen Haftung und (6) die Möglichkeit eines Versicherungsschutzes.

[236] Kanalisierung der Haftung.

- der Bewältigung summierter Emissionen (chronische Umweltverschmut zung)[237];
- dem Einfluß staatlicher Genehmigungen auf die Haftung;
- der Frage der Haftung für Altlasten;
- der Frage der Begrenzung der Haftung, insbesondere bei unvorhersehbaren und unabwendbaren Schäden;
-der Definition des Umweltschadens, insbesondere der Entscheidung, ob auch Schäden an Allgemeingütern erfaßt werden sollen, sowie der Frage, ab welchem Ausmaß einer Beeinträchtigung dieser Güter eine Haftung in Betracht kommt.
- dem Kausalitätsmaßstab und den in Betracht zu ziehenden Beweiserleich terungen;
- dem Kreis der Prozeßführungsbefugten, insbesondere bei Schäden an nicht individuell zuordenbaren Rechtsgütern;
- dem Haftungsumfang, insbesondere der konkreten Bestimmung der Verpflichtung zur Wiederherstellung und schließlich
- in der Frage der Versicherbarkeit einer verschuldensunabhängigen Haftung sowie der Einführung obligatorischer Versicherungssysteme und kollektiver Entschädigungssysteme.

Die anschließende Darstellung von Entwicklungstendenzen im nationalen und internationalen Umwelthaftungsrecht konzentriert sich im wesentlichen auf die Frage des jeweils gewählten Haftungsprinzips sowie die Definition des Umweltschadens. Dabei verweist die Kommission auf eine deutliche Tendenz hin zu einer verschuldensunabhängigen Haftung für Tätigkeiten mit einem hohen Gefährdungspotential für die Umwelt. Mit einer Bestandsaufnahme der bisherigen umwelthaftungsrechtlichen Initiativen der Gemeinschaft schließt der zweite Teil ab.

Im dritten Teil beschäftigt sich das Grünbuchs intensiv mit der Wirkungsweise und der Problematik der Ein- und Durchführung kollektiver Entschädigungssysteme (sog. *joint compensation systems*). Hierunter versteht die Kommission versicherungsähnliche Gebilde, die zur Bewältigung spezieller Umweltprobleme eingerichtet werden und sich durch Abgaben und Beiträge haftungsrechtlich gefährdeter Wirtschaftsunternehmen finanzieren.

---

[237] Hierunter sind insbesondere die Fälle zu fassen, in denen ein Schaden durch kumulative Verschmutzung verursacht wird.

Den Vorteil solcher Gebilde sieht die Kommission in der Möglichkeit, die individualhaftungsrechtlichen Schwierigkeiten bei der Bewältigung von Altlasten und chronischer Umweltverschmutzung zu überwinden; zudem könne durch die Einrichtung solcher Fonds der Gedanke der Internalisierung externer Kosten verwirklicht werden, indem die Kosten der Behebung von Umweltbeeinträchtigungen gerade den Wirtschaftszweigen auferlegt werden, die für sie verantwortlich zeichnen. Als weitere Argumente für die Einrichtung eines kollektiven Entschädigungssystems werden die im Vergleich zum einzelnen Haftpflichtigen höhere finanzielle Leistungsfähigkeit, die Möglichkeit schnellen Zugriffs auf die im Fonds enthaltenen Mittel[238] und die Tatsache angeführt, daß ein Schaden kollektiv leichter zu tragen sei als individuell.

Probleme sieht die Kommission demgegenüber hauptsächlich in der Abwägung zwischen der Notwendigkeit von Sanierungsmaßnahmen und der finanziellen Belastung der Unternehmen innerhalb kollektiver Entschädigungssysteme sowie in der sich daran anschließenden Frage, in welchen Fällen die Kosten der Sanierung nicht von einem einzelnen Wirtschaftszweig, sondern von mehreren oder gar von der Allgemeinheit getragen werden sollten. Unklar ist nach Auffassung der Kommission weiter, ob durch die Einführung eines kollektiven Systems das traditionelle Konzept der individuellen Haftung ersetzt werden könne oder ergänzend erhalten werden müsse. Schlußendlich sei zu klären, wie ein kollektives Entschädigungssystem geschaffen und effektiv verwaltet werden könne und wie die Durchführung und Überwachung von Wiederherstellungsmaßnahmen zu gewährleisten sei.

Im seinem vierten und letzten Teil versucht das Grünbuch schließlich, Aufschluß darüber zu geben, ob und mit welchem Inhalt ein gemeinschaftseinheitliches Umwelthaftungssystem zu schaffen ist. Dabei betont die Kommission zunächst die Notwendigkeit und Bedeutung eines zivilrechtlichen Haftungssystems innerhalb eines umfassenden Umweltschutzprogrammes, macht aber gleichzeitig deutlich, daß sie damit nur einen Teilbereich abgedeckt sieht, nämlich die Fälle, in denen kumulativ (a) ein konkreter und meßbarer Schaden, (b) ein konkretes schädigendes Ereignis, (c) ein individualisierbarer Verursacher, (d) eine Haftungsgrundlage, (e) ein Kausalitätszusammenhang und (f) eine Partei mit rechtlich begründetem Interesse und Klagerecht gegeben ist. In allen anderen Fällen erachtet sie ausschließlich kollektive Entschädigungssysteme für sinnvoll.

Insgesamt favorisiert das Grünbuch demnach ein zweiteiliges, teils individual-, teils kollektivrechtliches Entschädigungsmodell.

---

[238] Die Kommission geht davon aus, daß bei der zivilrechtlichen Haftung Entschädigungen nur nach langwierigen rechtlichen Verfahren zur Verfügung gestellt werden.

Nach dieser wichtigen Grundsatzentscheidung beschäftigt sich das Grünbuch ausführlich mit der Frage des angemessenen individualrechtlichen Haftungsprinzips. Dabei wägt es die Vor- und Nachteile sowohl der Verschuldens- wie der verschuldensunabhängigen Haftung ausführlich gegeneinander ab. Vorteile auf seiten der Verschuldenshaftung sieht die Kommission dabei vor allem im Hinblick auf die Maximierung des wichtigen Vorsorgeeffekts[239]; demgegenüber schaffe eine vom Verschulden unabhängige Haftung einen größeren Anreiz für ein angemessenes „Risk-Management" der betroffenen Unternehmen und stelle zudem besser die Haftung der jeweiligen Verursacher sicher[240]. Vor der Implementierung einer solchen Haftung müßten allerdings zunächst Details im Hinblick auf den Haftungsumfang (Definition des Schadens), die erfaßten Tätigkeiten (Definition der gefährlichen Tätigkeiten) und den Kreis der Verantwortlichen geklärt werden.

Anders als bei der Frage nach der Notwendigkeit eines gemeinschaftseinheitlichen Umwelthaftungsrechts und dessen grober Ausgestaltung legt sich das Grünbuch hinsichtlich des Haftungsprinzips nicht fest[241]. Eine leise Tendenz in Richtung Gefährdungshaftung ist indes unübersehbar, wenngleich die Kommission ausdrücklich darauf hinweist, daß ein umfassendes System der verschuldensunabhängigen Haftung bestimmten Wirtschaftszweigen gegebenenfalls zu große Lasten aufbürden und somit zu größeren Störungen der Wirtschaft führen könnte[242].

Als Ergänzung zur zivilrechtlichen Haftung schlägt die Kommission die Implementierung kollektiver Entschädigungssysteme vor, die dann zur Anwendung kommen sollen, wenn ein individualrechtlicher Ausgleich nicht möglich ist. Im Blick hat die Kommission dabei insbesondere die Problematik summierter Emissionen, staatlich genehmigter Umweltbeeinträchtigungen und der „Altlasten". In diesen Fällen votiert sie dafür, die Kosten der Wiederherstellung innerhalb des Wirtschaftszweigs, der mit der vermuteten Schadensquelle am engsten verbunden ist, möglichst gerecht zu verteilen. Dabei verweist sie beispielhaft auf bereits

---

239 Dabei läßt sie allerdings völlig offen, wie sie zu diesem Ergebnis gelangt; vgl. hierzu auch SEIBT, PHI 1993, 124, 127, HULST/KLINGE-VAN ROOIJ, PHI 1994, 108, 112 ff.

240 Insgesamt ist die Abwägung der Kommission als oberflächlich zu bewerten; so werden wichtige Gesichtspunkte wie etwa die Auswirkungen der Wahl der Haftungsgrundlage auf die resultierenden Kosten der Rechtsfindung und -durchsetzung überhaupt nicht erörtert; vgl. hierzu auch SEIBT, PHI 1993, 124, 127.

241 Vgl. hierzu auch KIETHE/SCHWAB, EuZW 1993, 437, 439; a.A. offensichtlich TOFT/UWER, UTR 1994, 756.

242 In diesem Zusammenhang verweist die Kommission insbesondere auf die US-amerikanischen Erfahrungen, die sie im Annex II darstellt.

bestehende nationale und internationale Fonds bzw. fondsähnliche Systeme[243], namentlich den Internationalen Fonds zur Entschädigung für Ölverschmutzungsschäden[244], den in den USA zur Sanierung von Altlasten geschaffenen „*Superfund*"[245], das Pflichtversicherungssystem nach dem schwedischen Umweltschadensgesetz[246] und den niederländischen Luftverunreinigungsfonds[247].

c) Bewertung

Bemerkenswert sind am Grünbuch insbesondere zwei Aspekte: Zum einen die bereits angesprochene Kehrtwendung weg von einer speziellen Regelung der Abfallproblematik hin zu einer Gesamtkodifikation des Umwelthaftungsrechts[248] und zum anderen der Zeitpunkt seiner Veröffentlichung.

Obwohl zuvor über Jahre daran gearbeitet worden war, erfolgte diese nämlich nur wenige Tage nach der Vorlage der Europaratskonvention zur Umwelthaftung (Lugano-Konvention)[249], an deren Verhandlungen die Kommission aufgrund eines - allerdings beschränkten - Mandates[250] teilgenommen und dabei auch ihre abweichenden Vorstellungen von einem effektiven Umwelthaftungssystem zum Ausdruck gebracht hatte.

Das Grünbuch hat damit überwiegend politische Dimension. Entsprechend betont die Kommission die Notwendigkeit einer EU-weit harmonisierten Umwelthaftung und die der Gemeinschaft insoweit gegenüber den Mitgliedstaaten zukommende Bedeutung[251]. Darüberhinaus werden bewußt Problembereiche angesprochen, die

---

[243] Grünbuch, Abschnitte 3.2.1, 3.2.2 sowie Anhang II, 37, 39.

[244] Internationales Übereinkommen von 1984 über die Errichtung eines internationalen Fonds zur Entschädigung für Ölverschmutzungsschäden, BGBl.1988 II, 840 mit Protokoll von 1992, BGBl.1994 II, 1169; vgl. hierzu auch GANTEN, VersR 1989, 329-331.

[245] Comprehensive Environmental Response, Compensation, and Liability Act (CERCLA), 42 USCA §§ 9601 ff.; siehe hierzu weiter unten 4 B I 2) b) bb) (1), S. 172 ff.

[246] BLOTH, NuR 1991, 372, 378.

[247] LAMBRICHTS, NuR 1990, 97-102.

[248] SEIBT sieht das Grünbuch insoweit „am Anfang eines neuen Weges", PHI 1993, 124, 128.

[249] Convention on Civil Liability for Damage Resulting from Activities Dangerous to the Environment, Convention No.150, 8.3.1993; Council of Europe, 102 (93), 9.3.1993, siehe hierzu ausführlich unter 3), S.51 ff.

[250] Commission Mandate Concerning the Negotiations for an International Convention on Damage Resulting from Activities Dangerous to the Environment (Council of Europe), SEC (91) 750 final.

[251] Grundsätzlich besteht zwar gemäß Art.130r Abs.5 EWGV ein Nebeneinander von gemeinschaftlichen und mitgliedstaatlichen Außenkompetenzen im Umweltbereich. Dies gilt jedoch nur bis zu dem Zeitpunkt, in dem die EU, der insoweit eine exklusive Regelungskompetenz zukommt, Normen erläßt.

von der Kommission im Rahmen der Verhandlungen als wichtig angesehen, in der Europaratskonvention jedoch nicht oder nicht einheitlich geregelt worden sind[252].

3) Der Entschließungsantrag des Europäischen Parlaments

Schließlich ist im Rahmen der Darstellung der Entwicklung der Umwelthaftung auf Ebene der Europäischen Union noch kurz auf die Inhalte des Entschließungsantrags B3-0473/93 einzugehen, welcher der Kommission im April 1994 vom Parlamentsausschuß für Umweltfragen, Volksgesundheit und Verbraucherschutz vorgelegt wurde[253]. Ähnlich wie im Grünbuch wird darin zu verschiedenen Fragen der europäischen Umwelthaftung rechtspolitisch Stellung bezogen, ohne jedoch konkrete Regelungen vorzuschlagen oder gar zu formulieren.

Im einzelnen spricht sich das Europäische Parlament dabei zunächst für die Installierung einer Gefährdungshaftung mit Umkehr der kausalen Beweislast aus. Zudem soll eine Haftung auch dann gegeben sein,

> „wenn die Tätigkeit unter Beachtung der technischen Regeln und nach dem jeweiligen Stand der Technik vorgenommen wird oder wenn entsprechend der gesetzlichen Bestimmungen und Auflagen gearbeitet wurde. Auch für Entwicklungsrisiken darf es keine Befreiung von der Haftung geben[254]“.

Die Haftung adressiert sich im Antrag allgemein an die Verursacher von Umweltschäden[255]. Dabei weist das Europäische Parlament ausdrücklich darauf hin, daß eine Haftung nicht dadurch ausgeschlossen werden könne, daß der Auftrag zur Durchführung einer gefährlichen Tätigkeit an andere vergeben wird. Damit soll sichergestellt werden, daß solche Aktivitäten nicht bewußt zur Umgehung der Haftung auf kleine und zahlungsschwache Unternehmen übertragen werden.

Als Verteidigungsmöglichkeit wird ausschließlich die Einrede der höheren Gewalt diskutiert, die aber zusätzlich nur dann greifen soll, wenn sich ihr der Schadensverursacher nicht fahrlässig ausgesetzt hat.

---

[252] Dies sind insbesondere die Fragen des Verbandsklagerechts, der Ausgestaltung von obligatorischen Versicherungssystemen und der Einführung von Entschädigungsfonds.

[253] Entschließungsantrag B3-0473/93 des Ausschusses für Umweltfragen, Volksgesundheit und Verbraucherschutz in: Bericht 1994, 8 ff.

[254] Bericht 1994, 8.

[255] Bericht 1994, 8.

Bei den Haftungsfolgen votiert das Parlament für die Ersatzfähigkeit allgemeiner Umweltschäden[256]. Geltend gemacht werden sollen solche Schäden durch die öffentliche Hand und - soweit dies nach nationalem Recht möglich ist - durch Umweltverbände[257].

Abschließend spricht sich der Entschließungsantrag für den Fall, daß sich ein Schaden nicht den Tätigkeiten eines oder mehrerer solventer Haftpflichtiger zurechnen läßt, für die Einführung eines kollektiven Entschädigungssystems aus[258]. Dabei gibt er branchenspezifischen Fonds den Vorzug vor einer allgemeinen Pflichtversicherung:

> „Branchenfonds sind einer allgemeinen Versicherungspflicht vorzuziehen, weil letztere durch die schwere Kalkulierbarkeit des Risikos vermutlich zu einer größeren Belastung der Haftpflichtigen führen würde"

In einer Gesamtschau reiht sich der Entschließungsantrag, wenngleich an exponierter Stelle, in eine ganze Reihe umweltpolitischer Thesen- und Diskussionspapiere ein. Wie diese bestärkt er die gesellschaftliche Forderung nach einer gemeineuropäischen Regelung der Umweltschädigerhaftung, bleibt aber im Ergebnis mangels konkreter Regelungen blaß.

---

[256] Bericht 1994, 9.
[257] Bericht 1994, 9.
[258] Bericht 1994, 9.

4) Exkurs: Die Europaratskonvention über die zivilrechtliche Haftung für Schäden durch umweltgefährdende Tätigkeiten

a) Genese

Wie bereits angedeutet, ist das Erfordernis einer privatrechtlichen Regelung der Umweltverschmutzungsproblematik auch auf Europaratsebene frühzeitig erkannt worden. So hatte die 15. Konferenz der europäischen Justizminister in Oslo dem Europarat bereits wenige Wochen nach der Tschernobyl-Katastrophe empfohlen, ein „geeignetes rechtliches Instrumentarium" für den angemessenen Ersatz von Umweltschäden zu erarbeiten[259]. Dieser setzte hieraufhin ein Expertenkomitee ein, welches unter wachsender Beteiligung neuer Staaten und später auch der EU-Kommission[260] mehrere Konventionsentwürfe ausarbeitete[261]. Anfang 1993 wurden die Arbeiten abgeschlossen[262] und schon im Juni desselben Jahres beim Treffen der europäischen Justizminister in Lugano die „Konvention über die zivilrechtliche Haftung für Schäden, die aus umweltgefährlichen Tätigkeiten herrühren" (*Lugano Convention*)[263], zur Zeichnung vorgelegt, wo sie auch gleich von acht Staaten unterzeichnet wurde[264].

Bei der Konvention handelt es sich um einen völkerrechtlichen Vertrag. Demzufolge besteht keinerlei Verpflichtung, ihr beizutreten. Tatsächlich hat die EU-

---

[259] 15th Conference of European Ministers of Justice, Oslo 17-19 June 1986, Conclusions and Resolutions of the Conference, Europarat-Dok. MJU-15(86) Concl., S.24 ff.

[260] Die Kommission hatte Anfang 1992 das Mandat erhalten, den Verhandlungen beizutreten; vgl. Commission Mandate Concerning the Negotiations for an International Convention on Damage Resulting from Activities Dangerous to the Environment (Council of Europe) SEC (91) 750; der Beitritt erfolgte im März 1992.

[261] Vgl. Draft Convention on Damage Resulting from Activities Dangerous to the Environment, Europarat-Dok. DIR/JUR (91) 1 (Januar 1991); Europarat-Dok. DIR/JUR (91) 2 (Mai 1991); Europarat-Dok. DIR/JUR (91) 3 (Juli 1991); Europarat-Dok. DIR/JUR (92) 1 (Januar 1992); Europarat-Dok. DIR/JUR (92) 2 (Juli 1992); zu der Entwicklung sowie zu den einzelnen Entwürfen: FRIEHE, NuR 1992, 249 ff.; ders., NuR 1992, 453 ff.; REST, NJW 1989, 2153 ff.

[262] Am 8.3.1993 wurde der Konventionsentwurf über die Umwelthaftung vom Ministerkomitee angenommen; Convention on Civil Liability for Damage Resulting from Activities Dangerous to the Environment, Convention No.150, 8.3.1993; Council of Europe, 102 (93), 9.3.1993; vgl. auch JAYME, identité culturelle et intégration, S.221.

[263] Draft Convention on Civil Liability for Damage Resulting from Activities Dangerous to the Environment; dt. Übersetzung in PHI 1993, 196-202, 211-217, nachfolgend kurz LC.

[264] Unterzeichnerstaaten waren Finnland, Griechenland, Island, Italien, Liechtenstein, Luxemburg, die Niederlande und Zypern; hinzu kam 1997 Portugal; eine Ratifizierung ist indes bislang in keinem der Staaten erfolgt (Internetauskunft des Europarates vom 17.05.01).

-Kommission von der ihr diesbezüglich grundsätzlich eingeräumten Möglichkeit[265] auch - bewußt - keinen Gebrauch gemacht. Dennoch verdient die Konvention als erste haftungsrechtliche Gesamtkonzeption einer europäischen Umwelthaftung gesteigerte Aufmerksamkeit und Zuwendung.

b) Das Haftungsmodell der Konvention

aa) Zielsetzung und Anwendungsbereich

Ziel der Konvention ist der angemessene Ausgleich von Schäden, die durch umweltgefährliche Tätigkeiten verursacht werden, die Schadensverhütung und die tatsächliche Wiederherstellung der Natur[266].
De lege lata ausgenommen sind Schäden, die beim Transport auftreten[267] bzw. durch nukleare Substanzen verursacht und von nationalen und internationalen Haftungsregelungen erfaßt werden[268].

bb) Haftungsprinzip und Anknüpfung der Haftung

(1) Art.6 i.V.m. Art.2 LC

Nach Art.6 i.V.m. Art.2 LC haftet jeder, der eine gefährliche Tätigkeit entfaltet, für daraus entstehende Schäden, wenn und soweit sie aus Vorfällen resultieren, die sich zu einer Zeit ereignet haben, als die Tätigkeit unter seiner Kontrolle stand. Die Konvention sieht damit eine verschuldensunabhängige Haftung vor.

Anknüpfungspunkt dieser Haftung ist dabei - handlungsbezogen - das Entfalten umweltgefährlicher Aktivität[269]. Es bedarf haftungsbegründend demnach weder des Betriebes einer umweltgefährlichen Anlage[270] noch der Erzeugung umweltgefährdender Stoffe bzw. Abfälle[271].

---

265 Nach Art.32 Abs.1 LC kann die Europäische Gemeinschaft selbst Vertragspartei werden.

266 Vgl. Art.1 LC.

267 Art.4 Abs.1 LC; in diesen Fällen kommt eine Haftung nach dem Ölübereinkommen sowie nach der CRTD-Konvention (vgl. Fn.18) in Betracht; vgl. hierzu auch Explanatory Report, Europarat-Dok. DIR/JUR (93) 1, Rn.45.

268 Art.4 Abs.2 LC.

269 PIPERS in Von Bar, Internationales Umwelthaftungsrecht I, S.15, 18.

270 So der Anknüpfungspunkt im deutschen UmweltHG; vgl. KLASS, UPR 1997/4, 134, 143.

271 Dieser Weg wurde beim Entwurf für eine europäische Abfallrichtlinie gewählt; siehe weiter oben C II 1) c), S.28.

Art.2 Abs.1 LC konkretisiert den Begriff der „gefährlichen Tätigkeit" wie folgt:

(a) Herstellen, Behandeln, Lagern, Benutzen, Freisetzen von sowie sonstiger Umgang mit gefährlichen Stoffen;
(b) Herstellung, Lagerung und Gebrauch von sowie Umgang mit genetisch veränderten und deshalb gefährlichen Organismen oder sonstigen gefährlichen Mikroorganismen;
(c) Betreiben bestimmter Anlagen zur Behandlung, aber auch zum Recycling von Müll;
(d) Betreiben einer Abfalldeponie.

Weitere haftungsbegründende Voraussetzung ist, daß die Tätigkeit berufsmäßig ausgeübt wird, worunter die Konvention ausdrücklich auch die Handlung von Staatsorganen versteht[272].

Nicht zuletzt wegen ihrer Auffangfunktion dürfte der Tatbestandsalternative des „Umgangs mit gefährlichen Stoffen" die wohl größte Bedeutung zukommen[273]. Die insoweit relevanten Stoffe werden von der Konvention in drei Kategorien unterteilt:

Zunächst wird auf all die Substanzen Bezug genommen, die im Annex I Teil B der Konvention aufgeführt werden[274], welcher wiederum auf die Stoffeliste der Anlage 1 zur EG-Richtlinie 67/548/EWG[275] zur Angleichung der Rechts- und Verwaltungsvorschriften für die Einstufung, Verpackung und Kennzeichnung gefährlicher Stoffe verweist.

Art.2 Abs.2 lit.a) LC erweitert diesen Kreis um all diejenigen Stoffe, die aufgrund ihrer Eigenschaften eine Gefahr für ihre Umwelt[276] darstellen. Darunter fallen zunächst ohne weiteres alle Substanzen, die die in lit.a) aufgeführten Eigenschaften aufweisen[277]; aufgrund ihrer weiten Formulierung umfaßt die Umschreibung

---

[272] Art.2 Abs.1 LC.

[273] So auch FRIEHE, NuR 1992, 249, 250.

[274] Art.2 Abs.2 lit.b) LC.

[275] ABl. EG 1967 Nr.196, S.1.

[276] Art.2 Abs.2 lit.a) LC spricht hier genauer von: „substances...which constitute a significant risk for man, the environment or property".

[277] „Explosiv, oxidierend, extrem entzündlich, sehr giftig, giftig, schädlich, ätzend, reizend, sensibilisierend, krebserregend, mutagen, fruchtschädigend oder gefährlich für die Umwelt"; die Auslegung dieser Begriffe soll - über Anhang 1 Teil A - entsprechend den EG Richtlinien 79/831/EWG zur sechsten Änderung der Richtlinie 67/548/EWG, ABl. EG 1979 L 259, S.10 i.V.m. der EG-Richtlinie 91/325/EWG, ABl. EG 1991 L 180, S.1 und ferner der EG-Richtlinie 88/379/EWG zur Angleichung der Rechts- und Verwaltungs-

darüberhinaus aber auch Stoffe, die es überhaupt noch nicht gibt oder deren Gefährlichkeit noch gar nicht erwiesen ist[278].

Nach Art.6 Abs.1 der Konvention sind Schäden nur dann zu ersetzen, wenn sie durch einen umweltrelevanten Vorfall[279] ausgelöst wurden. Dies kann nach Art.2 Abs.11 LC jedes plötzliche oder andauernde Ereignis oder eine Reihe von Ereignissen gleichen Ursprungs sein, die jedenfalls eine schwere und unmittelbare Gefahr der Schadensverursachung darstellen. Noch im ersten Konventionsentwurf waren hierfür als Beispiele Explosionen, Feuer, Leckagen und nicht zuletzt Emissionen genannt worden[280]. Dies macht deutlich, daß der Schwellenwert für eine Haftung bewußt niedrig angesetzt ist.

(2) Art.7 LC

Als gesonderte Haftungsvorschrift sieht Art.7 LC zusätzlich die verschuldensunabhängige Haftung der Betreiber von Abfallentsorgungsanlagen (Deponien) für sämtliche durch Abfälle verursachten Schäden vor[281]. Interessanterweise wird hier, anders als in Art.6 LC, kein zusätzliches umweltrelevantes Ereignis gefordert[282]. Hiermit soll der Geschädigte offensichtlich von der schwierigen Feststellung des Beginns einer bestimmten Wirkungskette entlastet werden. Es ist ihm damit möglich, sich schlicht an denjenigen halten, der die Deponie zu dem Zeitpunkt, in dem der Schaden bekannt wird, betreibt.

cc) Ersatzfähige Schäden

Bei der Frage nach den ersatzfähigen Schäden unterscheidet Art.2 Abs.7 LC mehrere Kategorien. So werden neben den klassischen Personen-[283] und Eigentumsschäden[284] auch Beeinträchtigungen der Umwelt erfaßt. Insoweit führt Art.2 Abs.7 lit. c) LC folgendes aus:

> Damage: „loss or damage by impairment of the environment in so far as this is not considered to be damage within the meaning of sub-paragraphs

---

vorschriften der Mitgliedstaaten für die Einstufung, Verpackung und Kennzeichnung gefährlicher Zubereitungen, ABl. EG 1988 L 187, S.14, erfolgen.

278 Vgl. PIPERS in Von Bar, Internationales Umwelthaftungsrecht I, S.20; FRIEHE, NuR 1992, 249, 250, der insoweit von einer „offenen Stoffeliste" spricht.

279 Die englische Fassung spricht von „incident", die französische von „événement".

280 Europarat-Dok. DIR/JUR (91), 1 ff.

281 Vgl. hierzu Explanatory Report, Europarat-Dok. DIR/JUR (93) 1, Rn.55.

282 PIPERS in Von Bar, Internationales Umwelthaftungsrecht I, S.19.

283 Art.2 Abs.7 lit.a) LC.

284 Art.2 Abs.7 lit.b) LC.

a or b above provided that compensation for impairment of the environment, other than for loss of profit from such impairment, shall be limited to the costs of measures of reinstatement actually undertaken or to be undertaken."

Analog zum Abfallerzeugerhaftungsentwurf der Kommission will die Konvention den zu ersetzenden „ökologischen Schaden[285]" demnach ebenfalls als etwas anderes als die Verletzung der individualrechtlichen Schutzgüter Leben, Gesundheit und Eigentum verstanden wissen[286]. In Betracht kommen damit lediglich reine Vermögensschäden und Schäden an Allgemeingütern[287].

Den Begriff „Umwelt" umschreibt Art.2 Abs.10 LC mit natürlichen, unbelebten und belebten Ressourcen wie Luft, Wasser, Boden, Fauna und Flora sowie dem Zusammenwirken dieser Faktoren; darüberhinaus werden Gegenstände, die Bestandteil des kulturellen Erbes sind, und charakteristische Merkmale der Landschaft erfaßt[288]. Entsprechend der Formulierung wird dabei lediglich ein „Kernbestand"[289] festgelegt. Dies hat den Vorteil, daß Weiterungen aufgrund neuer naturwissenschaftlicher und gesellschaftlicher Erkenntnisse unproblematisch möglich sind.

Trotz ihrer Begrenzung auf einen Kernbestand enthält die Definition mit den „Gegenständen des kulturellen Erbes" ein interessantes und gleichzeitig außergewöhnliches Schutzobjekt. Außergewöhnlich deshalb, weil insoweit keine Naturgüter in engeren Sinn, sondern menschliche Leistungen geschützt werden, die zudem immer auch dem Individualrechtschutz unterliegen[290]. Die Intention der Regelung liegt auf der Hand. So soll eine Wiederherstellung auch dann

---

285 Vgl. zu diesem Begriff unten III 2), S.65; SEIBT, Zivilrechtlicher Ausgleich ökologischer Schäden, S.5 ff.; MARBURGER, KF 1990, 4, 8 ff.

286 Als Vorbilder dienten insoweit das Ölhaftungsübereinkommen von 1984 (vgl. Art.1 Abs.6 lit.a) des Ölhaftungsübereinkommens) sowie die Konvention über die Haftung bei Gefahrguttransporten (Art.1 Abs. 10 CRTD-Konvention); vgl. hierzu auch FRIEHE, NuR 1992, 249, 251.

287 Explanatory Report, Europarat-Dok. DIR/JUR (93) 1, Rn.37.

288 „Environment includes: Natural resources both abiotic and biotic, such as air, water, soil, fauna and flora and the interaction between the same factors; property which forms part of the cultural heritage; and the characteristic aspects of the landscape".

289 Begriff nach FRIEHE, NuR 1992, 453, 458; vgl. zur Thematik auch Explanatory Report, Europarats- Dok. DIR/JUR (93) 1, Rn.42.

290 Ebenso FRIEHE, nach dem die Definition „eher ein Element zuviel als zuwenig enthält", NuR 1992, 453, 458.

möglich sein, wenn der Eigentümer daran kein Interesse hat oder aber der individualrechtliche Ausgleich Beschränkungen unterliegt[291].

Nicht unerwähnt soll am Ende bleiben, daß nach Art.2 Abs.7 lit.d) LC auch die Kosten von Rettungsmaßnahmen und durch solche Maßnahmen verursachte Einbußen unter den Begriff des Schadens zu fassen sind.

dd) Kausalität

Die im Umweltbereich so wichtige Frage des Nachweises des kausalen Zusammenhangs zwischen gefährlicher Tätigkeit und festzustellender Beeinträchtigung bzw. Verletzung des geschützten Rechtsguts beantwortet die Konvention nur relativ unbestimmt.

So heißt es hierzu in Art.10 LC lediglich, der mit der Entscheidung betraute Richter habe bei der Prüfung der Kausalität zwischen dem Ereignis und dem Schaden oder - bei einer gefährlichen Tätigkeit i.S.v. Art.2 Abs. 1 lit.d) - der Tätigkeit und dem Schaden die erhöhte Gefahr der Verursachung eines Schadens, der der gefährlichen Tätigkeit innewohnt, in angemessener Weise zu berücksichtigen[292]. Dokumentiert ist damit in jedem Fall die Absicht, die „normalen“ Beweisanforderungen zu lockern. Wie weit die Schwelle des Kausalitätsnachweises im Einzelfall tatsächlich herabgesetzt werden kann, bleibt allerdings offen[293].

ee) Verteidigungsmöglichkeiten

Möglichkeiten für eine erfolgreiche Verteidigung sieht die Konvention nur in begrenztem Maße vor. So haftet der Betreiber gemäß Art.8 LC nicht für Schäden, die durch Kriegshandlungen, Aufruhr und außergewöhnliche Naturereignisse verursacht worden sind[294]; auch können vorsätzliches Verhalten eines Dritten und das Befolgen einer ausdrücklichen staatlichen Anordnung oder Zwangsmaßnahme zum Ausschluß der Haftung führen[295]; schließlich soll die Gefährdungshaftung dann nicht greifen, wenn sich die verursachte Verschmutzung im Rahmen dessen

---

291 Vgl. etwa im deutschen Recht die das Prinzip der Naturalrestituion durchbrechende Regelung des § 251 Abs.2 BGB.

292 Art.10 LC: „When considering evidence of the causal link between the incident and the damage or, in the context of a dangerous activity as defined in Article 2 paragraph 1, subparagraph d, between the activity and the damage, the court shall take due account of the increased danger of causing such damage inherent in the dangerous activity“.

293 Vgl. FRIEHE in NuR 1992, 249, 252, der als Vergleichsmaßstab die §§ 286, 287 ZPO sowie die §§ 6, 7 UmweltHG heranzieht.

294 Art.8 lit.a) LC.

295 Art.8 lit.b/c) LC.

gehalten hat, was nach den maßgeblichen örtlichen Verhältnissen üblich und erträglich ist[296] bzw. wenn der Schaden zwar durch eine gefährliche Tätigkeit verursacht worden ist, diese aber rechtmäßig im Interesse des Geschädigten ausgeübt wurde und die dabei geschaffene Gefahr vertretbar war[297].

Nicht eindeutig beantwortet die Konvention die Frage, ob der Schädiger zusätzlich mit dem Einwand gehört werden darf, die Schädlichkeit der von ihm freigesetzten Stoffe sei nach dem Stand von Wissenschaft und Technik nicht zu erkennen gewesen. Eine Tendenz ist diesbezüglich allerdings klar erkennbar. So geht die Konzeption generell von einer Einbeziehung des Entwicklungsrisikos in die Haftung aus, eröffnet den Zeichnungsstaaten aber gleichzeitig die Option, die *state of the art*- Einrede in Abweichung zu der gewünschten Regelung zu implementieren[298].

ff) Haftungsumfang

Zur Reichweite der Haftung äußert sich die Konvention explizit nur im Hinblick auf Umweltbeeinträchtigungen.

(1) Personen- und Sachschäden

Aus dem Umstand, daß sie dort Haftungsbegrenzungen vorsieht, ist zu schließen, daß bei den anderen Schadenskategorien, d.h. bei Personen- und Eigentumsschäden, unlimitierter Schadensersatz zu leisten ist. Dies wird dadurch bekräftigt, daß die vom Expertenkomitee CJ-EN bis zum Schluß der Beratungen vorgesehenen Haftungshöchstgrenzen[299] in letzter Minute gestrichen wurden. Ob unter den insoweit zu leistenden „vollen" Schadensersatz auch Ersatzleistungen für immateriell erlittene Schäden zu fassen sind, läßt sich der Konvention nicht entnehmen. Nach Vorstellung des Europarats soll diese Frage offensichtlich von den einzelnen Beitrittsländern selbst entschieden werden.

(2) Haftungsbegrenzung bei Schäden durch Umweltbeeinträchtigungen

Wie bereits kurz angerissen, ist der Umfang der Haftung bei Umweltbeeinträchtigungen durch die Regelung des Art.2 Abs.7 lit.c) LC explizit bestimmt und nach oben hin begrenzt. Es können danach maximal die Kosten ergriffener oder zu

---

[296] Art.8 lit.d) LC.

[297] Art.8 lit.c) LC.

[298] Art.35 Abs.1 lit.b) LC.

[299] Committee of Experts on Compensation for Damage caused to the Environment, Meeting Report, Strasbourg, 19-22 May 1992, Appendix II (=Draft Convention), Art.12, Ziff.1.

ergreifender Wiederherstellungsmaßnahmen verlangt werden, worunter allerdings nicht auch der durch die Beeinträchtigung entgangene Gewinn zu fassen ist.

Unter Wiederherstellungsmaßnahmen versteht die Konvention angemessene Maßnahmen zur Restitution bzw. Sanierung geschädigter oder zerstörter Teile der Umwelt oder, soweit dies möglich und vernünftig ist, die Einbringung gleichwertiger Teile in die Umwelt[300]. Im Vordergrund steht demnach der vollständige Ausgleich von Umweltbeeinträchtigungen durch Maßnahmen, die den ursprünglichen Zustand wiederherstellen. Soweit dies aus tatsächlichen Gründen nicht möglich ist, soll wenigstens ein dem ursprünglichen möglichst nahekommender Zustand geschaffen werden[301]. Selbiges gilt für den Fall, daß dem Schädiger die Vornahme von restitutiven Maßnahmen aus Gründen der Verhältnismäßigkeit nicht zugemutet werden kann. Die Grenzziehung erfolgt dabei über den Begriff der „Angemessenheit"[302], der mangels anderweitiger Konkretisierung - die Europaratsdokumente enthalten diesbezüglich keinerlei Anhaltspunkte - im Sinne einer allgemeinen Verhältnismäßigkeitsüberprüfung durch den Richter zu verstehen sein dürfte.

(3) Mitverschulden

Beim Haftungsumfang zu berücksichtigen ist schließlich gemäß Art.9 LC jegliches Mitverschulden des Geschädigten bzw. dessen Hilfspersonen. Dabei ist die anzurechnende Quote völlig flexibel, so daß auch eine vollständige Haftungsbefreiung des formell Haftpflichtigen in Betracht kommt.

---

300 Art.2 Abs.8 LC: „Measures of reinstatement mean any reasonable measures aiming to reinstate or restore damaged or destroyed components of the environment or to introduce where reasonable the equivalent of these components into the environment".

301 Explanatory Report, Europarat-Dok. DIR/JUR (93) 1, Rn.40.

302 Art.2 Abs.8 LC: „...any reasonable measures..."

gg) Aktivlegitimation und Anspruchsberechtigung

(1) Prozeßführungsbefugnis

Die Befugnis zur Prozeßführung ist in der Europaratskonvention nur bruchstückhaft geregelt. So wird in Art.18 LC lediglich den Umweltschutzverbänden die Möglichkeit eigener gerichtlicher oder verwaltungsrechtlicher Tätigkeit[303] eingeräumt. Natürlich liegt auf der Hand, daß die Initiativrechte damit nicht erschöpft sind. Schon aus den individualrechtlichen Schadenspositionen[304] läßt sich ableiten, daß auch der einzelne Geschädigte befugt sein muß, seine Ansprüche gerichtlich geltend zu machen.

Während sich die Aktivlegitimation bei den Individualschäden schlicht aus der Rechtsgutsinhaberschaft ergibt, ist ihre Ableitung bei den Beeinträchtigungen der Umwelt im Sinne von Art.2 Abs.7 lit.c) LC wesentlich problematischer.

Ausgangspunkt ist auch hier zunächst die Überlegung, daß demjenigen ein Klage- bzw. Antragsrecht zugestanden werden soll, der bei der Wiederherstellung von Naturgütern eine finanzielle Einbuße erlitten hat. Denklogisch wäre demnach jede Person prozeßführungsbefugt, die restitutive Maßnahmen ergriffen hat[305].

Bei genauerer Betrachtung erweist sich diese Ansicht jedoch als zu voreilig: Sie läßt nämlich offen, wem nach der Rechtsordnung überhaupt die Befugnis zukommt, derartige Maßnahmen zu ergreifen. Daß diesem Kriterium entscheidende Bedeutung zukommt, ergibt sich aus dem Vergleich der Legaldefinition der „Rettungsmaßnahmen" in Art.2 Abs.9 LC einerseits und der der „Wiederherstellungsmaßnahmen" in Art.2 Abs.8 LC andererseits. Während nämlich nach dem Wortlaut des Art.2 Abs.9 LC „jede beliebige Person[306]" nach dem Eintritt eines umweltrelevanten Ereignisses Rettungsmaßnahmen ergreifen darf, fehlt es bei den Wiederherstellungsmaßnahmen gerade an einer entsprechenden Formulierung. Daraus ist zu schließen, daß die Konvention nur demjenigen einen Anspruch auf Kostenerstattung für Wiederherstellungsmaßnahmen zugestehen will, dem bereits aufgrund anderer Vorschriften die Rechtsmacht zu derlei Maßnahmen verliehen wurde[307]. Bestätigt wird diese Auffassung durch die Regelung des Art.2 Abs.8 S.2 LC, nach der es dem nationalen Gesetzgeber vorbehalten

[303] Der im Gegensatz zu den Vorentwürfen abgeänderte Wortlaut stellt klar, daß es sich um ein universelles Antragsrecht handelt.

[304] Personen- und Eigentumsschäden, Art.2 Abs.7 lit.a/b) LC.

[305] Vgl. FRIEHE, NuR 1992, 453, 456.

[306] Art.2 Abs.9 LC:„...measures taken by any person..."

[307] FRIEHE, NuR 1992, 453, 457.

bleibt, zu bestimmen, wer zur Durchführung restitutiver Maßnahmen berechtigt sein soll und wer nicht[308].

Auf dieser Grundlage ist das in Art.18 LC vorgesehene, ausdrückliche Klagerecht der Umweltverbände dogmatisch als Einschränkung dieses nationalen Spielraumes zu verstehen. Nach dieser Vorschrift sind um den Umweltschutz bemühte Vereinigungen und Verbände, soweit sie die rechtlichen Voraussetzungen des Staates erfüllen, in welchem der Antrag gestellt wird, de lege lata berechtigt, gerichtliche oder verwaltungsrechtliche Maßnahmen einzuleiten, um zu bewirken, daß rechtswidrige und stark umweltgefährliche Aktivitäten verboten werden[309] bzw. daß eine Aufforderung an den Betreiber ergeht, (1) Maßnahmen zur Verhinderung eines umweltrelevanten Ereignisses oder Schadens[310], (2) Maßnahmen zur Schadensverhütung oder -minderung[311] und/oder (3) Maßnahmen zur Wiederherstellung der Umwelt zu ergreifen[312].

Allerdings besteht für den nationalen Gesetzgeber die Möglichkeit zur Beschränkung, indem er Fälle bestimmen kann, in welchen ein Antrag nicht zulässig ist[313]. Ebenfalls obliegt es dem nationalen Recht, festzulegen, vor welcher gerichtlichen oder verwaltungsrechtlichen Stelle das Begehren vorgetragen werden kann[314]. Dieser nationale Spielraum ist im Hinblick auf die an sich angestrebte europaweite Harmonisierung nicht unproblematisch[315]. Die Probleme werden noch dadurch verstärkt, daß es den einzelnen Mitgliedstaaten in Art.35 Abs.1 lit.c) LC freigestellt wird, festzulegen, ob Art.18 überhaupt angewandt werden soll. Letztlich besteht damit auf nationaler Ebene die Möglichkeit, von einem Verbandsklagerecht ganz abzusehen.

Zum vorbehaltlich dessen vorhandenen Konkurrenzverhältnis zwischen den Handlungsmöglichkeiten von Privatpersonen und Umweltverbänden hält sich die Konvention bedeckt. Dem *Explanatory Report* läßt sich allerdings entnehmen, daß das Handlungsspektrum der Verbände hauptsächlich in Eilsituationen, in denen ein Handeln von Privatpersonen nicht gewährleistet ist, und dort eröffnet gesehen wird, wo Interessen der Allgemeinheit tangiert sind.[316]

---

[308] Vgl. auch SEIBT, Zivilrechtlicher Ausgleich ökologischer Schäden, S.137.
[309] Art.18 Abs.1 lit.a) LC.
[310] Art.18 Abs.1 lit.b) LC.
[311] Art.18 Abs.1 lit.c) LC.
[312] Art.18 Abs.1 lit.d) LC.
[313] Art.18 Abs.2 LC.
[314] Art.18 Abs.3 LC; in jedem Fall sind Rechtsmittel vorzusehen.
[315] Vgl. hierzu insbesondere SEIBT, Zivilrechtlicher Ausgleich ökologischer Schäden, S.138.
[316] Explanatory Report, Europarat-Dok. DIR/JUR (93) 1, Rn.80.

(2) Zuordnung des Rechtsguts Umwelt

Eine ausdrückliche Zuordnung des Rechtsguts Umwelt enthält die Konvention nicht. Den Ausführungen des *Explanatory Report* nach soll der Schutz der Umwelt jedoch als etwas über den bloßen Individualrechtsschutz hinausgehendes verstanden werden[317]. Die Umwelt wird demnach auch auf Europaratsebene als kollektives Rechtsgut gesehen.

hh) Schädigermehrheit

Die haftungsrechtliche Problematik, daß sich ein entstandener Schaden nicht allein einem bestimmten Vorfall oder einer bestimmten Tätigkeit zuordnen läßt, regelt die Konvention in Art.11. Dieser ordnet unter der Voraussetzung, daß in allen in Betracht kommenden Betrieben umweltrelevante Ereignisse vorgefallen sind[318] und der Schaden hieraus resultiert, eine gesamtschuldnerische Haftung aller Betreiber an[319]. Eine Ausnahme von diesem Grundsatz gilt nur dann, wenn es dem in Anspruch genommenen Betreiber gelingt, eine lediglich anteilige Verursachung nachzuweisen; dann soll er nach der Konvention auch nur entsprechend dem auf ihn fallenden Teil haften[320].

ii) Deckungsvorsorge

Die Konzeption der Lugano-Konvention begnügt sich nicht mit der Festschreibung einer gesamtschuldnerischen Gefährdungshaftung aller Betreiber gefährlicher Tätigkeiten. Darüberhinausgehend werden die einzelnen Zeichnerstaaten angewiesen, den potentiell Haftpflichtigen eine finanzielle Absicherung ihrer Haftung vorzuschreiben[321]. Wie eine solche im Detail aussehen soll, beantwortet die Konvention nicht. Gedacht ist aber offensichtlich an Fonds, Versicherungen oder andere Formen finanzieller Absicherung.

---

317 Explanatory Report, Europarat-Dok. DIR/JUR (93) 1, Rn.39, 42.

318 Gegenüber den Betreibern einer Abfalldeponie wird - entsprechend Art.7 LC - auf den Nachweis eines umweltrelevanten Ereignisses verzichtet.

319 Art.11 S.1 LC.

320 Art.11 S.2 LC.

321 Art.12 LC.

jj) Sonstiges

(1) Auskunftsansprüche

Einen besonderen Schwerpunkt legt die Lugano-Konvention auf die Gewährung von Auskunftsansprüchen. Entsprechend ist gegenüber Behörden und sonstigen hoheitlich handelnden Stellen ein umfassendes Informationsrecht vorgesehen, das jedermann ohne Nachweis eines bestimmten Interesses geltend machen kann[322]. Darüberhinaus wird dem Geschädigten die Möglichkeit eröffnet, den Betreiber auf Erteilung beweiserheblicher Auskünfte in Anspruch zu nehmen[323]. Schließlich werden auch Auskunftsverlangen von Betreibern untereinander zugelassen[324]. Eine Beschränkung der vorgenannten Informationsrechte ist lediglich in Fällen vorgesehen, in denen die Grenze der Verhältnismäßigkeit überschritten wird oder sich ein Betreiber durch die Auskunft selbst belasten würde[325].

(2) Gerichtsstand und gegenseitige Anerkennung und Vollstreckung von Urteilen

Art.19 LC schreibt fest, daß Schadensersatzklagen alternativ an den Orten, an denen der Schaden eingetreten ist, an denen die gefährliche Tätigkeit ausgeübt wird oder an denen der Beklagte seinen ständigen Wohnsitz hat, geltend gemacht werden können[326]. Sofern, was möglich ist, zwischen den denselben Parteien wegen desselben Anspruchs Klagen bei Gerichten verschiedener Vertragsstaaten anhängig gemacht werden, ist allein das zuerst angerufene Gericht zuständig[327].

---

[322] Art.13 - 15 LC.

[323] Art.16 Abs.1 LC.

[324] Art.16 Abs.2 LC; hiermit soll ermöglicht werden, daß bei einer Mehrheit von Betreibern die einzelnen Haftungsanteile ermittelt werden können.

[325] Art.16 Abs.5, 6 LC.

[326] Dabei geht die LC als völkerrechtliches Spezialabkommen den Regelungen des EuGVÜ grundsätzlich vor (Art. 57 EuGVÜ), vgl. KUNIG, Umweltschutz, S.326, KROPHOLLER, EuGVÜ, Art.57, Rn.3, SCHLOSSER, EuGVÜ, Art.57, Rn.1; zu beachten ist allerdings, daß nach Art.24 LC dann, wenn zwei oder mehr Vertragsstaaten durch einen Vertrag gebunden sind, welcher Vorschriften über die gerichtliche Zuständigkeit enthält oder die Anerkennung und Vollstreckung von in einem Staat ergangenen Entscheidungen in einem anderen Staat vorsieht, die Vorschriften dieses Vertrages die Regelungen der Artikel 19 bis 23 der Konvention ersetzen. Dies hat zur Folge, daß das EuGVÜ bei Streitigkeiten zwischen EU-Mitgliedstaaten unmittelbar zur Anwendung gelangt; dadurch ergibt sich indes keine andere rechtliche Beurteilung, nachdem die Regelungen der Art. 19 bis 23 LC den Bestimmungen des EuGVÜ bzw. des LÜ nachgebildet worden und somit identische Ergebnisse erzielt werden, vgl. FRIEHE, NuR 1992, 249, 253.

[327] Bis zur Feststellung der Zuständigkeit dieses Gerichts setzen alle anderen angerufenen das Verfahren aus; ist die Zuständigkeit festgestellt, lehnen die später angerufenen Gerichte ihre Zuständigkeit zugunsten des „Erstgerichts" ab, Art.21 LC.

Desweiteren können Klagen, die zwar unterschiedliche Gegenstände betreffen, aber doch in einem engen sachlichen Zusammenhang[328] stehen, zum Zwecke der Vermeidung inkonsistenter Entscheidungen bei einem Gericht konzentriert werden[329].

Gemäß Art.23 Abs.1 LC ist die Entscheidung eines zuständigen Gerichts, soweit sie nicht mehr mit ordentlichen Rechtsmitteln angegriffen werden kann, generell in allen Vertragsstaaten anzuerkennen[330]. Sofern sie in dem Staat, in dem sie ergangen ist, vollstreckbar ist, wird sie dies auch in allen anderen Vertragsstaaten, sobald die dort jeweils vorgeschriebenen Formalitäten erfüllt sind[331].

(3) Verjährung

Schließlich ist in Art.17 die Verjährung von Ansprüchen geregelt[332]. Sie beträgt drei Jahre und beginnt ab dem Zeitpunkt zu laufen, in dem der Anspruchsteller von dem Schaden und der Identität des Betreibers Kenntnis erlangt hat oder vernünftigerweise hätte erlangen können. Hinsichtlich der Hemmung bzw. der Unterbrechung sollen die Vorschriften der Mitgliedstaaten Anwendung finden[333]. Als absolute Grenze für eine Inanspruchnahme legt Art.17 Abs.2 LC dreißig Jahre nach Eintritt des schadensverursachenden Ereignisses fest[334].

---

[328] „Zusammenhang" wird in Art.22 Abs.3 LC wie folgt umschrieben: „where they are so closely connected that it is expedient to hear and determine them together to avoid the risk of irreconcilable judgments resulting from separate proceedings".

[329] Art. 22 LC; zu den Vorentwürfen FRIEHE, NuR 1992, 249, 253.

[330] Die eng umgrenzten Ausnahmefälle finden sich in Art.23 Abs.1 lit.a)-d) LC. Zum Verhältnis zum EuGVÜ siehe oben Rn.326.

[331] Art.23 Abs.2 LC.

[332] Die Konvention spricht hier von „actions for compensation"; damit sollen Ansprüche gemeint sein.

[333] Art.17 Abs.1 LC.

[334] Zum Beginn der Frist führt Art.17 Abs.2 S.2 folgendes aus: „Besteht ein Vorfall aus einem ununterbrochenen Ereignis, so beginnt die dreißigjährige Frist mit dem Ende dieses Ereignisses. Besteht ein Vorfall aus einer Reihe von Ereignissen gleichen Ursprungs, beginnt die dreißigjährige Frist mit dem letzten dieser Ereignisse. Bei einer Anlage zur dauernden Ablagerung von Abfall beginnt die dreißigjährige Frist spätestens mit dem Zeitpunkt, in dem die Anlage in Übereinstimmung mit den nationalen Rechtsvorschriften geschlossen wurde."

c) Bewertung

Die Europaratskonvention beinhaltet die erste umfassende haftungsrechtliche Konzeption einer einheitlichen europäischen Umwelthaftung. Beachtenswert ist dabei insbesondere die stringente Verwirklichung des *„polluter-pay“*-Prinzips[335] durch Implementierung einer verschuldensunabhängigen Haftung und weitgefaßte Haftungstatbestände.

Bei genauer Betrachtung erweisen sich die insoweit verwendeten Generalklauseln und die offene Stoffeliste indes gleichermaßen als Crux und Segen.

So wird damit einerseits zwar eine möglichst umfassende Haftung gewährleistet, die bereits greift, bevor die Gefährlichkeit eines Stoffs durch förmliche Ergänzung zu einer Liste anerkannt ist; andererseits verbirgt sich dahinter gleichzeitig ein hohes Maß an Rechtsunsicherheit. Weder der Begriff der "gefährlichen Tätigkeit“ noch der der „gefährlichen Stoffe“ selbst[336] ist klar und unmißverständlich definiert. Damit läuft die Haftung auf eine unlimitierte Kausalhaftung hinaus, die von niemandem mehr kalkuliert werden kann. Die daraus resultierende Unsicherheit dürfte einer der Gründe dafür sein, daß die Konvention bislang nur von wenigen Staaten gezeichnet worden ist[337]. Es steht kaum zu erwarten, daß die internationale Akzeptanz in Zukunft in erwähnenswertem Maße zunehmen wird.

5) Exkurs: Haager Konferenz

Kurze Erwähnung soll am Ende im Rahmen eines Exkurses noch die Haager Konferenz zum internationalen Privatrecht finden, die sich seit 1992 mit der Haftung für Umweltschäden befaßt[338]. Konkrete Begriffsbestimmungen und Regelungen sind dabei noch nicht entwickelt worden. Allerdings wird das Problem weitreichender Vermögensfolgeschäden wie Säuberungskosten und Gewinneinbußen angesprochen. Hingewiesen wird ferner auf die Regelungsbedürftigkeit von Kollektivklagen (sog. *„class actions*[339]“) und Verbandsklagen sowie die Erforderlichkeit der Installierung von Beweiserleichterungen und Auskunftsrechten.

---

[335] PIPERS in Von Bar, Internationales Umwelthaftungsrecht I, S.18.

[336] Hierzu sehr kritisch das Europäische Parlament in seinem Entschließungsantrag B3-0473/93 des Ausschusses für Umweltfragen, Volksgesundheit und Verbraucherschutz, in: Bericht 1994, 10; ebenso MARBURGER, UTR 1994, 129, 165.

[337] Exakt von 9 Staaten, die jedoch allesamt noch nicht ratifiziert haben, vgl. oben Fn. 264.

[338] Hague Conference on Private International Law, Permanent Bureau, Note on the Law Applicable to Civil Liability for Environmental Damage, Preliminary Doc. No. 9, May 1992.

[339] Siehe hierzu ausführlich weiter unten im 4.Teil B II 2) i)cc)(3), S.206.

III) Fazit - Entwicklungslinien und Tendenzen

Bei aller Divergenz im Detail offenbart die Gesamtschau der bisherigen Entwürfe und Ansätze für ein gesamteuropäisches Umwelthaftungsrecht doch eine Vielzahl gleichlaufender Entwicklungslinien und Tendenzen.

1) Haftungsprinzip und Beweislastverteilung

Dies beginnt mit der Entscheidung für das Prinzip der Gefährdungshaftung. Weder der Abfallhaftungsentwuf der EU-Kommission noch die Lugano-Konvention verbinden die Eintrittsverpflichtung des Schadensverursachers mit einem Verschulden[340]; auch das Grünbuch tendiert trotz der ausdrücklichen Betonung, daß noch keine abschließende Entscheidung getroffen sei, in diese Richtung. Die Regelungen verhalten sich damit konform zu den einzelstaatlichen Tendenzen der Mitgliedstaaten im Umweltrecht, welche für ihre neueren Rechtsvorschriften ohne Ausnahme das Konzept der verschuldensunabhängigen Haftung gewählt haben[341].

Im Hinblick auf die besonders sensible Frage des Kausalitätsnachweises besteht ein unübersehbarer Zug hin zu Beweiserleichterungen für den/die Geschädigten.

Dies hängt damit zusammen, daß sich die Schadensentwicklung im Umweltsektor häufig über längere Zeiträume erstreckt, eine Vielzahl unterschiedlicher Schadensentstehungsfaktoren in Betracht kommt und, nicht zuletzt, oft Unklarheit über die Wirkungsweisen von Stoffen, Emissionen oder Abfällen besteht. Nicht zu Unrecht ist der Nachweis der Kausalität deshalb auch als die „eigentliche Crux[342]" des Umwelthaftungsrechts bezeichnet worden. In dem Bestreben, dem Geschädigten aus dieser für ihn mißlichen rechtlichen Situation herauszuverhelfen, sind in Politik und Wissenschaft frühzeitig Beweiserleichterungen im Kausalbereich erwogen worden[343].

---

340 Selbiges gilt für den Entschließungsantrag des Europ. Parlaments, vgl. Bericht 1994, 8.

341 Beispiele sind: Frankreich, Gesetz vom 15.07.1975 über Abfälle; Griechenland, Umweltschutz-Rahmengesetz Nr. 1650 (1986); Großbritannien, britisches Umweltschutzgesetz von 1990; Portugal, Umweltschutz- Rahmengesetz Nr.11/1987; Deutschland, Umwelthaftungsgesetz 1990 und Wasserhaushaltsgesetz 1990, vgl. hierzu auch das Grünbuch, S.18 m.w.N.

342 Zitat nach HAGER, ZEuP 1997, S.9, 22.

343 GOTTWALD, KF 1986, 3 ff.; FENYVES/WEYERS, Multikausale Schäden in modernen Haftungsrechten, 1988, S.99; FENYVES, Rechtsfragen des Kausalitätsnachweises bei Umweltschäden, in: Nicklisch, Prävention im Umweltrecht, 1988, S.155 ff.; MARBURGER, UTR 1987, 109, 140; HAGER, NJW 1986, 1961, 1966; DIEDERICHSEN/ FOERSTE in Müller, Haftpflichtrisiken in Unternehmen, S.19 ff.

Die Umwelthaftungsentwürfe greifen dies auf und reihen sich damit nahtlos in die internationalen[344] und auch nationalen Standards[345] der Mitglieds- bzw. Vertragsstaaten ein.

So formuliert die Europaratskonvention eine Beweiserleichterung dergestalt, daß die Richter im Rahmen der Beweiswürdigung die erhöhte Gefahr der Verursachung eines Schadens, der einer gefährlichen Tätigkeit innewohnt, angemessen zu berücksichtigen haben[346]. In ähnlicher Weise hatte sich der erste Entwurf für eine Abfallhaftungsrichtlinie geäußert und bindend eine Beweiserleichterung (überwiegende Wahrscheinlichkeit) festgeschrieben[347]. Am weitesten geht das Europäische Parlament, das sich in seinem Bericht gar für eine Umkehr der Beweislast im Kausalbereich stark macht[348].

2) Ersatzfähige Schäden und Klagerecht

Eine wichtige, gemeinsame Grundentscheidung treffen die Umwelthaftungsregulative und -entwürfe, indem sie sich ausnahmslos für den Ersatz des sog. „ökologischen Schadens[349]" aussprechen und damit inzident die bis heute hochumstrittene Frage nach dessen privatrechtlicher Ersatzfähigkeit beantworten.

Die Problematik dieser Schäden liegt auf der Hand. So ist das Privatrecht naturgemäß nicht auf die Beeinträchtigung kollektiver Interessen zugeschnitten[350]. Konkret wirft dies drei Fragen auf, erstens, ob ökologische Schäden und Eigentumsschäden zwei sich ausschließende Kategorien darstellen, zweitens, wer berechtigt sein soll, nicht individualisierbare ökologische Schäden geltend zu machen, und drittens, was als Ersatz geleistet werden soll.

---

[344] Vgl. etwa den US-amerikanischen Comprehensive Environmental Response, Compensation and Liability Act (CERCLA), der eine sogar kausale Beweislastumkehr vorsieht, siehe unten 4 B 2) b) bb) (1), S.172 ff.; das japanische Recht sieht in seinen Gesetzen gegen die Luft- und Wasserverschmutzung eine Beweiserleichterung im Sinne einer überwiegenden Wahrscheinlichkeit vor; selbiges gilt für Art.4 Abs.6 RLVA 1989.

[345] Vgl. nur § 6 des deutschen UmweltHG mit seiner Ursachenvermutung.

[346] Art.10 LC.

[347] Art.4 Abs.6 RLVA 1989.

[348] Bericht 1994, S.8.

[349] Der Begriff des „ökologischen Schadens" findet sich erstmalig 1968 in einer französischen Veröffentlichung von DESPAX, La pollution des eaux et ses problemes juridique, Paris 1968.

[350] So stellte DIEDERICHSEN schon auf dem 56. Deutschen Juristentag 1986 in Berlin fest: „Der ökologische Schaden liegt nicht innerhalb der Denkkategorien des Zivilrechts.", Referat 1986, L50; ähnlich HAGER, NJW 1986, 1961: „...entzieht sich mangels Zuordnung dem Schadensrecht..."; NAWRATH, Haftung für Umweltchemikalien, S.69.

Die Umwelthaftungsregulative nehmen sich dieser Fragen an, indem sie zunächst den Umweltschutz als nicht individualisierbares Interesse qualifizieren, wenngleich die Abgrenzung zum Eigentumsschutz im einzelnen weitgehend unklar bleibt[351].

Bezüglich der Geltendmachung sehen sie mit Ausnahme des Grünbuchs[352] die Einbindung von Umweltschutzverbänden durch Antrags- bzw. Klagebefugnisse vor. Dabei sollen die Verbände insbesondere beantragen können, daß Maßnahmen zur Vorbeugung oder Wiederherstellung eines umweltrelevanten Schadens ergriffen werden[353]. Die europäische Umwelthaftung etabliert damit das Prinzip der Verbandsklage.

Als Rechtsfolge werden abschließend ausschließlich Wiederherstellungsmaßnahmen diskutiert. Summations- und Distanzschäden bleiben ausgeklammert. Lediglich die Konzeption des Grünbuchs sieht vor, diese Schäden durch kollektive Entschädigungssysteme abzudecken[354].

3) Haftungseinreden und Haftungshöchstgrenzen

Gemeinsame Strukturen zeigen sich auch beim Blick auf das jeweilige Verteidigungsinstrumentarium. Danach sind Einwendungen nur in begrenztem Umfang vorgesehen.

So sieht der Bericht des Europäischen Parlaments einen Haftungsausschluß nur bei höherer Gewalt vor, wobei die Berufung hierauf zusätzlich nur dann möglich sein soll, wenn sich ihr der Schadensverursacher nicht fahrlässig ausgesetzt hat[355]. Die Lugano-Konvention läßt den Einwand höherer Gewalt bei Kriegshandlungen, Aufruhr und außergewöhnlichen Naturereignissen zu[356]; darüberhinaus können die vorsätzliche Einwirkung Dritter und die Interessenwahrnehmung zugunsten des Geschädigten zu einem Haftungsausschluß führen.

---

[351] Vgl. hierzu die Diskussion weiter oben C 1 f), S.31 ff.; C 4) b) cc), S.54 ff.

[352] Grünbuch, S.14: „ Bei Schäden an einem Gut, das niemandem gehört, ist kein klageberechtigter Geschädigter festzustellen. Ohne eine juristische oder natürliche Person, die für die Umwelt klagen kann, können die Kosten der Sanierung eines Umweltschadens über die zivilrechtliche Haftung nicht zurückgefordert werden."

[353] Art.4 Abs.3 RLVA; Art.18 LC.

[354] Grünbuch, S.11; der Bericht des Europäischen Parlaments empfiehlt, Distanz- und Summationsschäden, die keinem bestimmbaren Verursacher zugeordnet werden können, national oder regional zu regeln. Konkret sollen dabei Staat und Wirtschaft auf freiwilliger Basis Vereinbarungen über die Festlegung des gemeinsam aufzubringenden Finanzbeitrages und der Sanierungsmaßnahmen zur Behebung der Schäden treffen, Bericht 1994, 8.

[355] Bericht 1994, 8.

[356] Art.8 LC, siehe hierzu oben, C 4) b) ee), S.56; vgl. auch Art.6 Abs.1 lit.b) RLVA.

Das Grünbuch beschäftigt sich nur am Rande mit der Frage von Haftungsausschlüssen, diskutiert dafür aber ausführlich die Möglichkeit der Einführung von Haftungshöchstgrenzen[357]. Dabei wird argumentiert, daß das primäre Ziel eines Europäischen Umwelthaftungsrechts die Wiedererlangung von Sanierungskosten sowie die Vermeidung zukünftiger Schäden und nicht die Verdrängung eines Haftpflichtigen vom Markt aufgrund eines unvorhersehbaren oder unabwendbaren Schadens sei[358]. Auf dieser Grundlage könnten Haftungshöchstgrenzen den Konkurs eines Haftpflichtigen, der alle angemessenen Vorsorgemaßnahmen getroffen hat und lediglich im Rahmen der Gefährdungshaftung zu Ersatzzahlungen verpflichtet ist, abwenden. Eine abschließende Entscheidung pro oder contra bleibt die Kommission im Grünbuch allerdings schuldig. Daraus ist zu schließen, daß sie sich nicht in Widerspruch zu den anderen Umwelthaftungsentwürfen setzen will, die allesamt keine Haftungshöchstgrenzen vorsehen.

4) Fonds und Pflichtversicherungen

Schließlich empfehlen alle Entwürfe für den Fall, daß sich ein Schaden nicht einem oder mehreren solventen Haftpflichtigen anlasten läßt, die Einführung kollektiver Entschädigungssysteme. Das Europäische Parlament wie die EU-Kommission präferieren insoweit branchenspezifische Fonds gegenüber allgemeinen Pflichtversicherungen[359]. Demgegenüber spricht sich die Lugano-Konvention relativ indifferent für eine „möglichst weitgehende obligatorische Deckungsvorsorge“ aus, die aus ihrer Sicht sowohl durch eine Versicherung wie auch auf andere geeignete Weise nachgewiesen werden kann[360].

Der Vorteil kollektiver Haftungssysteme wird übereinstimmend darin gesehen, daß sie rasch finanzielle Mittel für Entschädigungszahlungen bereitstellen können. Langwierige rechtliche Auseinandersetzungen werden damit, wenn auch nicht ganz, so doch vor der Gewährung einer Entschädigung obsolet. Daneben können funktionierende kollektive Entschädigungssysteme sicherstellen, daß Sanierungsarbeiten durchgeführt werden, die das finanzielle Leistungsvermögen einzelner Haftpflichtiger bei weitem übersteigen, ohne daß hierbei die Allgemeinheit die Kosten der Sanierung zu tragen hat. Fonds tragen demnach in nicht unerheblichem Maße zur Verminderung der Insolvenzproblematik bei.

---

[357] Grünbuch, S.12.

[358] Grünbuch, S.12.

[359] Bericht 1994, 9; Grünbuch, S.25 ff.

[360] Art.12 LC.

D: Vergleichsanalyse nach haftungsrechtlichen Kriterien

Nachdem, wie gezeigt, bislang sämtliche umwelthaftungsrechtlichen Vorhaben der Europäischen Institutionen einschließlich der EU-Kommission im Entwicklungsstadium steckengeblieben sind, stellt sich vorab die Frage, ob es überhaupt Sinn macht, die für diesen Bereich entwickelten Regelungsansätze mit bereits in Kraft getretenem Gemeinschaftsrecht in Form der Produkthaftungsrichtlinie zu vergleichen.

Diese Frage ist gleich aus mehreren Gründen mit Ja zu beantworten.

Zum einen kann nur mit Hilfe einer solchen „Differentialdiagnose"[361] der aktuelle rechtliche Istzustand als Grundlage für die Frage nach der Notwendigkeit/Nichtnotwendigkeit einer Parallelisierung beider Haftungssysteme ermittelt werden - dies macht sie zum unabdingbaren Bestandteil der vorliegenden Arbeit. Zum zweiten ermöglicht der Vergleich aber auch, gegebenenfalls zukunftsweisende gemeineuropäische Weichenstellungen auf dem Gebiet des Haftungsrechts sichtbar zu machen und eventualiter vorhandene Regelungsdefizite und Wertungswidersprüche aufzudecken.

Vor diesem Hintergrund soll nachfolgend versucht werden, - jeweils getrennt - Parallelen und Unterschiede greifbar zu machen. Systematisch orientiert sich die Analyse dabei an den haftungsrechtlich konstitutiven Elementen, angefangen vom Schutzgegenstand über den Haftungsgrund bis hin zu den einzelnen Rechtsfolgen.

I) Übereinstimmende Regelungsansätze in Produkt- und Umwelthaftung

1) Schutzgegenstand

a) Schutzobjekte

Die ersten übereinstimmenden Regelungsansätze zeigen sich schon beim Blick auf die jeweiligen Schutzobjekte. Augenscheinlich haben sich alle Korrektive vorrangig den Schutz des menschlichen Lebens sowie der körperlichen Unversehrtheit auf ihre Fahnen geschrieben. Deutlich wird dies bei einer Betrachtung der Schadensdefinitionen, die jeweils an erster Stelle von „Tod und Körperverletzung"[362] bzw. „Tod oder Körperverletzung"[363] sprechen. Dahinter verbirgt sich ein wichtiges, gemeinsames Ziel der europäischen Produkt- und Umwelthaftung, nämlich Menschen vor Verletzungen an Leben, Körper und Gesundheit zu schützen und ihnen im Falle des Eintritts einer Verletzung Ersatz zukommen zu lassen.

[361] Begriff nach DEUTSCH, KF 1992, 4, 6.

[362] Art.9 lit.a) PHR.

[363] Art.2 Abs.1 lit.c) RLVA; Art.2 Abs.7 lit.a) LC.

Neben dem Schutz des Lebens und der körperlichen Integrität sehen alle Regelungen und Regelungsentwürfe - wenn auch mit Abweichungen im Detail[364] - den Schutz von Sachen vor Beeinträchtigungen ihrer Substanz vor. Die Formulierungen reichen dabei von „Beschädigung oder Zerstörung einer Sache“[365] über „an Sachgütern entstandenem Schaden“[366] bis hin zu „Verlust von oder Schaden an einer Sache“[367].

b) Schutzsubjekte

Aus subjektiver Sicht erfaßt der Schutzbereich aller Regelungen übereinstimmend unbeteiligte Dritte, sog. „*innocent bystander*“. Soweit die Rechtsgüter Leben, Körper und Gesundheit geschützt werden, geschieht dies zugunsten der Träger dieser Rechtsgüter bzw. im Fall des Todes zugunsten der Unterhaltsberechtigten[368]. Im Bereich der Sachschäden wird in jedem Fall der Eigentümer geschützt. Weitgehend unklar bleibt indes, ob auch dem Besitzer Kompensationsansprüche erwachsen[369].

2) Haftungsprinzip

Die wohl wichtigste Gemeinsamkeit aller Ansätze der außervertraglichen europäischen Produkt- und Umwelthaftung liegt in der Festschreibung des schuldunabhängigen Haftungsmaßstabes[370]. Explizit ist diese zwar lediglich im Text des Vorschlags der Abfallrichtlinie enthalten[371]. Die Erwägungsgründe sowohl der Produkthaftungsrichtlinie wie auch die der Europaratskonvention lassen insoweit jedoch keinen Zweifel aufkommen[372]. So konstatiert der 2. Erwägungsgrund der PHR, daß das von ihr adressierte Problem „...nur bei einer verschuldensunab-

---

364 Siehe hierzu unten II 1), S.76.

365 Art.9 lit.b) PHR.

366 Art.2 Abs.1 lit.c) RLVA.

367 Art.2 Abs.7 lit.b) LC.

368 Dies ist zwar in keiner der Regelungen ausdrücklich enthalten, muß aber unterstellt werden, da andernfalls der Schutz des Lebens leerliefe; vgl. hierzu TASCHNER/ FRIETSCH, EG-PHR, Art.9, Rn.5; ebenso DEUTSCH, KF 1992, 4, 6.

369 Verneinend VON BAR in: FS Lange, S.377; a.A. DEUTSCH, KF 1992, 4, 6, der auch dinglich Berechtigte geschützt sieht; ebenso KULLMANN/PFISTER, PHR, Kz.3602, S.1.

370 Vgl. auch NICKLISCH, UWF, Heft 2, S.19 ff.

371 Art.3 Abs.1 S.1 RLVA: „Der Abfallerzeuger haftet zivilrechtlich, unabhängig von eigenem Verschulden, für die durch diese Abfälle entstandenen Schäden und Umweltbeeinträchtigungen.“

372 Auch das Grünbuch der EG-Kommission läßt bei aller Offenheit eine deutliche Neigung hin zu einer verschuldensunabhängigen Haftung erkennen; der Entschließungsantrag des Europäischen Parlaments fordert eine solche gar vehement, vgl. hierzu oben 2 C II 3), S.49.

hängigen Haftung des Herstellers in sachgerechter Weise gelöst" werden könne; in den Vorbemerkungen zur Lugano-Konvention wird die Einführung einer verschuldensunabhängigen Haftung für „wünschenswert" erachtet[373].

Nicht unproblematisch ist in diesem Zusammenhang, daß keine der Regelungen nähere Ausführungen dazu enthält, was unter dem Begriff des Verschuldens zu verstehen ist und somit auch nicht erkennen läßt, ob davon auch die Rechtswidrigkeit umfaßt sein soll oder nicht[374]. Die Klippe dürfte sich jedoch mit der Argumentation umschiffen lassen, daß der Unterscheidung zwischen Rechtswidrigkeit und Verschulden heutzutage haftungsrechtlich ohnehin keine entscheidende Bedeutung mehr zukommt[375].

3) Entlastungsinstrumentarium

Weitgehende Übereinstimmung zeigt sich weiter bei den jeweils vorgesehenen Verteidigungsinstrumentarien.

Weithin anerkannt und von allen Regelungen - wenn auch nicht unbedingt explizit[376] - erfaßt ist zunächst der Entlastungsgrund der höheren Gewalt[377] und der Ausschluß der Haftung für all die Schäden, die von Dritten in Schädigungsabsicht begangen worden sind[378]. Darüberhinaus sehen alle Regelungen und Ansätze gleichlaufend den bis zum Haftungsausschluß reichenden anspruchsverkürzenden Einwand des Mitverschuldens vor (Art.8 Abs.2 PHR; Art.7 Abs.2 RLVA; Art.9 LC).

---

373 6.Erwägungsgrund zur Europaratskonvention.

374 Zu dieser Problematik ausführlich VON BAR, Europ. Deliktsrecht, § 4, Rz.398; ders. in FS Lange, S.373, 382-384.

375 So auch VON BAR, der zudem davon ausgeht, daß die Richtlinienverfasser den Begriff des Verschuldens mehr im Sinne der französischen *„faute"* verstanden wissen wollten, Europ. Deliktsrecht, § 4, Rz.398, 399.

376 In der Produkthaftungsrichtlinie ist die höhere Gewalt nicht erwähnt, stellt aber einen ungeschriebenen Haftungsausschlußgrund dar, vgl. TASCHNER/FRIETSCH, EG-PHR, Art.7, Rn.45 und oben 2 B II 6) g), S.20.

377 Art.6 Abs.1 lit.b) RLVA; nach Art.8 lit.a) LC ist die Haftung ausgeschlossen, wenn „der Schaden durch eine Kriegshandlung, Feindseligkeiten, einen Bürgerkrieg, einen Aufstand oder ein außergewöhnliches, unvermeidbares und unabwendbares Naturereignis verursacht worden ist."; zum Entschließungsantrag siehe Bericht 1994, 8.

378 Art.6 Abs.1 lit.a) RLVA; Art. 8 lit.b) LC; bei der Produkthaftung kommt dieser Gedanke in Art.7 lit.a/b) PHR zum Tragen.

Konsens im negativen Sinn besteht schließlich darin, daß weder die Produkthaftungsrichtlinie noch die avisierten Umwelthaftungsregelungen den Einwand des rechtmäßigen Normalbetriebs zulassen[379]. Ein Haftungsausschluß kommt insoweit allenfalls bei der Befolgung einer konkreten hoheitlichen Anordnung in Betracht[380].

4) Haftungsfreizeichnungsklauseln

Sowohl die Produkthaftungsrichtlinie wie auch der Abfallhaftungsvorschlag verwerfen die Möglichkeit, die Haftung individualvertraglich zu reduzieren bzw. auszuschließen[381]. Damit ist allerdings lediglich die Frage, wann ein gesetzliches Schuldverhältnis zustande kommt, der Parteidisposition entzogen. Über bereits bestehende deliktische Schuldverhältnisse kann nach wie vor frei verfügt werden. Dies ist zwar in keinem der Regelungstexte explizit erwähnt, dürfte aber als selbstverständlich gelten.

5) Passivlegitimation

In dieselbe Richtung weisen alle Regelungen und Regelungsentwürfe ferner im Hinblick auf die Person des/der Haftpflichtigen. Auffallend ist dabei in erster Linie die breite Streuung; daneben knüpft sich die Haftung ausschließlich an gewerbliche Tätigkeit.

a) Die Ausdehnung des Adressatenkreises

Unter dem Regime der Produkthaftungsrichtlinie können neben dem Hersteller aus Schutzgesichtspunkten alle am Produktionsprozeß Beteiligten in die Pflicht genommen werden[382], sofern das Endprodukt oder der von ihnen gelieferte Bestandteil fehlerhaft war[383]. Darüberhinausgehend werden all diejenigen als Hersteller angesehen, die sich durch das Anbringen ihres Namens, Warenzeichens oder eines anderen Erkennungszeichens als solche ausgeben[384]. Ist auch

---

[379] Umkehrschluß aus Art.7 lit.d) PHR; Art.6 Abs.2 RLVA; eine andere Auffassung vertreten die Verfasser des Grünbuchs, die es für gerechtfertigt halten, in dem Fall, in dem ein Unternehmen alle vorgeschriebenen bzw. genehmigten Grenzwerte eingehalten hat, die Genehmigungsbehörde und somit letztlich den Steuerzahler haftbar zu machen.

[380] Art.7 lit.d) PHR; Art.8 lit.c) LC.

[381] Art.12 PHR; Art.8 RLVA; die LC enthält diesbezüglich keine Regelung.

[382] Hinzu kommt noch der Importeur, der als Hersteller im Sinne der Richtlinie gilt, Art.3 Abs. 2 PHR.

[383] Erwägungsgrund 4 der Produkthaftungsrichtlinie.

[384] Art.3 Abs.1 PHR.

ein solcher „Quasihersteller" nicht auszumachen - zu denken ist etwa an den Vertrieb sog. *„no name*-Produkte" - kommt am Ende sogar eine Haftung des Lieferanten in Betracht[385].

Ähnliche Strukturen treten in der Abfallhaftungsrichtlinie zutage. Auch dort ist Abfallerzeuger nicht nur diejenige natürliche oder juristische Person, durch deren gewerbliche Tätigkeit Abfälle entstehen; einbezogen werden vielmehr auch all diejenigen, die eine Vorbehandlung, eine Vermischung oder eine sonstige Behandlung vorgenommen haben[386]. Daneben soll anstelle des Abfallerzeugers derjenige haften, dem Abfälle ordnungsgemäß mit dem Zweck übergeben worden sind, sie in einer Anlage oder sonstigen genehmigten Unternehmung aufzubereiten oder aufzubewahren[387]. Schlußendlich kann sogar der einfache Abfallbesitzer in die Haftung geraten, sofern er nicht in der Lage ist, den Erzeuger innerhalb einer vertretbaren Frist zu benennen[388].

Die weite Ausdehnung des Kreises der haftpflichtigen Personen ist schließlich auch markantes Kennzeichen der Lugano-Konvention. Unter ihrem Regime sind ohne konkrete Benennung all diejenigen einstandsverpflichtet, die eine (umwelt-) gefährliche Tätigkeit ausüben, worunter praktisch der gesamte Umgang mit gefährlichen Stoffen und Organismen zu fassen ist[389]; zudem haften sämtliche Betreiber von Mülldeponien und Anlagen, in denen Müll behandelt und/oder recycled wird[390].

b) Die Anknüpfung an gewerbliche Tätigkeit

Wie bereits angedeutet, liegt eine weitere die Adressaten betreffende Gemeinsamkeit aller Regelungen und Entwürfe darin, daß die Haftung für ein schädigendes Ereignis jeweils mit einer gewerblichen Tätigkeit des Haftpflichtigen verknüpft sein muß.

Explizit ist dies in den Umwelthaftungstexten ausgeführt, die als Haftungsgrundlage „gewerbliche, industrielle oder berufsmäßige Tätigkeit" voraussetzen[391]. Derselbe Gedanke findet sich indes an versteckterer Stelle auch in der Produkthaftungsrichtlinie wieder: So haftet der Hersteller nach Art.7 lit.c) nicht, wenn er

---

385 Art.3 Abs.3 PHR.

386 Art.2 Abs.1 lit.a) RLVA.

387 Art.2 Abs.2 lit.c) RLVA.

388 Art.2 Abs.2 lit.b) RLVA; daneben kommt eine Haftung des Abfallimporteurs in Betracht.

389 Vgl. Art.6 i.V.m. Art.2 Abs.1 lit.a) und lit.b) LC. Zur Kritik an der insoweit vorhandenen Unbestimmtheit und Unklarheit siehe oben C II 4) c), S.64.

390 Art.6 i.V.m. Art.2 Abs.1 lit.c); Art.7 LC.

391 Siehe Art.1 und Art.2 Abs. 1 lit.a) RLVA; Art.2 Abs.1 LC.

den Nachweis zu führen vermag, daß er das Produkt weder für den Verkauf oder eine andere Form des Vertriebs mit wirtschaftlichem Zweck noch im Rahmen seiner beruflichen Tätigkeit hergestellt oder vertrieben hat.

Alle Regelungen klammern damit gleichermaßen das Haftpflichtrecht der Privatpersonen aus. Die Ursache hierfür dürfte in der primär wirtschaftlichen Ausrichtung Europas und der Europäischen Union zu sehen sein.

6) Rechtsfolgen

Zu den bereits genannten Übereinstimmungen gesellt sich eine weitgehende produkt- und umwelthaftungsrechtliche Kongruenz auf Rechtsfolgenseite. Vorgesehen ist jeweils Schadensersatz, genauer der Ersatz des materiellen Schadens. Nicht ersetzt werden primäre Vermögensinteressen und immaterielle Schäden; diese wie jene verbleiben im Regelungsbereich des neben dem harmonisierten Recht weiterexistierenden Deliktsrechts der Einzelstaaten[392].

7) Die Frage der Haftung mehrerer und des Regresses

Gemeinsame Strukturen treten am Ende auch im Hinblick auf die Regelung der Haftung mehrerer zutage.

Für diesen Fall sehen sowohl die Produkthaftungsrichtlinie wie auch die Umweltentwürfe der Kommission die Anordnung einer gesamtschuldnerischen Haftung vor[393] und wenden sich damit übereinstimmend gegen das alte romanische Prinzip der Teilschuld. Jeder Haftpflichtige hat demzufolge - unabhängig von seinem tatsächlichen Beitrag - im Außenverhältnis für den gesamten Schaden aufzukommen.

Einen interessanten Mittelweg beschreitet insoweit die Europaratskonvention, indem sie im Grundsatz zwar ebenfalls eine gesamtschuldnerische Haftung festschreibt, dem Betreiber aber durch den Nachweis, daß nur ein Teil des Schadens durch einen Vorfall in der Betriebsstätte oder Anlage, in der er die gefährliche Tätigkeit ausübt, oder durch eine gefährliche Tätigkeit im Sinne von Art.2 Abs.1 lit.d) LC verursacht wurde, die Möglichkeit einer auch im Außenverhältnis nur anteiligen und somit begrenzten Haftung eröffnet[394].

---

[392] Art.9 PHR; Art.4 Abs.4 RLVA; die Lugano-Konvention sieht ebenfalls keine Ersatzleistungen für Vermögensschäden und immaterielle Schäden vor; siehe hierzu oben C II 4) b) ff) (1), S.57.

[393] Art.5 PHR; Art.5 RLVA.

[394] Art.6 Abs.2, Art.11 LC.

Auf die eng im Zusammenhang mit der Installierung einer gesamtschuldnerischen Haftung stehende Frage des Regresses geht keine der Regelungen näher ein. Die Produkt- und die Abfallhaftungsrichtlinie verweisen insoweit übereinstimmend auf die mitgliedstaatlichen Vorschriften[395]; auch die Lugano-Konvention läßt das einzelstaatliche Rückgriffsrecht gegen Dritte unberührt[396].

8) Zeitgrenzen

Weitgehend identisch regeln schlußendlich alle Texte die Frage der Verjährung und des zeitlichen Ausschlusses der Haftung[397].

So verjähren die vorgesehenen Schadensersatzansprüche jeweils mit Ablauf einer Frist von drei Jahren ab dem Zeitpunkt, in dem der Anspruchsteller von dem Schaden und der Identität des oder eines der in Frage kommenden Haftpflichtigen Kenntnis erlangt hat oder hätte Kenntnis erlangen müssen[398]. Bemerkenswert an dieser Regelung ist, daß der Unterscheidung zwischen positiver Kenntnis und grobfahrlässiger Unkenntnis - anders als etwa im deutschen Deliktsrecht[399] - keinerlei Bedeutung mehr zukommt.

Gleichlaufend sehen alle drei Regelungswerke abschließend anstelle einer absoluten Verjährungsfrist Ausschlußfristen vor[400], was bedeutet, daß nach ihrem Ablauf die Ansprüche ipso iure erlöschen. Diese Fristen betragen im Bereich der Produkthaftung 10 Jahre[401], im Bereich der Umwelthaftung 30 Jahre[402].

---

395 Art.5 PHR; Art.5 Abs.2 RLVA.

396 Art.6 Abs.5, Art.7 Abs.4 LC.

397 Die nicht unwichtige Frage der Hemmung und Unterbrechung der Verjährung überlassen alle Regelungen - ebenfalls übereinstimmend - dem jeweiligen nationalen Recht der Mitglieds- bzw. Vertragsstaaten, vgl. Art.10 Abs.2 PHR; Art.9 Abs.2 RLVA; Art.17 Abs.1, 2 LC.

398 Art.10 Abs.1 PHR; Art.17 Abs.1 S.1 LC; nach Art.9 Abs.1 RLVA soll es auf die Kenntnis von der Identität des Haftpflichtigen nicht ankommen, vgl. hierzu oben 2 C II 1) h) dd), S.35.

399 Gemäß § 852 BGB beginnt der Lauf der Verjährungsfrist immer erst bei positiver Kenntnis von Schaden und Schädiger; vgl. PALANDT-THOMAS, § 852, Rn.4.

400 Art.11 PHR; Art. 10 RLVA; Art.17 Abs.2 LC.

401 Art.11 PHR.

402 Art.10 RLVA; Art.17 Abs.2 LC.

II) Unterschiede in der Normierung

Neben den soeben aufgezeigten Parallelen und gemeinsamen Entwicklungslinien fördert der Vergleich der verschiedenen Produkt- und Umwelthaftungstexte auch etliche Unterschiede zutage.

1) Abweichung im Schutzbereich

Dies beginnt bei den Schutzgütern. Die Produkthaftungsrichtlinie etwa begrenzt den Sachschadensschutz, indem Ersatz nur für solche Schäden vorgesehen ist, die an einem anderen als dem fehlerhaften Produkt auftreten[403]. Daneben faßt sie unter ihre Sachschadensdefinition nur solche Gegenstände, die kumulativ zum privaten Gebrauch und Verbrauch bestimmt und vom Geschädigten auch überwiegend zum privaten Ge- oder Verbrauch verwendet worden sind[404]. Der große Bereich der gewerblich, beruflich oder freiberuflich genutzten Sachen bleibt damit - im Gegensatz zu den Konzeptionen der Umwelthaftung, die eine entsprechende Begrenzung nicht vorsehen - ausgeklammert[405].

Umgekehrt erstreckt sich der Schutz aller Umwelthaftungsregulative und -konzepte über den bloßen Personen- und Sachschadensschutz hinaus auf das Allgemeingut der Umwelt selbst. Dies kommt dadurch zum Ausdruck, daß jeweils eine Haftung für Umweltbeeinträchtigungen vorgesehen ist[406]. Die Abfallerzeugerhaftungsrichtlinie versteht darunter jede erhebliche physische, chemische oder biologische Verschlechterung der Umweltmedien[407]. Noch einen Schritt weiter geht die Haftungskonzeption der Europaratskonvention, die auch die Bestandteile des kulturellen Erbes und die charakteristischen Merkmale der Landschaft in den Begriff „Umwelt" miteinbezieht[408].

---

[403] Art.9 lit.b) PHR; auch bei den Umwelthaftungsregulativen zeigt sich insoweit keine völlig einheitliche Linie: Während die Abfallerzeugerhaftungsrichtlinie überhaupt keine Beschränkungen kennt, werden nach der Lugano-Konvention nur solche Schäden ersetzt, die sich außerhalb des Herrschaftsbereichs des emittierenden Betriebs befinden, Art.2 Abs.7 lit.b) LC.

[404] Art.9 lit.b) (i), (ii) PHR.

[405] Vgl. hierzu auch REICH, Europ. Verbraucherrecht, S.432.

[406] Art.2 Abs.1 lit.d) RLVA; Art.2 Abs.7 lit.c) LC; entsprechendes gilt für das Grünbuch und den Entschließungsantrag des Europäischen Parlaments, vgl. Bericht 1994, 9.

[407] Art.2 Abs.1 lit.d) RLVA.

[408] Art.2 Abs.10 LC: „Der Begriff Umwelt umfaßt (1) natürliche und belebte Ressourcen wie Luft, Wasser, Boden, Fauna und Flora, sowie das Zusammenwirken dieser Faktoren, (2) Sachen, die Bestandteil des kulturellen Erbes sind, und (3) die charakteristischen Merkmale der Landschaft."

2) Unterschiedlicher Haftungsgrund

Ein weiteres, wichtiges Unterscheidungsmerkmal liegt im jeweiligen Haftungsgrund.

Wie im zweiten Teil der Arbeit ausführlich dargestellt, knüpft die Produkthaftungsrichtlinie die Einstandsverpflichtung tatbestandlich an fehlerhafte Produkte, die den Konsumenten körperlich verletzen und/oder zu einem materiellen Schaden führen[409]. Mit dieser Fehlerhaftung hat der europäische Gesetzgeber eine von allen bisherigen abweichende, neue Haftungsform geschaffen, die den Hersteller einem objektivierten Sicherheitsstandard unterwirft. Wird dieser nicht erreicht, liegen die Grundvoraussetzungen einer Haftung vor.

Wesentlich weitgehender ist der haftungsrechtliche Ansatzpunkt der projektierten Umwelthaftungsregelungen. Hier ist die Frage der Fehlerhaftigkeit nicht von Belang. Haftungsgrund ist vielmehr ausschließlich die manifestierte Gefahr für Mensch und Umwelt. Entsprechend haftet der Abfallerzeuger nach dem Richtlinienvorschlag - ohne weiteren Filter - für alle durch Abfälle entstandenen Schäden und Umweltbeeinträchtigungen[410]. Ähnlich weitreichend knüpft die Lugano-Konvention die Haftung schlicht an das Entfalten (umwelt-) gefährlicher Aktivität und den Eintritt eines umweltrelevanten Vorfalls[411]. Beide Korrektive sprechen sich damit für eine im wesentlichen unbeschränkte Kausalhaftung aus.

3) Unterschiede beim Entlastungsinstrumentarium: Die Zuweisung des Entwicklungsrisikos

Zumindest im Grundsatz abweichende Regelungen finden sich im Zusammenhang mit der sowohl im Produkt- wie auch Umwelthaftungsbereich relevanten Frage der Zuweisung des Entwicklungsrisikos.

Diesbezüglich sieht die Produkthaftungsrichtlinie in Art.7 lit.e) einen Haftungsausschluß unter der Maßgabe des Nachweises vor, daß der Fehler, der den Schaden verursacht hat, zum Zeitpunkt des Inverkehrbringens des Produktes nach dem Stand von Wissenschaft und Technik nicht erkannt werden konnte. Nachdem man sich im Rahmen des europäischen Gesetzgebungsverfahrens nicht auf eine einheitliche Lösung hat einigen können, besteht allerdings die Möglichkeit für die einzelnen Mitgliedstaaten, eine hiervon abweichende Regelung zu treffen und das Entwicklungsrisiko ohne wenn und aber dem Hersteller zuzuweisen. Diese

---

409 Art.1 PHR.

410 Art.3 RLVA.

411 Art.6 i.V.m. Art.2 LC; entsprechendes gilt für den Entschließungsantrag des Europ. Parlaments, vgl. oben 2 C II 3), S.49/50.

Optionsmöglichkeit ändert indes nichts an der generellen Grundhaltung, wonach ein nachgewiesen nicht erkennbarer Fehler die Haftung ausschließen soll.

Praktisch gerade entgegengesetzt wird im Umwelthaftungsbereich entschieden.

So sucht man in der Abfallhaftungsrichtlinie der Kommission vergeblich nach einer „*state of the art*"-Verteidigung[412]. Noch deutlicher spricht sich der Entschließungsantrag des Europäischen Parlaments von 1994 ausdrücklich dafür aus, eine Befreiung von der Haftung weder bei normgerechtem Verhalten noch bei Entwicklungsrisiken zuzulassen[413].

Nicht ganz so stringent ist die vorgesehene Regelung in der Europaratskonvention. Diese sieht im Grundsatz zwar ebenfalls eine Haftung für Entwicklungsrisiken vor, eröffnet aber, ähnlich wie die Produkthaftungsrichtlinie, nur mit umgekehrter Grundhaltung, in Art.35 Abs.1 lit.b) LC die Option für die nationalen Gesetzgeber, die Haftung auszuschließen, wenn es für den Betreiber aufgrund des Stands von Wissenschaft und Technik zum Zeitpunkt des Ereignisses nicht möglich war, die Gefährlichkeit seines Tuns zu erkennen.

4) Abweichungen im Kausalitätsbereich

Den in der Praxis wohl bedeutsamsten Unterschied zwischen den verschiedenen Lösungsansätzen der Produkt- und Umwelthaftung offenbart der Vergleich der Anforderungen an das wichtige Haftungselement der Kausalität bzw. deren Nachweis.

Wie bereits weiter oben näher ausgeführt, sehen die Umwelthaftungsregulative diesbezüglich in Reflexion der in diesem Haftungssegment besonders zutagetretenden Problematik fast ausnahmslos Beweiserleichterungen für den Geschädigten vor. Die Bandbreite der Vorschläge reicht dabei von geringfügigen Abweichungen vom Vollbeweis über den Nachweis einer überwiegenden Wahrscheinlichkeit bis hin zur Beweislastumkehr[414].

Im Gegensatz dazu sind Erleichterungen im Kausalbereich im harmonisierten europäischen Produkthaftungsrecht kein Thema. Hier gilt vielmehr der feste Grundsatz, daß der Geschädigte den Ursächlichkeitsnachweis zwischen Fehler

---

[412] Auch im Grünbuch sieht die Kommission erhebliche Probleme in einer Begrenzung der Haftung bei unvorhersehbaren und unabwendbaren Schäden, vgl. hierzu HULST/KLINGE-VAN ROOIJ, PHI 1994, 108, 111.

[413] Bericht 1994, 8.

[414] So etwa der Entschließungsantrag B3-0473/93 des Europäischen Parlaments im Bericht über die Verhütung und Behebung von Umweltschäden vom 8.04.1994, S.8.

und Schaden zu erbringen hat, will er Schadensersatz erhalten[415]. Damit kommen ihm allenfalls allgemeine bzw. einzelstaatliche Beweiserleichterungen zugute[416].

5) Divergenz bei den Haftungsfolgen

Nicht ganz unerwartet finden sich auch Abweichungen bei den Haftungsfolgen. So kennen die europäischen Umwelthaftungsregelungen zunächst, anders als die Produkthaftungsrichtlinie, weder eine Selbstbeteiligung[417] noch Haftungshöchstgrenzen[418].

Darüberhinaus enthalten nur sie Vorschriften zum ökologischen Schaden. Darin ist zum einen vorgesehen, daß die Kosten der Maßnahmen für die Behebung entstandener Umweltschäden zu erstatten sind. Dies umfaßt - im Rahmen der Verhältnismäßigkeit - jeweils auch die Wiederherstellung der Umwelt in den Zustand, in dem sie sich vor der Beeinträchtigung befunden hat[419]. Daneben sind zum Teil umfassende Präventionsmaßnahmen wie etwa die Möglichkeit, eine schadensstiftende Handlung im voraus verbieten zu lassen, vorgesehen[420].

6) Prozessuale Unterschiede

Obwohl im allgemeinen alle Vorschläge das nationale Prozeßrecht zur Anwendung kommen lassen, zeigt sich im Umweltbereich dennoch eine gemeinsame prozessuale Besonderheit: Sowohl der Richtlinienvorschlag der Kommission wie auch die Europaratskonvention gewähren (Umwelt-) Interessenvereinigungen Antrags- bzw. Klagerechte[421]. Sie werden damit in die Lage versetzt, präventiv umweltgefährliche Tätigkeiten verbieten zu lassen bzw. nach Eintritt eines Schadens den Haftpflichtigen auf Wiederherstellung in Anspruch zu nehmen[422].

Derlei Verbandsklagerechte sind dem europäischen Produkthaftungsrecht völlig fremd. Selbiges gilt für die Möglichkeit, verschiedene, gleichgelagerte Fälle zwecks Vermeidung inkonsistenter Prozeßergebnisse bei einem Gericht zu konzentrieren. Diese Option sieht das europäische Umwelthaftungsrecht - jedenfalls in Form der Europaratskonvention - ausdrücklich vor[423].

---

415 Siehe Art.4 PHR sowie TASCHNER/FRIETSCH, EG-PHR, Art.4, Rn.1-8.

416 Etwa in Deutschland der Beweis des ersten Anscheins.

417 Vgl. Art.9 Abs.1 lit.b) PHR.

418 Art.16 Abs.1 PHR.

419 Art.4 Abs.1 lit.b) RLVA; Art.2 Abs. 8 LC.

420 Art.4 Abs.1 lit.b)(ii) RLVA.

421 Auch der Entschließungsantrag des Europäischen Parlaments votiert für eine prozessuale Legitimierung von Umweltverbänden, Bericht 1994, 9.

422 Art.4 Abs.3 i.V.m. Abs.1 lit.b) RLVA; Art.18 Abs.1 LC.

423 Vgl. Art.22 LC.

7) Divergierende Auskunftsansprüche

Ausschließlich im Bereich der Umwelthaftung finden sich schließlich Regelungen betreffend den Zugang zu Informationen. Besonderen Wert hierauf legt die Lugano-Konvention, indem sie dem Geschädigten umfassende Auskunftsrechte sowohl gegenüber Behörden und anderen Stellen mit öffentlichen Aufgaben im Umweltbereich wie auch gegenüber den Betreibern umweltgefährlicher Aktivitäten einräumt[424].

8) Unterschiede im Bereich Deckungsvorsorge

Zuguterletzt ist noch auf einen weiteren, praxisrelevanten Unterschied hinzuweisen:

Obwohl die Insolvenzproblematik sowohl in der Produkt- wie in der Umwelthaftung von höchster Aktualität und Bedeutung ist, finden sich diesbezüglich nur in den europäischen Umwelthaftungstexten Lösungsansätze. Beispielhaft hierfür steht Art.11 des Vorschlags für eine Abfallhaftungsrichtlinie, welcher verbindlich vorschreibt, daß die Haftung der Abfallerzeuger oder sonstigen Einstandsverpflichteten durch eine Versicherung oder eine sonstige finanzielle Sicherheit abzudecken ist. In dieselbe Richtung weist Art.12 der Lugano-Konvention, wonach die Vertragsparteien sicherzustellen haben, daß sich die potentiell Haftpflichtigen an einem System zur finanziellen Absicherung der Haftung beteiligen oder eine Gewährleistungsverpflichtung in Höhe eines bestimmten Betrages nachweisen und aufrechterhalten. Schlußendlich betonen auch das Grünbuch der Europäischen Kommission und der Bericht des Europäischen Parlaments die Notwendigkeit einer wie auch immer gestalteten finanziellen Sicherheit[425].

Nach Vorstellung der europäischen Institutionen sollen diese Entschädigungssysteme zusätzlich dann zum Einsatz gelangen, wenn ein Haftpflichtiger nicht mehr mit ausreichender Sicherheit identifiziert werden kann. Das Opfer soll in diesen Fällen nicht mit seinem Schaden allein gelassen werden.

---

[424] Art.14-16 LC. Interessant ist dabei, daß der Auskunftsanspruch gegenüber Behörden und Stellen mit öffentlichen Aufgaben jedermann, d.h. nicht nur dem Geschädigten, und darüberhinaus ohne den Nachweis eines besonderen Interesses zugestanden wird.

[425] SEIBT, PHI 1993, 124; Bericht 1994, 9.

III) Fazit und Ausblick

Insgesamt offenbart der Vergleich der verschiedenen Regelungen und Regelungsentwürfe des europäischen Produkt- und Umwelthaftungsrechts eine Vielzahl verblüffender und zum Teil bis in Einzelheiten reichender Übereinstimmungen und Parallelen, angefangen vom Schutzbereich und der wichtigen Frage des Haftungsprinzips über das Entlastungsinstrumentarium und den Adressatenkreis bis hin zu den Haftungsfolgen. Dahinter treten die ebenfalls festgestellten Unterschiede merklich zurück. Sie betreffen weitgehend Einzel- und Spezialfragen und sind insoweit nicht geeignet, die gleichlaufende Grundkonzeption beider Haftungssysteme entscheidend zu durchbrechen. Im Gegenteil wird eher die Frage nach ihrer Notwendigkeit und Rechtfertigung aufgeworfen.

Nachdem Produkt- und Umwelthaftung traditionell zwei eigenständige Haftungssysteme bilden, kann diese Frage nicht schlicht systematisch beantwortet werden. Es bedarf vielmehr konkreter Anhaltspunkte für die Notwendigkeit einer (noch) stärkeren Angleichung, etwa gemeinsame Berührungspunkte und Überschneidungen sowie inakzeptable Haftungslücken und/oder Wertungswidersprüchlichkeiten.

Vor diesem Hintergrund soll nachfolgend im dritten Teil ein näherer Blick auf die Zusammenhänge zwischen Produkt- und Umwelthaftung sowie die Frage, ob die europäischen Regelungen insoweit einen lückenlosen Schutz zu gewährleisten imstande sind, geworfen werden.

3.Teil: Die Analyse der Zusammenhänge zwischen Produkt- und Umwelthaftung und ihre Erfassung durch die europäischen Regelungen und Entwürfe

A: Das Verhältnis Produkthaftung - Umwelthaftung

Am Anfang der Analyse steht die Klärung der Frage, in welchem Verhältnis Produkt- und Umwelthaftung zueinander stehen.

I) Begriffsbestimmungen

Insoweit empfiehlt sich vorab ein Blick auf die jeweiligen Definitionen.

Die Produkthaftung ist ein seit langem gefestigter Rechtsbegriff. Man versteht darunter - einhellig - die zivilrechtliche Haftung des Warenherstellers für Schäden, die durch von ihm in Verkehr gebrachte, fehlerhafte Produkte im Rahmen vorhersehbarer Nutzung verursacht werden[426].

Im Gegensatz dazu hat sich die konkrete Begriffsbestimmung der Umwelthaftung erst in jüngerer Zeit herauskristallisiert. Sie definiert sich als die Gesamtheit der privatrechtlichen Haftungsnormen, die auf den Ausgleich von Schäden gerichtet sind, die durch nachteilige Veränderung der physikalischen, chemischen oder biologischen Beschaffenheit der Umwelt, also von Boden, Wasser und Luft, herbeigeführt werden[427].

II) Versuche der Abgrenzung

Verschiedentlich wurde bis vor noch gar nicht allzu langer Zeit die Auffassung vertreten, Produkt- und Umwelthaftung seien grundsätzlich verschieden[428]. Begründet wurde dies überwiegend mit dem Argument, daß produkthaftungsrechtliche Ansprüche zwingend die Mangelhaftigkeit eines Produktes voraussetzten, während es im Umwelthaftungsrecht gerade nicht von Bedeutung sei, ob ein emittierender Schadstoff seine schädigende Wirkung auf Grund eines Fehlers entfalte[429].

---

426 Vgl. PALANDT-THOMAS, ProdHG, Einführung, Rn.1.
427 TÖPFER, VW 1988, 466; HAGER, JZ 1990, 397.
428 GANTEN/LEMKE, UPR 1989, 1.
429 Vgl. hierzu auch SCHMIDT-SALZER, NJW 1994, 1305, 1309.

Genau betrachtet läßt es die so getroffene Unterscheidung jedoch an der erforderlichen Trennschärfe fehlen. Sie berücksichtigt nicht hinreichend, daß zwischen fehlerbehaftetem und emittierendem Produkt nicht zwingend Identität bestehen muß und dürfte sich bereits aus diesem Grund als ungeeignet erweisen, die These von der grundsätzlichen Verschiedenheit der Haftungssysteme zu belegen. Entscheidend ist vielmehr, ob ein Produktfehler negative Umwelteinwirkungen nach sich zieht. Insoweit sind auch an sich völlig umweltneutrale Produkte in der Lage, die Kausalkette der Verursachung von Umweltschäden anzustoßen. Eine besonders sensible Stellung kommt dabei speziell denjenigen Produkten zu, die mit dem Zweck konzipiert worden sind, die Umwelt vor für sie gefährlichen Stoffen zu schützen[430]. Nicht selten ist es gerade das Versagen solcher Schutz- und Sicherungsvorrichtungen, das zur Verwirklichung von Umweltgefahren führt.

Auch ein weiteres zum Zwecke der Abgrenzung häufig herangezogenes Argument, das der unterschiedlichen Zielsetzung[431], verfängt nicht. So ist es zwar zutreffend, daß die Produkthaftung primär den Verbraucherschutz im Auge hat, während die Umwelthaftung an erster Stelle auf den Schutz der Umweltgüter vor negativen Einwirkungen abzielt. Diese auf den ersten Blick divergierenden Zielsetzungen schließen sich jedoch nicht aus[432].

Auch die Herstellerhaftung entfaltet -zumindest reflexartig- verschiedenste umweltbezogene Wirkungen[433]. Diese treten überwiegend dann zutage, wenn ein fehlerhaftes Produkt im Rahmen bestimmungsgemäßen Gebrauchs schädliche Nebenwirkungen hat, die über den Umweltpfad Konsumenten bzw. unbeteiligte Dritte treffen. Hier kommt eine Haftung des Herstellers gegenüber dem Dritten auch dann in Betracht, wenn das Produkt für den Anwender selbst unschädlich ist[434]. Die somit mögliche Einstandsverpflichtung gibt den Produzenten potentiell umweltschädigender Erzeugnisse Anlaß, verstärkt Sicherheitsforschung zu betreiben und umweltbezogene Vorsorgemaßnahmen im Bereich Fabrikation und Planung zu treffen. Daneben werden sie aus demselben Grund bemüht sein, ihre Kunden umfassend, d.h. auch und gerade im Hinblick auf die (potentielle) Umweltgefährlichkeit ihrer Produkte aufzuklären und zu instruieren, was den sachgerechten Umgang mit den einzelnen Produkten fördert und hilft, unnötige Belastungen mit Schadstoffen zu vermeiden.

---

[430] Etwa Schutz- und Sicherungsvorrichtungen, vgl. weiter unten 3 A IV 1) b) aa), S.95.

[431] Vgl. HAGER, JZ 1990, 397, 402.

[432] THOMAS, UTR 1991, 87, 90; GMILKOWSKY, Produkthaftung, S.57.

[433] Vgl. HAGER JZ 1990, 397, 402, THOMAS, UTR 1991, 87, 90.

[434] Siehe hierzu auch die Ausführungen zur Produkthaftung als Regelungsinstrumentarium für Umweltschäden nachfolgend unter 3 B II, S.118 ff.

Umgekehrt liegt in der Zielsetzung der Umwelthaftung, vor Schäden durch negative Einwirkungen auf Umweltmedien zu schützen, immanent auch ein verbraucherschützendes Element. So schließt dieser Schutzzweck Fälle mit ein, in denen ein Verbraucher aufgrund einer Umweltbeeinträchtigung Schaden nimmt, die ihren kausalen Ursprung in der Fehlerhaftigkeit eines Produktes hat.

Quintessenz hieraus ist, daß die Zielsetzungen von Produkt- und Umwelthaftung in keinem exklusiven Verhältnis zueinander stehen, sondern eine gemeinsame Schnittmenge bilden[435]. Damit steht gleichsam fest, daß sich auch dieses Kriterium nicht zu einer klaren Abgrenzung zwischen Umwelt- und Produkthaftung eignet. Im Gegenteil weist die aufgezeigte Überschneidung eher auf eine enge Verzahnung beider Haftungssysteme hin.

III) Übergreifende Phänomene und Merkmale

Tatsächlich zeigen sich bei intensiverer Betrachtung der Grundlagen und Voraussetzungen der Umwelt- und Produkthaftung weitere signifikante Gemeinsamkeiten[436].

1) Der rechtspolitische Hintergrund

An erster Stelle zu nennen ist der rechtspolitische Ausgangspunkt. Produkt- wie Umwelthaftung sind die haftungsrechtlichen Folgen einer wachsenden technischen Entwicklung und in deren Gefolge entstandener Schadensszenarien, die teils in erschreckendem Maße deutlich gemacht hatten, daß die althergebrachten Haftungsmodelle nicht oder nur in begrenztem Maße geeignet waren (und sind), den jeweiligen „neuen Gefahren“ haftungsrechtlich wirksam zu begegnen und befriedigende und faire Ergebnisse herbeizuführen.

Wenn in diesem Zusammenhang von „neuen Gefahren“ gesprochen wird, ist dies - genau besehen - natürlich nicht ganz korrekt. So sind bereits aus dem Mittelalter Produkthaftungsfälle überliefert[437]; auch die negative Einwirkung auf Umweltmedien ist kein ausschließliches Phänomen der Neuzeit[438].

---

[435] Ebenso GMILKOWSKY, S.57, der von einem „Verhältnis relativer Divergenz“ spricht.

[436] Vgl. hierzu auch THOMAS, UTR 1991, 87, 90; DIEDERICHSEN, PHI 1992, 162, 165; auch SCHMIDT-SALZER sieht - nicht näher spezifizierte - „Verbindungen zwischen Produkthaftung und Umwelthaftung“, UmweltHG, Einf., Rz.98.

[437] TASCHNER/FRIETSCH, EG-PHR, Einf., Rn.5.

[438] Vgl. hierzu TAUPITZ, UTR 1997, 237, 238; HAGER, ZEuP 1997, 9 ff.

Allerdings ist verstärkt seit der Mitte des 20. Jahrhunderts ein gesellschaftlicher Wertewandel dahin zu verzeichnen, daß die mit der Technisierung und Industrialisierung verbundenen Risiken nicht mehr schlicht akzeptiert und hingenommen werden. Dahinter steht ein gesellschaftlicher Zeitgeist, der individuellen Werten eine immer größere Bedeutung zumißt. So erklärt sich die Forderung sowohl der Verbraucher- wie auch der Umweltschutzidee nach einer Stärkung individueller Rechte und Interessen sowie die immer stärkere Ausdehnung dieser Forderung auf ideelle Werte, etwa das Recht auf eine unbelastete Umwelt.

Denkt man diesen Ansatzpunkt zuende, erkennt man in der Motivation von Produkt- und Umwelthaftung tiefgreifende Verbindungen, ja kommt eventuell sogar zu dem verblüffenden Ergebnis, daß die Umwelthaftung die logische Fortsetzung der Verbraucherschutzidee über die Produkthaftung hinaus auf das Umfeld des Menschen darstellt[439].

2) Die Zielsetzung

Unmittelbar hieran anknüpfend läßt sich ein gemeinsames, produkt- und umwelthaftungsrechtliches Ziel formulieren, nämlich eine gerechte(re) Risikoverteilung zwischen der industriellen Produktion mit all ihren denkbaren Gefahren einerseits und ihrer Umgebung andererseits zu realisieren sowie durch Regelungen indirekt dazu beizutragen, künftige Schäden zu vermeiden bzw. zu vermindern[440]. Dabei schließen sich - wie gezeigt - die auf den ersten Blick divergierenden Ziele Verbraucherschutz und Schutz der Umweltmedien vor negativen Einwirkungen nicht aus[441].

3) Die Zielgruppe

Neben den Gemeinsamkeiten in Motivation und Zielsetzung haben Produkt- und Umwelthaftung zudem auch denselben Verursacherkreis, nämlich Gewerbe und Industrie, im Visier. Dabei betrifft die Umwelthaftung die vom Herstellungsprozeß und der Entsorgung anfallender Abfälle ausgehenden Risiken, die Produkthaftung Gefahren, die den Erzeugnissen selbst innewohnen. Vereinfacht ausgedrückt beleuchtet die Produzentenhaftung damit die gewollte und positive, die Umwelthaftung die ungewünschte und negative Seite des Produktionsprozesses.

---

[439] Vgl. hierzu auch SCHMIDT-SALZER, NJW 1994, 1305, 1306.

[440] HAGER, JZ 1990, 397; THOMAS, UTR 1991, 87, 90.

[441] Siehe hierzu oben ausführlich unter 3 A II, S.82 ff.

4) Das planwidrige Sicherheitsdefizit

Eine zumindest enge Verwandtschaft verbindet beide Haftungssysteme im Hinblick auf den jeweiligen Anknüpfungspunkt. Haftungsgrund sowohl der Produkt- wie der Umwelthaftung ist es, einem objektiv bestimmten Sicherheitsstandard nicht gerecht geworden zu sein und dadurch, wenn auch gegebenenfalls unverschuldet, ein Sicherheitsrisiko geschaffen zu haben[442]. Die gemeinsame Wurzel liegt damit in den Verkehrspflichten. Geschuldet wird jeweils ein Zustand relativer Gefahrlosigkeit. Jede Abweichung hiervon führt zur Einstandsverpflichtung. Merkmal und Grundtendenz beider Haftungssysteme ist damit die Hinwendung zu einer objektiven, an die Verletzung fremder Rechte geknüpften Haftung[443].

5) Der Gefahrenbereich

Weitgehend kongruent stellen sich ferner die Gefahrenbereiche dar, in denen sich die für die Produkt- und Umwelthaftung maßgeblichen Sicherheitsdefizite auswirken können. So kann das Gefährdungspotential von Produkten, Emissionen und Abfällen gleichermaßen subjektive Rechtsgüter wie Allgemeingüter, etwa die Umwelt, betreffen[444]. Eine Abgrenzung ist weder sachlich noch räumlich möglich.

6) Das Ursächlichkeitsproblem

Ein besonderes Problem sowohl der Produkt- wie der Umwelthaftung liegt darin, daß häufig erhebliche Zweifel bestehen, ob zwischen dem sicherheitswidrigen Verhalten des Produzenten, Emittenten oder Abfallerzeugers und dem entstandenen Schaden ein kausaler Zusammenhang besteht. So gestaltet sich der Nachweis, daß die Krebserkrankung eines Betroffenen ihre Ursache im Konsum eines Produktes - etwa Zigaretten - hat als ähnlich schwierig wie der, daß eine solche Krankheit auf die räumliche Nähe des „Opfers“ zu einer regelmäßig Abgase ausstoßenden Chemiefabrik zurückzuführen ist.

Aus dem rechtlichen Blickwinkel macht diese Unklarheit des tatsächlichen Geschehens die vom Haftungsrecht verlangte Kausalitätsfeststellung unsicher.

Dabei zeigt sich diese Unsicherheit in den meisten Fällen nicht als ein-, sondern mehrdimensionales Problem. Die erste Hürde liegt in der Schwierigkeit der Identifizierung des bzw. der für den eingetretenen Schaden verantwortlichen Personen einschließlich der Bestimmung ihres jeweiligen Verantwortlichkeitsanteils; hinzu

---

442 Vgl. hierzu auch VON BAR in FS Lange, 373, 395.

443 HAGER, JZ 1990, 397, 402.

444 Zum Bereich der insoweit vorhandenen sachlichen Überschneidung ausführlich unter 3 A IV, S.90 ff.

kommt die Unsicherheit bei der Feststellung der konkreten sachlichen Ursache des Schadens.

a) Identifikation des Verursachers

Bei der Problematik der unsicheren Identifizierung handelt es sich auf den ersten Blick um ein alleiniges und spezielles Problem der Umwelthaftung. Tatsächlich tritt es dort verstärkt in den Vordergrund. Dies hängt damit zusammen, daß Umweltbeeinträchtigungen regelmäßig nicht auf eine singuläre Schadensquelle zurückzuführen sind, sondern meist auf einer Vermischung mehrerer verschiedener Emissionen beruhen[445]. Beispielhaft hierfür stehen komplexe Umweltphänomene wie der saure Regen und das Waldsterben; daneben sind aber auch vielfältige andere Vergiftungen der Umwelt auf die kontaminierende Wirkung mehrerer verschiedener Emissionen und Abfälle zurückzuführen.

Auch dem Produkthaftungsbereich sind indes Konstellationen nicht fremd, in denen sich der Kausalitätsnachweis zwischen konkretem Produkt und erlittenem Schaden als extrem schwierig erweist. Paradigmatisch hierfür stehen die zu trauriger Berühmtheit gelangten DES-Fälle[446]. Dabei ging es um ein synthetisch hergestelltes weibliches Sexualhormon (Diethylstilbestrol), das in den USA über lange Zeit hinweg Schwangeren zur Vermeidung von Komplikationen, insbesondere Fehlgeburten, verschrieben wurde. Es wurde nie patentiert und deshalb auch von bis zu 300 Firmen gleichzeitig nach einer einheitlichen Formel hergestellt sowie ohne weitere Produktbezeichnung schlicht unter dem Gattungsnamen DES vertrieben. In der Zeit zwischen 1947 und 1971 wurde DES von schätzungsweise 1,5 bis 3 Millionen schwangerer Frauen eingenommen. Dann wurde bekannt, daß DES bei den Töchtern dieser Frauen innerhalb einer Latenzzeit von 10 bis 15 Jahren eine seltene, die Geschlechtsteile befallende Krebsart[447] auslöst. In den nachfolgend geführten Entschädigungsprozessen zeigte sich, daß die erkrankten Töchter wegen des langen Zeitablaufs oder aufgrund der fehlenden Produktkennzeichnung nicht mehr in der Lage waren, nachzuweisen, von welchem Hersteller das Mittel stammte, das ihre Mütter eingenommen hatten[448]. Damit stellte sich auch hier die Problematik der Verursacheridentifikation[449].

---

[445] Vgl. die Problematik der Summations- und Distanzschäden; HAGER in Blaurock, S.51 ff.; ders., ZEuP 1997, 1, 37 ff.; THOMAS, UTR 1991, 87, 94.

[446] Siehe zur DES-Problematik: SHEINER, 46 Fordham L.Rev. 963 (1978); FENICHEL, Daughters at Risk: A Personal DES History (1981); MEYERS, DES, the Bitter Pill (1983); BODEWIG, AcP 185 (1985), 505 ff.; HAGER, NJW 1986, 1961, 1967.

[447] Adenocarcinoma.

[448] Weitere Beispielsfälle nennt BODEWIG, AcP 185 (1985), 505, 506 ff.

[449] Allerdings konkret in einer etwas abgemilderten Form, nachdem praktisch alle Firmen, die DES-Produkte vertrieben hatten, namentlich bekannt waren.

Wie die Erfahrung sowohl im Produkt- wie im Umwelthaftungsbereich gezeigt hat, ist die gemeinsame, wesentliche Ursache für Identifikationsprobleme meist der lange Latenzzeitraum zwischen dem Kontakt eines Betroffenen mit einem Produkt bzw. einer Emission und dem Eintritt des Schadens. Dieser beeinträchtigt das natürliche Erinnerungsvermögen und vergrößert darüberhinaus die Wahrscheinlichkeit, mit gleichartigen Produkten/Emissionen anderer Gewerbetreibender in Berührung zu kommen. Daneben können Identifikationsprobleme aber auch darauf beruhen, daß sich verschiedene Emissionen auf natürlichem Weg zu einer einheitlichen Schadensquelle verbunden haben[450].

b) Das Problem der unklaren Ursache

Der zweite kausalitätsbezogene Problemkreis, der der Unklarheit der sachlichen Ursache, stellt die Haupthürde einer Vielzahl produkt- und umwelthaftungsrechtlicher Fälle dar.

Dies hängt damit zusammen, daß die einzelnen Umstände der Ursächlichkeit nur selten klar auf der Hand liegen, sondern sich im Gegenteil regelmäßig, wie etwa bei der Entstehung von Krankheiten, im Verborgenen bewegen. Entscheidende Bedeutung kommt insoweit den Aussagen der Wissenschaft zu. Diese selbst erweisen sich jedoch häufig aus verschiedensten Gründen als unsicher und somit wenig tragfähig für die Entscheidung, ob zwischen dem Verhalten des Herstellers bzw. Emittenten und dem aufgetretenen Schaden ein Verantwortlichkeitszusammenhang besteht oder ob sich nicht lediglich ein allgemeines (Lebens-) Risiko verwirklicht hat.

Gerade im Bereich der Ursächlichkeitszusammenhänge bewegen sich viele wissenschaftliche Theorien in Grenzbereichen und sind deshalb höchst umstritten. Überdies ist die Ermittlung wissenschaftlicher Erkenntnisse selbst mit erheblichen Unwägbarkeiten verbunden. Beispielsweise ist die häufig zugrundegelegte Annahme, daß der menschliche Organismus den gleichen biologischen Regeln folge wie der tierische, keineswegs gesichert. Bei statistischen Erhebungen ist das Element des Zufalls zu berücksichtigen. Zu beachten ist schließlich, daß die Ausgangsbedingungen wissenschaftlicher Untersuchungen nur selten denen des konkreten Falles entsprechen und Schlußfolgerungen daher nicht ohne weiteres übernommen werden können.

---

450 Sog. Summationsschäden.

7) Nicht erkennbare Schadenspotentiale und normkonformes Verhalten

Produkt- wie Umwelthaftung gleichermaßen immanent ist das Problem, daß sich „schlummernde" Gefahrenpotentiale verwirklichen können, d.h. Potentiale, die zu dem Zeitpunkt, in welchem die Produkte, Emissionen oder Abfälle der Allgemeinheit bzw. der Umwelt zugeführt wurden, für die haftungsrechtlich Verantwortlichen nach dem Stand von Wissenschaft und Technik nicht erkennbar waren[451].

Damit stellt sich in beiden Haftungssystemen die gleiche rechtliche Frage, nämlich, wem diese sog. Entwicklungsrisiken zuzurechnen sind, den Erzeugern oder schlicht denjenigen, die es in Form einer Beeinträchtigung trifft.

Praktisch dieselbe Zurechnungproblematik tritt zutage, wenn Produzenten bzw. Umweltschädiger allgemeine Sicherheitsnormen eingehalten oder sogar über eine hoheitliche Genehmigung für ihr Tun verfügt haben.

8) Die große Zahl der (potentiell) Betroffenen

Schließlich liegt eine weitere, bislang nur selten angesprochene Gemeinsamkeit von Produkt- und Umweltschäden in der jeweils (potentiell) großen Zahl an Betroffenen.

Besonders plastisch wird dies im Umweltschadensbereich. Mangels räumlicher und persönlicher Abgrenzbarkeit der Schäden ist es dort kaum möglich, die Zahl der Betroffenen auch nur annähernd sicher festzustellen. Dies wird häufig noch dadurch verstärkt, daß sich viele gegen die Beeinträchtigungen überhaupt nicht zur Wehr setzen.

Auch dem Produkthaftungsrecht sind solche „Massenschäden[452]" jedoch nicht fremd. So hatte die amerikanische Rechtsprechung in den 80er Jahren allein mehr als 30.000 Asbest-Fälle zu entscheiden[453]. Noch höher war die Zahl der durch das von der US-Armee im Vietnamkrieg eingesetzte Entlaubungsmittel *Agent Orange* geschädigten Veteranen[454].

---

[451] Vgl. hierzu auch NICKLISCH, NJW 1986, 2287, 2290.

[452] Abgeleitet vom amerikanischen Begriff "mass torts"; vgl. hierzu KÄSTLE, Haftung für toxische Massenschäden, S.3 m.w.N.; BODEWIG, AcP 185 (1985), 505, 507; zur Problematik und Bewältigung siehe unten 3 B II 6) j), S.148 ff.; 4 B II 2) i) cc), S.202 ff.

[453] Vgl. hierzu WEINSTEIN/ HERSHENOV, 1991 U.Ill.L.Rev. 269 (1991).

[454] Siehe hierzu SCHUCK, Agent Orange on Trial, S.17; ders., 53 U.Chi.L.Rev. 337 (1986); NESSON, 66 B.U.L.Rev. 521 (1986).

9) Fazit

Zusammenfassend ist am Ende dieses Abschnitts festzuhalten, daß Produkt- und Umwelthaftung eine hochgradige Verwandtschaft verbindet. Erhebliche Übereinstimmung findet sich dabei insbesondere im Hinblick auf die Motivation, die Zielsetzung, die avisierte Zielgruppe und die Anknüpfung der Haftung. Darüberhinaus stellen sich aus Sicht des/der Geschädigten[455] unabhängig davon, ob die Schäden durch Produkte, industrielle Prozesse oder giftige Abfälle ausgelöst worden sind, strukturell dieselben haftungsrechtlichen Probleme.

IV) Der Bereich der sachlichen Überschneidung

Mit den soeben dargestellten Gemeinsamkeiten ist das Verhältnis zwischen Produkt- und Umwelthaftung indes nicht erschöpft. Noch darüberhinausgehend bestehen Bereiche direkter Überschneidung. Paradigmatisch hierfür steht die bereits weiter oben herausgearbeitete Überlappung in der Zielsetzung[456]. Daneben gibt es einen unmittelbaren sachlichen Überschneidungsbereich, der dann Bedeutung erlangt, wenn durch fehlerhafte Produkte Umweltbeeinträchtigungen verursacht werden[457].

Dabei denkt man spontan an umweltbelastende und toxische Produkte, namentlich Pestizide, Herbizide, Fungizide und andere Chemikalien, sowie an asbest- und ähnlich schadstoffhaltige Erzeugnisse[458]. Tatsächlich kommt dieser Gruppe von Stoffen wegen des ihnen immanenten Gefährdungspotentials für ihre Umgebung eine zentrale Stellung im Gefüge der Umweltschadenshaftung zu. Daneben existieren aber auch andere unmittelbare Produktgefahrenquellen für die Umwelt. Hierzu zählen nukleare Erzeugnisse und Stoffe ebenso wie gentechnisch manipulierte Produkte und produktvermittelte Abfälle[459].

Im Vergleich zu den letztgenannten Stoffen weisen die toxischen Produkte die Besonderheit auf, daß sie oftmals gerade mit dem planmäßigen Ziel konzipiert und hergestellt werden, eine schädigende Wirkung auf ihr ökologisches Umfeld,

---

455 Womit in diesem Zusammenhang ausdrücklich auch die Allgemeinheit gemeint sein soll.

456 Siehe weiter oben 3 A II, S.82, 3 A III 2), S.85.

457 Vgl. HAGER, JZ 1990, 397 ff.; THOMAS, UTR 1991, S.87, 89.

458 Ähnlich auch HAGER, JZ 1990, 397, 402, der seine Ausführungen auf den Bereich der toxischen Produkte beschränkt; ebenso ENGELHARDT, Deliktsrechtliche Haftung für Umweltschäden, S.41 ff.

459 Siehe hierzu die systematische Erfassung von Produkten mit potentieller Umweltschadensrelevanz nachfolgend unter 3 A IV 1), S.91 ff.

etwa Fauna und Flora[460] auszuüben. Sie sind demnach - bestimmungsgemäß - auch dann in der Lage, Umweltschäden hervorzurufen, wenn sie, was ihre gebrauchstechnische Konzeption angeht, fehlerfrei sind. Aus produkthaftungsrechtlicher Sicht kommt damit den Kriterien „Warnung" und „korrekte Anleitung" eine besondere Bedeutung zu. Es ist nicht schwer nachzuvollziehen, daß sich Mängel in diesen sensiblen Bereichen praktisch durchgängig gefahrerhöhend auswirken, etwa wenn hochgiftige Schädlingsbekämpfungsmittel aufgrund einer unzulänglichen oder mißverständlichen Anleitung überdosiert ausgebracht werden.

Neben diesen bereits konstitutionell bzw. konzeptionell umweltgefährlichen Erzeugnissen können aber auch Produkte, denen kein unmittelbares Gefährdungspotential immanent ist, Ausgangspunkt von Umweltschäden sein. Zu denken ist dabei insbesondere an Erzeugnisse, die die Funktion haben, vor der Auswirkung von Umweltgefahren zu schützen wie zum Beispiel Tanks, Ventile oder Leitungssysteme[461]. Häufig sind es gerade solche Schutz- und Sicherungseinrichtungen, die durch ihr Versagen zu einem betrieblichen Störfall und dadurch zur Realisierung von Umweltgefahren führen[462].

Insgesamt erweist sich die Gruppe der potentiell umweltschadensrelevanten Produkte damit größer als vermutet. Vor diesem Hintergrund soll nachfolgend, um die gesamte Tragweite der sachlichen Überschneidung von Produkt- und Umwelthaftung faßbar zu machen, eine geordnete und systematische Darstellung versucht werden.

1) Die systematische Erfassung von Produkten mit potentieller Umweltschadensrelevanz

Hierbei bietet sich zunächst eine Unterteilung nach Erzeugnissen, denen die Umweltgefährlichkeit bereits unmittelbar und zum Teil auch bestimmungsgemäß immanent ist, und nach solchen Produkten an, die lediglich indirekt, d.h. durch ihre funktionale Verbindung oder Nähe zu einer (Umwelt-) Gefahrenquelle Umweltschäden auslösen können.

---

[460] So dienen Pestizide der Vernichtung tierischer Schädlinge, Herbizide der Abtötung von Pflanzen.

[461] HAGER, JZ 1990, 397, 402.

[462] Hierzu ausführlich nachfolgend unter 3 A IV 1) b), S.95 ff.

a) Immanent umweltgefährliche Produkte

Wie bereits angedeutet, liegt die Besonderheit dieser Gruppe von Produkten darin, daß sich ihre Umweltgefährlichkeit unmittelbar aus ihrer Zusammensetzung bzw. ihrem Zustand ergibt. Dies kann sowohl bei natürlich vorkommenden Stoffen als auch bei künstlich hergestellten der Fall sein. Dabei besteht bei den künstlich hergestellten Produkten die Besonderheit, daß die Toxizität zum Teil auf gewollter und planmäßiger Beschaffenheit beruht.

Auch bei diesen Produkten wirken sich Konstruktions- und Fabrikationsfehler in aller Regel gefahrerhöhend aus. Primäre Schadensquellen sind allerdings die unzureichende und fehlerhafte Instruierung des Verwenders durch den Hersteller[463] und die Verwirklichung ursprünglich unerkannter Gefahren[464]. Es liegt auf der Hand, daß sich die den Erzeugnissen innewohnende Umweltgefahr verstärkt dann verwirklichen wird, wenn ein Gefahrenbewußtsein überhaupt nicht vermittelt wird.

aa) Chemische Erzeugnisse

Eine zentrale Stellung unter den immanent umweltgefährlichen Produkten kommt den Chemikalien zu[465]. Die Umweltgefährlichkeit dieser Erzeugnisse beruht, sei es unmittelbar oder unter bestimmten Rahmenbedingungen, auf ihrer Unverträglichkeit für Wasser- und Bodenorganismen sowie höher entwickelte Pflanzen und Tiere; hinzu kommt die Fähigkeit, sich in Organen von Lebewesen anzusammeln[466] und die häufig nur mangelhafte biologische Abbaubarkeit[467].

Gerade Chemikalien werden häufig speziell mit dem Ziel konzipiert, eine spezifische Gefährdungswirkung zu entfalten. Darüberhinaus tragen aber auch viele nicht zum Zwecke der Schädlingsbekämpfung und -vernichtung hergestellte Chemikalien ein Gefahrenpotential für die Umwelt in sich[468].

Zu beachten ist in diesem Zusammenhang auch die große Gruppe all derjenigen chemischen Erzeugnisse, die für sich genommen ökologisch völlig ungefährlich sind und nur unter gewissen Rahmenbedingungen durch Aufwecken der in ihnen

463 Vgl. nur HAGER, JZ 1990, 397, 403.

464 KNEBEL, UTR 1988, 261, 278.

465 GANTEN/LEMKE, UPR, 1 ff.; KNEBEL, UTR 1988, 261ff., BRÜGGEMEYER, KJ 1989, 205, 213, BAUMANN, JuS 1989, 433, 436; NAWRATH, Haftung für Umweltchemikalien, S.77.

466 Sog. Akkumulationswirkung.

467 Sog. Persistenz.

468 Z.B. Lösungsmittel, Säuren etc.

schlummernden Schadstoffe eine Umweltgefahr begründen können. Ein gutes Beispiel hierfür ist das im täglichen Leben häufig in Form von Plastiktüten und Folien verwendete Polyvinylchlorid, kurz PVC. PVC ist für sich genommen völlig umweltneutral. Dies ändert sich schlagartig, sobald es - gewollt oder ungewollt - einem Verbrennungsprozeß zugeführt wird. Dann kommt es aufgrund des hohen Chlorgehaltes des PVC zu Chlorwasserstoffemissionen, die zu schwerwiegenden Verätzungen bei Lebewesen und zu erheblichen Korrosionsschäden bei Gebäuden führen können.

bb) Schwermetalle

Eine den Chemikalien sehr nahestehende Gruppe unmittelbar umweltgefährlicher Stoffe bilden die Schwermetalle bzw. genauer verschiedene Arten von ihnen. Unter Schwermetallen versteht man im allgemeinen natürlich vorkommende Metalle mit einer Dichte von mehr als 4,5g/cm^3 sowie daraus hergestellte Legierungen[469]. Neben etlichen für sich umweltneutralen Schwermetallen wie Eisen, Kupfer oder Gold beinhalten viele andere solcher Metalle eine direkte Gefahr für Mensch, Tier und Umwelt. Plastische Beispiele sind hochgiftige metallische Substanzen wie Blei, Cadmium und Quecksilber.
Die besondere Problematik dieser Stoffe liegt darin, daß sie als chemische Grundstoffe nicht biologisch abbaubar sind. Daneben haben sie die Eigenschaft, Nichtmetalle wie etwa Chlor, zu binden und dadurch stark toxische Schwermetallsalze auszubilden.

cc) Radioaktive Produkte

Enormes unmittelbares Umweltschadenspotential kommt ferner allen Arten von radioaktiven Erzeugnissen zu. Die von ihnen ausgehende Strahlung führt - je nach Intensität - zu schweren bis schwersten Gesundheitsschäden bei Lebewesen[470]; bewegliche und unbewegliche Sachen, die mit ihr in Berührung kommen, werden radioaktiv verseucht und damit regelmäßig ihrer bestimmungsgemäßen Gebrauchstauglichkeit entzogen.

Die Ausbreitung radioaktiver Strahlung erfolgt hauptsächlich über das Umweltmedium Luft, ist aber auch infolge Kontamination von Flüssen und Bächen über das Medium Wasser denkbar. Durch radioaktiven Niederschlag atomarer Stäube (*Fallout*) bzw. Berührung mit verseuchtem Wasser kann es zudem auch zu einer Verseuchung des Bodens und der Vegetation kommen.

---

[469] Legierungen sind Feststoffgemische, die aus einem (Grund-) Metall bestehen, dem andere Metalle oder Nichtmetalle zugesetzt werden, um günstigere oder andere Werkstoffeigenschaften zu erreichen.

[470] Vgl. hierzu LUKES-PELZER, AtomR, S.455, 483.

dd) Chemisch und gentechnisch veränderte Mikro-Organismen

Ebenfalls nicht unerhebliche Umweltgefahren verbinden sich mit der Freisetzung chemisch bzw. gentechnisch veränderter Organismen. Zwar erfolgt die Manipulation von Viren, Bakterien und Pilzen sowie ihr Einsatz im Regelfall mit dem Ziel, positiv auf den bestehenden Zustand von Umweltmedien einzuwirken - etwa können toxisch verseuchte Böden und Gewässer mit Hilfe spezialisierter Mikroorganismen gereinigt werden[471].

Bei aller positiven Wirkung kann jedoch nicht ausgeschlossen werden, daß die beabsichtigt oder unbeabsichtigt ausgesetzten Organismen in der freien Natur unvorhergesehene Wirkungen zeitigen und Schäden an Fauna, Flora oder anderen Umweltgütern verursachen. Dies gilt umso mehr, als sich chemisch bzw. gentechnisch veränderte Mikroorganismen über alle Umweltmedien verbreiten können.

ee) Abfälle

Eng mit der Umweltgefährlichkeit der vorgenannten Produktgruppen verbunden ist das Schadenspotential industrieller und sonstiger Abfälle. Dies gilt nicht nur im Rahmen der Entsorgung, sondern auch und gerade dann, wenn sie als Grundstoff oder Recyclingprodukt erneut dem Wirtschaftskreislauf zugeführt werden[472].

Das Umweltschädlichkeit von Abfällen beruht auf ihrer toxischen Wirkung auf die Umweltmedien. Dabei erfolgt die Ausbreitung hauptsächlich über das Umweltmedium Boden und die sich meist anschließende Vergiftung des Grundwassers. Denkbar ist aber auch eine Kontaminierung der Luft durch Giftstoffemission.

ff) Kontaminierte Stoffe/Nahrungsmittel

Schlußendlich sind zu der Gruppe der immanent umweltgefährlichen Produkte noch all die Erzeugnisse zu zählen, die durch chemische, bakteriologische oder nukleare Verseuchung eigene Umweltschadensrelevanz erlangt haben. Diesen Produkten kommt eine eigenartige Doppelrolle zu. Auf der einen Seite sind sie selbst Opfer einer Kontaminierung, auf der anderen eigenständige Gefahrenquelle für ihre Konsumenten und ihr gesamtes ökologisches Umfeld[473].

---

[471] WITTE, Staatshaftung, S.31.; vgl. auch Enquete-Kommission „Chancen und Risiken der Gentechnologie“, Bericht vom 6.01.1987, BT-Drucksache 10/6775, S.106.

[472] Zur Produktqualifikation von Abfällen i.S.v. Art.2 PHR siehe weiter unten bei 3 B II 3) c), S.123 ff.

[473] HAGER, JZ 1990, 397, 402.

b) Produkte mit indirekter Umweltschadensrelevanz

Im Gegensatz zu den soeben dargestellten, immanent umweltgefährlichen Erzeugnissen vermögen Produkte mit indirekter Umweltschadensrelevanz für sich genommen keine Schäden an der Umwelt auszulösen. Ihr Schadenspotential gründet sich vielmehr allein auf die Nähe zu einem umweltgefährlichen Stoff bzw. eine sich meist ungewollt realisierende Einwirkungsmöglichkeit. Im Vordergrund steht dabei der Fehlgebrauch und, insbesondere, das Versagen aufgrund von Mängeln. So beeinträchtigen Konstruktions- und Fabrikationsfehler die Tauglichkeit und Zuverlässigkeit von sicherheitstechnischen Produkten; Instruktions- und Produktbeobachtungsfehler haben in aller Regel eine gefahrerhöhende Produktverwendung zur Folge.

aa) Sicherungs- und Schutzvorrichtungen

Das Umweltschadenspotential von Sicherungs- und Schutzvorrichtungen wurde bereits weiter oben kurz angerissen[474]. Wie ihr Name schon sagt, haben diese Produkte die Aufgabe, ihr Umfeld vor Gefahren zu schützen. Versagt dieser Schutz durch eine Fehlfunktion oder Fehlverwendung, kann dies, soweit eine funktionale oder auch nur tatsächliche Nähe zu umweltgefährlichen Stoffen vorliegt, zur Verwirklichung der diesen Stoffen immanenten Gefahren führen.
Als historisches Beispiel kann hier die Giftgaskatastrophe von 1984 in der indischen Bezirkshauptstadt Bhopal genannt werden. Dort war es ein undichtes Ventil, das für den Austritt der tod- und unheilbringenden Gaswolke verantwortlich zeichnete[475]. Auch der 1979 eingetretene Störfall im Kernkraftwerk *Three Mile Island* im amerikanischen Harrisburg hatte seine Ursache in einer Undichtigkeit[476].

Aufgrund ihres konkret nicht faßbaren Einsatzbereichs können Produktfehler an Sicherungs- und Schutzvorrichtungen im Schadensfall zu Ausbreitungen in allen Umweltmedien führen.

---

474 Siehe weiter oben 3 A II, S.83.

475 Die Katastrophe vom 3.12.1984 forderte mehr als 2.000 Todesopfer und 200.000 Verletzte.

476 WEITNAUER hatte schon 1963 im Rahmen eines Diskussionsvortrages zum Karlsruher Forum das damals noch theoretische Beispiel einer Atomkatastrophe infolge eines fehlerhaften Kühlpumpensystems in einem Kernkraftwerk gebildet, siehe KF 1963, 41.

bb) Baustoffe, Leitungssysteme und andere Anlagenteile

Ähnliche umweltschadensrechtliche Bedeutung wie die Schutz- und Sicherungsvorrichtungen hat der gesamte Bereich der Bau- und Anlagenteile[477]. Die Fehlerhaftigkeit von Baustoffen wie Beton oder Stahl kann zu schweren Schäden an Gebäuden und industriellen Anlagen führen, was im Bereich der chemischen, biologischen und nuklearen Industrie regelmäßig den Austritt gefährlicher Stoffe und somit eine Gefährdung bzw. Beeinträchtigung der Umwelt zur Folge hat. Dieselbe Gefährdungssituation tritt auf, wenn es aufgrund von Produktfehlern zu Leckagen an Leitungs- und Pumpsystemen kommt. Wie bei den vorgenannten Schutzvorrichtungen sind Umwelteinwirkungen auch bei den Bau- und Anlageteilen über alle drei Umweltmedien denkbar.

cc) Technische und elektronische Steuerungssysteme

Ebenfalls mit in die Betrachtung indirekt umweltschadensrelevanter Produkte einbezogen werden müssen alle Arten von technischen Steuerungssystemen. Eine immer größere Bedeutung kommt dabei der elektronischen Datenverarbeitung zu. Heutzutage liefern in zunehmendem Maße Softwareprogramme die notwendigen Informationen für einen ordnungsgemäßen und sicheren Betrieb industrieller Maschinen und Anlagen. Im Falle von Programm- oder Hardwarefehlern bringt dies ein erhebliches Umweltgefährdungspotential mit sich[478]. Dies gilt insbesondere für sensible Bereiche wie die Meß-, Steuerungs- und Fertigungstechnik, die Militärgeräte- und Waffentechnik sowie die Anlagen- und Verkehrssicherung[479].

Darüberhinaus besteht generell die Gefahr, daß sich fehlerhafte Programme negativ auf fehlerfreie Programme auswirken, etwa diese inhaltlich verändern oder löschen. Fehlerhafte Steuerungssysteme lassen somit im Zusammenspiel mit chemischen, biologischen und nuklearen Fertigungsvorgängen nahezu jedes Katastrophenszenario für die Umwelt möglich erscheinen.

dd) Sonstige Produkte

Zuletzt gibt es noch eine ganze Bandbreite im einzelnen nicht abschließend benennbarer Produkte, die schlicht durch tatsächliche Nähe zu einem umweltgefährlichen Stoff oder Vorgang bzw. eine bestehende Einwirkungsmöglichkeit eigenes Umweltschadenspotential begründen können. Denkbar ist beispielsweise, daß durch ein fehlerhaftes Baustellengerät ein elektrischer Kurzschluß verursacht wird, welcher wiederum zu einem Ausfall oder Versagen industrieller Anlagen

---

477 Vgl. KLEIN, Produkthaftung bei Baustoffen und Bauteilen, Düsseldorf 1989, S.7.
478 Siehe hierzu auch ENGEL, CR 1986, 702, 704.
479 Vgl. NETTELBECK, Produktsicherheit - Produkthaftung, S.23 m.w.N.

bzw. Anlagenteile und so zu einer Umweltgefährdung führt[480]. Wie das Beispiel zeigt, hängt die Entstehung eines Schadens in solchen Fällen regelmäßig nicht allein vom Produktfehler ab. Vielmehr müssen mehrere Faktoren zusammenkommen, damit sich eine Umweltgefahr reell verwirklichen kann.

2) Bewertung

Die vorangegangene Untersuchung macht deutlich, daß der Kreis der Produkte mit potentieller Umweltschadensrelevanz nicht nur wesentlich weiter zu ziehen ist als vielfach angenommen[481], sondern letztlich überhaupt nicht abschließend dargestellt werden kann. Die Umweltgefährlichkeit eines jeden Produktes ist jeweils aus den Umständen des Einzelfalls zu ermitteln. Dabei spielen Faktoren wie die Art der konkreten Verwendung und die Nähe zu umweltgefährlichen Stoffen eine zentrale Rolle.

Die Größe des sachlichen Überschneidungsbereichs zwischen Produkt- und Umwelthaftung ist damit nach oben hin offen.

V) Die Frage der ökologischen Produktverantwortung

Die soeben getroffene Feststellung der engen Verwandtschaft bzw. Verzahnung der produkt- und umwelthaftungsrechtlichen Grundlagen und Schadensursachen gibt noch keine Antwort auf die Frage, wem und insbesondere ob auch den Produzenten umweltgefährlicher Produkte - quasi als Grundvoraussetzung einer Haftung - die Verantwortung für die daraus resultierenden ökologischen Risiken zuzuweisen ist.

Dies ist weitgehend unproblematisch, soweit sich die Risiken noch im räumlichen Herrschaftsbereich des Herstellers realisieren bzw. von dort ausgehen. Liegt die Ursache einer umweltschädigenden Emission im Herstellungsprozeß oder in der nachfolgenden Lagerung eines Erzeugnisses auf dem Betriebsgelände, ist der Produzent regelmäßig allein verantwortlich[482].

Schwieriger ist die Zuweisung der Verantwortung dann, wenn umweltgefährliche Produkte bzw. wiederverwertbare Abfälle in den Wirtschaftsverkehr eingeführt

---

[480] Ein ähnlich gelagerter Fall lag einer Entscheidung des OLG Karlsruhe zugrunde: dort kam es durch einen im Rahmen eines Schleusenprojekts eingesetzten, fehlerhaften Baustromverteiler zu einem Kurzschluß mit der Folge, daß die Wasserrückhaltesysteme versagten und die gesamte Baustelle überflutet wurde; VersR 1990, 1281 ff. = NJW 1992, 41 ff.

[481] Vgl. HAGER, JZ 1990, 397, 402, KNEBEL, UTR 1988, 261, 276, die den Schwerpunkt lediglich auf toxische und chemische Produkte legen.

[482] Anerkannte Ausnahmefälle sind das vorsätzliche Eingreifen Dritter und höhere Gewalt.

worden sind. Mit dem Akt des Inverkehrbringens kommen Verantwortlichkeiten dritter Personen, namentlich der Verwender und Entsorger, ins Spiel. Dies wirft die interessante Frage auf, wem insoweit die haftungsrechtliche Verantwortung zuzuweisen ist und insbesondere ob die ursprünglich vorhandene Verantwortlichkeit des Herstellers endigt oder nicht.

1) Die verschiedenen Sphären der Verantwortung für in Verkehr gebrachte umweltgefährliche Produkte und ihr Verhältnis zueinander

a) Konsumenten und Entsorger

Im Vordergrund der bislang geführten rechtlichen Diskussion um die Verantwortung und Verantwortlichkeit für umweltgefährliche Stoffe stehen eindeutig die Produktverwender und die Abfallentsorger[483]. Begründet wird dies überwiegend mit dem Argument, daß sowohl die Verwendung wie auch die nachfolgende Entsorgungstätigkeit eigenständige und über die produktimmanenten Grundrisiken hinausgehende Gefahrenquellen für die Umwelt eröffneten.

Diese Begründung ist zwar nicht völlig von der Hand zu weisen, wird jedoch der tatsächlichen Risikoverteilung zwischen dem Hersteller einerseits und dem Produktbenutzer/Entsorger andererseits nicht in ausreichendem Maße gerecht.

So sind zwar allein und ausschließlich von Produktverwendern und Entsorgern begründete Umweltgefahren denkbar und existent[484]; gleichzeitig weist jedoch eine Vielzahl von Produkten umweltgefährliche Eigenschaften auf, deren Risikopotential durch diesen Personenkreis nicht bzw. nicht in ausreichendem Maße gesteuert werden kann.

Werden etwa keine konkreten Hinweise zur sicheren Nutzung bzw. Entsorgung gegeben, obwohl solche entsprechend der Art des Produktes erforderlich wären, brauchen Konsumenten und Entsorger im Rahmen der von ihnen entfalteten Tätigkeit nicht ohne weiteres mit einer Gefährdung eigener oder fremder Rechtsgüter zu rechnen. Man denke beispielsweise an den Fall, in dem ein umweltgefährliches Produkt ohne entsprechende Kennzeichnung oder mit unzureichender Gebrauchsanleitung an einen unkundigen Verbraucher verkauft wird mit der Folge, daß dieser es - ohne jedwedes Gefahrenbewußtsein - in umweltschädlicher Weise einsetzt. Hier wäre es schlicht unbillig, ihm die daraus resultierenden Risiken und Schäden allein zuzurechnen, nachdem er überhaupt keine Möglichkeit hatte, positiven Einfluß auf sie zu nehmen[485].

---

483 KOCH, PHI 1992, 20, 21.

484 Paradebeispiel ist der Mißbrauch von Produkten.

485 So auch KOCH, PHI 1992, 20, 21 mit dem zutreffenden Schluß, daß aus diesem Grund eine Kanalisierung der Haftung allein auf diese Personengruppe nicht angemessen ist.

Entsprechendes gilt für den Bereich der Entsorgung. Auch Entsorger müssen nicht immer und grundsätzlich mit einer besonderen Gefahrenträchtigkeit der von ihnen zu beseitigenden oder der erneuten Verwertung zuzuführenden Produkte rechnen.

Es ist vielmehr die originäre und nicht delegierbare Aufgabe der Produkthersteller, auf Gefahren hinzuweisen, die bereits mit der Planung, der Entwicklung bzw. dem Akt des Inverkehrbringens der Produkte begründet werden. Konsumenten wie Entsorger bedürfen klarer Informationen, wie mit Stoffen mit vorhandenem oder „schlummerndem" Gefahrenpotential umzugehen ist. Es wird nur in Ausnahmefällen verlangt werden können, daß sie sich dieses Gefahrenwissen auf eigenes Risiko selbst verschaffen. Dies gilt umso mehr, als die erforderlichen Erkenntnisquellen in den meisten Fällen ohnehin kaum zugänglich sind und damit oft gar keine Möglichkeit besteht, ausreichende Informationen darüber zu erhalten, welche umweltgefährlichen Stoffe in welchen Produkten enthalten sind und in welcher Form sich ihr Gefahrenpotential im Rahmen der Nutzung und/oder Entsorgung realisieren kann.

b) Produzenten

Die insoweit bestehende Verantwortungslücke füllen - nicht überraschend - die Produzenten (potentiell) umweltgefährlicher Erzeugnisse.

Ausgangspunkt ist dabei der sowohl der Produkt- wie der Umwelthaftung zugrundeliegende Gesichtspunkt der verkehrssicherungsrechtlichen Gefahrabwendungspflicht[486]. Diese verpflichtet zur Beseitigung bzw. zur Eindämmung aller herstellerseits eröffneten Gefahrenquellen und erfaßt damit sämtliche von Produkten ausgehenden (Umwelt-) Risiken, gleichgültig, ob sie sich vor oder beim Inverkehrbringen, während der Nutzung oder erst im Rahmen der Beseitigung als Abfall auswirken. Aus verkehrssicherungsrechtlicher Sicht macht es demnach keinen Unterschied, ob Verschmutzungen der Umwelt ihre Ursache im Produktionsprozeß haben oder auf die Produkte selbst zurückzuführen sind[487].

Die Gefahrabwendungspflicht trifft die Hersteller aus ökologischer Sicht deshalb so umfassend und über den gesamten Lebenszyklus ihrer Produkte einschließlich der Phase der Entsorgung hinweg, weil sie umfassendste Möglichkeiten haben, die von diesen ausgehenden Umweltgefahren zu steuern.

An erster Stelle obliegt ihnen allein die unternehmerische Entscheidung, ob ein umweltgefährlicher Stoffes produziert und in den Wirtschaftskreislauf eingeführt

---

[486] Vgl. oben 3 A III 4), S.86.

[487] So auch VON WILMOWSKY/ROLLER, Civil Liability, S.16: „ In principle, there is no reason why pollution caused by products should be treated differently from pollution caused by production process."

wird. Daneben haben sie primäre Einwirkungsmöglichkeit auf die Zusammensetzung ihrer Produkte und somit den wohl entscheidendsten Faktor im Hinblick auf die Entstehung von Umweltgefahren, sei es beim Gebrauch oder im Rahmen der Entsorgung. Schließlich besitzen die Hersteller regelmäßig die beste Kenntnis über die Umweltgefährlichkeit der von ihnen vertriebenen Produkte und sind damit, sollte dieselbe im Einzelfall tatsächlich unvermeidbar sein, am ehesten und besten in der Lage, Konsumenten und/oder Entsorger hierüber aufzuklären und Warnungen auszusprechen. Last but not least sind die Produzenten aufgrund ihrer Erfahrungen im Umgang mit ihren Produkten wohl auch am besten geeignet, Stoffe bzw. daraus resultierende Abfälle, soweit sie nicht gefahrlos entsorgt werden können, zurückzunehmen und - falls möglich - einer sinnvollen stofflichen Verwertung zuzuführen.

Zusammengefaßt ist damit eine ökologische Verantwortung der Produzenten für ihre Produkte auch über den Zeitpunkt der Einführung in den Wirtschaftskreislauf hinaus und zwar über ihren gesamten Lebensweg einschließlich der Entsorgung hinweg gegeben.[488]

c) Klärung des Verhältnisses der Verantwortung

Die Feststellung, daß verschiedene sich überlappende Verantwortungssphären für umweltgefährliche Produkte existieren, wirft automatisch die Frage auf, in welchem Verhältnis sie zueinander stehen.

Die originäre Verantwortung liegt aufgrund der umfassenden Steuerungsmöglichkeiten zweifelsohne beim Hersteller[489]. Überlagert und gegebenenfalls verdrängt wird sie von allen ausscèließlich der Sphäre der Verbraucher und Entsorger zuzuordnenden Umweltrisiken[490]. Beispielhaft hierfür stehen unsachgemäßer Umgang, Produktmißbrauch und die illegale Entsorgung trotz Rücknahmesystem. Zu beachten ist allerdings, daß Produzenten mit eingebürgerten Formen des Fehlgebrauchs rechnen müssen und sich auf diese im Hinblick auf den Schutz unbeteiligter Dritter einzustellen haben.

Die Grenze der Herstellerverantwortung liegt demnach dort, wo bei vernünftiger Einschätzung und Voraussicht eine weitere Steuerung durch den Produzenten nicht mehr möglich ist. Es wäre unbillig, ihm pauschal das gesamte Produktverwendungs- und Entsorgungsrisiko aufzubürden und ihn damit letztlich zum Versicherer aller auf dem Einsatz seiner Produkte beruhenden Schäden zu machen[491].

---

488 Ebenso KOCH, PHI 1992, 20, 23; MARBURGER, UTR 1994, 129, 159.

489 Vgl. hierzu VON WESTPHALEN, ProdHHdb., § 48, Rn.67.

490 KOCH, PHI 1992, 20 ff.

491 Ebenso HAGER in Blaurock, S.46.

Eine besondere Verantwortung des Herstellers liegt jedoch dann vor, wenn und soweit seine Produkte umweltgefährliche Eigenschaften aufweisen, die verfahrenstechnisch, konstruktiv oder aber durch entsprechende Warnungen vermeidbar waren. Letzteres gilt insbesondere bei der Verwendung von Komponenten und Stoffen, deren toxische Wirkung bereits während der Dauer des Gebrauchs Mensch und Umwelt gefährden können und die somit einen speziellen Umgang erforderlich machen. Hier sind die Gefahrensituationen häufig nicht auf ein fehlerhaftes oder mißbräuchliches Verhalten der Produktbenutzer oder Entsorger zurückzuführen, sondern auf die mangelhafte Kennzeichnung der Produkte bzw. die unzureichende Instruktion. Damit steht eindeutig die Verantwortung der Produzenten im Vordergrund. Dies reicht so weit, daß in diesen Fällen selbst die Konsumenten und Entsorger, die aufgrund ihrer umweltschädigenden Tätigkeit auf den ersten Blick als Hauptverantwortliche erscheinen, Schutz verdienen. Dies gilt insbesondere dann, wenn sie die toxischen Produkte in der richtigen Menge, zur richtigen Zeit und an zugelassenen Orten eingesetzt oder ordnungsgemäß und instruktionsgetreu entsorgt haben. Zumindest im (Innen-)Verhältnis zum Hersteller trifft sie hier keine Verantwortlichkeit.

2) Zwischenergebnis

Im Ergebnis trifft die Hersteller umweltgefährlicher Produkte demnach eine nicht unerhebliche und zudem zeitlich nicht begrenzte ökologische Verantwortung für von diesen ausgelöste Umweltschäden. Es ist insoweit notwendig, sie - neben den Nutzern und Entsorgern - angemessen in die entsprechenden Präventions- und Steuerungsmechanismen einzubeziehen.

3) Haftung als produktpolitisches Steuerungsinstrument ?

Fraglich ist nun, ob zu diesen Präventions- und Steuerungsmechanismen auch die zivilrechtliche Haftung zu zählen ist.

a) Überblick über das Instrumentarium produktbezogenen Umweltschutzes

Die Zuweisung der Verantwortung kann rechtspolitisch auf verschiedene Weise erfolgen.

aa) Direkt regulative Instrumente

An erster und wichtigster Stelle stehen (noch immer) ordnungsrechtliche Maßnahmen in Form von Gesetzen und Vorschriften. Diese intervenieren dadurch in das freie Marktgeschehen, daß sie - beispielsweise - materielle Zusammensetzungen von Produkten vorschreiben oder bestimmte Produkte bzw. deren Anwendung verbieten oder beschränken. Paradigmen für solche direkt regulativen Instrumente sind gesetzliche Verbote[492], Zulassungsverfahren, Produktstandards, Rücknahmepflichten und Recyclingquoten. Gemeinsames und prägendes Merkmal all dieser Bestimmungen ist, daß sie Verhaltenspflichten formulieren, die generell, also unabhängig vom Entstehen konkreter Gefährdungslagen, zu erfüllen sind.

bb) Obligatorische und freiwillige Wareninformationen

Ein weiteres, weniger einschneidendes interventionistisches Instrument ist die obligatorische Wareninformation. Diese zwingt die Hersteller, Produktkonsumenten über bestimmte umweltrelevante Charakteristika beim Gebrauch und im Zusammenhang mit der Entsorgung zu informieren. Realisiert wird dies durch vorgeschriebene Kennzeichnungen und Inhaltsdeklarationen[493].

Ähnliche Zwangswirkung entfalten von der Industrie selbstauferlegte Formen der Produktinformation wie Warentests oder Umwelt- und Gütezeichen. Deren Marktwirkung ist häufig so prägnant, daß sich einzelne Hersteller kaum leisten können, sie nicht zu verwenden. Dies gilt insbesondere für die Anbringung von Umweltsiegeln. Überdies besteht praktisch keine Möglichkeit, sich Warentests zu verschließen.

cc) Ökonomische Steuerungsinstrumente

An dritter und letzter Stelle nehmen ökonomische Instrumente dadurch indirekten Einfluß auf das Verhalten am Markt, daß sie finanzielle Anreize setzen, durch die umweltneutrale oder wenigstens relativ umweltfreundliche Produkte begünstigt werden. Klassische Beispiele hierfür bilden Produktsteuern für umweltschädliche Erzeugnisse[494] bzw. umgekehrt die Subventionierung umweltfreundlicher Produkte.

---

[492] So wurde beispielsweise in Deutschland 1989 die Produktion, die Markteinführung und der Gebrauch von polychlorierten Biphenylen (PCB), polychlorierten Perphenylen (PCP) und von Vinylchloriden (VC) verboten, BR- Drs.91/89; vgl. hierzu auch HOPPE/ SANDNER, NuR 1999, 311; VON WILMOWSKY, NuR 1991, 253, 266.

[493] Vgl. beispielsweise auf europäischer Ebene die Einführung des Gefahrensymbols „Schädlich für die Umwelt“ durch die Richtlinie 93/21/EWG zur Klassifizierung, Kennzeichnung und Verpackung chemischer Substanzen; erwähnenswert ist in diesem Zusammmenhang auch die im März 1992 verabschiedete Richtlinie für ein gemeinschaftsweites Umweltzeichen (92/880/EWG).

[494] Siehe hierzu FLECKENSTEIN in: Nicklisch, Prävention im Umweltrecht, S.39.

b) Haftung als ökonomisches Instrument?

Unbestritten kommt auch schadensersatzrechtlichen Haftungstatbeständen die Funktion zu, durch Vermittlung finanzieller Anreize für sorgfältiges Verhalten zukünftige Schäden zu verhindern und damit die volkswirtschaftlichen Schadenskosten gering zu halten. Fraglich ist indes, ob diese (Präventiv-)Funktion lediglich reflexartig vorhanden ist oder rechtspolitisch so deutlich im Vordergrund steht, daß sie die Haftung zu einem ökonomischen Instrument erhebt.

Insoweit stehen sich im wesentlichen zwei Betrachtungsweisen gegenüber, die rechtsethische und die ökonomische Betrachtungsweise.

aa) Die rechtsethische Betrachtungsweise

Die traditionelle Sichtweise ist die auf die aristotelische Ethik zurückgehende rechtsethische Betrachtung[495]. Im Mittelpunkt dieser Betrachtungsweise stehen die Rechte des einzelnen Individuums sowie der Allgemeinheit. Folgerichtig wird als maßgebliche Aufgabe des Haftungsrechts angesehen, diese Rechte, soweit sie beeinträchtigt worden sind, wiederherzustellen; demgegenüber rückt die Prävention in das zweite Glied zurück[496].

bb) Die ökonomische Betrachtungsweise

Neben die herkömmliche, rechtsethische Betrachtungsweise ist seit den 60er Jahren die ökonomische Analyse des Rechts getreten[497]. Ihr gebührt das Verdienst, das Haftungsrecht als Instrument präventiver Verhaltenssteuerung entdeckt und fruchtbar gemacht zu haben[498].

Die ökonomische Betrachtungsweise begreift das Recht vor allem als marktorientiertes Instrument der Internalisierung externer Effekte[499]. Ausgangspunkt ist dabei ein Zustand der Güterzuordnung, in dem kein Gesellschaftsmitglied seine Position verbessert, ohne daß gleichzeitig ein anderes seine Position verschlech-

---

495 Vgl. hierzu LARENZ, Schuldrecht Bd.1, AT, § 27 I, S.421 ff.; MüKo-MERTENS, § 823, Rn.203; POSNER, 10 J.Legal Stud.187 (1981).

496 LARENZ spricht ausdrücklich von einem „Nebenzweck“, Schuldrecht Bd.1, AT, § 27 I, S.423; vgl. auch WAGNER, VersR 1999, 1441 ff.

497 Grundlegende Werke sind insbesondere die von CALABRESI, The Costs of Accidents (1970) und von POSNER, Economic Analysis of Law (1986).

498 Vgl. neben den in Fn.497 zitierten Werken auch ADAMS, Ökonomische Analyse, S.33; SCHÄFER/OTT, Lehrbuch der ökonomischen Analyse des Zivilrechts, S.85-132; ENDRES/STAIGER in Ahrens/Simon, S. 79-93; MARBURGER, AcP 192 (1992), 1, 30.

499 SIMON in Ahrens/Simon, S.15, 16.

tert[500]. Da sich nicht allen vorhandenen Ressourcen ein Marktpreis zuordnen läßt (sog. freie Güter), muß, um diesen optimalen Zustand aufrechtzuerhalten, eine Nicht-Marktpartei (etwa der Staat) externe Effekte durch entsprechende Korrekturen in den Marktpreis internalisieren, damit sich alle Aufwendungen in ihm wiederspiegeln. Wird beispielweise durch ein Produkt oder einen Industriebetrieb das Umweltmedium Luft verunreinigt, erfolgt, nachdem diesbezüglich kein Marktpreis existiert, kein Ausgleich über den Marktmechanismus; man spricht von einem Marktversagen. Diese Unvollständigkeit ist dadurch auszugleichen, daß die entsprechenden Wiederherstellungskosten über marktexterne Vorgaben, etwa das Haftungsrecht, integriert werden[501].

Im Vordergrund der ökonomischen Betrachtungsweise steht damit deutlich die Schadensprävention. Das Präventionsziel verlangt, jedem Emittenten einer schädlichen Substanz exakt in der Höhe Kosten aufzuerlegen, in der sie Schäden hervorruft. Der jeweilige Verursacher (Hersteller, Betreiber, Abfallerzeuger) wird auf dieser Grundlage - sofern er rational handelt - diese Haftung antizipieren und im Kostenkalkül berücksichtigen, indem er vorausschauend Sorgfaltsmaßnahmen ergreift, die geeignet sind, die Wahrscheinlichkeit, später Schadensersatz leisten zu müssen, erheblich zu senken[502]. Das optimale Maß an Prävention ist dabei dann erreicht, wenn sich die Präventionskosten mit den Unfallkosten decken[503]; demgegenüber ist es aus wirtschaftlicher Sicht unter Zugrundelegung der Kosten-Nutzen-Relation am günstigsten, wenn die Differenz zwischen dem Kostenaufwand für Sorgfaltsvorkehrungen und dem Nutzen aus der Verringerung der Wahrscheinlichkeit des Schadenseintritts maximal ist.

Die ökonomische Betrachtungsweise ist - gerade in der Anfangszeit - auf erhebliche Kritik gestoßen. Ihr wurde entgegengehalten, sie gehe von einer Vielzahl unrealistischer Vorgaben aus, nämlich, daß alle Menschen stets nach Gewinn strebten, sich bei der Verfolgung dieser Ziele immer rational verhielten und zudem alle Güter mittels ihres Geldwertes fungibel seien. Daneben wurde von rechtsethischer Seite moniert, daß sie das Recht allein wirtschaftlichen Grundsätzen unterwerfe und die schützenswerten Interessen des einzelnen nicht hinreichend berücksichtige.

---

500 Sog. Pareto-Optimum; ausführlich hierzu ENDRES, Die pareto-optimale Internalisierung externer Effekte, S.1-21.

501 ASSMANN, Transformationsprobleme, S.42 ff.; IWANOWITSCH, Risikomanagement, S.93.

502 ENDRES, Die pareto-optimale Internalisierung externer Effekte, S.4.

503 IWANOWITSCH, Risikomanagement, S.93/94.

Obwohl die Berechtigung dieser Kritik im einzelnen nicht von der Hand zu weisen ist, hat sich der Ansatz der ökonomische Analyse des Rechts zwischenzeitlich als interessanter Parallelansatz durchgesetzt[504]. Man hat erkannt, daß beide Betrachtungsweisen sich nicht konträr gegenüber, sondern vielmehr in einem Verhältnis friedlicher und sich wechselseitig befruchtender Koexistenz stehen. Tatsächlich führen sie auch in fast allen Fällen zu identischen Ergebnissen[505].

Insgesamt ist das Haftungsrecht aus umweltökonomischer Sicht also durchaus ein probates Mittel der Risikozuweisung und -steuerung[506]. Es zwingt die potentiellen Verursacher von Schäden durch die Androhung einer Schadensersatzverpflichtung, die daraus entstehenden Kosten im Entscheidungsprozeß zu berücksichtigen. Rationales Verhalten unterstellt führt dies zu einer intensiven Abwägung der Kosten von Präventionsmaßnahmen mit zu erwartenden Schadensersatzzahlungen und damit zu einem individuell optimalen Niveau an Sorgfaltsaktivität.

c) Das Zusammenspiel interventionistischer und ökonomischer Steuerungsinstrumentarien

Die insoweit aufgeworfene Frage nach dem Zusammenspiel interventionistischer und haftungsrechtlicher Konzepte ist keine des Entweder/Oder, sondern eine der sinnvollen wechselseitigen Ergänzung[507]. Keines zeigt sich dem anderen klar überlegen, vielmehr hat jedes seine eigenen Vor- und Nachteile.

So sendet das Ordnungsrecht ex ante klare und widerspruchsfreie Signale, welches Verhalten erwünscht und welches mißbilligt ist. Auf der anderen Seite darf nicht übersehen werden, daß die Geschichte der Produkt- und Umweltschäden geradezu vom Versagen behördlicher Kontrolle geprägt ist[508]. Hinzu kommt, daß das interventionistische Modell nicht zu unterschätzende strukturelle Defizite aufweist. Dies beginnt damit, daß sich Behörden in einem ständigen Informationsnachteil gegenüber den Unternehmen befinden, die an vorderster Front der Entwicklung stehen, und somit nicht in der Lage sind, mit dem hohen Tempo marktwirtschaftlicher Produktinnovation Schritt zu halten. Darüberhinaus fehlt den Behörden als Unbeteiligten am toxischen Immissionsgeschehen naturgemäß

---

504 SCHÄFER/OTT, Lehrbuch der ökonomischen Analyse des Zivilrechts, S.85 ff.

505 Vgl. auch KÄSTLE, Die Haftung für toxische Massenschäden, S.43.

506 WAGNER, VersR 1999, 1441, 1442.

507 Ebenso NICKLISCH, Umweltrisiken, S.9-20; VON WILMOWSKY, NuR 1991, 243, 267, KÄSTLE, Die Haftung für toxische Massenschäden, S.379.

508 Die mit dem Einsatz von Asbest verbundenen Gefahren waren beispielsweise schon seit den 30-er Jahren bekannt; trotz dieser Kenntnis erfolgte ein behördliches Einschreiten erst 50 Jahre später; vgl. hierzu CASTLEMAN, Asbestos: Medical and Legal Aspects, S.227.

die persönliche Betroffenheit als Initiative sowohl zur Aufklärung als auch zur Durchsetzung des Rechts. Zuletzt darf nicht vergessen werden, daß die Exekutive weit stärker als die Judikative politischer Einflußnahme ausgesetzt ist. Dabei ist die Neutralität der Behörden insbesondere dann gefährdet, wenn der Hoheitsträger selbst in die Erzeugung toxischer Risiken involviert ist[509].

Die meisten dieser Unzulänglichkeiten vermag das Haftungsrecht auszugleichen. Es erweist sich als flexibles Präventions- und Steuerungsinstrument, indem es im Prinzip jeden Schädiger mit den Kosten seines Tuns belasten kann. Nebenbei macht es die Initiative der Betroffenen zur Aufklärung und Durchsetzung von Rechten nutzbar und ist politischen Manipulationen praktisch unzugänglich. Nicht von ungefähr wurde eine Vielzahl von ordnungsrechtlichen Vorschriften überhaupt erst als Folge deliktsrechtlicher Auseinandersetzungen auf den Weg gebracht und in das öffentlich-rechtliche Rechtssystem implantiert. Es ist daher angezeigt, „zweigleisig" zu verfahren und das Haftungsrecht neben der öffentlichen Kontrolle als eigenständigen Präventionsmechanismus zum Schutz subjektiver Rechtsgüter und der Umwelt nutzbar zu machen[510].

VI) Ergebnis

Als Ergebnis dieses Abschnitts ist festzuhalten, daß Produkt- und Umwelthaftung nicht nur in Grundsatz-, sondern bis tief in Einzelfragen hinein eine Vielzahl von Gemeinsamkeiten und Zusammenhängen aufweisen[511]. Die Tatsache, daß darüberhinausgehend unmittelbare Berührungspunkte und Überlappungen vorhanden sind und daß neben den Konsumenten und Entsorgern auch den Herstellern potentiell umweltgefährlicher Produkte erhebliche und nicht mit dem Akt des Inverkehrbringens endende Verantwortung für von diesen ausgehende Umweltgefahren zukommt, macht eine exakte Abgrenzung gar völlig unmöglich.

Auf dieser Grundlage läßt sich das Verhältnis der beiden Haftungssysteme am besten - bildlich - durch zwei Kreise als Symbol der engen Verwandtschaft charakterisieren, die sich zudem überschneiden. In der Schnittmenge finden sich all diejenigen Schadensfälle, die sowohl produkt- wie auch umwelthaftungsrechtliche Relevanz haben können. Außerhalb der Überschneidungszone liegen auf der

509 So hatte etwa die US-Regierung lange Zeit Informationen über die Gesundheitsrisiken ihrer Atomwaffentests auf den Marshall-Inseln geheim gehalten; vgl. NOTE, Citizen Trust and Government Cover-Up: Refining the Doctrine of Fraudulent Concealment, 95 Yale L.J. 1477 (1986).

510 Ebenso VON WILMOWSKY, NuR 1991, 253, 266.

511 So auch SCHMIDT-SALZER, NJW 1994, 1305, 1307; THOMAS, UTR 1991, 87, 91.

einen Seite die „reinen", d.h. umweltneutralen Produkthaftungsfälle[512], auf der anderen die „klassischen" Umwelthaftpflichtfälle, etwa Schädigungen aufgrund von verfahrensimmanenten Abgasemissionen aus industriellen Anlagen.

In die Zukunft schauend wird dem Überschneidungsbereich dabei eine immer größere Bedeutung zukommen, d.h. er wird sich immer stärker über den Bereich der reinen Umwelthaftpflichtfälle schieben. Schon jetzt weist die Industrie große Erfolge im Bereich der verfahrenstechnischen Emissionsreduktion auf. Können diese Erfolge fortgeführt werden, werden die ökologischen Probleme zukünftig in verstärktem Maße von den Produkten selbst ausgehen.

Dies wiederum macht es - zur Forcierung der Entwicklung und Herstellung umweltgerechter(er) Produkte - sinnvoll und notwendig, die Produzenten (potentiell) umweltgefährlicher Erzeugnisse einem Haftungssystem zu unterwerfen, das deren doppelter Gefahrenausrichtung - Gefahr für Verbraucher und Umwelt - gerecht wird. Gedacht ist dabei an eine Art „Umweltprodukthaftung"[513], d.h. eine Haftung des Herstellers für produktvermittelte Umweltschäden.

---

512 Vgl. beispielsweise die Verursachung eines Verkehrsunfalls durch ein fehlerhaftes Produkt, etwa eine untaugliche Motorradverkleidung (instruktiv: BGHZ 99, 167 ff.).

513 Begriff nach KNEBEL, UTR 1988, 261, 276.

B: Lücken im Haftungssystem? - Die Haftung des Herstellers für produktbedingte Umweltschäden im Gefüge der existierenden und projektierten gemeineuropäischen Haftungsnormen

Fraglich ist nun, ob eine solche „Mischhaftung" nicht bereits in den europäischen Produkt- und Umwelthaftungsregelungen/-entwürfen angelegt ist bzw. ob und inwieweit Schutzlücken und Wertungswidersprüchlichkeiten bestehen.

I) Produzentenhaftung nach den Entwürfen der Umwelthaftung

1) Die Haftung für umweltgefährliche Erzeugnisse nach dem Vorschlag für eine Abfallerzeugerhaftungsrichtlinie

Art.3 RLVA konstituiert eine Haftung des Abfallerzeugers für durch Abfälle entstandene Schäden und Umweltbeeinträchtigungen. Dreh- und Angelpunkt des Entwurfs sind damit nicht umweltgefährliche Produkte, sondern Abfälle.

a) Die Begriffspaare Produkt/Abfall und Produkthersteller/Abfallerzeuger

Auf den ersten Blick scheinen sich diese beiden Begriffe und mit ihnen die des Produktherstellers und des Abfallerzeugers völlig auszuschließen. So ist die Abfallhaftungsrichtlinie denn auch vielfach als reine Ergänzung zur vor ihr in Kraft getretenen Produkthaftungsrichtlinie gesehen und verstanden worden[514].
Es ist jedoch fraglich, ob tatsächlich ein so trennscharfes und exklusives Verhältnis vorliegt. Immerhin steht außer jeder Diskussion, daß die Grenzen zwischen Produkt und Abfall fließend und nicht immer konkret faßbar sind - man denke nur an wiederverwertbare oder recyclebare Abfälle. Darüberhinaus ist es das Schicksal praktisch aller Produkte, irgendwann zu Abfall zu werden. Auf dieser Grundlage ist zunächst die Reichweite des der Richtlinie zugrundeliegenden Abfallbegriffs näher zu beleuchten.

aa) Der Abfallbegriff der Richtlinie

Die Abfallhaftungsrichtlinie verweist im Hinblick auf den für ihren Anwendungsbereich maßgeblichen Abfallbegriff auf den der Rahmenrichtlinie 75/442/EWG. Dort heißt es wie folgt:

---

[514] TASCHNER/FRIETSCH, EG-PHR, Art.2, Rn.6, 7; ebenso SALJE, DB 1990, 2053, 2057.

„Abfall: alle Stoffe oder Gegenstände, die unter die in Anhang I aufgeführten Gruppen fallen und deren sich ihr Besitzer entledigt, entledigen will oder entledigen muß.
Die Kommission erstellt nach dem Verfahren des Art.18 spätestens zum 1.April 1993 ein Verzeichnis der unter die Abfallgruppen in Anhang I fallenden Abfälle. Dieses Verzeichnis wird regelmäßig überprüft und erforderlichenfalls nach demselben Verfahren überarbeitet.[515]"

Von Abfall kann demnach - nach dem eindeutigen Wortlaut - nur gesprochen werden, wenn die betreffenden Stoffe und Gegenstände kumulativ unter eine der Gruppen des Anhanges I fallen und sich der Besitzer ihrer „entledigt", „entledigen muß" oder „entledigen will"[516].

(1) Die Abfallgruppen der Rahmenrichtlinie

Der Anhang I, auf den die Richtlinie rekurriert, enthält 16 in der Art und Weise der Beschreibung äußerst heterogene Abfallgruppen, in denen sowohl auf die Art der Stoffe, ihre Gefährlichkeit und ihre Herkunft wie auch auf ihre Verwendbarkeit und tatsächliche Verwendung abgestellt wird[517]. Auffällig sind dabei insbesondere die weiten und unbestimmten Umschreibungen sowie die Tatsache, daß mit Q1 und Q16 offensichtliche Auffangtatbestände enthalten sind.

---

[515] Art.1 lit.a) Abfallrahmenrichtlinie.

[516] DIECKMANN, NuR 1992, 407, 408; SCHRÖDER, DÖV 1992, 910, 914; FLUCK, DVBl 1992, 591; BICKEL, NuR 1992, 361, 369; a.A. offensichtlich KERSTING, DVBl 1992, 343, 345; HELMIG/ALLKEMPER, DÖV 1994, 229, 231; allerdings spricht auch die englische Fassung für ein kumulatives Erfordernis. Dort heißt es: „any substance or object in the categories set out in Annex I which the holder discards or intends or is required to discard".

[517] „Q1: Nachstehend nicht näher beschriebene Produktions- oder Verbrauchsrückstände; Q2: Nicht den Normen entsprechende Produkte; Q3: Produkte, bei denen das Verfallsdatum überschritten ist; Q4: Unabsichtlich ausgebrachte oder verlorene oder von einem sonstigen Zwischenfall betroffene Produkte einschließlich sämtlicher Stoffe, Anlagenteile usw., die bei einem solchen Zwischenfall kontaminiert worden sind; Q5: Infolge absichtlicher Tätigkeiten kontaminierte oder verschmutzte Stoffe; Q6: Nichtverwendbare Elemente; Q7: Unverwendbar gewordene Stoffe; Q8: Rückstände aus industriellen Verfahren; Q9: Rückstände von Verfahren zur Bekämpfung der Verunreinigung; Q10: Bei maschineller und spanender Formgebung anfallende Rückstände; Q11: Bei der Förderung und der Aufbereitung von Rohstoffen anfallende Rückstände; Q12: Kontaminierte Stoffe; Q13: Stoffe und Produkte aller Art, deren Verwendung gesetzlich verboten ist; Q14: Produkte, die vom Besitzer nicht oder nicht mehr verwendet werden; Q15: Kontaminierte Stoffe oder Produkte, die bei der Sanierung von Böden anfallen; Q16: Stoffe oder Produkte aller Art, die nicht einer der oben erwähnten Gruppen angehören."

Dies wiederum macht deutlich, daß dem Anhang per se keine Ab- und Ausgrenzungsfunktion zukommen kann. Vielmehr erfassen seine Einzeltatbestände die Gesamtheit umweltgefährlicher Stoffe, Produkte und Rückstände.

Entsprechendes gilt für das von Art.1 lit.a) geforderte Verzeichnis der unter die Abfallgruppen in Anhang I fallenden Abfälle, welches die Kommission mit einiger Verspätung Ende 1993 vorgelegt hat. Dieser sog. *European Waste Catalogue* (EWC)[518] umfaßt 20 Abfallkategorien mit mehreren, jeweils mit sechsstelligen Abfallcodes gekennzeichneten Einzelpositionen. Bereits in seiner Einleitung weist der EWC darauf hin, daß das Verzeichnis „nicht erschöpfend", sondern unter Umständen ergänzend abzuändern sei. Weiter wird hervorgehoben, daß es sich bei den aufgenommenen Stoffen nicht „unter allen Umständen um Abfälle" handele und der Eintrag nur von Belang sei, wenn die Definition von Abfall zutreffe. Was damit gemeint ist, zeigt die nähere Betrachtung der einzelnen Positionen. So sind diese praktisch ausnahmslos indifferent, d.h. sie indizieren in keiner Weise, daß es sich bei ihnen um Abfälle handelt - beispielsweise sind dort auch Holz und Glas aufgeführt[519].

Wie bei den Abfallgruppen des Annex I zur Rahmenrichtlinie bedarf es demnach auch hier zur Feststellung, ob Abfall vorliegt, der Zuhilfenahme weiterer objektiver oder subjektiver Definitionsmerkmale.

(2) Der objektive Abfallbegriff

Nach der objektiven Variante der Abfalldefinition sind all diejenigen Stoffe und Gegenstände als Abfall zu qualifizieren, die unabhängig von den Absichten ihrer Besitzer verwertet oder beseitigt werden müssen[520]. Wann dies der Fall ist, ist in Anbetracht fehlender konkreter Hinweise[521] durch eine Abwägung zwischen dem privaten Nutzungsinteresse des Besitzers einerseits und den in der Rahmenrichtlinie verankerten Gemeinwohlinteressen[522] andererseits zu ermitteln.

„Objektiver Abfall" liegt demnach dann vor, wenn das die privaten Interessen überwiegende Gemeinwohl eine Verwertung oder Beseitigung der fraglichen Stoffe oder Gegenstände zwingend gebietet. Obwohl diese Bewertung im einzelnen einer klarstellenden Ausformung durch entsprechende Abfall- bzw.

---

518 ABl. EG 1993 L5/15.

519 Vgl. auch DIECKMANN, EG-Abfallrecht, S.154.

520 Art.1 lit.a) 3.Alt. Rahmenrichtlinie.

521 Aufgrund der Auffangtatbestände kommt den Abfallgruppen und dem Abfallverzeichnis (EWC) allenfalls Indizfunktion zu; vgl. DIECKMANN, EG-Abfallrecht, S.163.

522 Dies ist in erster Linie das Interesse an einer kontrollierten, umwelt- und gesundheitsverträglichen Abfallverwertung und -beseitigung; Art.4 Rahmenrichtlinie.

Umweltbehörden bedarf, wird deutlich, daß damit eine zeitgleiche Identität zwischen Produkt und objektivem Abfall praktisch ausgeschlossen ist.

(3) Der subjektive Begriffsteil

Subjektiv gesehen sind all diejenigen Stoffe und Gegenstände Abfall, die unter die Abfallgruppen fallen und deren sich ihr Besitzer entledigt oder entledigen will. Interessanterweise reicht demnach bereits der Wille zur Entledigung für die Begründung der Abfalleigenschaft aus[523]. Wie auf einen solchen Willen geschlossen werden soll, beantwortet die Definition indes nicht. Tatsächlich dürfte er nur dann anzunehmen sein, wenn sich die Entledigungsabsicht in irgendeiner Weise nach außen hin manifestiert.

Daneben stellt sich generell die Frage, wie der Begriff des „Entledigens" zu verstehen ist. Man könnte die Ansicht vertreten, damit sei - analog dem deutschen Recht vor Inkrafttreten des Kreislaufwirtschaftsgesetzes - lediglich die Weggabe von Stoffen und Gegenständen zum Zwecke der endgültigen Beseitigung gemeint[524]. Eine Entledigung läge somit nur dann vor, wenn jede Art der Wiederverwendung der Stoffe ausgeschlossen wäre; alle als Wirtschaftsgut stofflich oder thermisch wiederverwendbaren Abfälle und Rückstände wären danach vom subjektiven Abfallbegriff ausgenommen und gleichzeitig aus dem Anwendungsbereich der Abfallhaftungsrichtlinie heraus.

Diese - begrenzende - Ansicht läßt sich indes vor dem Hintergrund der europäischen Rechtsprechung nicht halten.

So hat der Europäische Gerichtshof in mehreren Entscheidungen zum Abfallbegriff der Rahmenrichtlinie deutlich gemacht, daß Stoffe und Gegenstände nicht dadurch ihre einmal begründete Abfalleigenschaft verlieren, daß sie zur Wiederverwertung geeignet sind oder dieselbe beabsichtigt ist[525]. Zur Begründung dessen wird angeführt, daß die Rahmenrichtlinie gerade auch die Verwertung von Abfällen regeln wolle und daß das von ihr angestrebte Ziel eines effektiven Umwelt- und Gesundheitsschutzes gefährdet wäre, würde man ihre Anwendung von einer potentiellen Eignung zur Verwertung oder gar von den Absichten des Besitzers abhängig machen[526]; dies gelte umso mehr, als die Verwertung von

---

[523] Anders noch Art.1 lit.a) Rahmenrichtlinie 75/442 a.F., der lediglich das Begriffspaar „entledigt" und „zu entledigen hat" enthielt.

[524] So unter Berufung auf den deutschen subjektiven Abfallbegriff KERSTING, DVBl 1992, 343, 348.

[525] Verbundene Rechtssachen C 206/88 und C 207/88 -Vessoso und Zanetti, Slg. 1990, 1461 ff.; Rechtssache C 359/ 88 -Zanetti et.al., Slg. 1990, 1509 ff.; Rs. C 422/92, Kommission/ Deutschland, Slg. 1995, 1097; Rs. C 304/94 u.a., NuR 1999, 36.

[526] Slg. 1990, 1477 ff.; Rs. C 422/92, Kommission/ Deutschland, Slg. 1995, 1097, Tz.22.

Abfällen regelmäßig genauso große Umwelt- und Gesundheitsrisiken mit sich bringe wie deren Beseitigung.

In Anbetracht dieser klaren Rechtsprechung besteht kein Zweifel, daß auch solche Abfälle, die tatsächlich oder potentiell als Wirtschaftsgüter handelbar sind, unter den Abfallbegriff der Richtlinie 75/442/EWG und somit auch den der Abfallerzeugerhaftungsrichtlinie zu fassen sind.

An diesem Ergebnis hat im übrigen auch die Neufassung der Rahmenrichtlinie im Jahre 1990 nichts geändert, nachdem dort der Entledigungsbegriff unverändert übernommen wurde und auch keine Anhaltspunkte für einen veränderten Sinngehalt ersichtlich sind[527]. Die Argumentation des EuGH, wonach die Richtlinie die Verwertung von Stoffen und Abfällen mitumfaßt, ist damit im Gegenteil noch bestärkt worden.

(4) Die Abgrenzung von Abfällen und verwendbaren Erzeugnissen

Gleichwohl kann der Entledigungsbegriff natürlich nicht grenzenlos verstanden werden. Rein sprachlich könnte darunter nämlich ohne weiteres auch die Weitergabe (noch) intakter Produkte gefaßt werden. Es liegt auf der Hand, daß der Verkauf bzw. die Weitergabe solcher Gegenstände nicht dem Abfallrecht und somit auch nicht dem Abfallbegriff der Richtlinie unterliegen sollen. Dies ergibt sich zwar nicht aus den in ihr aufgeführten Abfallgruppen und auch nicht aus dem Abfallverzeichnis (EWC) - wie weiter oben näher ausgeführt, können unter diese ohne weiteres auch neue und funktionstüchtige Gegenstände subsumiert werden[528].

Die entsprechende Beschränkung leitet sich jedoch aus den Regelungszielen und der Systematik der Rahmen-RL sowie des gesamten sonstigen EU-Abfallrechts ab.

So betreffen die Pflichten der Richtlinie, was Planung und Bewirtschaftung angeht, ausschließlich zu verwertende und endgültig zu beseitigende Abfälle[529]. Funktionstüchtige Gegenstände unterliegen demgegenüber keinen Anforderungen; weder sind sie Gegenstand einer Melde- oder Genehmigungspflicht noch unterliegt ihr Transport irgendeiner speziellen Kontrolle. Daß die Rahmenrichtlinie nur die Verwertung und Beseitigung von Abfällen erfassen will, bestätigen schließlich auch die weiter oben zitierten Urteile des EuGH[530]. Dort ist im Zusammenhang

---

[527] EuGH, Urteil vom 25.06.1997 - Rs.304/94 u.a., Tz.48 = NuR 1999, 36 ff.; PERNICE, NVwZ 1990; VON WILMOWSKY, NuR 1991, 253, 255;, 415 ff.; DIECKMANN, NuR 1992, 409 ff.

[528] Siehe weiter oben 3 B I 1) a), aa) (1), S. 109 ff.

[529] Vgl. Art.4, 7-15 der Richtlinie 75/442/EWG.

[530] Siehe oben Fn.525.

mit dem Entledigungsbegriff lediglich die stoffliche und thermische Verwertung angesprochen[531]. Hieraus läßt sich im Umkehrschluß folgern, daß die schlichte Weitergabe intakter Gegenstände nicht umfaßt sein soll.

Insgesamt ist der Begriff der Entledigung demnach aus systematischen wie teleologischen Gründen dahingehend zu begrenzen, daß er die Weitergabe gezielt hergestellter Stoffe und Gegenstände, deren vorgesehene Verwendung (noch) nicht beendet ist, nicht umfaßt[532]. Zur Vermeidung von Abgrenzungsschwierigkeiten sollte die vorgesehene Verwendung eines Produktes allerdings dann als abgeschlossen angesehen werden, wenn und sobald zur Weiterverwendung, sei es zum gleichen oder einem anderen Zweck, eine erhebliche, in die Substanz eingreifende Bearbeitung notwendig wird.

bb) Haftung für produktvermittelte Abfälle

Mit der Feststellung, daß die Einführung von Produkten in den Rechtsverkehr mit Ausnahme der handelbaren Abfälle nicht dem Entledigungsbegriff unterfällt, steht automatisch fest, daß eine Haftung des Herstellers für produktvermittelte Abfälle[533], nach der Konzeption der Abfallhaftungsrichtlinie nicht in Betracht kommt. So sind diese sind zwar unstreitig vollwertige Abfälle im Sinne der Richtlinie; allerdings ist der Produkthersteller nicht gleichzeitig der Abfallerzeuger. Zu Abfall werden seine Produkte erst nach dem Inverkehrbringen in der Hand von Dritten, namentlich Produktkonsumenten.

b) Fazit

Im Ergebnis erfaßt die Abfallhaftungsrichtlinie den Überschneidungsbereich zwischen Produkt- und Abfall-/Umwelthaftung demnach schon definitionsgemäß nur sehr begrenzt. Umweltgefährliche Erzeugnisse müssen generell weder im Gemeinwohlinteresse beseitigt werden noch entspricht dies dem regelmäßigen Willen ihrer Besitzer.

Die Richtlinie hält damit weder eine Antwort auf die Frage parat, ob und unter welchen Voraussetzungen den Warenproduzenten eine Haftung für umweltgefährliche Produkte treffen soll noch ob ihm eine zivilrechtliche Verantwortlichkeit für Abfälle zukommt, die aus seinen Produkten entstehen[534].

---

[531] Slg. 1990, 1461, 1477, Rz.8, 9, 13; Slg. 1990, 1509, 1522, Rz.13.; Rs. C 422/92, Kommission/ Deutschland, Slg. 1995, 1097, Tz.22.

[532] Ebenso FLUCK, DVBl 1993, 596.

[533] Abfälle, die aus Produkten resultieren (Anm. des Verfassers).

[534] Entsprechend kritisch VON WILMOWSKY/ROLLER, Civil Liability, S.16.

Eine Ausnahmestellung kommt lediglich dem Bereich der wiederverwertbaren und damit handelbaren Abfälle zu. Diese Stoffe bleiben trotz ihrer Einstufung als Wirtschaftsgut Abfälle; ihr Erzeuger/Recycler unterfällt damit dem Regime der Richtlinie[535].

2) Grünbuch und Entschließungsantrag

Trotz ihrer enormen inhaltlichen Breite in der Auseinandersetzung mit den Fragen einer zivilrechtlichen Haftung für Umweltschäden lassen sowohl das Umweltgrünbuch der EU-Kommission wie auch der Entschließungsantrag des Europäischen Parlaments die haftungsrechtliche Problematik umweltgefährlicher Produkte unthematisiert und unbearbeitet[536]. Als Auslöser von Umweltschäden sehen beide vielmehr ausschließlich industrielle Emissionen, Abfälle und Abwässer[537].

Nicht überraschend findet insoweit auch keine Diskussion um die Verantwortlichkeit von Herstellern umweltgefährlicher Produkte statt[538]. Im Gegenteil beschränkt sich der Kreis der nach Vorstellung der EU-Institutionen haftungsrechtlich relevanten „Verursacher" auf Personen und Körperschaften, die gefährliche Stoffe gewerblich nutzen und/oder entsorgen[539]. Die Verantwortung der Produzenten für ökologische Risiken bleibt damit vollständig im dunkeln.

---

535 Zur unmittelbaren Anspruchskonkurrenz zwischen Produkt- und Abfallhaftungsrichtlinie siehe weiter unten II 5), S.128.

536 Ebenso kritisch HAGER in ZEuP 1997, 1, 18.

537 Vgl. die Einleitung des Grünbuchs, S.1: dort ist zwar auch von „gefährlichen Stoffen" die Rede, allerdings nur im Zusammenhang mit ihrer Ablagerung als Abfall auf Deponien.

538 HAGER, ZEuP 1997, 1, 18.

539 Id. Fn.538.

3) Die Haftung für umweltgefährliche Produkte in der Konzeption der Europaratskonvention

Wie bereits im zweiten Teil der Arbeit näher ausgeführt[540], sieht Art.6 Abs.1 der Lugano-Konvention im Zusammenspiel mit Art.2 Abs.1 lit. a)-c) eine Haftung all derjenigen vor, die berufsmäßig eine (umwelt-)gefährliche Tätigkeit ausüben, worunter insbesondere das Herstellen, Behandeln, Lagern, Benutzen und Freisetzen sowie der gesamte sonstige Umgang mit gefährlichen Stoffen und/oder Mikroorganismen zu fassen ist[541].

Haftungsrechtlicher Ausgangspunkt der Konvention sind damit die „gefährlichen Aktivitäten" und mit ihnen die „gefährlichen Stoffe".

a) Produkt und „gefährlicher Stoff"

Die Legaldefinition der „gefährlichen Stoffe" in Art.2 Abs.2 LC unterscheidet drei Kategorien: Stoffe, die in der EU-Richtlinie 67/548/EWG[542] namentlich aufgeführt sind[543], Substanzen, die nach Art.2 Abs.2 lit.a) S.2 als brandfördernd, giftig, krebserregend oder mutagen gelten und schließlich alle Stoffe oder Präparate mit Eigenschaften, die eine erhebliche Gefahr für Mensch, Umwelt oder Eigentum darstellen[544]. Die Bandbreite der erfaßten Stoffe ist damit weit und offen[545], was trotz eines gewissen Maßes an Rechtsunsicherheit den Vorteil hat, daß auch bis dato unbekannte toxische Substanzen mitumfaßt sind.

Die Reichweite der Definition bringt mit sich, daß alle immanent umweltgefährlichen Produkte, insbesondere die Chemikalien, erfaßt werden. Daneben umfaßt die Konvention sämtliche Mikroorganismen und genetisch veränderten Organismen, die aufgrund ihrer Eigenschaften und der Bedingungen, unter denen mit ihnen umgegangen wird, eine erhebliche Gefahr für Menschen, Umwelt oder Sachen darstellen, etwa indem sie Krankheiten erregen oder Giftstoffe erzeugen. Nachdem weiter auch sämtliche Arten von Abfällen erfaßt werden, stellt die LC ein umfassendes Korrektiv für alle unmittelbar umweltgefährlichen Stoffe und Erzeugnisse dar.

---

540 Siehe oben 2.Teil C II 4) b) bb), S.52.

541 Daneben gilt auch das Betreiben einer Mülldeponie als gefährliche Tätigkeit; Art.2 Abs.1 lit.d) LC.

542 Anlage 1 der EU-Richtlinie 67/548/EWG vom 27.6.1967 zur Angleichung der Rechts- und Verfahrensvorschriften für die Einstufung, Verpackung und Kennzeichnung gefährlicher Stoffe, ABl. EG 1967, 196 S.1.

543 Art.2 Abs.2 lit.b) i.V.m. Annex I B LC.

544 Art.2 Abs.2 lit.a) S.1 LC.

545 FRIEHE spricht insoweit von einer „offenen Stoffe-Liste", NuR 1992, 249, 250; ders., NuR 1992, 512, 513.

b) Die Reichweite des Begriffs der „gefährlichen Tätigkeit“

Auf dieser Grundlage richtet sich der haftungsrechtliche Blick auf die Reichweite des Begriffs der „gefährlichen Aktivität“. Aufgrund der weiten und mit einem Auffangtatbestand versehenen Definition des Art.2 Abs.1 LC fällt darunter jedweder berufsmäßige Umgang mit gefährlichen Stoffen und Produkten. Damit wird unproblematisch sowohl eine Haftung des Verwenders wie auch des Entsorgers konstituiert[546]. Klärungsbedürftig ist jedoch, ob auch das Tätigkeitsfeld der Produzenten haftungsrechtlich erfaßt wird.

aa) Der Begriff des „Herstellens“

Gemäß Art.2 Abs.1 lit.a) LC umfaßt der Begriff der gefährlichen Aktivität unter anderem das Herstellen und die Behandlung von gefährlichen Stoffen. Daraus könnte man schließen, daß auch der Hersteller umweltgefährlicher Stoffe umfänglich dem Regime der LC unterfallen soll.

Zu beachten ist indes, daß mit dem aufgeführten Begriff des Herstellens nur eine Facette der Tätigkeit des Produzenten abgedeckt wird. So sind Produkte nach Beendigung des Herstellungsprozesses regelmäßig zu verpacken, zu lagern, in den Geschäftsverkehr einzuführen und dort zu beobachten. Nachdem ein Teil dieser Tätigkeiten - etwa das Lagern - ebenfalls in Art.2 Abs.1 lit.a) LC aufgeführt ist, spricht alles dafür, den Begriff des Herstellens eng auszulegen und darunter nur den Produktionsprozeß an sich zu fassen.

bb) Die Begriffe „Freisetzen“ und „sonstiger Umgang“

Eine weitergehende Haftung des Herstellers könnte sich jedoch aus dem im Rahmen des Art.2 Abs.1 LC aufgeführten Tätigkeitsbegriff „Freisetzen“ bzw. aus dem Auffangtatbestand des „sonstigen Umgangs“ ergeben. Der Wortlaut würde es unproblematisch erlauben, unter diese Begriffe auch das Inverkehrbringen von Produkten zu subsumieren. Allerdings ist zu beachten, daß sich die Haftung nach der Konvention, wie sich aus Art.6 Abs.1 und Art.2 Abs.5 LC ergibt, elementar an die Möglichkeit zur Kontrollausübung knüpft. Als haftungsrechtlich relevanter Betreiber wird nur derjenige angesehen, der unmittelbar Einfluß auf die gefährlichen Stoffe nehmen kann. Gerade diese Einflußmöglichkeit verliert der Hersteller aber mit der Einführung seines Produktes in den Rechtsverkehr bzw. genauer dann, wenn er es aus seinem Herrschaftsbereich entläßt[547].

---

[546] Die Haftung der gewerblichen Entsorger wird dabei nochmals gesondert in Art.2 Abs.1 lit.c) und lit.d) LC herausgehoben und betont.

[547] Vgl. TASCHNER/FRIETSCH, EG-PHR, Art.7, Rn.7.

Dies hat zur Folge, daß eine Haftung des Herstellers nur solange in Betracht kommt, bis das Produkt den von ihm beherrschten Kontrollraum verlassen hat. Eine Haftung über diesen Zeitpunkt hinaus konstatiert die Konvention nicht.

c) Fazit

Zusammengenommen erfaßt die Lugano-Konvention damit zwar alle Arten von umweltgefährlichen Produkten, adressiert als klassische Umgangshaftung aber nur diejenigen als haftpflichtig, die die unmittelbare Kontrolle über eine (umwelt-) gefährliche Tätigkeit ausüben. Eine Haftung der Hersteller umweltgefährlicher Erzeugnisse kommt damit nur in Betracht, solange sie noch unmittelbare Einwirkungsmöglichkeit auf ihre Produkte haben. Nachdem diese in aller Regel mit dem produkthaftungsrechtlich relevanten Akt des Einführens der Erzeugnisse in den Rechtsverkehr bzw. mit dem Verlassen des Betriebsgeländes endet, begründet die Lugano-Konvention letztlich keine Herstellerhaftung für produktvermittelte Umweltschäden[548].

4) Zwischenergebnis

Obwohl sie - in Anbetracht der herausgearbeiteten Verantwortlichkeitssphären - eigentlich ein wichtiger Eckpfeiler der Umwelthaftung sein müßte, sehen die europäischen Umweltentwürfe also - von eher zufälligen Ausnahmen abgesehen[549] - keine Regelung der Umweltprodukthaftung im Sinne einer Haftung des Herstellers für von seinen Produkten nach Einführung in den Rechtsverkehr ausgehende Umweltgefahren vor. Im Gegenteil wird die haftungsrechtliche Verantwortlichkeit durchgängig anderen, namentlich Abfallerzeugern, Produktnutzern und -entsorgern zugewiesen.

---

[548] Zur dennoch denkbaren unmittelbaren Anspruchskonkurrenz zwischen der europäischen PHR und LC weiter unten 3 B II 5) b), S.128.

[549] Zur direkten Anspruchskonkurrenz zwischen der europäischen Produkt- und Abfallhaftung unten bei II 5), S.128.

II) Die Haftung für Umweltschäden nach der EU-Produkthaftungsrichtlinie und ihre Grenzen

Fraglich ist auf dieser Grundlage, ob und inwieweit die Produkthaftung der doppelten Gefahrenausrichtung umweltgefährlicher Erzeugnisse[550] gerecht wird. Unumstritten erfaßt die Produkthaftungsrichtlinie im Rahmen ihrer Zielsetzung Schäden, die durch Direktkontakt mit fehlerhaften, umweltgefährlichen Stoffen verursacht werden, sofern diese dem Produktbegriff unterfallen[551]. Klärungsbedürftig ist indes, ob auch umweltvermittelte Schäden bzw. Schäden an den Umweltmedien[552] selbst abgedeckt werden.

1) Die Funktion der Produkthaftung als Haftungsregulativ für Umweltschäden

Die Frage, ob auch Umweltschäden nach Produkthaftungsrecht zu ersetzen sind, wurde lange Zeit sehr stiefmütterlich behandelt. Erst gegen Ende der 80er Jahre begann sich überhaupt eine zaghafte Diskussion um die Verantwortlichkeit der Produzenten für umweltgefährliche Erzeugnisse zu entwickeln[553]. Bedauerlicherweise bezogen sich diese ersten Überlegungen ausschließlich auf Teilbereiche wie Chemikalien[554] und toxische Erzeugnisse[555] und beleuchteten somit - wie weiter oben gezeigt - nur einen Bruchteil der Gruppe der umweltgefährlichen Produkte. Zudem blieben viele wichtige Problemkreise wie etwa der der Kausalität unerkannt bzw. unvertieft.

Der Schlüssel für den Eintritt der europäischen Produkthaftungsrichtlinie in die Systematik der Umwelthaftung liegt in ihrem offenen Haftungstatbestand. Nach Art.1 PHR haftet der Hersteller eines Produkts für Schäden, die durch einen Fehler dieses Produktes verursacht worden sind. Aufgrund dieser Formulierung kann neben dem Käufer, Verbraucher oder Benutzer nicht nur jeder Dritte Schadensersatz verlangen, der durch den Mangel des Produktes unmittelbare Einbußen erlitten hat; vielmehr können auch all diejenigen den Hersteller auf Schadensersatz in Anspruch nehmen, die aufgrund einer durch einen Produktfehler verursachten Umweltbeeinträchtigung Schaden genommen haben. Art.1 PHR erfaßt

---

550 Gefahr für Verbraucher und Umwelt, vgl. auch HAGER, JZ 1990, 397, 402.

551 Zur Produktqualifikation umweltgefährlicher Stoffe siehe unten 3 B II 3), S.120 ff.

552 Die Gesamtheit dieser Schäden bezeichnet man als „Umweltschäden".

553 KNEBEL, UTR 1988, 261, 276; HAGER, JZ 1990, 397, 402 ff.; NICKEL, VW 1987, 1236; ders., VW 1988, 961 ff.

554 Vgl. NAWRATH, Haftung für Umweltchemikalien; HAGER, JZ 1990, 397, 402.

555 KNEBEL, UTR 1988, 261, 277; HAGER, JZ 1990, 397, 402.

demnach auch Schadensereignisse, bei denen der Ursachenzusammenhang zwischen fehlerhaftem Produkt und Rechtsgutsverletzung nicht direkt, sondern über eine Umwelteinwirkung vermittelt wird[556].

2) Begrenzung durch den Verbraucherschutzzweck ?

Fraglich ist allerdings, ob sich insoweit nicht aus dem Schutzzweck der Produkthaftungsrichtlinie Beschränkungen ergeben. Immerhin ist deren vorrangiges Ziel unbestritten der Konsumentenschutz, was sich insbesondere aus ihren Erwägungsgründen ergibt, die an vielen Stellen explizit den Verbraucher und dessen Schutzwürdigkeit herausheben[557].

Aus dieser Zielsetzung könnte man nun schließen, Art.1 PHR sei ausschließlich verbraucherschutzorientiert und damit umwelthaftungsrechtlich restriktiv auszulegen und anzuwenden.

Bei näherer Beschäftigung mit der Entstehungsgeschichte zeigt sich jedoch, daß mit der Richtlinie keineswegs der ausschließliche Schutz des Konsumenten angestrebt wurde. Vielmehr wurde der Begriff des Verbrauchers im Rahmen der Vorarbeiten lediglich zur Abgrenzung des zu schützenden Privatmannes von der aus dem Schutzbereich ausgenommenen gewerblichen bzw. juristischen Person gebraucht[558]. Entsprechend findet er sich auch weder in den Regelungen des ersten Richtlinienentwurfs von 1976 noch in der schließlich verabschiedeten Richtlinie wieder; dort ist lediglich vom Geschädigten bzw. vom Kläger die Rede.

Darüberhinaus ergibt sich aus der Historie der Richtlinie, daß die umwelthaftungsrechtliche Dimension der Produkthaftung durchaus gesehen wurde. So war der beim Europäischen Parlament eingerichtete Ausschuß für Umweltfragen von Anfang an in die Beratungen miteinbezogen[559]. Hervor tat er sich dabei insbesondere durch seine massive Kritik an der im ersten Entwurf zwingend vorgesehenen Haftungshöchstgrenze; hiermit schloß er sich den von den Verbraucherschutzverbänden geäußerten Bedenken an, welche die Gefahr sahen, daß der als Haftungsobergrenze genannte Betrag[560] insbesondere in Katastrophenfällen nicht zur Deckung des Schadens ausreichen könnte[561]. Nicht zuletzt aufgrund dieser

---

556 Vgl. hierzu auch OEHMEN, Umwelthaftung, Rn.190; a.A. offensichtlich FEESS, Die Haftung gesicherter Kreditgeber, S.80.

557 Vgl. die Erwägungsgründe Nr.1, 4, 5, 6, 8, 9, 12, 13, 15 und 16.

558 SCHMIDT-SALZER, EG-ProdH. Bd.1, Art.9, Rn.47.

559 Vgl. den Calewaert-Bericht, ABl. EG 1976 Nr. C 241 (14.10.1976), S.9, in großen Teilen abgedruckt bei ROLLAND, ProdHR, Anhang 5, S.467 ff.

560 Damals 25 Millionen Rechnungseinheiten (ECU).

561 Calewaert-Bericht vom 17.4.1979, S.40, 41. Zur Lösung dieser Problematik schlug der Ausschuß die Einführung staatlich bzw. industriell getragener Fonds vor.

Kritik wurde in der Richtlinie schließlich ganz auf eine einheitliche Vorgabe eines Haftungslimits verzichtet[562].

Dies alles macht deutlich, daß der in der Richtlinie enthaltene Verbraucherschutzgedanke nicht exklusiv verstanden werden kann. Die Richtlinie hat vielmehr auch umweltrechtliche Prägung erhalten. Der Verbraucherschutzzweck steht demnach einer Produkthaftung für Umweltschäden nicht entgegen.

3) Die Produktqualifkation umweltrelevanter Stoffe und Erzeugnisse

Zentraler Anknüpfungspunkt der kodifizierten EU-Produkthaftung ist das fehlerhafte Produkt. Die Bejahung einer Haftung für umweltgefährliche Stoffe nach der Richtlinie setzt demnach zunächst eine positive Subsumtion unter das Tatbestandsmerkmal des „Produktes" voraus.

Dies erweist sich gleich bei mehreren dem Überschneidungsbereich zwischen Produkt- und Umwelthaftung zugehörigen Stoffen und Erzeugnissen als problematisch. Dabei ist vorab darauf hinzuweisen, daß die einzelnen Tatbestandsmerkmale der Richtlinie als abgeleitetes Gemeinschaftsrecht ausschließlich einer gemeinschaftsrechtlichen Auslegung zugänglich sind; entscheidende Bedeutung kommt damit dem Sinn und Zweck der einzelnen Regelung bzw. Begrifflichkeit zu.

a) Die Produkteigenschaft biologischer und chemischer Grundstoffe

Zwischen dem Begriff des Produktes und unverarbeiteten, in der Natur bereits vorhandenen biologischen und chemischen (Grund-) Stoffen[563] scheint auf den ersten Blick eine nicht unerhebliche Divergenz zu bestehen. Tatsächlich ist eine solche nicht vorhanden. So enthält die Produkthaftungsrichtlinie bezüglich natürlicher Stoffe nicht nur keine Einschränkungen, sondern im Gegenteil deutliche Hinweise für eine Einbeziehung. Beispielsweise beinhaltet Art.3 PHR ausdrücklich die Einstandsverpflichtung desjenigen, der einen Grundstoff hergestellt hat. Für eine Subsumtion solcher Stoffe unter den Produktbegriff spricht zudem die Systematik des Regelungswerks. Andernfalls wäre nämlich die - zumindest zunächst vorgesehene - Ausnahmeregelung zugunsten der Hersteller landwirtschaftlicher Grundstoffe unverständlich und obsolet. Im Ergebnis zählen daher sowohl biologische wie auch chemische Grundstoffe zu den Produkten im Sinne der PHR.

---

[562] Auf den Bericht des Umweltausschusses wurde in der Stellungnahme des Europäischen Parlaments ausdrücklich Bezug genommen, ABl. EG 1979 Nr. C 127 (21.5.1979), S.61.

[563] Erdöl, Erdgas, Schwefel etc.

b) Die Produktqualifikation elektronischer Datenverarbeitungsprogramme

Die Frage nach der Produktqualifikation stellt sich auch im Hinblick auf die im umweltsensiblen Bereich der Steuerungs- und Sicherungstechnik immer stärker an Bedeutung gewinnenden elektronischen Datenverarbeitungssysteme.

aa) Software auf Datenträgern

Nüchtern betrachtet ist Software nichts anderes als elektronische Information bzw. die logische Folge von Verknüpfungen solcher Informationen.

Sie ist demnach zwangsläufig auch ohne Verkörperung existenzfähig[564]. Vor diesem Hintergrund ließe sich durchaus die Auffassung vertreten, Software sei nicht als Produkt im Sinne des Produkthaftungsrechts zu qualifizieren[565].

Trotz einer nicht abzusprechenden Plausibilität erweist sich diese Sichtweise jedoch als wenig realitätsnah[566]. So ist die lediglich im Speicher eines Computers existente Software naturgemäß nicht handelbar. Marktfähig wird sie erst durch eine Verkörperung[567], die es ermöglicht, die in ihr enthaltenen Informationen an eine Vielzahl von Nutzern weiterzugeben. Entsprechend erfolgt der wirtschaftliche Vertrieb von Software in der Praxis - mit Ausnahme der sog.“Online-Übertragung“[568]- auch ausschließlich über Datenträger wie Disketten, CD-Rom und Magnetbänder[569]. Markt und verkaufstechnisch lassen sich Software und Datenträger somit überhaupt nicht voneinander trennen[570]; auch aus Sicht des Konsumenten besteht eine untrennbare Einheit[571]. Aus diesem Grund spricht viel dafür, bei der Frage nach der Produkteigenschaft mehr auf den Datenträger samt darauf gespeicherter Software denn allein auf letztere abzustellen. Dann liegt aber aufgrund der unstreitigen Produkteigenschaft des Datenträgers auch Produkteigenschaft der Software vor.

Diese zunächst rein pragmatische Begründung macht auch teleologisch gesehen Sinn. So entspricht die kommerzielle Software vollständig dem konzeptionellen Charakter der Produkthaftung. Sie wird zu wirtschaftlichen Zwecken hergestellt, durch Vertrieb in Verkehr gebracht, kann Fehler aufweisen und hierdurch

---

564 Etwa im Speicher eines Rechners.
565 So BAUER, PHI 1989, 98, 101.
566 Ebenso HOEREN, PHI 1989, 138, 142.
567 Etwa auf einer Diskette oder einem Magnetband.
568 Siehe unter nachfolgend unter bb), S.122.
569 Vgl. hierzu auch KILIAN, Haftung für Mängel der Computer-Software, S.36.
570 Ebenso ENGEL, CR 1986, 702, 706 für sog. Standardsoftware.
571 LANDSCHEIDT, ProdHR, S.68.

Personen- und Sachschäden hervorrufen. Schließlich sprechen aber auch Schutzgesichtspunkte für eine Einbeziehung der EDV-Programme. Software birgt exakt dasselbe Gefahrenpotential wie die mechanischen Steuerungen und Geräte, an deren Stelle sie im Rahmen der Technologisierung getreten ist. Nachdem diese unstreitig dem Produkthaftungsregime unterworfen sind, kann für standardisierte und kommerzielle Softwareartikel nichts anderes gelten[572].

Hieran anknüpfend ist es konsequent, auch die sog. Individualsoftware, d.h. Software, die individuell entwickelt und zugeschnitten wird, in den Produktbegriff der Richtlinie einzubeziehen, sofern sie auf einem Datenträger enthalten ist[573]. Deren einzige Besonderheit, ihre Einzigartigkeit, rechtfertigt keine andere Beurteilung. Unbestritten ist die Produkthaftungsrichtlinie auch auf individuell hergestellte Produkte anzuwenden[574].

Insgesamt unterfällt damit die gesamte auf Datenträgern gespeicherte Software dem Produktbegriff der Produkthaftungsrichtlinie.

bb) „Online" übermittelte Software

Die Argumentation, Software sei deshalb als Sache zu qualifizieren, weil eine untrennbare Einheit zwischen ihr und ihrem Träger besteht, verfängt nicht, wenn die Übertragung direkt („online"), d.h. von Computer zu Computer, erfolgt.

Um auch hier zu einer Bejahung der Produkteigenschaft zu gelangen, könnte man zum einen gestalterisch eine Parallele zur explizit in der Produkthaftungsrichtlinie genannten Elekrizität ziehen[575].

Überzeugender ist es, sich vor Augen zu führen, daß es sich bei der Direktübertragung technisch gesehen lediglich um eine Verkürzung des Vorganges der Übergabe von Software mit nachfolgendem Kopieren handelt, wobei das Ergebnis - kopierte Software auf der Festplatte des Kunden - völlig identisch ist[576]. Es liegt damit letztlich nur eine Änderung des Übertragungsweges vor, die angesichts der Regelung des Art.7 lit.c) PHR, wonach jede Form des Vertriebes

[572] Im Ergebnis ebenso LEHMANN, NJW 1992, 1721, 1724 m.w.N.; ders., BB 1993, 1603, 1605 m.w.N.

[573] So auch für den Anwendungsbereich des deutschen ProdHG: VON WESTPHALEN, ProdHdb., § 61, Rz.43, ROLLAND, ProdHR, § 2, Rn.19, TASCHNER/FRIETSCH, EG-PHR, § 2, Rn.21; a.A. HOEREN, PHI 1989, 138, 142; ENGEL, CR 1986, 702, 706.

[574] So ebenfalls für das auf der Produkthaftungsrichtlinie basierende deutsche ProdHR.: KULLMANN/PFISTER, ProdH, Kz.3603, S.4 und 5; VON WESTPHALEN, ProdHdb., § 61, Rz.15, ROLLAND, ProdHR, § 2, Rn.19, TASCHNER/FRIETSCH, EG-PHR, § 2 Rn.15.

[575] VON WESTPHALEN, ProdHdb., § 61, Rz.44.

[576] NETTELBECK, Produktsicherheit - Produkthaftung, S.22.

umfaßt sein soll, eine divergierende Beurteilung im Vergleich zur verkörperten Software nicht zuläßt. Dem entspricht wiederum die Sicht des Konsumenten, dem es primär darauf ankommt, das gewünschte Programm zu besitzen, und weniger, auf welche Art und Weise die Übertragung erfolgt. Für ihn sind beide Übertragungsarten gleichermaßen auf Sacherwerb ausgerichtet.

Für eine Gleichbehandlung und damit die Qualifizierung direkt übertragener Software als bewegliche Sache i.S.v. Art. 2 PHR streiten zudem auch hier teleologische Gesichtspunkte. Auch auf online-übermittelte Software treffen alle konzeptionellen Charakteristika der Produkthaftung zu. So will sie insbesondere den Gefahren fortschreitender Technologisierung begegnen. Daneben handelt es sich bei der Online-Technik aber auch schlicht um eine fortschrittlichere Erscheinung der Datenübertragung. Insoweit ist sie zweifelsfrei vom Schutzzweck der Richtlinie umfaßt.

Auch onlineübertragene Software ist damit ein Produkt im Sinne der Produkthaftungsrichtlinie.

c) Die Produkteigenschaft von Abfällen

Obwohl Abfälle in aller Regel bewegliche Sachen sind und somit formell die Tatbestandsvoraussetzungen des Art.2 PHR erfüllen, erweist sich ihre Produktqualifikation als äußerst problematisch. Der Grund hierfür liegt in der Entstehungsgeschichte und im Schutzzweck der Richtlinie. So wurde auf EG/EU-Ebene von Anfang an zwischen Abfall- und Produkthaftung unterschieden[577]. Entsprechend war es auch zu keinem Zeitpunkt vorgesehen, mit der Produkthaftungsrichtlinie - quasi als Universalinstrument - gleichzeitig auch eine generelle Abfallhaftung zu installieren[578]. Dies hat nun allerdings nicht zur Folge, daß jede Art von Abfall zwingend dem Anwendungsbereich der Produkthaftung entzogen wäre. Die Grenzen zwischen Produkt und Abfall sind unscharf und fließend. Aus diesem Grund muß die Einzelbetrachtung entscheiden, ob auch eine Haftung nach den Regelungen der Produkthaftung in Betracht kommt.

---

[577] Die Vorarbeiten für eine EG-Abfallhaftungsrichtlinie lagen zeitlich vor der Verabschiedung der Produkthaftungsrichtlinie; siehe hierzu im ersten Teil C I, S.25.

[578] Ebenso BRÜGGEMEYER/REICH, WM 1986, 149, 155; TASCHNER/FRIETSCH, EG-PHR, § 2, Rn.25, Art.2, Rn.6-8.

aa) Abfall als Wirtschaftsgut und Recyclingprodukte

Besondere Bedeutung kommt dabei den Abfällen zu, die gesammelt und aufbewahrt werden, um sie später als Grundstoffe dem Wirtschaftskreislauf erneut zuzuführen. Die Besonderheit dieser Abfälle liegt in ihrer veränderbaren Zweckbestimmung weg von der Entsorgung hin zu einer sinnvollen Weiterverwendung. Diese Zweckänderung rechtfertigt es, den zum wirtschaftlichen Vertrieb geeigneten und bestimmten Abfall als Produkt im Sinne der PHR zu qualifizieren[579]. Genauso verhält es sich mit recyclebaren Stoffen, da im Wege des Recyclings neue und eigenständige Erzeugnisse entstehen[580].

bb) Zu Abfall gewordene Stoffe und Gegenstände

Zu beachten ist weiter, daß ein Gegenstand seine rechtliche Qualifikation als Produkt nicht dadurch verliert, daß er unbrauchbar wird oder aus sonstigen Gründen, z.B. Abnutzung, nicht mehr verwertet werden kann[581]. So stellt die bestimmungsgemäße Verwendbarkeit eines Gegenstandes gerade kein relevantes Kriterium für eine Subsumtion unter das Regime der Produkthaftung dar[582]. Dies deshalb, weil sich die aus Art.6 lit.b) und Art.9 PHR ableitbare und durchaus nicht unwichtige Zweckbestimmung „zum Gebrauch oder Verbrauch" nach dem Grundgedanken der Produkthaftung ersichtlich auf den Zeitpunkt des Inverkehrbringens bezieht[583]. Nachdem aber unzweifelhaft auch verwendungsunfähig gewordene Erzeugnisse zum Zeitpunkt ihrer Einführung in den Wirtschaftsverkehr zum Verbrauch oder Gebrauch bestimmt waren, sind und bleiben sie - ungeachtet späterer Dispositionen - Produkte im Sinne der Richtlinie.

Allein diese Sichtweise macht im übrigen pragmatisch und teleologisch gesehen Sinn. Andernfalls würde die Verantwortlichkeit des Herstellers für sein fehlerhaftes und deshalb gefährliches Produkt mit der Entscheidung des Verbrauchers enden, es nicht mehr zu dem Zweck einzusetzen, zu dem es bestimmt ist. Der Produzent käme somit in den Genuß einer ungerechtfertigten und unverdienten Privilegierung.

---

[579] Vgl. TASCHNER/FRIETSCH, EG-PHR, § 2, Rn.25, VON WESTPHALEN, ProdHHdb., § 61, Rz.12; ROLLAND, ProdHR, § 2, Rn.31.

[580] So auch SCHMIDT-SALZER, EG-ProdH, Art.2, Rn.29 mit einem Verweis auf die US-amerikanische Rechtsprechung, wonach derjenige, der gebrauchte Produkte nach grundlegender Überarbeitung (rebuilding, reconditioning, recycling) in Verkehr bringt, als Hersteller der strict liability in tort unterfällt.

[581] Ebenso VON WESTPHALEN, ProdHHdb., § 61, Rz.13, ROLLAND, ProdHR, §2, Rn.32.

[582] Anderer Auffassung: TASCHNER/FRIETSCH, EG-PHR, Art.2, 7.

[583] Vgl. auch ROLLAND, ProdHR, § 2, Rn.32.

cc) Abfall als Gegenstand der Entsorgung

Fraglich ist schließlich, ob nicht auch solche Abfallstoffe als Produkt im Sinne der Produkthaftungsrichtlinie angesehen werden können, die im Rahmen der Produktion anfallen und bei denen - im Gegensatz zu den vorgenannten Abfallgruppen - von vorneherein feststeht, daß sie nicht weiter verwertet werden, sondern nur als Gegenstand der Entsorgung in Erscheinung treten können. Zu denken ist beispielsweise an chemische Stoffe und Rückstände, die beim Härten oder Veredeln von Metallen anfallen[584] und deren anderweitige Verwendung als Produkt von vorneherein ausscheidet.

Trotz einiger dafürsprechender Argumente ist die Einstufung dieser Abfälle als Produkte im Ergebnis zu verneinen[585]. Entscheidend hierfür sind zwei Aspekte: Zum einen fallen reine Entsorgungstätigkeiten schon vom Schutzzweck und vom Regelungszusammenhang nicht unter die Produkthaftung[586]. Diese hat ausschließlich Gegenstände und Sachen im Visier, die zur Benutzung und Verwertung bestimmt sind bzw. waren, nicht aber solche, die man von vorneherein schlicht loswerden will[587].

Zum anderen läßt sich aber auch aus der Entstehungsgeschichte der europäischen Produkthaftung ableiten, daß „Abfälle zur Beseitigung" nicht erfaßt werden sollten[588]. In diese Richtung weist nicht zuletzt der weiter oben ausführlich dargestellte Vorschlag der EG/EU-Kommission für eine Abfallhaftungsrichtlinie, in welchem bekanntlich eine eigenständige Haftung für aus Abfällen resultierende Schäden und Umweltbeeinträchtigungen festgeschrieben wurde.

Im Ergebnis ist also festzuhalten, daß Abfall, der bei der Erzeugung bestimmter Produkte anfällt und nachfolgend mangels Gebrauchs- und Verwertungsmöglichkeit entsorgt werden muß, zwar als „bewegliche Sache", nicht aber als Produkt im Sinne der Produkthaftungsrichtlinie zu qualifizieren ist. Dies gilt im übrigen auch dann, wenn ihn sein Besitzer unter Verstoß gegen abfallrechtliche Vorschriften zu wirtschaftlichen Zwecken in den Verkehr bringt. Unverwertbarer Abfall kann nicht zu redlichen wirtschaftlichen Zwecken bestimmt sein. Jedenfalls hat der Besitzer diesbezüglich keine Dispositionsmöglichkeit[589].

---

584 Beispiel nach ROLLAND, ProdHR, § 2, Rn.34.

585 Vgl. KULLMANN/PFISTER, ProdH, Kz.3603; TASCHNER/FRIETSCH, Art.2, Rn.6; SCHMIDT-SALZER/HOLLMANN, EG-PHR, Art.2, Rn.31; ROLLAND, ProdHR, § 2, Rn.37; anderer Auffassung: KRÄMER, EWG-Verbraucherrecht 1985, S.312.

586 So auch PASCHKE/KÖHLBRAND, NuR 1993, 256, 261.

587 SCHMIDT-SALZER/HOLLMANN, EG-PHR, Art.2, Rn.31.

588 BRÜGGEMEYER/REICH, WM 1986, 149, 150; anderer Auffassung ROLLAND, ProdHR, § 2, Rn.36.

589 Ebenso TASCHNER/FRIETSCH, EG-PHR, Art. 2, Rn.6-8.

d) Die Produktqualifikation technisch manipulierter Kleinstlebewesen

Problematisch ist ferner die Produktqualifikation technisch veränderter Kleinstlebewesen. Diese Mikroorganismen werden teils der Tier-, teils der Pflanzenwelt zugeordnet, wobei im Einzelfall noch heute vieles ungeklärt ist.

Soweit die Lebewesen als Pflanzen angesehen werden - etwa Algen und Pilze -, ist ihre Einordnung als Produkt weitgehend unproblematisch. Pflanzen werden, sofern sie nicht untrennbar mit einem Grundstück verbunden sind, den beweglichen Sachen zugeschrieben[590]. Nichts anderes kann für pflanzliche Kleinstlebewesen gelten, die aufgrund der Unfähigkeit, sich zu verwurzeln, ihren eigenständigen Charakter auch bei einer Verbindung mit einer unbeweglichen Sache nicht verlieren[591].

Schwieriger ist die rechtliche Beurteilung derjenigen Mikroorganismen, die von der Naturwissenschaft als Tiere bezeichnet werden. Problematisch ist dabei insbesondere die „Sacheigenschaft" tierischen Lebens, die aus Gründen des Tierschutzes klar zu verneinen ist[592]. Für die Beurteilung produkthaftungsrechtlicher Fragen ist die ethische Unterscheidung zwischen Tier und Sache indes nicht von Bedeutung. Produkthaftungsrecht und Tierschutz widersprechen einander nicht. Insoweit besteht auch kein Grund, industriell produziertes und/oder manipuliertes tierisches Leben aus dem Anwendungsbereich der Produkthaftung auszunehmen[593].

e) Produkthaftung und nukleare Stoffe

Im Gegensatz zu den soeben erörterten Substanzen und Gegenständen liegt die produkthaftungsrechtliche Problematik nuklearer Erzeugnisse nicht in ihrer Einordnung als Produkt. Radioaktive Stoffe sind sowohl als Grundstoff - etwa natürliches Uran oder Plutonium - wie auch in aufbereiteter Form bewegliche Sachen im Sinne von Art.2 PHR. Schwierigkeiten ergeben sich jedoch bei der Abgrenzung von der nuklearrechtlichen Sonderhaftung.

So findet das europäische Produkthaftungsrecht gemäß Art.14 PHR keine Anwendung auf nukleare Schäden, sofern sie in von den Mitgliedstaaten ratifizierten, internationalen Übereinkommen erfaßt sind. Im Vordergrund stehen dabei

---

590 VON WESTPHALEN, ProdHHdb., § 61, Rz.61; DAMM, JZ 1989, 561, 563.

591 VON WESTPHALEN, ProdHHdb., § 61, Rz.61.

592 So auch der deutsche Gesetzgeber in § 90a BGB: „Tiere sind keine Sachen."

593 Ebenso bezogen auf das deutsche Produkthaftungsrecht: TASCHNER/FRIETSCH, EG-PHR, § 2, Rn.30, 31; PALANDT/ HEINRICHS, § 90a, Rn.1.

insbesondere das Pariser Atomhaftungsübereinkommen[594], das eine exklusive, verschuldensunabhängige Haftung des Inhabers einer Kernanlage vorsieht[595], und das Brüsseler Reaktorschiff-Übereinkommen[596] mit seiner Kanalisierung der Haftung auf den Inhaber[597] des atombetriebenen Schiffs[598]. Beide Regulative bilden unter der Prämisse ihrer Ratifizierung ein Sonderhaftungsrecht für alle von ihnen umfaßten Schäden und schliessen so die Anwendung anderer Vorschriften aus.
Entgegen dem ersten Anschein wird damit allerdings nicht das gesamte Gefahrenspektrum radioaktiver Substanzen abgedeckt. So fehlt es beispielsweise an einem nuklearen Ereignis im Sinne von Art.3 des Pariser Übereinkommens, wenn Schäden durch natürliches Uran verursacht werden[599]. Schwierigkeiten tauchen ferner dann auf, wenn Schäden bei der Verbringung von Kernmaterial von einem Nicht-Vertragsstaat zum anderen entstehen[600]. In all diesen Fällen gilt weder der Grundsatz der nuklearrechtlichen Exklusivität noch der der Haftungskanalisierung. Der Produkthaftung kommt damit eine wichtige Auffangfunktion zu.

4) Zwischenergebnis

Im Ergebnis realisiert die Produkthaftungsrichtlinie, indem sie in ihrem Anwendungsbereich die gesamte Bandbreite umweltgefährlicher Erzeugnisse und Organismen erfaßt, also durchaus eine haftungsrechtliche Zuweisung der Verantwortlichkeit an die Produzenten für aus ihren Produkten resultierende Umweltgefahren[601]. Dies hat zur Folge, daß Umweltgeschädigte schon heute nicht ausschließlich darauf verwiesen sind, Verwender und Entsorger in Anspruch zu nehmen; vielmehr steht ihnen, bei Vorliegen der entsprechenden Voraussetzungen[602], ein weiterer Schuldner, nämlich der Hersteller, zur Verfügung.

---

594 Pariser Übereinkommen über die Haftung gegenüber Dritten auf dem Gebiet der Kernenergie vom 29.07.1960 i.d.F. vom 15.7. 1985, BGBl. 1985 II, S.963 ff.

595 Art.6 lit. (a) und (b) des Pariser Abkommens.

596 Brüsseler Übereinkommen über die Haftung der Inhaber von Reaktorschiffen und Zusatzprotokoll vom 25.5.1962, BGBl. 1975 II, S. 957, 977.

597 Art.2 Abs.2 des Brüsseler Übereinkommens.

598 Weitere atomrechtliche Übereinkommen sind das Zusatzübereinkommen vom 31.1.1963 zum Pariser Abkommen, BGBl.1976 II, S.318 und das Übereinkommen vom 17.12.1971 über die zivilrechtliche Haftung bei der Beförderung von Kernmaterial auf See, BGBl. 1975 II, S.1026.

599 Natürliches Uran gilt gemäß Art.1 lit.a) des Pariser Abkommens nicht als Kernmaterial.

600 Solche Schäden werden vom Pariser Übereinkommen nicht erfaßt; vgl. hierzu auch LUKES-PELZER, AtomR, S.455, 464.

601 Zu den Grenzen der Produkthaftung aus umweltschadensrechtlicher Sicht siehe nachfolgend unter 3 B II 6), S.130 ff.

602 Siehe hierzu unter 3 B II 6), S.130 ff.

5) Der Bereich unmittelbarer Anspruchskonkurrenz zwischen europäischer Produkt- und Umwelthaftung

Obgleich die Umwelthaftungsentwürfe die Verantwortlichkeit der Hersteller für umweltgefährliche Produkte - wie gezeigt - haftungsrechtlich praktisch nicht erfassen, sind doch zwei Fallkonstellationen denkbar, in denen eine unmittelbare Anspruchskonkurrenz zwischen Produkt- und Umwelthaftung und damit für den Geschädigten die Möglichkeit besteht, vom Produzenten nach den Vorschriften beider Haftungsregime Kompensation zu erhalten.

a) Anspruchskonkurrenz zwischen Produkt- und Abfallerzeugerhaftungsrichtlinie

Nimmt man als Vergleichskorrektive die Produkt- und die Abfallhaftungsrichtlinie, liegt der unmittelbare Berührungs- bzw. Überschneidungsbereich bei den handelbaren Abfällen. Fallen solche Abfälle im Rahmen des Produktionsprozesses an, besteht Personenidentität zwischen Abfallerzeuger und Produzent. Eine Haftung kommt damit sowohl nach Art.1 PHR[603] wie nach Art.3 RLVA[604] in Betracht.

b) Anspruchskonkurrenz zwischen Produkthaftungsrichtlinie und Lugano-Konvention

Denkbar ist daneben auch eine direkte Anspruchskonkurrenz zwischen der Haftung des Herstellers nach der Produkthaftungsrichtlinie und einer solchen nach der Konzeption der Lugano-Konvention, nämlich dann, wenn ein umweltgefährliches Produkt auf dem Betriebsgelände einer Recyclinganlage bzw. Deponie in Verkehr gebracht wird[605].

Einerseits gehen die Emissionen dann nämlich noch immer von der vom Betreiber kontrollierten Anlage (Betriebstätte/Mülldeponie) aus[606]; andererseits sind die Produkte zu diesem Zeitpunkt bereits im Sinne der Produkthaftungsrichtlinie in den Wirtschaftskreislauf eingeführt worden.

---

603 Zur Einordnung handelbarer Abfälle als Produkt im Sinne der Richtlinie siehe weiter oben unter 3 B II.3) c), S.123.

604 Zur Abfalleigenschaft wiederverwendbarer Stoffe und Substanzen siehe oben 3 B I 1) a) aa) (3), S.111 ff.

605 Beispiel: ein frisch produziertes, giftiges Gas steht in Containern auf dem Betriebsgelände des Herstellers und Betreibers. Das Gas wird samt Container an einen Verbraucher übergeben. Noch bevor dieser das Gelände verlassen hat, entweicht das Gas aufgrund eines Fehlers im Ventilsystem der Container in die Luft und verursacht dadurch Schäden.

606 Vgl. Art.2 Abs. 1 lit.d) LC.

Zutreffenderweise liegt ein Inverkehrbringen nämlich auch dann vor, wenn - etwa bei einem Kauf ab Werk - die Übergabe auf dem Betriebsgelände des Herstellers stattfindet[607]. Dies ergibt sich zum einen aus einer konsequenten Anwendung des produkthaftungsrechtlich maßgeblichen Inverkehrbringungsbegriffes im Sinne willentlicher Übergabe an einen Dritten[608]. Darüberhinaus streiten aber auch grammatische und teleologische Gesichtspunkte für die Richtigkeit dieser Auffassung. So ist nach Art.6 Abs.1 lit.c) PHR für die Beurteilung eines Fehlers auf den Zeitpunkt abzustellen, in dem das Produkt in Verkehr gebracht wurde. Es wäre widersprüchlich und dem Schutzzweck der Richtlinie zuwiderlaufend, wollte man diesen Zeitpunkt trotz erfolgter willentlicher Übergabe bis zum Augenblick des Verlassens des Betriebsgeländes hinauszögern.

Eine Herstellerhaftung kommt demnach sowohl nach Art.1 PHR wie auch nach Art.6/7 der Lugano-Konvention in Betracht.

---

607 TASCHNER/FRIETSCH, EG-PHR, Art.7, Rn.7.

608 TASCHNER/FRIETSCH, EG-PHR, Art.7, Rn.7; MÜKO-MERTENS-CAHN zum deutschen ProdHG, § 1, Rz.20.

6) Die umweltschadensrechtliche Reichweite der Produkthaftungsrichtlinie - Grenzen und Wertungswidersprüche

Die Feststellung, daß eine Haftung des Herstellers für Umweltschäden nach der Produkthaftungsrichtlinie grundsätzlich in Betracht kommt, beinhaltet noch nicht, daß damit automatisch auch ein lückenloser Schutz eröffnet ist. Schon ihrer Natur nach ist die Produkthaftung nicht speziell auf den Umweltschadensbereich zugeschnitten. Das hat - fast denklogisch - zur Konsequenz, daß sie bei der Steuerung einer ganzen Reihe produktbedingter Umweltgefahren an Grenzen stoßen muß und stößt.

Nicht überraschend wirken sich dabei gerade die bereits weiter oben im Rahmen der Vergleichsanalyse herausgearbeiteten Unterschiede aus. Sie führen zu Haftungslücken und teils erheblichen Wertungswidersprüchlichkeiten.

a) Die Problematik des abschließenden Rechtsgüterschutzes

Probleme bereitet aus umweltschadensrechtlicher Sicht an erster Stelle der abschließende Rechtsgüterschutz der Richtlinie. Dieser umfaßt zwar auch Gegenstände und Sachen. Nachdem der Sachschutz der europäischen Produkthaftung aber unmittelbar an das privatrechtliche Eigentum anknüpft, bleibt zweifelhaft, ob davon auch Schäden an Umweltmedien und sonstigen ökologisch schützenswerten Gütern ausreichend erfaßt werden. Die insoweit aufgeworfene Frage nach der Eigentumsfähigkeit dieser Güter offenbart erhebliche Unterschiede.

aa) Die Eigentumsfähigkeit der Umweltmedien Boden und Wasser

Ohne Frage eigentumsfähig ist das Umweltmedium Boden. An ihm besteht uneingeschränkt Eigentum in Form von Grundstückseigentum[609]. Dies hat zur Folge, daß jede Art der Bodenkontamination immer auch eine Beeinträchtigung des Grundeigentums darstellt.

Problematischer ist die Beantwortung der Eigentumsfrage beim Medium Wasser. Vom Grundsatz her ist dieses zwar ebenfalls eigentumsfähig. So besteht an Binnenseen und Flußläufen nebst dem darin befindlichen Wasser regelmäßig de lege lata staatliches Eigentum[610]; kleinere Wasserflächen wie Teiche und Tümpel werden üblicherweise dem jeweiligen privaten Grundstückseigentum zugerechnet[611].

---

[609] Vgl. WAGNER in Schmidt, 209, 232; REHBINDER, NuR 1988, 105, 107.

[610] Vgl. in Deutschland: Art.89 Abs.1 GG; § 1 Abs.1 S.1 des Gesetzes über die vermögensrechtlichen Verhältnisse der Bundeswasserstraßen vom 21.5.1951, BGBl. I, S.352 sowie das dazugehörige Verzeichnis der Bundeswasserstraßen, BGBl. 1968 II, S.188 ff.

[611] Vgl. hierzu REHBINDER, NuR 1988, 105, 107.

Bei verschiedenen Arten von Gewässern stößt die eigentumsrechtliche Zuordnung jedoch an Grenzen. Aus deutscher Sicht gilt dies insbesondere für das Grundwasser. Dieses steht, wie seit der Naßauskiesungsentscheidung des BVerfG[612] allgemein anerkannt ist, in niemandes Eigentum, namentlich nicht in dem des Grundstückseigentümers[613]. Eine individualrechtliche Zuordnung ist damit nicht möglich. Entsprechendes gilt international - gemäß dem völkerrechtlichen Grundsatz der Freiheit der hohen See[614] - für das Wasser der Meere und Ozeane[615].

Im Ergebnis ist Wasser damit nur begrenzt eigentumsfähig. Im Gegensatz zu Vergiftungen des Bodens sind Gewässerkontaminationen also lediglich zum Teil einer Regulierung durch die Produkthaftung zugänglich.

bb) Eigentum an Luft

Noch schwieriger als beim Umweltmedium Wasser gestaltet sich die Eigentumsfrage bei der freien Luft. Dies liegt daran, daß die Luft im Gegensatz zu ihren Umweltgeschwistern weder klar abgrenzbar noch beherrschbar ist.

Man könnte nun dazu neigen, die Luft rechtlich einfach an das Grundstückseigentum, über dem sie sich befindet, anzukoppeln, um so eine eigentumsrechtliche Zuordnung zu erreichen[616]. Tatsächlich erweist sich dies jedoch als zu vage und nicht praktikabel. So ist der Luftraumbereich schon der Höhe nach nicht hinreichend bestimmbar[617], so daß in jedem Fall die Frage ungeklärt bleiben müßte, wie weit das Eigentum nun tatsächlich reicht, bis zur Athmosphäre, zum Mond oder noch weiter[618]. Darüberhinaus ist zu bezweifeln, ob Grundstücksgrenzen überhaupt geeignet sind, Luftmassen räumlich abzugrenzen bzw. beherrschbar zu machen. Plastisch wird dies, wenn man sich den in der Athmosphäre stetig stattfindenden Luftaustausch vor Augen hält, welcher in der Praxis nicht nur jedwede Individualzuordnung unmöglich macht, sondern bei Aufrechterhaltung der Gegenansicht sogar dazu führen müßte, alle Grundstückseigentümer infolge Vermischung als Miteigentümer des gesamten Luftraums anzusehen.

---

612 BVerfGE 58, 300 ff.

613 BVerfGE 58, 300, 322; siehe auch ROLLAND, ProdHR, § 1, Rz.52a.

614 Art.2 des Genfer Übereinkommens über die Hohe See vom 29.04.1958, BGBl. 1972 II, 1091 ff.; IPSEN, Völkerrecht, § 49, Rz.1.

615 Ausnahme sind die Küstengewässer; an ihnen besteht staatliches Eigentum.

616 So etwa HILDESHEIM, JuS 1985, 96, 98.

617 Ebenso LINDIG, AcP 169 (1969), 459, 463.

618 Instruktiv hierzu SCHULTE, NuR 1988, 131.

All diese Argumente machen deutlich, daß das Umweltmedium freie Luft letztlich nicht in der für die Bestimmung des Eigentums notwendigen Klarheit individuell zugeordnet werden kann. Es ist damit der Produkthaftung unter dem Regime der europäischen Richtlinie in der aktuellen Fassung nicht zugänglich.

cc) Die Eigentumsfähigkeit sonstiger ökologisch schützenswerter Güter

Aus eigentumsrechtlichen Gründen problematisch ist schließlich auch die Erfassung weiterer ökologisch schützenswerter (Natur-) Güter. Die Rede ist von allgemein anerkannten und von der Umwelthaftung erfaßten Werten wie der Artenvielfalt an wildlebenden Pflanzen und Tieren sowie der unversehrten Charakteristik ökologischer Gesamtheiten wie Landschaft oder Athmosphäre. Anerkanntermaßen läßt sich keines dieser Naturgüter individuell zu- und damit unter die Kategorie Individualeigentum einordnen[619]. Damit ist ein Schadensausgleich nach den Vorschriften der Produkthaftungsrichtlinie von vorneherein zum Scheitern verurteilt.

dd) Ergebnis

Insgesamt entfaltet das europäische Produkthaftungsrecht aufgrund seiner Anknüpfung an das privatrechtliche Eigentum also lediglich einen begrenzten Schutz im Hinblick auf die Umweltmedien und weitere ökologisch schützenswerte Naturgüter. Unter seinen Schutzmantel fallen lediglich der Boden und - mit Abstrichen - das Wasser. Wenngleich dieser Schutz, insbesondere aufgrund der Einbeziehung des Bodens, in der Praxis nicht zu unterschätzen ist, verbleiben aus umweltschadensrechtlicher Sicht - und im Widerspruch zum europäischen Umwelthaftungsrecht, das eine umfassende Einbeziehung von Naturgütern vorsieht -, doch erhebliche Schutzlücken.

---

[619] HAGER, JZ 1990, 397, 407; ders. in Blaurock, S.50; BRÜGGEMEIER in FS Jahr, S.237 m.w.N.

b) Die Begrenzung des Sachgüterschutzes durch die Bestimmung und tatsächliche Verwendung zum privaten Gebrauch

Eine weitere für die Regulierung von Umweltsachschäden durch die Produkthaftung hinderliche Barriere steckt in der Regelung des Art.9 PHR. Danach muß eine Sache, um im Falle ihrer Beschädigung eine produkthaftungsrechtliche Ersatzpflicht auslösen zu können, ihrer Art nach gewöhnlich für den privaten Ge oder Verbrauch bestimmt und überdies vom Geschädigten hauptsächlich zum privaten Ge- oder Verbrauch verwendet worden sein. Die Bejahung dieser Tatbestandsvoraussetzungen bereitet, insbesondere soweit Umweltgüter verletzt worden sind, erhebliche Probleme[620].

aa) Die Bestimmung zum privaten Gebrauch

So ist schon fraglich, ob man Naturgüter überhaupt in die Kategorie „private Sache mit privatem Nutzungszweck" einordnen kann. Dies wäre bei enger Auslegung des Tatbestandsmerkmales „privat" sicher zu verneinen. Allerdings würde dadurch auch eine Vielzahl anderer Sachen dem Anwendungsbereich der Produkthaftungsrichtlinie entzogen. Neben den Gegenständen, die zweifelsfrei privater[621] oder nichtprivater[622] Nutzung zugeordnet werden können, existiert nämlich ein weites Feld von Sachen, bei denen eine solche Zuordnung nur schwer oder aber überhaupt nicht möglich ist. Zu denken ist etwa an Kraftfahrzeuge, die sowohl privat wie auch geschäftlich genutzt werden[623].

Um die sich insoweit ergebenden Abgrenzungsprobleme zu vermeiden, spricht pragmatisch viel für eine großzügigere Auslegung der privaten Zweckbestimmung dergestalt, daß lediglich solche Sachen von der Ersatzpflicht ausgenommen werden, die nach der Verkehrsauffassung ausschließlich für nichtprivate, also gewerbliche, berufliche oder behördliche Nutzung bestimmt sind[624].

Diese zunächst rein ergebnisorientierte Auslegung findet sowohl in der Historie der Richtlinie wie auch in ihrem Wortlaut Stütze.

So war bereits in der Stellungnahme des Rechtsausschusses des Europäischen Parlaments zum Richtlinienvorschlag[625] die Regelung befürwortet worden, die Produkthaftung nur auf Schäden an solchen Sachen zu erstrecken, die „nicht der

---

620 Vgl. hierzu auch KNEBEL, UTR 1988, 261, 277.

621 Z.B. Kinderspielzeug, Kosmetikutensilien etc.

622 Z.B. Industriemaschinen.

623 Beispiel nach TASCHNER/FRIETSCH, Art.9, Rn 11.

624 SCHMIDT-SALZER, EG-ProdH, Art.9, Rz.55; TASCHNER/FRIETSCH, Art.9, Rn.8.

625 Calewaert-Bericht vom 17.04.1979; in Auszügen abgedruckt bei ROLLAND, ProdHR, Anlage 5, S.463 ff.

ausschließlichen Verwendung für gewerbliche Zwecke dienen"[626]. Diese Anregung wurde von der Kommission aufgegriffen, auch wenn gleichzeitig an der positiven Formulierung des Art.9 lit.b) PHR festgehalten wurde[627].

Zu beachten ist daneben, daß die beschädigte Sache dem Wortlaut des Art.9 lit.b) PHR nach nicht ausschließlich zum privaten Gebrauch bestimmt sein muß, sondern nur „gewöhnlich". Der nur gewöhnlicherweise gegebene private Gebrauchszweck schließt aber eine nichtprivate Nutzung nicht aus[628]. Es muß demnach ausreichen, wenn eine Sache mit einer solchen Regelmäßigkeit allgemein privat genutzt wird, daß sich daraus nach der Verkehrsauffassung eine gewöhnliche Nutzung ergibt[629].

Legt man diese weite Auslegung zugrunde, lassen sich auch die Umweltmedien, soweit sie eigentumsfähig sind, erfassen:

So wird das Medium Boden nach der Verkehrsauffassung gewöhnlich sowohl für private wie nichtprivate Zwecke genutzt. Ein ausschließlich nichtprivater Nutzungszweck ist kaum vorstellbar[630]. Dies hat zur Folge, daß die produkthaftungsrechtliche Ersatzfähigkeit von Verseuchungen des Bodens nur in Ausnahmefällen an seiner Zweckbestimmung scheitert.

In gleichem Maße privaten und nichtprivaten Nutzungszwecken zuzuordnen ist das eigentumsfähige Wasser. Seen, Bäche und Flußläufe dienen seit jeher - neben eventueller gewerblicher Nutzung - auch privaten Zwecken, etwa der Erholung und Entspannung. Nachdem insoweit auch hier eine ausschließliche Zuordnung zu nichtprivaten Zwecken kaum möglich ist, vermag das Tatbestandsmerkmal der privaten Zweckbestimmung auch beim Wasser die Anwendbarkeit der Produkthaftung nicht auszuschließen.

bb) Die tatsächliche Verwendung zum privaten Gebrauch

Größere Probleme bereitet da schon das in Art.9 lit.b)ii) PHR geforderte zusätzliche subjektive[631] Merkmal, wonach die beschädigte Sache hauptsächlich für private Zwecke genutzt worden sein muß. Die Regelung ist klarer Ausdruck des mit der Richtlinie angestrebten Verbraucherschutzes, der gewerblich, beruflich und hoheitsrechtlich[632] genutzte Sachen ausdrücklich nicht erfassen will. Dies führt zu erheblichen Beschränkungen der (Umwelt-) Sachschadenshaftung.

---

626 Calewaert-Bericht, abgedruckt bei ROLLAND, ProdHR, Anlage 5, S.463, 472.

627 Vgl. TASCHNER/FRIETSCH, EG-PHR, Einl., Rn.175.

628 So auch für das praktisch wortgleiche dt. ProdHG: ROLLAND, § 1, Rz.82.

629 TASCHNER/FRIETSCH, EG-PHR, Art.9, Rn.9.

630 So können auch prima facie rein öffentliche bzw. gewerbliche Flächen privaten Zwecken, etwa der Erholung, dienen.

631 TASCHNER/FRIETSCH, EG-PHR, Art.9, Rn.8, 10.

632 SCHMIDT-SALZER, EG-ProdH, Art.9, Rz.51; ebenso ANDERLE, ProdHR, S.119.

(1) Umweltmedien

Für das Medium Wasser ergibt sich dies bereits aus dem Umstand, daß es, soweit es überhaupt eigentumsfähig ist, überwiegend in staatlichem bzw. hoheitlichem Eigentum steht und somit gerade nicht überwiegend privat genutzt wird. Dabei ist zu beachten, daß Behörden auch dann hoheitliche Aufgaben erfüllen, wenn sie, was durchaus möglich ist[633], privatrechtlich tätig sind[634].

Dieselben Einschränkungen gelten, soweit Gewässer im Eigentum gewerblicher, etwa land- oder fischereiwirtschaftlicher Betriebe stehen. Hier ist im Falle einer Gewässerkontamination das Unternehmen als Eigentümer geschädigt. Nachdem dieses hauptsächlich gewerbliche Nutzungstätigkeit ausübt, werden ihm entstandene Schäden von der Produkthaftung nicht erfaßt.

Vergleichbar ist die Situation schließlich bei Beeinträchtigungen des Bodens. Auch hier ist im Hinblick auf die überwiegende Nutzung vorab zu überprüfen, ob das verseuchte Grundstück im Eigentum eines gewerblich tätigen Unternehmens oder eines Hoheitsträgers steht. Ist dies der Fall, scheidet eine Haftung nach der Produkthaftungsrichtlinie aus.

(2) Betriebliches Eigentum

Einschränkungen der Sachschadenshaftung durch Art.9 PHR ergeben sich indes nicht nur im Bereich der Umweltmedien. Durch die rein verbraucherschutzorientierte Begrenzung des produkthaftungsrechtlichen Schutzes auf ausschließlich privat genutzte Sachen wird daneben der gesamte Bereich gewerblichen und betrieblichen Eigentums aus der Produkthaftung ausgenommen[635]. Damit ist es beispielsweise einem Fischzuchtbetrieb, dessen Tierbestand aufgrund einer durch ein fehlerhaft konzipiertes Schädlingsbekämpfungsmittel hervorgerufenen Verseuchung des Grundwassers zugrundegegangen ist[636], verwehrt, nach den Regeln der Produkthaftungsrichtlinie Schadenswiedergutmachung vom Hersteller zu verlangen. Dieses Resultat steht in elementarem Widerspruch zu den Umwelthaftungsvorschriften, denen eine entsprechende Begrenzung des Schutzbereiches fremd ist.

---

[633] Vgl. ERICHSEN/MARTENS, Allg. VerwR, S.404 ff.

[634] Die Ausübung privater Nutzung i.S. von Art.9 PHR ist staatlichen Stellen nicht möglich, vgl. hierzu SCHMIDT-SALZER, EG-ProdH, Art.9, Rz.51; ANDERLE, ProdHR, S.119.

[635] Vgl. auch REHBINDER, NuR 1989, 149, 157; KNEBEL, UTR 1988, 261, 277; ULBRICH, ZRP 1988, 251.

[636] Beispiel nach HAGER, JZ 1990, 397, 407.

(3) Ergebnis

Im Ergebnis vermag die Produkthaftung demnach aufgrund der Begrenzung ihres Sachschutzes auf überwiegend privat genutzte Sachen nur einen Teil entstehender und entstandener Umweltschäden zu steuern und abzudecken. Dies wiederum macht sie zu einem relativ stumpfen Schwert im Kampf um die Vorbeugung und Sanierung solcher Schäden.

c) Umweltverschmutzung als Sachbeschädigung ?

Beeinträchtigungen der Umwelt treten häufig in Form von Verschmutzungen auf. Damit stellt sich im Rahmen der Überprüfung der umweltschadensrechtlichen Reichweite der Produkthaftungsrichtlinie die Frage, ob die bloße Verschmutzung von Umweltmedien ausreicht, um eine Sachbeschädigung im Sinne von Art.9 PHR anzunehmen.

Man könnte hier eng am Wortlaut der Vorschrift argumentieren und damit entsprechend den dort explizit aufgeführten Begriffen „Zerstörung“ und „Beschädigung“ eine reale Beeinträchtigung der Sachsubstanz verlangen[637]. Produktfehlerbedingte Verschmutzungen durch Rauch und Ruß wären demzufolge nicht als Sachbeschädigung i.S.v. Art.9 PHR aufzufassen[638].

Genau besehen erweist sich diese Sichtweise jedoch als zu restriktiv. Es ist im Rahmen deliktischer Haftung anerkannt, daß eine Sachbeschädigung auch in der bloßen Verschmutzung einer Sache liegen kann, nämlich dann, wenn dadurch ihre Gebrauchsmöglichkeit nicht unerheblich beeinträchtigt wird[639]. Dahinter verbirgt sich der Grundsatz der Naturalrestitution, nach dem der Geschädigte so zu stellen ist wie vor dem beeinträchtigenden Ereignis. Es wäre widersinnig, gerade für den Bereich der Produkthaftung etwas anderes annehmen zu wollen[640]. Dies umso mehr, als sich in der gesamten Entstehungsgeschichte und auch in den Materialien keine anderslautenden Hinweise finden lassen[641].

Der Schadensbegriff der Produkthaftungsrichtlinie umfaßt damit auch gebrauchsbeeinträchtigende Verschmutzungen. Eine Einschränkung liegt insoweit nicht vor.

637 So VON WESTPHALEN, ProdHHdb., § 59, Rz.25.

638 VON WESTPHALEN, ProdHHdb., § 59, Rz.25.

639 Vgl. für das deutsche Recht PALANDT-THOMAS, BGB § 823, Rn.9.

640 Ebenso TASCHNER/FRIETSCH, EG-PHR, § 1, Rn.30.

641 ANDERLE, ProdHR, S.44.

d) Die produkthaftungsrechtliche Grundentscheidung für den Ausschluß der Haftung für Entwicklungsrisiken

Umweltpolitischen Bedenken begegnet demgegenüber die produkthaftungsrechtliche Freistellung des Produzenten vom Entwicklungsrisiko[642]. Zwar hat der europäische Gesetzgeber, nachdem man sich bei der Schaffung der Richtlinie nicht auf eine einheitliche Lösung hat einigen können, diesbezüglich in Art.15 Abs.1 lit.b) PHR eine Optionsmöglichkeit vorgesehen. Dennoch hat er sich durch die Regel-/ Ausnahmesystematik der Art.7 lit.e) und Art.15 Abs.1 lit.b) PHR letztlich doch für die Zulassung dieser Verteidigungsmöglichkeit ausgesprochen.

Während die *state of the art-defense* im produkthaftungsrechtlichen Bereich lediglich umstritten ist[643], wird sie im europäischen Umwelthaftungsrecht praktisch einhellig abgelehnt[644]. Begründet wird dies primär mit der Argumentation, daß die Umwelthaftung andernfalls leerliefe, nachdem dort nur ein kleiner Teil der Schäden einigermaßen sicher abschätzbar sei[645]; zudem sei eine Einbeziehung der Entwicklungsrisiken in die Umwelthaftung aber auch aufgrund der sozialen Verantwortung des durch das geschaffene Risiko Begünstigten gerechtfertigt[646].

Die insoweit auftretende Diskrepanz zwischen Produkt- und Umwelthaftung führt, soweit umweltgefährliche Produkte im Spiel sind, zu erheblichen und kaum hinnehmbaren Wertungswidersprüchen.

Es ist nicht plausibel, dem Hersteller asbesthaltiger und aus diesem Grund fehlerbehafteter Produkte den haftungsausschließenden Einwand zu gestatten, die Risiken dieses Stoffes seien zum Zeitpunkt der Einführung in den Wirtschaftsverkehr nach dem Stand von Wissenschaft und Technik unerkennbar gewesen, gleichzeitig aber demjenigen, in dessen Händen Asbest als Abfallstoff entstanden ist, zu versagen[647]. Ein und dasselbe Stoffrisiko wird so mit zweierlei Maß gemessen.

---

642 Art.7 lit.e) PHR.

643 Siehe hierzu TASCHNER/FRIETSCH, EG-PHR, Art.7, Rn.49.

644 Folgerichtig sieht weder der Entwurf für eine Abfallhaftungsrichtlinie diese Verteidigungsmöglichkeit vor noch das Grünbuch oder das deutsche UmweltHG; eine Ausnahme bildet lediglich die Konvention des Europarates, die zwar als Regel ebenfalls die Einbeziehung der Entwicklungsrisiken in die Haftung vorsieht, eine Abweichung jedoch möglich macht, vgl. Art.35 Abs.1 lit.b) LC.

645 KNEBEL, UTR 1988, 261, 277, 278.

646 Vgl. hierzu SCHRUPKOWSKI, Entwicklungsrisiken, S.192 m.w.N.

647 KNEBEL, UTR 1988, 261, 277, 278; REHBINDER, NuR 1989, 140, 157; HAGER, JZ 1990, 397, 407; ders., ZEuP 1997, 9, 18; VON WILMOWSKY, NuR 1991, 253, 265.

e) Die - bisherige - Herausnahme land- und jagdwirtschaftlicher Erzeugnisse aus der Produkthaftung

Aus umweltschadensrechtlicher Sicht problematisch war bislang auch die Herausnahme land- und jagdwirtschaftlicher Erzeugnisse aus dem Anwendungsbereich der Produkthaftung[648]. Diesen Produkten kam und kommt, wie weiter oben dargelegt, nicht unerhebliches Umweltschadenspotential zu[649]. Folgerichtig können sie auch seit jeher Ausgangspunkt für eine umwelthaftungsrechtliche Einstandsverpflichtung sein.

Die insoweit zunächst vorhandene Diskrepanz zwischen Umwelt- und Produkthaftung hat sich mit der Streichung der Privilegierung des Art.2 Abs.2 PHR[650] zwischenzeitlich in Wohlgefallen aufgelöst. Auslöser hierfür waren zwar in erster Linie verbraucherschutzrechtliche Gesichtspunkte[651]; die Änderung erweist sich indes auch umweltschadensrechtlich als sinnvoll. So bestehen, was das Umweltgefährdungspotential angeht, kaum mehr Unterschiede zwischen landwirtschaftlicher und industrieller Produktion. Daneben sollte eine Ausdehnung der Haftung aber auch zu einem wünschenswert besonneneren Einsatz von Chemikalien in der Natur beitragen[652].

---

648 Vgl. hierzu auch REHBINDER, NuR 1989, 149, 157.

649 Siehe weiter oben unter 3 A IV 1) a) ff), S.94.

650 Vgl. die Richtlinie 1999/34 des Europ. Parlaments und des Rates vom 10.5.1999, ABl. EG 1999 Nr. L 141, S.20; BERICHT, DB 1999, 1488.

651 Insbesondere die BSE-Krise, vgl. hierzu auch oben 2 B II 2) a), S.10.

652 Ebenso HAGER, JZ 1990, 397, 407.

f) Die Kausalitätsproblematik

Der Ursächlichkeitsnachweis stellt bei Umweltschäden in vielen Fällen eine nahezu unüberwindliche Hürde für den Geschädigten dar. Dies gilt sowohl für die Ermittlung der einzelnen Verursacher und ihres jeweiligen Verursachungsanteils wie für den Nachweis der Kausalität zwischen umweltgefährlichem Stoff/ Erzeugnis und eingetretenem Schaden. Insoweit führt die produkthaftungsrechtliche Festschreibung des Vollbeweisprinzips zu erheblichen Problemen.

aa) Das Identifikationsproblem

Dies beginnt beim denklogisch an erster Stelle stehenden Nachweis, daß das schadenstiftende Produkt dem in Anspruch genommenen Hersteller zuzuordnen ist. Hier steht es dem Produktgeschädigten nach der gesetzlichen Regelung nicht frei, nach Belieben irgendeinen unter mehreren in Frage kommenden Herstellern in Anspruch zu nehmen und diesem dann aufzuerlegen, sich durch den Nachweis zu entlasten, daß es nicht sein Produkt war, das den Schaden verursacht hat. Vielmehr muß er zweifelsfrei beweisen, daß es sich bei dem in Anspruch Genommenen um den tatsächlich Verantwortlichen handelt.

Dieser Individualisierungsnachweis gestaltet sich in vielen Fällen als extrem schwierig, wenn nicht unmöglich. Dies gilt vor allem dann, wenn das Produkt beim Schadensereignis mitzerstört wurde und somit keinen Aufschluß über seine Herkunft mehr geben kann. Dieselben Probleme stellen sich, wenn aus anderen Gründen, etwa langen Zeitablaufs, nicht mehr zu ermitteln ist, welcher von mehreren - mindestens aber zwei - Herstellern der tatsächliche Produzent des schadensverursachenden Produktes war[653].

bb) Der Ursächlichkeitszusammenhang zwischen Fehler und Schaden

Die parallel bestehende Problematik des nach Produkthaftungsrecht zweifelsfrei zu belegenden Kausalzusammenhangs zwischen Produkt, Fehler und Schaden veranschaulicht folgender Beispielsfall[654]:

In einer Stadt, in der seit jeher ca. 100 Fälle einer bestimmten Krebsart auftreten, die auf Ursachen und Substanzen natürlichen Ursprungs zurückzuführen sind, siedelt sich ein Industrieunternehmen der Chemiebranche an. Aus dessen

---

653 Anschauliches Beispiel sind die DES- Fälle, siehe weiter oben 3 A III 6) a), S.87.

654 Beispiel nach DELGADO, 70 Cal.L.Rev. 881, 884 ff. (1982); der Beispielsfall wird ferner aufgegriffen von BODEWIG, AcP 185 (1985), 505, 528; HAGER, NJW 1986, 1961, 1967.

Produktionsanlage entweichen aufgrund eines Konstruktionsfehlers eines Kontrollaggregates erhebliche Mengen krebserregender Substanzen in die Luft. Hieraufhin steigt die Zahl der Krebsfälle auf 200 pro Jahr an.

In diesem Fall stehen die durch den Produktfehler bedingten Emissionen ebenso als potentieller Verursachungsfaktor fest wie der Umstand, daß rein statistisch gesehen jede zweite Krebserkrankung auf diesen Fehler zurückzuführen ist.

Probleme bereitet allerdings, daß medizinisch und wissenschaftlich kein Unterschied zwischen einer emissionsbedingten und einer natürlich ausgelösten Krankheit feststellbar ist. Dies hat zur Folge, daß es dem Erkrankten letztlich nicht möglich ist, den zweifelsfreien Nachweis zu führen, daß gerade seine Krankheit auf die produktfehlerbedingte Emission - und nicht auf natürliche Ursachen - zurückzuführen ist. Damit wird er unter dem Vollbeweisregime der Produkthaftungsrichtlinie leer ausgehen[655].

Dieses Ergebnis ist neben allgemeinen Gerechtigkeitserwägungen deshalb unbefriedigend, weil es im Widerspruch zu den umwelthaftungsrechtlichen Regelungen steht, die insoweit zugunsten des Geschädigten praktisch ausnahmslos Beweiserleichterungen vorsehen.

Überdies verschafft es den Produzenten - im Vergleich zu denjenigen, die mit den Produkten umgehen - den Genuß einer praxisrelevanten, aber unverdienten Privilegierung. Unverdient deshalb, weil kein vernünftiger Grund besteht, die Hersteller fehlerhafter umweltgefährlicher Produkte haftungsrechtlich besser zu stellen als die, die diese Produkte verwenden bzw. produktbedingte Abfälle entsorgen.

cc) Das Problem der Multikausalität

Wenngleich die Mitwirkung einer Vielzahl von Verursachungsfaktoren für Umweltschäden nicht zwingend ist, ist sie doch in hohem Maße prägend[656]. Schadstoffbelastungen sind mehrheitlich nicht auf einen, sondern eine Vielzahl von (Mit-)Verursachern zurückzuführen; nicht selten entfalten Umwelteinwirkungen zudem erst in der Summe oder durch das Hinzutreten besonderer Umstände - etwa einer bereits vorhandenen Vorbelastung[657] - eine schädliche Wirkung.

---

[655] Interessant ist in diesem Zusammenhang, daß die Verbraucherschutzverbände bereits vor Erlaß der Richtlinie diese Problematik gesehen und gefordert hatten, die Beweislast hinsichtlich des Kausalzusammenhangs zwischen Fehler und Schaden zu Lasten des Herstellers umzukehren; vgl. hierzu TASCHNER/FRIETSCH, EG-PHR, Art.4, Rn.1.

[656] STEFFEN, NJW 1990, 1817, 1820; HAGER, NJW 1986, 1961, 1966; BAUMANN, JuS 1989, 433, 437.

[657] Vgl. beispielsweise Smog; STEFFEN, NJW 1990, 1817, 1821.

All dies bringt erhebliche Probleme bei der Ermittlung der verschiedenen und oft zahlenmäßig nicht vollständig erfaßbaren Verursacher und ihrer jeweiligen, eventuell nur geringen Verursachungsanteile mit sich.

Auf den ersten Blick scheint Art.8 Abs.1 PHR diesbezüglich eine nicht unerhebliche Verbesserung der Rechtssituation des Geschädigten zu bewirken. Immerhin soll danach die Haftung eines Herstellers nicht gemindert werden, wenn der Schaden zugleich auch durch die Handlung eines Dritten verursacht worden ist. Daraus könnte man schließen, daß den Hersteller stets die volle Haftung treffen soll, sofern das von ihm hergestellte und fehlerhafte Produkt auch nur in irgendeiner Weise an der Schadensverursachung mitbeteiligt war.

Tatsächlich dürfte dies die Reichweite der Vorschrift aber gleich in mehrfacher Hinsicht überspannen. So regelt Art.8 PHR das Verhältnis der Herstellerhaftung zu konkurrierenden Schadensursachen zwar tatsächlich in dem Sinne, daß es für den Geschädigten keine Rolle spielt, ob sein Schaden neben der Verursachung durch ein fehlerhaftes Produkt noch auf eine weitere, im Verhalten eines Dritten liegende Ursache zurückzuführen ist. Damit verbindet sich jedoch keine unbeschränkte Einstandsverpflichtung des Produzenten.

(1) Abgrenzbare Teilschäden

So ist zu beachten, daß Art.8 Abs.1 PHR die Verantwortlichkeit für „denselben" Schaden voraussetzt[658]. An einem solch einheitlichen Schaden fehlt es indes, wenn durch das Verhalten eines Dritten eine Veränderung, namentlich eine Vergrößerung, bewirkt worden ist; dann läßt sich eine Ursächlichkeit zwischen fehlerhaftem Produkt und eingetretenem Gesamtschaden nicht (mehr) feststellen. Diese Kausalitätslücke vermag auch Art.8 Abs.1 PHR nicht zu schließen.

Konkret bedeutet dies, daß eine Zurechnung von Schäden, die unabhängig vom schadensursächlichen Produktfehler entstanden sind, nicht in Betracht kommt. Die Haftung des Herstellers beschränkt sich in solchen Fällen ausschließlich auf den von ihm verursachten Teilschaden[659]. Dessen Größe und Zuordnung zum Produzenten hat wiederum der Geschädigte zu beweisen. Alles andere würde der Beweisregel des Art.4 PHR zuwiderlaufen[660].

---

[658] TASCHNER/FRIETSCH, EG-PHR, Art.8, Rn.5.

[659] TASCHNER/FRIETSCH, EG-PHR, Art.8, Rn.5.

[660] Anderer Auffassung offensichtlich TASCHNER/FRIETSCH, die eine Beweislast des Herstellers annehmen, da dieser „hieraus eine verbesserte Rechtsstellung ableitet", EG-PHR, Art.8, Rn.5.

(2) Der minimale Tatbeitrag

Fraglich ist weiterhin, ob Art.8 PHR in dem Sinne zu verstehen ist, daß jede Art der Mitverursachung eines einheitlichen Schadens - und sei sie auch noch so klein - automatisch die volle Haftung auslöst oder ob nicht auch hier Grenzen gesetzt sind. Die Beantwortung dieser Frage erlangt speziell im Umweltschadensbereich mit seinen häufig auf vielen Ursachen beruhenden Schäden Bedeutung.

Bei vielen Erscheinungsformen des Umweltschadens - z.B. dem Waldsterben, dem Ozonloch oder dem globalen Treibhauseffekt - führt bereits die klassische Kausalitätsregel der conditio-sine-qua-non in ein schier unlösbares Dilemma. Zwar lassen sich etliche Verursachungszweige - etwa die Luftbelastung durch FCKW bzw. durch Schwefel- und/oder Kohlendioxid - ausmachen[661]. Dennoch wird man kaum ernsthaft vertreten können, daß der Gesamtschaden wegfiele, würde man einzelne Emissionen, etwa die Abgase eines Autos oder die einer Fabrik, hinwegdenken[662]. Demgegenüber besteht wissenschaftlich wiederum kein Zweifel, daß auch der Einzelemittent seinen Anteil zur Schadensverursachung beigetragen hat.

Man könnte es sich nun einfach machen und im Hinblick auf den nicht differenzierenden Wortlaut des Art.8 Abs.1 PHR die Ansicht vertreten, die Einstandspflicht des Herstellers bestünde auch dann uneingeschränkt, wenn sein Tatbeitrag zum Schaden im Verhältnis zum Beitrag anderer gering ist[663].

Dem stehen allerdings erhebliche normative Gesichtspunkte entgegen. Da ist einmal der rechtspolitische Aspekt, daß der Aufwand der Rechtsverfolgung bei Klein(st)emittenten den Schaden bei weitem übersteigt und sich somit aus wirtschaftlicher Sicht als unvorteilhaft erweist[664]. Daneben widerspricht eine unumschränkte Haftung für Summationsschäden aber auch den Grundsätzen der Billigkeit: Dies nicht nur, weil es ungerecht wäre, einen Klein(st)emittenten mit dem gesamten entstandenen Schaden zu belasten[665], sondern auch, weil wegen der Vielzahl und der Unbestimmtheit der Mitverursacher Regreßansprüche des zunächst in Anspruch Genommenen praktisch nicht realisierbar wären[666].

---

661 MARBURGER, UTR 1986, 109, 112.

662 Vgl. STEFFEN, NJW 1990, 1817, 1821.

663 So etwa für das deutsche PHG: ROLLAND, ProdHR, § 6, Rz.60.

664 Ebenso WECKERLE, Die deliktische Verantwortlichkeit mehrerer, S.93.

665 MARBURGER bezeichnet die Kleinemittentenhaftung als „völlig unangemessen und unerträglich“, UTR 1986, 109, 146.

666 GANTEN/LEMKE, UPR 1989, 1, 9; WAGNER, VersR 1991, 249, 253.

Das wohl entscheidende Argument gegen eine Haftung des Minimalemittenten für summierte Umweltschäden liegt indes im Wertungskriterium des Schutzzwecks der Norm[667]. Danach befinden sich - ungeachtet des Wortlauts einer Vorschrift - all die Schäden außerhalb des Schutzbereiches, die sich bei wertender Betrachtung als Verwirklichung eines allgemeinen Lebensrisikos darstellen. Sofern sich also lediglich eine Gefahr verwirklicht, der der Geschädigte auch ohne die Verletzungshandlung des Schädigers ausgesetzt wäre und die sich auch ohne diese Handlung jederzeit hätte realisieren können, können dem Schädiger die daraus resultierenden Folgen nicht zugerechnet werden[668]. Dies hat zur Folge, daß eine (Produkt-) Haftung für minimale Tatbeiträge letztlich nicht in Betracht kommt.

dd) Die Haftungslücke bei nicht (mehr) zurechenbaren Schäden

An eine immanente Grenze stößt das Produkthaftungsrecht - wie im übrigen das gesamte individuelle Haftungsrecht - schließlich dort, wo es, etwa wegen großer zeitlicher oder räumlicher Distanz, überhaupt nicht (mehr) möglich ist, einen Zurechnungszusammenhang zwischen dem Hersteller einerseits und dem Opfer andererseits herzustellen. Alle denkbaren Beweiserleichterungen ändern nichts daran, daß als Grundlage einer Haftung ein wenn auch noch so dünnes Kausalband geflochten werden muß. Ist dies nicht möglich, muß der individuelle Schadensausgleich scheitern.

Die sich daraus ergebende Konsequenz, diese Schäden aufgrund der fehlenden Kausal- und Verantwortungsbeziehung einfach unersetzt zu lassen, erweist sich indes als in höchstem Maße rechtlich unbefriedigend und für den Geschädigten unzumutbar[669].

Sieht man auf dieser Grundlage Umweltschäden, deren konkrete Ursachen nicht mehr definitiv individuell zugeordnet werden können, als entschädigungswürdig und entschädigungsbedürftig an[670], stellt sich die Frage nach der Realisierung einer entsprechenden Schadenskompensation.

---

[667] Ebenso für das deutsche Produkthaftungsrecht: MÜKO-MERTENS-CAHN, § 6, Rz.12; SCHLECHTRIEM, VersR 1986, 1033, 1034.

[668] Ebenso REHBINDER, NuR 1989, 149, 161: „Den Anteil der Kleinemittenten trägt der Geschädigte als allgemeines Lebensrisiko"; SACK, VersR 1988, 439, 451.

[669] Vgl. etwa den Fall, in dem die Fehlerhaftigkeit des Produktes, seine sich daraus ergebende Umweltgefährlichkeit und seine Verwendung feststeht, der konkrete Hersteller aber nicht mehr ermittelt werden kann.

[670] Bejahend etwa der BGH im sog. Waldschadensurteil, BGHZ 102, 350, 363; HAGER in Blaurock, S.51.

Neben einer Entschädigung nach dem Gemeinlastprinzip zu Lasten des Staatshaushaltes kommen hier nur kollektivrechtliche Lösungen respektive Mischformen in Betracht. Eine Möglichkeit wäre die Einführung eines Umweltschädigungsfonds[671] mit der Aufgabe, auf solidarischer Basis Schäden zu ersetzen, die individualrechtlicher Kompensation nicht zugänglich sind; darüberhinaus könnte ein solcher Fonds auch dann einspringen, wenn eine individualrechtliche Durchsetzung von Ersatzansprüchen aus anderen Gründen erschwert oder unmöglich ist[672] - man denke nur an die mögliche Insolvenz des Schädigers.

Im Gegensatz zu den Umwelthaftungsentwürfen hält sich die Produkthaftungsrichtlinie bezüglich dieses Problemkreises völlig bedeckt. Eine Entschädigung des Produktumweltgeschädigten kommt in Fällen fehlender hinreichender Individualzuordnung oder mangelnder Solvenz des Schädigers demnach - aktuell - nicht in Betracht.

g) Die Problematik der fehlenden Auskunftsansprüche

Als weiteres Defizit erweist sich aus umweltschadensrechtlicher Sicht, daß das europäische Produkthaftungsrecht - anders als das Umwelthaftungsrecht[673] - keinerlei Aufklärungs- bzw. Auskunftsansprüche vorsieht. Man muß sich vor Augen halten, in welch schwieriger Situation sich der Umweltgeschädigte befindet. Er sieht zwar das Ergebnis der Emission in Form des entstandenen Umweltschadens, hat jedoch gleichzeitig - jedenfalls in den meisten Fällen - keine Erkenntnis über dessen Ursache, weiß also nicht, welcher Stoff die Kontamination herbeigeführt hat und weshalb, ob aufgrund falscher Lagerung, fehlerhafter Konstruktion oder beidem zusammen[674].

Hinzu kommt, daß sich in vielen Fällen auch der Nachweis der Fehlerhaftigkeit eines umweltschädlichen Produktes als problematisch erweisen dürfte, nachdem dem Geschädigten in aller Regel sowohl der Einblick in die komplizierten technischen Vorgänge wie auch das wissenschaftliche Verständnis fehlt. Der Schädiger erlangt damit einen entscheidenden Informationsvorsprung, der in nicht wenigen Fällen dazu beitragen dürfte, eine Ersatzpflicht trotz grundsätzlichen Vorliegens der Haftungsvoraussetzungen zu vermeiden.

---

[671] Vgl. hierzu VON HIPPEL, NJW 1985, 30, 32.

[672] Siehe hierzu auch weiter unten 3 B II 6) i), S.148.

[673] Vgl. etwa Art.13-16 der Lugano Konvention; siehe hierzu weiter oben 2 C 4) b) jj) (1), S.62.

[674] Zum Informationsdefizit des Umweltgeschädigten ausführlich KNEBEL, UTR 1988, 261, 270, 271.

h) Die Begrenztheit des Fehlerbegriffs

Probleme bereitet aus umweltschadensrechtlicher Sicht schließlich der produkthaftungsrechtliche Fehlerbegriff bzw. dessen Reichweite. So haftet der Hersteller nach Art.6 PHR nur dann, wenn sein Produkt nicht die Sicherheit bietet, die unter Berücksichtigung aller Umstände erwartet werden kann. Wie sich diese Fehlerbestimmung und die von den Produkten ausgehenden Umwelt-/ Abfallgefahren zueinander verhalten, ist bislang kaum untersucht worden[675]. Es sind insoweit verschiedene Fallgruppen zu unterscheiden.

aa) Das von Anfang an fehlerhafte Produkt

Relativ einfach gestaltet sich die rechtliche Behandlung, wenn ein schon zum Zeitpunkt des Inverkehrbringens im Sinne des Art.6 PHR fehlerhaftes Produkt seine umweltschädliche Wirkung anstatt beim Gebrauch erst in der Phase der Entsorgung entfaltet. In diesen Fällen greift unproblematisch die Produkthaftung Platz. Begründet wird dies mit dem - zutreffenden - Argument, daß der Hersteller keine Privilegierung dadurch erfahren soll, daß sich ein Fehler zufällig erst im Rahmen der Beseitigung zeigt[676]. In der Praxis macht es demnach für die Haftung des Herstellers eines fehlerhaft konstruierten Fieberthermometers keinen Unterschied, ob das in diesem vorhandene Quecksilber beim Gebrauch oder erst im Zuge der Entsorgung, also zu einem Zeitpunkt, in dem es bereits Abfall darstellt, Schäden verursacht.

bb) Produkte mit vorhersehbar umweltrelevantem Rückstandspotential

Ebenso nach produkthaftungsrechtlichen Regeln zu behandeln sind die Fälle, in denen beim voraussehbaren Gebrauch eines Produktes umweltrelevante Rückstände entstehen. Paradigmatisch hierfür steht die rückstandsintensive Verarbeitung chemischer Grundstoffe und Erzeugnisse[677]. Werden durch die hierbei entstehenden Abfallstoffe berechtigte Sicherheitserwartungen verletzt, stellt sich das Produkt als fehlerhaft dar und zwar unabhängig davon, ob die die Fehlerhaftigkeit des Produktes begründenden Gefahren gegebenenfalls dem Abfall allein zuzuschreiben sind; schließlich ist dieser die Folge voraussehbaren Gebrauchs des Produktes und stellt somit eine unmittelbare Produktgefahr dar. Die Hersteller

---

[675] Vgl. KOCH, PHI 1992, 20 ff.; VON WILMOWSKY, NuR 1991, 253, 266.

[676] Ganz herrschende Meinung: Vgl. TASCHNER/FRIETSCH, EG-PHR, Art.2, Rn.6-8, § 2, Rn.26; ROLLAND, ProdHR, § 2 PHG, Rz.32 ff.; ERMAN/SCHIEMANN, BGB, § 2 PHG, Rz.2; VON WESTPHALEN, ProdHHdb., § 61, Rz.13.

[677] So führt etwa der Einsatz von PCB´s bei der Herstellung von Kondensatoren und Transformatoren zu hochgiftigen Rückständen; vgl. hierzu auch HAGER in Blaurock, 46 ff.

sind in solchen Fällen, wollen sie eine Haftung ausschließen, gehalten, Umweltgefahren durch ausreichende Gebrauchs- und Bedienungsanleitungen zu verhindern bzw. unvermeidlich entstehende Rückstände gegebenenfalls zurückzunehmen.

cc) Gefahrlos verwendbare Produkte

Die dritte und problematischste Fallgruppe ist die, daß ein Erzeugnis zwar verwendungssicher hergestellt wurde, bei der Entsorgung jedoch inakzeptable und vermeidbare ökologische Gefahren schafft. Umweltgefährliche Stoffe werden häufig gerade mit dem Zweck eingesetzt, die Verwendung von Produkten sicher zu machen. Beispielsweise werden schwermetallhaltig beschichtete Bildröhren in moderne Fernsehgeräte und Computermonitore eingebaut, um gesundheitsgefährdende Abstrahlungen zu verhindern. Aus dem Blickwinkel der Verwendungssicherheit begründet die Beschichtung die Fehlerfreiheit des Produkts. Zum Problemfall wird sie jedoch im Rahmen der Entsorgung, nachdem bis zum heutigen Tag kein flächendeckendes Entsorgungsverfahren existiert, das Verseuchungen des Erdreichs durch Schwermetalle auszuschließen imstande ist[678].

Fraglich ist nun, ob dies zu einer Qualifizierung als fehlerhaft führt. Dies wäre nur dann der Fall, wenn der produkthaftungsrechtliche Fehlerbegriff Umwelt- und Entsorgungsrisiken umfaßte.

Gegen eine solch weite Auslegung spricht auf den ersten Blick der Wortlaut des Art.6 Abs.1 lit.b) PHR, wonach es für die allgemeinen Sicherheitserwartungen insbesondere auf den Gebrauch eines Produkts ankommen soll. Dies legt nahe, allein auf Gebrauchsrisiken abzustellen und Risiken, die sich ausschließlich im Rahmen der Entsorgung realisieren, außen vor zu lassen. In dieselbe Richtung weist die EU-Richtlinie über die allgemeine Produktsicherheit[679], die bei ihren Kriterien zur Bestimmung der Sicherheit eines Produktes ebenfalls die „normale und vernünftigerweise vorhersehbare Verwendung“ in den Vordergrund stellt und Entsorgungsgefahren nicht im Ansatz erwähnt.

Tatsächlich läßt sich daraus jedoch nicht zwingend eine Ausklammerung der Entsorgungsrisiken aus dem produkthaftungsrechtlichen Fehlerbegriff ableiten. Es ist zu beachten, daß die EU-Produktsicherheitsrichtlinie nicht nur andere Definitionen als die Produkthaftungsrichtlinie verwendet[680], sondern diese darüberhinaus

[678] Eine technische, aber sehr aufwendige Lösung wäre, die Schwermetalle in einem Elektrolyseverfahren von der Röhre zu trennen und weiter zu verwerten.

[679] Richtlinie 92/59/EWG des Rates vom 29.6.1992 über die allgemeine Produktsicherheit, ABl. EG 1992 Nr.L 228 (11.8.1992), S.24.

[680] Beispielsweise in bezug auf den Produktbegriff, vgl. Art.2 lit.a) ProdSiR, vgl. NICKEL/ KAUFMANN, VersR 1998, 948, 952.

ausdrücklich unberührt läßt[681]. Insoweit dürfte sie sich bereits immanent als untauglich erweisen, eine produkthaftungsrechtliche Auslegungsrichtung anzuzeigen[682]. Hinzu kommt, daß die Kriterien der Fehlerbestimmung im Rahmen des Art.6 PHR nicht abschließend zu verstehen sind[683], wodurch sich die Bedeutung des in Art.6 Abs.1 lit.b) erwähnten „Gebrauchs" auf ein besonders herausgehobenes Merkmal unter anderen reduziert.

Alles in allem wäre es demnach ohne weiteres möglich, Umwelt- und Abfallrisiken in die produkthaftungsrechtliche Fehlerbestimmung einzubeziehen. Dogmatisch könnte man den Entsorgungsfehler dabei entweder als eigenständige Fehlerkategorie neben die bislang bekannten stellen[684] oder aber die Entsorgung als „quasi letzten Gebrauch" eines Produkts qualifizieren[685].

So sinnvoll und rechtspolitisch bedenkenswert eine solche Sichtweise auch wäre - sie überspannt den Bogen der Produkthaftung in der bestehenden Form.

Ob Produkte einen Fehler aufweisen, kann nicht allein objektiv durch wissenschaftliche Analyse entschieden werden, sondern hängt auch von den Sicherheitserwartungen der relevanten Benutzerkreise ab. Die entscheidende Frage ist insoweit, ob die Umwelt- und Entsorgungssicherheit von Produkten nach aktueller Verkehrsauffassung zu den berechtigterweise zu erwartenden Umständen des Art.6 PHR zu zählen ist. Dies dürfte trotz einer immer stärker werdenden Sensibilisierung der Gesellschaft in bezug auf die Umweltverträglichkeit von Produkten sowie die Probleme der Produktentsorgung zu verneinen sein[686]. Die produkthaftungsrechtliche Sicherheitserwartung der Nutzer geht (momentan noch) nicht so weit, daß sie verlangt, die Herstellung von Produkten, die im Rahmen ihrer Entsorgung Probleme aufwerfen, zu unterbinden oder jedenfalls die sich ergebenden Umweltbelastungen in das unternehmerische Kalkül einzubeziehen. Im Vordergrund steht vielmehr noch immer eindeutig die Gebrauchstauglichkeit.

Dies bedeutet, daß Umwelt- und Entsorgungsrisiken Produkte nicht im Sinne der Produkthaftungsrichtlinie fehlerhaft machen. Eine Herstellerhaftung für ausschließlich solche Gefahren in sich bergende Produkte kommt damit nach den Regelungen der Produkthaftung nicht in Betracht.

---

681 Art.13 ProdSiR; vgl. hierzu auch NETTELBECK, Produkthaftung - Produktsicherheit, S.157.

682 NICKEL/KAUFMANN, VersR 1998, 948, 952; NETTELBECK, Produktsicherheit, S.157.

683 Siehe weiter oben 2 B II 2) b), S.11 ff.

684 ZINKANN, Die Reduzierung der Produkthaftungsrisiken, S.59.

685 So HAGER in Blaurock, 9, 49; ebenso KOCH, PHI 1992, 20, 24.

686 Ebenso MARBURGER, UTR 1994, 129, 158; a.A. VON WILMOWSKY, NuR 1991, 253, 266.

i) Die Problematik der fehlenden Deckungsvorsorge

Wie bereits angedeutet, stößt das europäische Produkthaftungsrecht am Ende dort an Grenzen, wo ein identifizierter Schädiger nicht mehr existiert, bereits zahlungsunfähig ist oder zu erwarten steht, daß, wie im Umweltsektor unschwer vorstellbar, seine finanzielle Leistungsfähigkeit zur Deckung des Schadens nicht ausreicht.

Während im Umwelthaftungsbereich Einigkeit darüber besteht, daß der Geschädigte in diesen Fällen nicht schutzlos gestellt werden soll und in Realisierung dessen kollektive Entschädigungssysteme wie Fonds oder Pflichtversicherungen vorgesehen bzw. vorgeschrieben sind[687], hält die Produkthaftungsrichtlinie diesbezüglich trotz der weitgehend gleichgelagerten Problematik keine Lösung parat. Damit steht derjenige, der den Hersteller eines fehlerhaften Produktes auf Ersatz des erlittenen Umweltschadens in Anspruch nimmt - zumindest abstrakt - schlechter als derjenige, der seine Ansprüche gegen einen Produktkonsumenten oder Abfallentsorger geltend macht - eine Widersprüchlichkeit, die es mangels plausibler Begründung aufzulösen gilt.

j) Die Bewältigung des Massenproblems

Schlußendlich ist am Rande noch auf ein weiteres, von der europäischen Produkthaftung nicht gesehenes bzw. nicht erfaßtes Problem einzugehen, das der Massenschäden[688]. Wie der Name schon schließen läßt, versteht man darunter Schäden, die eine Vielzahl von Personen bzw. Rechtsgütern gleichartig betreffen. Geradezu typisch hierfür stehen produkt- und umwelthaftungsrechtliche Fallkonstellationen wie etwa die Asbest- und die *Agent-Orange*[689]-Fälle. So wurden allein in den USA bis 1990 rund 33.000 Asbestverfahren anhängig gemacht[690];

---

687 Art.11 RLV; Art.12 LC; auch im Grünbuch wird die Notwendigkeit einer finanziellen Absicherung betont, vgl. hierzu HAGER, ZEuP 1997, 1, 37, 38.

688 Der Begriff der Massenschäden stammt aus dem angloamerikanischen Rechtskreis (mass toxic torts) und geht auf eine Analyse des Institute for Civil Justice zurück, vgl. HENSLER, Asbestos in the Courts: The Challenge of Mass Toxic Torts (1985). Synonym verwandt werden z.T. auch die Begrifflichkeiten „mass torts" bzw. „toxic torts", daneben wird der gesamte Problembereich gelegentlich im Kontext von „hazardous substance litigation" erörtert.

689 Unter der Bezeichnung „Agent Orange" erlangte ein chemisches Herbizid Bekanntheit, das die US-Armee im Vietnamkrieg zur Entlaubung des Dschungels einsetzte. Es enthielt das hochgiftige Sevesogift TCDD (Dioxin) und führte zu erheblichen Umwelt- und Personenschäden.

690 WEINSTEIN/HERSHENOV, The Effect of Equity on Mass Tort Law, S.295.

die Zahl der Anspruchsteller im *Agent-Orange*-Prozeß lag noch wesentlich höher[691]. Neben dem Umstand, daß sich die Beweissituation des einzelnen Geschädigten durch die Masse der Beteiligten in bestimmten Fallkonstellationen zusätzlich verschlechtern[692] und sich die Insolvenzproblematik zum Teil drastisch verschärfen kann[693], bergen Massenschäden überwiegend verfahrensrechtliche Probleme in sich. So ist das zivilprozessuale Verfahren traditionell individualistisch, d.h. vom Prozeßverhältnis zwischen dem einzelnen Geschädigten und seinem Schädiger geprägt. Als seine Hauptaufgabe wird angesehen, individuelle Rechte durchzusetzen[694]. Diese Sichtweise hat sich praktisch unverändert bis in die jüngste Zeit hinein erhalten[695].

Trotz einer im wesentlichen vorhandenen Übereinstimmung mit dem herkömmlichen Gerechtigkeitsverständnis und den Interessen der Beteiligten sowohl auf Kläger-[696] wie Beklagtenseite[697] stößt diese individuelle Art der prozessualen Bewältigung bei den Massenschäden an immanente Belastungsgrenzen. Als Schwachstellen erweisen sich dabei insbesondere vier Faktoren, die wirtschaftliche und tatsächliche Unterlegenheit des einzelnen Klägers, unnötig hohe Kosten, zu lange Prozeßdauern und die Inkonsistenz individueller Entscheidungen[698].

Erfahrungsgemäß steht der einzelne Geschädigte im Individualprozeß einem gleich in vielfacher Hinsicht überlegenen Prozeßgegner gegenüber. Die verklagten Firmen sind meist nicht nur finanziell gut ausgestattet, sondern verfügen darüberhinaus in aller Regel über eine erfahrene Rechtsabteilung, die es versteht, die ihr zur Verfügung stehenden Mittel so einzusetzen, daß eine Haftung vermieden bzw. so lange hinausgezögert wird, bis der Geschädigte aufgrund Erschöpfung seiner finanziellen Ressourcen zu einem für ihn nicht optimalen „Notvergleich" bereit ist[699].

---

691 Am Ende des Rechtsstreits, der als Gruppenklage (class action) geführt wurde, belief sich die Zahl der Anspruchsteller auf 244.000, vgl. SCHUCK, Agent Orange on Trial, S.17 ff.

692 Vgl. BRAUN, NJW 1998, 2318, 2319.

693 BRAUN, NJW 1998, 2318, 2319.

694 JAUERNIG, Zivilprozeßrecht, Einl., S.2.

695 Erste Ansatzpunkte für ein Umdenken finden sich - was Deutschland betrifft - im Gutachten des deutschen Juristentages 1998, VON BAR, in: Verhandlungen des DJT I, 1998, A 94, vgl. auch HASS, Die Gruppenklage, S.188, 256.

696 Wie die Erfahrung gezeigt hat, lassen sich in Individualprozessen höhere Ersatzleistungen erstreiten als in kollektiven Verfahren; hinzu kommt der nicht zu unterschätzende Faktor der höheren psychologischen Befriedigung, vgl. HENSLER, Asbestos in the Courts, S.56.

697 Für die Beklagten eröffnen sich in Individualprozessen in aller Regel bessere Vergleichschancen, vgl. ROSENBERG, Causal Connection, 903.

698 Vgl. BRAUN, NJW 1998, 2318, 2319.

699 Exakt diese Motive haben den deutschen Gesetzgeber im Verhältnis zwischen Verwendern von allgemeinen Geschäftsbedingungen und Verbrauchern dazu bewogen, neben der

Darüberhinaus ist es aus wirtschaftlicher Sicht wenig ökonomisch, in einer Vielzahl verschiedener Einzelprozesse immer wieder von neuem über dieselben Fragen zu streiten. Hinzu kommt, daß die große Anzahl an Verfahren zwangsläufig zu einer Überlastung der Gerichte und damit zu einer unbefriedigenden Erledigungsquote führen muß[700].

Der Hauptkritikpunkt am individualistischen Prozeßsystem im Zusammenhang mit der Bewältigung von Massenschäden liegt jedoch in der Gefahr, daß ersichtlich gleichliegende Fälle unterschiedlich entschieden werden. Dies ist zwar nicht grundsätzlich anstößig, allerdings haben inkonsistente Entscheidungen negative Auswirkungen auf die Präventionswirkung des Haftungsrechts, da sie widersprüchliche Signale enthalten; zudem ist es nur schwer mit den Geboten ausgleichender Gerechtigkeit und Fairneß in Einklang zu bringen, wenn ähnliche oder gar identische Fälle unterschiedlich entschieden werden.

Im Gegensatz zum Produkthaftungsrecht werden im europäischen Umwelthaftungsrecht als Lösung u.a. für diese Probleme schon seit längerem kollektive Formen der Prozeßführung angedacht und erörtert. So sieht der Vorschlag für eine Abfallhaftungsrichtlinie die Klagebefugnis von Interessenvereinigungen[701], die Lugano-Konvention in ihrem Art.18 ein Initiativrecht für Umweltverbände vor; auch im Grünbuch wird unter Bezugnahme auf die Rechtssituation in verschiedenen Mitgliedsländern[702] intensiv die Frage der Klagebefugnis von Personenmehrheiten, Organisationen und Umweltverbänden diskutiert.

Daneben ist zusätzlich erstmals die Möglichkeit der Konzentration verschiedener gleichartiger Einzelverfahren vor einem Gericht mit dem Ziel vorgesehen, inkonsistente Entscheidungen zu vermeiden[703].

Unter Zugrundelegung des Umstands, daß auch von Produkten Umweltgefahren ausgehen können, ergibt sich daraus eine nicht unerhebliche Wertungswidersprüchlichkeit.

Individualklage auch eine Verbandsklage zu installieren (§ 13 AGBG), vgl. hierzu BRAUN, NJW 1998, 2318, 2322.

700 Ein beeindruckendes Beispiel aus den USA: Von 24.000 bis 1983 im East District of Texas anhängig gemachten Asbestfällen waren 1985 noch 18.000, d.h. 75% unerledigt, WILLGING, Trends in Asbestos Litigation (1987), 188.

701 Art.4 Abs.3 RLVA.

702 In Frankreich können Umweltverbände symbolische Beträge als Schadensersatz fordern, in den Niederlanden haben sie das Recht, auf Unterlassung zu klagen, HULST/KLINGE-VAN ROOIJ, PHI 1994, 108, 116.

703 Art. 22 LC; vgl. hierzu oben 2 C 4) b) jj) (2), S.62.

k) Fazit

Insgesamt machen all die soeben aufgezeigten Unzulänglichkeiten deutlich, daß das geltende europäische Produkthaftungsrecht die von Produkten ausgehenden Umweltgefahren zwar begrenzt, im ganzen aber nicht ausreichend und befriedigend erfaßt und zu steuern vermag. An seine Grenzen stößt es - von der Warte der Umwelthaftung aus betrachtet - insbesondere beim Schutzbereich, der Kausalität, der Zuweisung des Entwicklungsrisikos und bei den Haftungsfolgen. Daneben bleibt das Phänomen des Massenschadens und der damit verbundenen prozessualen Bewältigungsprobleme völlig ausgeblendet.

III) Zwischenergebnis

Als Ergebnis des Gesamtabschnitts ist damit festzuhalten, daß die europäischen Haftungsregelungen und -entwürfe die Verantwortung der Produzenten für umweltgefährliche Produkte und die daraus resultierenden Umweltgefahren nur zum Teil erfassen und einer Regelung zuführen. Eine Haftung kommt nach geltendem Recht praktisch ausschließlich nach produkthaftungsrechtlichen Regeln in Betracht, welche wiederum nicht speziell auf Umweltrisiken zugeschnitten sind und damit zwangsläufig erhebliche umweltpolitische Lücken aufweisen. Von einem homogenen und alle Verantwortungsträger sachgerecht umfassenden Umwelthaftungssystem kann somit nicht gesprochen werden.

C: Gesamtbewertung und Ausblick

Die vorangegangene Analyse von Produkt- und Umwelthaftung hat gezeigt, daß zwischen beiden Haftungssystemen nicht nur eine enge strukturelle Verwandtschaft besteht, sondern darüberhinausgehend vielfältige Berührungspunkte und sogar Bereiche der unmittelbaren sachlichen Überschneidung vorhanden sind. Dabei geht der Grad der Verflechtung so weit, daß eine trennscharfe Abgrenzung letztlich nicht möglich ist.

Weiter hat sich ergeben, daß die europäischen Haftungsregelungen im Bereich der sachlichen Überschneidung von Produkt- und Umwelthaftung erhebliche Defizite aufweisen, nachdem sie der doch erheblichen ökologischen Verantwortung der Hersteller für aus ihren Produkten resultierende Umweltgefahren nicht hinreichend Rechnung tragen und dieser Personengruppe damit zu einer unverdienten Privilegierung gegenüber anderen potentiellen Umweltschädigern verhelfen.

All diese Feststellungen geben - vor dem Hintergrund der Fragestellung dieser Arbeit - nicht nur erhebliche Ansatzpunkte für eine weitere Annäherung und Angleichung der beiden Haftungssysteme, sondern weisen diesbezüglich geradezu den Weg. Es ist nicht plausibel, warum verschiedene Verantwortungsträger für dasselbe Risiko unterschiedlich haften bzw. im Vergleich zu anderen über Gebühr bessergestellt werden sollen. Dies umso mehr, als die Produzenten mit ihrer Grundentscheidung für oder gegen die Herstellung eines umweltgefährlichen Erzeugnisses den Schlüssel der Umweltverträglichkeit in Händen halten und für die Zukunft zu erwarten steht, daß die ökologischen Probleme in einem immer stärker werdenden Maße von den Produkten selbst ausgehen werden.

Praktisch im gleichen Atemzug stellt sich indes die Frage, in welchem Umfang die Assimilierung stattzufinden hat. Immerhin ist zu beachten, daß ein nicht unerheblicher Unterschied zwischen dem Hersteller, der im allgemeinen nützliche Produkte in Verkehr bringt und damit etwas gesamtwirtschaftlich sinnvolles tut, und demjenigen besteht, der - eventuell achtlos - Abfälle, Emissionen und/oder Abwässer an die Umwelt abgibt.

Auf dieser Grundlage soll im nachfolgenden vierten Teil ein Blick auf denkbare und zum Teil auch bereits angedachte Angleichungsmodelle sowie auf den entsprechenden Grad der Angleichung in den USA geworfen werden.

4.Teil: Angleichungsansätze im europäischen Recht und das US-amerikanische Vergleichsmodell

A: Europäische Denkansätze für eine Angleichung

Wie soeben am Schluß des dritten Teils angedeutet, ist die Notwendigkeit einer stärkeren Einbeziehung der Produzenten in die Haftung für Umweltschäden und - damit verbunden - einer stärkeren Assimilierung produkt- und umwelthaftungsrechtlicher Vorschriften zum Teil auch im europäischen Schrifttum erkannt und thematisiert worden[704]. Dabei lassen sich im wesentlichen zwei Denkansätze unterscheiden.

I) Die umwelthaftungsrechtliche Gleichstellungstheorie

Der erste will die Produzenten direkt dem Umwelthaftungsregime unterstellen, indem er vorsieht, einen neuen, speziellen Gefährdungshaftungstatbestand zu schaffen, der unmittelbar und ausschließlich an das Inverkehrbringen von Produkten anknüpft, die aufgrund gefährlicher Eigenschaften die Quelle einer besonderen (Umwelt-) Gefahr bilden[705].

Die Hersteller umweltgefährlicher Erzeugnisse werden damit de facto allen anderen potentiellen Umweltschädigern haftungsrechtlich gleichgestellt.

Ausgangspunkt für diese Überlegung ist, daß Umweltschäden durch gefährliche Produkte bzw. gefährliche Stoffe in Produkten den Schäden durch genehmigte Emissionen sehr ähnlich sind. Dies aufgreifend sehen die Anhänger der Gleichstellungstheorie in der Gefährdungshaftung der Produzenten für das Inverkehrbringen dieser Stoffe dogmatisch den konsequenten Ausbau der strikten Haftung für den Betrieb einer gefährlichen Anlage[706].

Der Vorteil einer solch strengen und umfassenden Herstellerhaftung läge ohne Zweifel darin, daß sie ohne den Rückgriff auf den Fehlerbegriff auskäme und sowohl Produktions- als auch Produktabfälle erfaßte.

---

704 Vgl. REHBINDER, NuR 1989, 149, 156; HAGER, JZ 1990, 397, 406; ders., ZEuP 1997, 1, 32; ders. in Blaurock, S.1, 46-51; KNEBEL, UTR 1988, 261, 276-278; VON WILMOWSKY, NuR 1991, 253, 265-267; VON WILMOWSKY/ROLLER, Civil Liability, S.16; GANTEN/LEMKE, UPR 1989, 1, 9; STEFFEN, NJW 1990, 1817, 1820.

705 Vgl. KNEBEL, UTR 1988, 261, 276-278; REHBINDER, NuR 1989, 149, 157; VON WILMOWSKY, NuR 1991, 253, 265-267.

706 GANTEN/LEMKE, UPR 1989, 1, 9; STEFFEN, NJW 1990, 1817, 1820.

Auf der anderen Seite fügte sie sich nur wenig in die gefestigten Linien der geltenden Gefährdungshaftungstatbestände ein[707]. Diese sehen eine nicht an weitere Kriterien geknüpfte Kausalhaftung bislang nur dann vor, wenn die zu steuernde Gefahr unmittelbar durch das Verhalten des Haftungsadressaten heraufbeschworen wird. Dies ist bei der Vertriebstätigkeit des Herstellers indes - zumindest regelmäßig - nicht der Fall. Nicht von ungefähr haftet er deshalb auch produkthaftungsrechtlich nur dann, wenn das von ihm hergestellte Erzeugnis einen Fehler aufweist. Dies wird deshalb als sachgerecht angesehen, weil man dem Produzenten andernfalls - unbilligerweise - das volle Verwendungs- und Entsorgungsrisiko aufbürdete und ihn somit praktisch zum Versicherer seiner eigenen Produkte machte[708].

II) Die Theorie der umweltbezogenen Erweiterung der Produkthaftung

Entsprechend setzt die zweite Denkalternative den Hebel denn auch unmittelbar am Produkthaftungsrecht an und votiert lediglich für eine umweltbezogene Erweiterung dieses Haftungssegments[709]. Wie weiter oben gezeigt, bietet die Produkthaftung durchaus einen geeigneten dogmatischen Rahmen für eine Haftung für umweltgefährliche Stoffe[710]. Nachdem sie jedoch, wie ebenfalls festgestellt, nicht speziell auf die von Produkten ausgehenden Umwelt- und Abfallrisiken zugeschnitten ist, bedarf es, um sie diesbezüglich zu rüsten, einer ganzen Reihe von Abänderungen und Ergänzungen.

---

707 HENSELER, UTR 1988, 205, 212.

708 HAGER, JZ 1990, 397, 406, 407; vgl. hierzu auch die Kausalhaftungsdiskussion im amerikanischen Recht, unten 4 B III, S.213 ff.

709 HAGER, JZ 1990, 397, 406; ders., ZEuP 1997, 1, 32; ders. in Blaurock, S.1 ff., 46-51; KNEBEL, UTR 1988, 261, 276-278; VON WILMOWSKY, NuR 1991, 253, 265-267; VON WILMOWSKY/ROLLER, Civil Liability, S.16; ebenfalls, wenn auch nur partiell, in diese Richtung tendiert der sogenannte Professorenentwurf für den allgemeinen Teil eines (deutschen) Umweltgesetzbuches (UGB), vgl. hierzu KLOEPFER/REHBINDER/ SCHMIDT-AßMANN/KUNIG, UGB, Einl., S.5.; WAGNER in Schmidt, S.209 ff.; HAGER in Koch, S.125 ff.; REHBINDER hält hingegen den im ProfE gewählten Sonderweg einer gegenüber der allgemeinen Produkthaftung verschärften Haftung für aufgrund ihrer Eigenschaften umweltgefährliche Produkte für problematisch. Seiner Ansicht nach mag eine Sonderbehandlung umweltgefährlicher Stoffe innerhalb der Produkthaftung zwar systematisch richtig sein, führt aber zu dem für ihn bedenklichen Ergebnis, daß dasselbe Stoffrisiko mit zweierlei Maß gemessen wird, NuR 1989, 149, 157.

710 Vgl. oben 3 B II 4), S.127.

1) Umfang der ökologischen Erweiterung

Folgerichtig plädiert die Theorie der umweltbezogenen Erweiterung der Produkthaftung für eine Assimilierung der Hersteller- an die Umwelthaftung im Hinblick auf den Schutzbereich, die Zuweisung des Entwicklungsrisikos, den Nachweis der Kausalität und die Haftungsfolgen, um so eine sachgerechte Steuerung der aus Produkten resultierenden Umweltgefahren möglich zu machen und bestehende Wertungswidersprüchlichkeiten aufzulösen.

Konkret wird dabei gefordert, analog dem Umwelthaftungsrecht auch nicht-eigentumsfähige Umweltgüter umfassend in den Schutzbereich der Produkthaftung einzubeziehen[711] und darüberhinaus Abschied von produkthaftungsrechtlichen Besonderheiten wie der Privilegierung land- und jagdwirtschaftlicher Produkte sowie der rein verbraucherschutzorientierten Begrenzung des Sachgüterschutzes durch die Bestimmung und die tatsächliche Verwendung zum privaten Gebrauch zu nehmen[712].

Daneben wird im Rahmen des „ökologischen Tunings“[713] der Produkthaftung die Einführung und Implementierung von Beweiserleichterungen im Kausalbereich[714] und die Assimilierung der produkthaftungsrechtlichen Vorschriften der Zuweisung des Entwicklungsrisikos an die entsprechenden umwelthaftungsrechtlichen Regelungen für erforderlich gehalten[715]. Vereinzelt werden schließlich noch Angleichungen im Bereich Auskunft und Information befürwortet[716].

2) Defizite

So sinnvoll und überzeugend dieser produkthaftungsrechtliche Ansatz - insbesondere aus dogmatischer Sicht - auch ist, läßt er doch vom ökologischen Standpunkt aus gesehen mehrere wichtige und klärungsbedürftige Fragen offen.

---

711 HAGER in Blaurock, S.50; ders., ZEuP 1997, 1, 32.

712 KNEBEL, UTR 1988, 261, 277; HAGER, JZ 1990, 397, 407; die Privilegierung der landwirtschaftlichen Erzeugnisse wurde 1999 gestrichen, vgl. BERICHT, DB 1999, 1488.

713 Begriff nach VON WILMOWSKY/ROLLER, Civil Liability, S.16 („ecological tuning“).

714 HAGER, ZEuP, 1997, 1, 32.

715 KNEBEL, UTR 1988, 261, 277; HAGER, JZ 1990, 397, 407; Realisiert ist eine solche Assimilierung im Professorenentwurf für den allgemeinen Teil eines (deutschen) Umweltgesetzbuches, welcher in § 117 UGB die Produkthaftung dadurch verschärft, daß er das Entwicklungsrisiko für umweltgefährliche Produkte den Herstellern auferlegt, vgl. WAGNER in Schmidt, S. 209, 213.; HAGER in Koch, S.125, 134.

716 HAGER, ZEuP, 1997, 1, 32.

a) Die Reichweite des Fehlerbegriffs

So helfen zunächst sämtliche vorgenannten Korrekturen nicht über die Hürde hinweg, daß die Produkthaftung aufgrund ihrer Anknüpfung an den Fehlerbegriff und dessen ausschließlich verbraucherschutzorientierte Auslegung[717] solche Umweltschäden nicht erfaßt, die durch gebrauchstechnisch mangelfreie Produkte verursacht worden sind[718] - wie weiter oben ausführlich dargestellt, fließen bislang trotz des Umstands, daß nach dem Wortlaut der Produkthaftungsrichtlinie ein weiteres Verständnis durchaus möglich wäre, Kriterien wie Umweltverträglichkeit oder Entsorgungsfähigkeit nicht in die Bewertung der Fehlerhaftigkeit eines Produkts ein[719].

Eben diesen Kriterien könnte man - zur Lösung des Problems - dadurch Geltung verschaffen, daß man sie in die Kosten-Nutzen-Analyse, die dem produkthaftungsrechtlichen Fehlerbegriff zugrundeliegt, einbezieht[720].

In der Konsequenz wäre ein Produkt demnach unter Umweltgesichtspunkten dann als fehlerhaft einzustufen, wenn es im Rahmen seiner bestimmungsgemäßen und sachgerechten Verwendung zu nachteiligen Einwirkungen auf Mensch und Umwelt käme, die nach den Umständen vermieden werden könnten; unter Entsorgungsgesichtspunkten läge ein Mangel vor, wenn die Beseitigung eines Produkts bzw. seiner Rückstände mit unverhältnismäßig großen oder vermeidbaren Umweltrisiken verbunden wäre.

Die neue Kategorie des „ökologischen Fehlers" würde es also gebieten, herstellerseits eine umweltgerechte Risikominimierung vorzunehmen.

Damit würde die bloße Präsenz eines umweltgefährlichen Stoffes innerhalb eines Erzeugnisses oder die immanent vorhandene Umweltgefährlichkeit eines Produktes noch nicht zwingend zu einer Bewertung als ökologisch fehlerhaft führen - gegebenenfalls ist sie ja zum risikofreien Gebrauch oder gar zum Schutz menschlichen Lebens geboten und erforderlich.

Umweltfehlerhaftigkeit zu bejahen wäre aber, wenn die Stoffe und Produkte nach den Umständen vermeidbare nachteilige Einwirkungen auf Mensch und Umwelt hervorriefen. Dies wäre etwa dann der Fall, wenn ein adäquates Ersatzprodukt existierte, das weniger oder gar keine negativen ökologischen Effekte aufweist. Gibt ein umweltneutraleres Substitut nicht, wären die Umweltrisiken dadurch zu

---

[717] Siehe weiter oben 3 B II 6) h) cc), S.146, 147.

[718] Ähnlich kritisch HAGER, JZ 1990, 397, 407.

[719] Zum Diskussionsstand siehe weiter oben 3 B II 6) h) cc), S.146, 147 m.w.N.

[720] VON WILMOWSKY spricht in diesem Zusammenhang von „Ökologisierung des produkthaftungsrechtlichen Fehlerbegriffs", NuR 1991, 253, 265-267; VON WILMOWSKY/ ROLLER, Civil Liability, S.16-17; kritisch HAGER, JZ 1990, 397, 407, 408.

minimieren, daß herstellerseits ausreichende Gebrauchs- und Entsorgungshinweise gegeben und unter Umständen Rückholsysteme installiert werden, um zu verhindern, daß die Stoffe unkontrolliert entsorgt werden und so in den Biozyklus geraten.

b) Fehlende Kausalbeziehung zwischen Schädiger und Opfer und Insolvenz

Neben der Frage der Reichweite des Fehlerbegriffs lassen die diskutierten produkthaftungsrechtlichen Ansätze auch das verstärkt im Umweltschadensbereich auftretende Problem der nicht zweifelsfrei nachweisbaren Kausalbeziehung zwischen Opfer und Schädiger offen und unbeantwortet.

Sämtliche Beweiserleichterungen im Kausalbereich vermögen nichts daran zu ändern, daß haftungsbegründend ein wenn auch noch so dünnes Kausalitätsband zwischen Kläger und Beklagtem geflochten werden muß. Hieran fehlt es häufig nicht nur bei den emittentenfernen Distanz- und Summationsschäden[721].

Will man in solchen Fällen - wie dies im Bereich der Umwelthaftung befürwortet wird[722] - dennoch für Ausgleich sorgen, bedarf es auch im Produkthaftungsrecht der Implementierung kollektiver Ausgleichssysteme, etwa industrieller Entschädigungsfonds[723].

Derlei Systeme könnten überdies dazu beitragen, die auch produkthaftungsrechtlich latent vorhandene Insolvenzproblematik zu beseitigen bzw. zu verringern. Auch bezüglich dieses Themas hält sich die Theorie der umweltbezogenen Erweiterung bedauerlicherweise völlig bedeckt. Das Risiko der Zahlungsunfähigkeit des Produktherstellers verbleibt demnach vollständig beim Geschädigten.

c) Interessenwahrnehmung bei ökologischen Schäden

Keine Anwort hält die Erweiterungstheorie schließlich im Hinblick auf die nicht unwichtige Frage parat, wer im Falle der Einbeziehung allgemeiner Naturgüter in den Schutzbereich der Produkthaftung berechtigt sein soll, deren Interessen wahrzunehmen[724]. Die Umwelthaftungsregelungen sehen diesbezüglich verschiedene Optionen vor[725]. Diese könnten von der Produkthaftung aufgegriffen und ganz oder teilweise übernommen werden.

---

[721] Vgl. beispielsweise die DES-Fälle.

[722] Vgl. hierzu nur das „Waldschadensurteil“ des Bundesgerichtshofs, BGHZ 102, 350, 363.

[723] Zur Problematik der Finanzierung solcher Umweltfonds vgl. HENSELER, Begriffs-merkmale und Legitimation von Sonderabgaben, 1984; MEßERSCHMIDT, Umweltabgaben als Rechtsproblem, 1986, S.222.

[724] Eine Ausnahme bildet HAGER, der allgemein für ein „Klagerecht der öffentlichen Hand“ plädiert, in Blaurock, S.52.

[725] Vgl. oben 2 C III 2), S.65 ff.

d) Die Bewältigung von Massenschäden

Ungelöst bleibt zuguterletzt das gesamte Problemfeld der Bewältigung auftretender Massenschäden. Diesbezüglich findet sich nicht einmal ein ernstzunehmender produkthaftungsrechtlicher Diskussionsansatz.

Die Nachteile des individualistischen Prozeßsystems - Überlastung der Gerichtsbarkeit und die mit den Geboten ausgleichender Gerechtigkeit und Fairneß nur schwer in Verbindung zu bringende Gefahr inkonsistenter Entscheidungen - bleiben damit im Bereich des Umweltprodukthaftungsrechts existent[726].

III) Zwischenergebnis

Bei aller sinnvollen, gemeinsamen Tendenz zur Angleichung produkt- und umwelthaftungsrechtlicher Vorschriften präsentieren sich beide vorgestellten Denkansätze letztenendes unfertig und unausgegoren.

So unterwirft die Theorie der speziellen Gefährdungshaftung für umweltgefährliche Stoffe und Erzeugnisse die Produzenten ohne nähere Auseinandersetzung mit deren tatsächlicher umweltpolitischer Verantwortung dem Gefüge der strengen Umwelthaftung und stellt sie damit Personen gleich, deren Verhalten unmittelbar eine Gefahr für die Umweltmedien begründet. Daneben bleibt sie aber auch die Beantwortung der Frage schuldig, was sie überhaupt unter einem „umweltgefährlichen Produkt" verstanden wissen will. Wie im dritten Teil der Arbeit gezeigt, können nicht nur immanent gefährliche Erzeugnisse, sondern auch für sich genommen völlig umweltneutrale Produkte Umweltschäden hervorrufen.

Demgegenüber weist die insoweit wesentlich überzeugendere, weil alle Arten von Produkten umfassende Theorie von der umweltbezogenen Erweiterung der Produkthaftung - jedenfalls in der bislang angedachten Form - aus ökologischer Sicht erhebliche Lücken auf. Wie gezeigt, bleiben insbesondere die Fragen der Reichweite des Produktfehlers und der nicht (mehr) individuell zurechenbaren bzw. mangels Solvenz nicht individuell kompensierbaren Schäden offen. Ungelöst bleibt ferner die Problematik der Interessenwahrnehmung bei ökologischen Schäden und die der prozessualen Bewältigung massenhaft auftretender Schäden.

---

726 Anders im Umwelthaftungsrecht: Dort besteht einmal die Möglichkeit der Verbandsklage; darüberhinaus können verschiedene gleichgelagerte Einzelverfahren prozessual bei einem Gericht konzentriert werden, vgl. Art.22 LC.

B: Der Grad der Angleichung von Produkt- und Umwelthaftung in den USA

I) Produkt- und Umwelthaftpflicht in den USA

Produkt- und Umwelthaftpflicht sind auch in den USA Teil des deliktischen Haftungsrechts[727].

1) Das US-amerikanische Deliktsrecht und seine gesellschaftliche Bedeutung

Aufgrund der föderalistischen Struktur des amerikanischen Rechts existiert bis zum heutigen Tag kein bundeseinheitliches Deliktsrecht. Die Grundlage bilden vielmehr nach wie vor die traditionellen und ständig fortentwickelten Rechtssätze des einzelstaatlichen *common law*[728]. Dabei handelt es sich um klassisches, auf Präzedenzfällen aufbauendes Richterrecht[729].

Neben die richterrechtlichen Grundsätze und Entscheidungen sind in jüngerer Zeit vermehrt gesetzliche Regelungen der Einzelstaaten und auch des Bundes getreten. Sie dienen überwiegend der Ergänzung, teilweise aber auch der Modifikation des *common law*.

Was unter einer unerlaubten Handlung zu verstehen ist, unterliegt in den USA ständigem Wandel durch die Rechtsprechung. Seit den 60-er Jahren ist diesbezüglich - insbesondere im technischen Bereich - eine beträchtliche Ausweitung festzustellen. Begründet wird dies vornehmlich mit ökonomischen Argumenten, etwa, (1) daß eine erweiterte Haftung Anreize zur Schadensvermeidung schaffe, (2) daß die Last nicht vermeidbarer Schadensfälle von Wirtschaftsunternehmen leichter zu tragen sei als von den Betroffenen und (3) daß externe Kosten über ihre Internalisierung die wirtschaftliche Tätigkeit sinnvoll lenkten.

Kritischen Stimmen zufolge ist die Haftung in den USA unter der Prämisse dieser Argumente weit über den wirtschaftlich optimalen Punkt hinausgeschossen.

---

[727] Entsprechend dem Thema der Arbeit wird lediglich der außervertragliche Haftungssektor beleuchtet. Selbstverständlich können produkt- und umwelthaftungsrechtliche Ansprüche auch im amerikanischen Recht auf vertragliche Anspruchsgrundlagen gestützt werden.

[728] Seinen Ursprung hat der Ausdruck „common law“ im englischen Recht, wo er das Recht bezeichnete, das für das ganze Land galt (common to the whole land), FARNSWORTH, Legal System, S.113.

[729] Vgl. VON WESTPHALEN, ProdHHdb., § 105.

Gesellschaftlich kommt dem Haftungsrecht in den USA aufgrund äußerer Bedingungen, aber auch aufgrund seiner inneren Struktur ein wesentlich gewichtigerer Stellenwert zu als den vergleichbaren Regelungen in Deutschland oder Europa.

Zu den äußeren Bedingungen gehört der Umstand, daß die vielfältigen Risiken des Alltags häufig nur bruchstückhaft von behördlicher Kontrolle erfaßt werden. Dies erklärt sich mit einer in den USA traditionell vorhandenen Abneigung gegen staatliche Aufsicht und Intervention. Hinzu kommt eine nur unzureichend vorhandene soziale Absicherung, die Geschädigten oftmals keine andere Alternative läßt als im Prozeßwege ihren Schaden geltend zu machen und so ihre Existenz zu sichern.

Fast noch stärker als diese äußeren Umstände wirken sich die inneren Strukturen des Haftungsrechts auf seine Bedeutung aus. So erweist es sich gleich aufgrund mehrerer Faktoren als extrem klägerfreundlich:

Zunächst existiert praktisch kein Kostenrisiko, nachdem in aller Regel keine Pflicht zur Kostenerstattung im Falle des Unterliegens besteht und die Klägeranwälte meist für ein Erfolgshonorar, das alle Kosten für Gutachten, Zeugen etc. einschließt[730], arbeiten. Daneben eröffnet das vorprozessuale Beweisermittlungsverfahren (*pretrial discovery*)[731] nahezu unbegrenzte Einsicht in die Sphäre der Gegenseite. Noch vor Beginn des eigentlichen Prozesses können im Rahmen dieses Verfahrens zudem Sachverhalts- und Beweisfragen gestellt sowie beweisliche Einvernahmen vorgenommen werden (Parteien und Zeugen), was es ermöglicht, die Chancen auf einen erfolgreichen Prozeß schon im voraus gut abschätzen zu können. Günstig wirkt sich ebenfalls aus, daß die mündliche Verhandlung, die sich an die *pretrial discovery* anschließt, grundsätzlich vor einem Gremium von Geschworenen (*jury*) stattfindet, das sich bei seinen Entscheidungen[732] häufig von Sympathie und/oder Mitleid für den geschädigten Kläger leiten läßt. Neben materiellem Ersatz und großzügigem Schmerzensgeld hat der Deliktskläger schließlich nicht selten die Aussicht auf eine Strafzahlung (*punitive or exemplary damage*) vom Beklagten, deren Höhe den eigentlichen Schaden bei weitem übersteigen kann.

---

[730] Freilich wird das damit verbundene Risiko der Anwälte dadurch kompensiert, daß sie regelmäßig mit einem im voraus festgelegten Prozentsatz am Prozeßergebnis teilhaben (sog. contingent fee).

[731] Vgl. hierzu auch weiter unten 4 B II 2) i) aa), S.201 ff.

[732] Die Geschworenen stellen nicht nur den Sachverhalt fest, sondern befinden auch über die Haftungsvoraussetzungen, das Verschulden und die Höhe des Schadensersatzes.

2) Die Tatbestände der Produkt- und Umwelthaftung

Systematisch kennt das amerikanische Deliktsrecht weder eine Generalklausel noch eine abschließende Aufzählung geschützter Rechtsgüter. Stattdessen setzt es sich entsprechend seines aktionenrechtlichen Ursprungs aus einer Reihe unterschiedlicher Haftungstatbestände mit jeweils eigenen Anspruchsvoraussetzungen zusammen.

Dabei werden - ähnlich wie in Europa - auch in den USA Produkt- und Umwelthaftung grundsätzlich als getrennte Rechtsgebiete innerhalb des Deliktsrechts gesehen. Gemeinsame Anspruchsgrundlagen sind insoweit, zumindest auf den ersten Blick, nicht oder nur begrenzt vorhanden[733].

a) Die Tatbestände der Produkthaftung

Trotz mehrerer in dieser Richtung unternommener Versuche gibt es bis heute kein US-einheitliches Produkthaftungsrecht[734]. Genau genommen hat vielmehr jeder einzelne Bundesstaat seine eigene *products liability*. Dank des Umstands, daß sich die Entwicklung der haftungsrechtlichen Institute und Prinzipien in allen Staaten weitgehend konform vollzogen hat, ist eine Gesamtdarstellung dennoch möglich. Um den Rahmen der Arbeit nicht zu sprengen, muß allerdings eine Beschränkung auf die wichtigsten Anspruchsgrundlagen erfolgen . Diese sind für den hier maßgeblichen außervertraglichen Bereich die *strict liability in tort* und die *liability for negligence*[735].

aa) Die Haftung aus strict liability in tort

Die ohne Zweifel bedeutsamste produkthaftungsrechtliche Anspruchsgrundlage bildet die *strict liability in tort*, die eine weitgehend verschuldensunabhängige deliktische Haftung der Produzenten[736] beinhaltet. Sie geht zurück auf die bahnbrechende Entscheidung des *Supreme Court of California* in der Entscheidung *Greenman v. Yuba Power Products Inc.*[737], in welcher erstmals eine Theorie der verschuldensunabhängigen Haftung allgemein angewandt wurde.

---

[733] Zur Haftung der Produzenten nach umwelthaftungsrechtlichen Grundsätzen siehe weiter unten 4 B III, S.213 ff.

[734] Zu den verschiedenen Reformvorhaben, insbesondere dem Product Liability Reform Act 1998/1999 weiter unten cc), S.163 ff.

[735] Daneben können Produkthaftpflichtansprüche auch auf die Anspruchsgrundlage der contractual warranty (Gewährleistungshaftung) und auf sonstige vertragliche Rechte, etwa aus dem Uniform Commercial Code, gestützt werden; ihre Bedeutung ist jedoch in aller Regel gering.

[736] Zum Begriff des Produzenten im amerikanischen Produkthaftungsrecht siehe unten, S.162.

[737] 59 Cal. 2d 57, 377 P.2d 897 (1963).

Die Voraussetzungen der *strict liability in tort* sind im häufig von den Gerichten zitierten § 402A des *Restatement (Second) of Torts*[738] wiedergegeben. Danach haftet derjenige, der ein Produkt in einem fehlerhaften, d.h. unvernünftig gefährlichen (*unreasonably dangerous*) Zustand in den Wirtschaftskreislauf einführt, verschuldensunabhängig für daraus resultierende Schäden. Die Mangelhaftigkeit kann dabei gleichermaßen auf einem Fabrikationsfehler (*defective manufacture*), einem Konstruktionsfehler (*defective design*) oder einer unzureichenden Warnung vor den Gefahren des Produkts (*failure to warn*) beruhen. Dabei erlangt der letztgenannte Verstoß gegen die Warnpflicht insbesondere bei solchen Produkten Relevanz, die notwendigerweise ein gewisses Gefahrenpotential in sich tragen (*unavoidably unsafe products*).

Der Gefährdungshaftungsanspruch steht jedem zu, der durch das fehlerhafte Produkt geschädigt wurde, d.h. auch dem unbeteiligten Dritten (*innocent bystander*). Zudem ist er nicht von einer spezifischen Beziehung zwischen den Streitparteien abhängig. Dies ermöglicht es dem Geschädigten, gegen jede im *stream of commerce* eingebundene Person vorzugehen. Als Anspruchsgegner kommen insoweit neben dem Hersteller auch Händler, Verkäufer und Lizenzgeber in Betracht[739].

bb) Die negligence-Haftung

Obgleich die verschuldensunabhängige Gefährdungshaftung der *strict liability in tort* in den letzten Jahren deutlich in den Vordergrund gerückt ist, kommt der Fahrlässigkeitshaftung (*negligence liability*) noch immer eine nicht zu unterschätzende produkthaftungsrechtliche Bedeutung zu. Dies gilt insbesondere in den - allerdings wenigen - Staaten, die das Prinzip der Gefährdungshaftung nicht übernommen haben[740]; zudem wird die *negligence*-Haftung häufig alternativ zur Gefährdungshaftung im Prozeß geltend gemacht.

Die *liability for negligence* ist eine verschuldensabhängige Haftung, die dann Platz greift, wenn der Schädiger eine gegenüber dem Opfer bestehende Sorgfaltspflicht (*duty of care*) verletzt hat (*breach of duty*) und daraus resultierend (*proximate cause*) ein Schaden eingetreten ist[741]. Die Sorgfaltspflicht kann dabei

---

738 Die Restatements of Law, die vom angesehenen American Law Institute erstellt werden, enthalten eine Essenz der gefestigten common law-Regeln in statuarischer Form. Ihnen kommt zwar keine bindende Wirkung, jedoch höchste autoritative Überzeugungskraft zu.

739 Damit erweist sich der Kreis der Haftungsadressaten in der amerikanischen Produkthaftung als wesentlich weiter als in der europäischen; vgl. hierzu auch SCHMIDT-SALZER, EG-ProdH, Einl., Rn.90.

740 Vgl. hierzu VON WESTPHALEN, ProdHHdb, § 107, Rz.1.

741 Vgl. PROSSER/KEETON, Law of Torts, S.164.

sowohl auf gesetzlichen Vorschriften[742] wie auf anderen rechtlich anerkannten Verhaltensanforderungen beruhen[743].

Beim Haftungsmaßstab werden regelmäßig strenge Sorgfaltsmaßstäbe angelegt. Fahrlässig handelt, wer seiner Sorgfaltspflicht nicht in ausreichendem Maße nachgekommen ist, sei es, daß er schädliche Folgen nicht vorausgesehen, gebotene Gefahrbeseitigungsmaßnahmen nicht oder nicht rechtzeitig getroffen oder Dritte nicht hinreichend aufgeklärt und/oder gewarnt hat[744].

Die Verletzung einer gesetzlichen Sicherheitsvorschrift führt eo ipso zur Bejahung der Fahrlässigkeit (*negligence per se*)[745]; demgegenüber schließt ihre Einhaltung ein Verschulden nicht zwingend aus, da die für jeden Fall gesondert zu prüfenden Sorgfaltsanforderungen von den Gerichten nicht selten noch höher angesiedelt werden als die gesetzlich festgeschriebenen Standards[746].

cc) Reformbestrebungen

Wie bereits angedeutet, wird in den USA schon seit langem über eine bundeseinheitliche Regelung der Produkthaftung nachgedacht. Damit sollen im wesentlichen zwei Ziele verwirklicht werden, die Rechtsvereinheitlichung innerhalb der Vereinigten Staaten und die gesetzgeberische Begrenzung der teils ausufernden und damit wirtschaftsgefährdenden Rechtsprechung. An Projekten und Entwürfen sind historisch neben dem bereits 1979 vorgestellten *Uniform Product Liability Act* (UPLA)[747] insbesondere der 1982 von Senator Kasten vorgeschlagene und von der Industrie unterstützte *Product Liability Act*[748], der im wesentlichen auf

---

742 Zu nennen sind hier insbesondere der Consumer Product Safety Act, 15 USCA §§ 2051 ff., der Federal Hazardous Substances Act, 15 USC §§ 1261 ff., der Federal Insecticide, Fungizide and Rodenticide Act, 7 USC §§ 135 ff. und der Occupational Safety and Health Act, 15 USCA §§ 1191 ff.

743 PROSSER/KEETON, Law of Torts, S.169: duty of care is „a duty, or obligation, recognized by the law, requiring the actor to conform to a certain standard of conduct, for the protection of others against reasonable risks".

744 Vgl. PROSSER/KEETON, Law of Torts, S.173.

745 HENDERSON/PEARSON, The Tort Process, S.392; PROSSER/KEETON, Law of Torts, S.230; DOOLEY, Modern Tort Law, Liability and Litigation, S.79.; Siehe auch Bagley v. Controlled Envtl. Corp., 503 A.2d 823, 827 (N.H.1986); Branch v. Western Petroleum, Inc., 657 P.2d 267, 276 (D.Utah 1982).

746 Vgl. BORER, Produktehaftung, S.100 ff.

747 44 Fed. Reg. 62714 (1979); vgl. hierzu auch HOECHST, US-Produzentenhaftung, S.100; PFEIFER, Produktfehler, S.227.

748 S.2631, 97th Cong., 2d Sess. (1982); DWORKIN, 57 Tulane L.Rev. 602, 620 (1983); PFEIFER, Produktfehler, S.229 ff.; VON HÜLSEN, RIW 1983, 633, 634.; ders. RIW 1985, 187, 193.

eine Abschaffung der *strict liability in tort* und eine Rückkehr zu den Grundsätzen der *negligence liability* abzielte, und der Ansatz des American Law Institute (ALI) im *Restatement of Torts (Third)* von 1997 zu nennen, der ebenfalls erhebliche Beschneidungen der gerichtlich entwickelten Produkthaftung - insbesondere beim Haftungsmaßstab - vorsieht[749].

Das aktuellste Reformvorhaben bildet der *Product Liability Reform Act of 1998/1999* (PLRA)[750]. Er soll für alle Produkthaftpflichtklagen vor einzel- oder bundesstaatlichen Gerichten gelten[751] und eine faire Haftungsverteilung zwischen Industrie und Verbraucher realisieren.

Der PLRA geht von einer verschuldensunabhängigen Haftung des *manufacturers* aus, sieht eine Haftung des Verkäufers (*seller*), der nicht zugleich Hersteller ist, allerdings nur noch dann vor, wenn er nicht die im Verkehr notwendige Sorgfalt hat walten lassen[752].

Das Gesetz enthält damit eine erhebliche Beschränkung im Hinblick auf den Haftungsmaßstab. Hierzu muß man wissen, daß in den USA bei Produkthaftungsansprüchen häufig gegen das letzte Glied in der Produktions- und Vertriebskette, den Verkäufer des Endproduktes, vorgegangen wurde und wird. Auch diese Personengruppe unterfällt nach aktueller Rechtsprechung den Grundsätzen der *strict liability in tort,* obwohl die Verantwortlichkeit für den Fehler regelmäßig nicht bei ihr liegt[753]. Daran wurde und wird zu Recht kritisiert, daß die scharfe Haftung der Verkäufer keine optimale Lenkungsfunktion im Hinblick auf die Entwicklung sicherer(er) Produkte entfalte[754]. Tatsächlich kann eine solche privatrechtlich nur durch eine deutlichere Haftungsverlagerung auf die Hersteller bewirkt werden. Der PLRA greift diesen Gedanken auf, indem er unterschiedliche Haftungsprinzipien vorsieht und die Händler damit im Vergleich zu den Herstellern besser stellt[755].

---

749 So rückt der Entwurf grundsätzlich vom Prinzip der Gefährdungshaftung für Konstruktions- und Instruktionsmängel ab, American Law Institute (ALI), Restatement of the Law (Third), Torts - Products Liability; vgl. hierzu auch OWEN, 49 South Carolina L.Rev. 273 (1998); MADDEN/ OWEN/ DAVIS, On products liability, S.50; ZEKOLL, IPRax 1997, 198, 201.

750 S.2236, 105th Cong., 2d Sess. (1998).

751 Sect.2 (b)(1) PLRA 1998.

752 Sect.103 (a)(1)(A) PLRA 1998; daneben haftet der Verkäufer auch bei ausdrücklicher Zusicherung, vorsätzlichem Handeln und dann, wenn ein Ersatzanspruch gegen den Hersteller aus faktischen Gründen nicht durchgesetzt werden kann.

753 Der Verkäufer muß dann seinerseits den Hersteller verklagen, um für den geleisteten Schadensersatz Regreß zu nehmen.

754 Vgl. ZEKOLL, IPRax 1997, 198,201.

755 Dies entspricht im übrigen der Rechtslage in der Europäischen Union. So wird in der EU-Produkthaftungsrichtlinie der Anspruch von vorneherein auf den Hersteller kanalisiert; eine

b) Die Anspruchsgrundlagen der US-amerikanischen Umwelthaftung

Die Anspruchsgrundlagen der US-amerikanischen Umwelthaftung finden sich sowohl im *common law* wie in verschiedenen Gesetzeswerken.

aa) Common law

Eine einheitliche *common law*-Haftungsgrundlage für Umweltverschmutzungsfälle gibt es in den USA nicht. Vielmehr werden verschiedenartige Rechtsgrundsätze und -prinzipien herangezogen, wenn umweltbezogene Unterlassungs- und Schadensersatzansprüche geltend gemacht werden[756].

(1) Haftung für nuisance

Das Institut der *nuisance* dient dem Schutz des Grundbesitzes und ist die traditionell am häufigsten genannte deliktsrechtliche Anspruchsgrundlage bei Störungen und Immissionen jedweder Art. Aufgrund der historischen Entwicklung sind zwei Arten zu unterscheiden, die deliktsrechtliche *private nuisance* und der Straftatbestand der *public nuisance*. Beide Konzepte unterscheiden sich erheblich, unterliegen aber im Grundsatz denselben Regeln[757].

(a) Private nuisance

Der Tatbestand der *private nuisance* greift dann Platz, wenn das Interesse eines privaten Grundstückeigentümers an der Nutzung seines Grundstücks und/oder der Möglichkeit, sich daran zu erfreuen, beeinträchtigt wird (*interference with use and enjoyment of land*) und gewährt - verschuldensunabhängig - den Ersatz aller Schäden, die aus der Beeinträchtigung resultieren[758].

Dabei sind aufgrund des Umstands, daß verschiedene Nutzungsinteressen miteinander konkurrieren, zwei verengende Voraussetzungen zu erfüllen. An erster Stelle muß die geltend gemachte Beeinträchtigung wesentlich (*substantial*)[759] sein, wobei sich die Erheblichkeit objektiv-subjektiv nach dem Empfinden eines Durchschnittsmenschen (*ordinary comfort*) im immissionsbelasteten Gebiet

---

Haftung der Händler kommt nur in zwei Ausnahmefällen in Betracht, nämlich als Importeur und als Händler von Produkten ohne Herstellerkennzeichnung, Art.3 Abs.2, 3 PHR; siehe hierzu weiter oben im zweiten Teil B II 4) b), S.14/15.

756 RODGERS, Handbook of Envtl. Law, S.100; COOKE, Law of Hazardous Waste, Vol.3, S.17 ff.

757 Restatement (Second) of Torts, Introductory note on nuisance, vor § 821.

758 PROSSER/KEETON, Law of Torts, S.616, 617.

759 PROSSER/KEETON, Law of Torts, S.626.

richtet[760]. Daneben muß kumulativ unvernünftiges (*unreasonable*) Verhalten vorliegen. Die *unreasonabless* ist im Einzelfall durch Abwägung zu ermitteln. Maßgebliche Kriterien sind die Schwere der Beeinträchtigung[761], die Nützlichkeit des Verhaltens[762] und die Ortsüblichkeit (*suitability of the locality*) der Grundstücksnutzung[763]; darüberhinaus spielen Faktoren wie der gesellschaftliche Wert der störenden Tätigkeit[764] und das Verhalten des/der Beeinträchtigten eine Rolle[765].

Private nuisance gibt einen Anspruch auf Schadensersatz sowie auf Erlaß einer gerichtlichen Unterlassungsverfügung (*injunction*)[766] und ermöglicht unter bestimmten Voraussetzungen auch den Ersatz ökologischer Schäden, nämlich dann, wenn der Eigentümer durch die Verschmutzung von Umweltmedien in der Nutzung oder Freude an seinem Land beeinträchtigt wird.

(b) Public nuisance

Das Rechtsinstitut der *public nuisance* greift bei Verstößen gegen Interessen der Allgemeinheit (*public rights*)[767] ein und ist von seiner Struktur her eher ein polizeirechtliches denn deliktsrechtliches Instrumentarium[768].

Die Durchsetzung der *public nuisance* obliegt grundsätzlich dem Staat[769]. Allerdings kann sie in eng umgrenzten Ausnahmefällen auch dem einzelnen als Anspruchsgrundlage für eine Ersatzklage dienen, nämlich dann, wenn er eine „*special injury*“, d.h. einen gegenüber der Allgemeinheit abgrenzbaren, besonderen Schaden geltend machen kann[770].

---

[760] Individuelle Empfindlichkeiten (hyper sensitive use) bleiben unberücksichtigt.

[761] Restatement (Second) of Torts, § 827.

[762] Restatement (Second) of Torts, § 826; FINDLEY/FARBER, Envtl. Law, S.62; HENDERSON/PEARSON, The Tort Process, S.921.

[763] Restatement (Second) of Torts, § 827 (d).

[764] Restatement (Second) of Torts, § 827 (c).

[765] Etwa, wenn sich der Beeinträchtigte wissentlich in einer immissionsbelasteten Gegend niedergelassen hat, Restatement (Second) of Torts, § 840 D.

[766] DOBBYN, Injunctions in a Nutshell, S.132.

[767] Etwa die öffentliche Gesundheit, die öffentliche Sicherheit und der öffentliche Frieden.

[768] Restatement (Second) of Torts, § 821 B.

[769] PROSSER/KEETON, Law of Torts, S.446.

[770] JOHNSON, 71 A.L.R. 4th 13, 25 (1989); PROSSER/KEETON, Law of Torts, S.651; vgl. hierzu auch Leo v. General Electric Co., 538 N.Y.S. 2d 844 (App.Div.2d Dept.1989): in diesem Fall wurde einem Fischer Schadensersatz wegen der Vergiftung eines Flusses durch PCB zugesprochen.

(2) Haftung für trespass

Ähnlich wie die *nuisance* bewirkt auch das Institut des *trespass* den Schutz des Grundstücks vor Beeinträchtigung und Schädigung. Sein Tatbestand erfaßt jede unbefugte Einwirkung (*invasion*) auf ein Grundstück[771], die sich negativ auf dessen physische Konstitution auswirkt. Beipiele sind etwa das Einsickernlassen von Abwässern[772] oder die Ablagerung von Abfällen[773].

Die Abgrenzung des *trespass* von der *nuisance* ist fließend, teilweise wurden Ansprüche auch auf beide Rechtsinstitute gestützt[774]. *Trespass* wird überwiegend dann bejaht, wenn auf das Grundstück des Geschädigten gegenständliche und fühlbare Substanzen gelangt sind. Demgegenüber wird bei nichtgegenständlichen Beeinträchtigungen - etwa durch Licht, Erschütterung oder Lärm - das Institut der *nuisance* bevorzugt[775].

Der Anspruch aus *trespass* richtet sich - neben Unterlassung und Beseitigung - auf den verschuldensunabhängigen Ersatz (*strict liability*) aller entstandenen Schäden und zwar unabhängig davon, ob ihr Eintritt vorhersehbar war oder nicht[776].

(3) Strict liability for abnormally dangerous activities

Einen weiteren, wichtigen Eckpfeiler des amerikanischen Umwelthaftungsrechts bildet die Theorie der Gefährdungshaftung für ungewöhnlich gefährliche Unternehmungen (*strict liability for abnormally dangerous activities*). Sie geht zurück auf die englische Entscheidung *Rylands v. Fletcher*[777] aus dem Jahre 1868, in welchem das Gericht den Eigentümer eines Wasserreservoires für haftbar erklärt

---

[771] Zur Definition von trespass als „unprivileged invasion onto the land of another" siehe PROSSER/KEETON, Law of Torts, S.78.

[772] Siehe z.B. Sterling v. Velsicol Chemical Corp., 647 F.Supp. 303, 316 (W.D.Tenn.), aff'd in part, rev'd in part, 855 F.2d 1188, 1200 (6th Cir. 1988); Johnson v. Tipton, 431 N.E. 2d 464 (Ill.App.1982).

[773] City of Philadelphia v. Stephan Chemical Co., 544 F.Supp. 1135, 1151 (E.D. Pa.1982).

[774] Vgl. City of Philadelphia v. Stephan Chemical Co., 544 F.Supp. 1135, 1151 (E.D.Pa. 1982) (Wasserverschmutzung als trespass und nuisance); Miller v. Cuhady, 592 F.Supp. 976, 984 (D.Kan.1984; Überschwemmung des Grundstücks als trespass, Schadstoffverschmutzung als nuisance); Borland v. Sanders Lead Co., 369 So.2d 523, 527 (D.Ala.1979) (Luftimmissionen als nuisance oder trespass).

[775] HENDERSON/PEARSON, The Tort Process, S.915.

[776] Restatement (Second) of Torts, § 162; COOKE, Law of Hazardous Waste, Vol.2, S.194.

[777] Fletcher v. Rylands, 1865, 159 Eng.Rep.737, rev'd in Fletcher v. Rylands 1866 L.R.1 Ex. 265, aff'd sub nom. Rylands v. Fletcher, 1868 L.R.3 H.L. 330.

hatte, dessen Wasser sich ohne Verschulden des Inhabers in eine darunter liegende Kohlenmine ergossen hatte.

Die *Rylands*-Entscheidung wurde in den USA wegen ihrer enormen Reichweite zunächst nur sehr verhalten aufgenommen. Später setzte sie sich - bzw. genauer die in ihr enthaltene strikte Haftung - in immer mehr Bundesstaaten durch und wurde schließlich als allgemeines Haftungsprinzip in das *Restatement (Second) of Torts* aufgenommen[778].

Im Bereich der Umweltverschmutzung hat sich die *strict liability* über die Jahre zur wohl führenden *common law* -Anspruchsgrundlage entwickelt[779]. Die Haftung setzt keine Sorgfaltspflichtverletzung voraus, sondern greift unmittelbar bei Vornahme einer außergewöhnlich gefährlichen Tätigkeit (*abnormally dangerous activity*) und einem daraus resultierenden Verletzungserfolg ein.

Zur Feststellung, ob eine Tätigkeit den maßgeblichen Gefährdungsgrad aufweist, werden verschiedene Kriterien herangezogen, nämlich,

- -ob die Unternehmung ein hohes Schadensrisiko für Personen, Grundstücke oder Vieh anderer mit sich bringt;
- -ob der Schaden wahrscheinlich schwerwiegend ist;
- -ob das Risiko durch die Beobachtung angemessener Sorgfalt (*reasonable care*) ausgeschlossen werden kann;
- -ob die Unternehmung nicht allgemeiner Praxis (*common usage*) entspricht;
- -ob die Unternehmung dem Ort ihrer Ausübung unangemessen ist und schließlich
- -der Wert der Unternehmung für die Allgemeinheit.

All diese Kriterien sind, ähnlich wie bei der Ermittlung der *unreasonabless* der Beeinträchtigung im Rahmen der *nuisance,* gegeneinander abzuwägen. Dabei lassen sich die Gerichte häufig von der Erwägung leiten, daß derjenige, der eine außergewöhnlich gefährliche Tätigkeit zum eigenen Nutzen und zur Erlangung wirtschaftlicher Vorteile vornimmt, auch für daraus resultierende Schäden einzustehen hat[780].

---

778 Restatement (Second) of Torts, § 519.

779 Beispiele aus der Rechtsprechung sind: City of Bridgeton v. B.P. Oil Inc., 369 A.2d 49 (N.J.1976); Indiana Harbour Belt Railroad Co. v. American Cyanamid Co., 517 F.Supp. 314, 318 (1981); Ashland Oil v. Miller Oil Purchasing Co., 678 F.2d 1293, 1307 (1982).

780 So etwa im Fall Indiana Harbour Belt Railroad Co. v. American Cyanamid Co., 517 F.Supp. 314, 319 (1981) (Grundwasserverschmutzung durch schadstoffhaltige Flüssigkeit), in dem besonders auf die Erheblichkeit des Schadens und den sozialen Unwert des Verhaltens abgestellt wurde.

(4) Haftung für negligence

Schließlich kommt auch im Umweltbereich eine *negligence-liability* in Betracht. Die Voraussetzungen dieses Rechtsinstituts wurden bereits weiter oben im Rahmen der Produkthaftung umfassend dargestellt. Im Umwelthaftungsrecht erfolgt allerdings eine Erweiterung um ökologische Sorgfaltspflichten. Hierbei werden strenge Maßstäbe angelegt. Dies gilt insbesondere im Umgang mit chemischen oder sonst umweltgefährlichen Stoffen und Substanzen[781].

(5) Exkurs: Die common law-Institute der public trust doctrine und der parens patriae doctrine

Ein besonderes Problem des Umwelthaftungsrechts liegt darin, daß in vielen Fällen zwar klar identifizierbare Schäden vorliegen, es aber an einem (Privat-) Eigentümer fehlt, der diese Schäden geltend machen könnte.

Zur Lösung hat die US-Rechtsprechung verschiedene Treuhandmodelle entwikkelt, die es möglich machen, Ersatzansprüche auch wegen rein ökologischer Schäden durchzusetzen.

(a) Die public trust doctrine

So wird nach der *public trust doctrine* der Staat als treuhänderischer Verwalter (*trustee*) verschiedener Naturgüter angesehen[782]. Kraft dieses Amtes kommt ihm die Aufgabe zu, diese Ressourcen zu schützen und ihre Nutzung durch die Allgemeinheit zu gewährleisten. Bei Beeinträchtigungen oder Zerstörungen von Naturgütern erwächst daraus das Recht, aber auch die Pflicht, gegen Schädiger vorzugehen, sofern ein über die bloßen Vermögensinteressen einzelner Bürger hinausgehendes Interesse vorliegt[783].

War die sich daraus ableitende Klagebefugnis zunächst auf die Abwehr drohender Gefahren beschränkt, ist inzwischen allgemein anerkannt, daß der Staat auch Schadensersatzansprüche geltend machen kann[784]. Umstritten ist dabei lediglich, ob sich dies, was wohl zutreffend ist, bereits aus der *public trust doctrine* per se ergibt oder ob zusätzlich eine ausdrückliche Regelung zum Schutz der jeweiligen Ressource vorliegen muß. Nachdem in den ersten Schadensersatz bejahenden

---

781 COOKE, Law of Hazardous Waste, Vol.3, S.17-57.

782 Die Ursprünge der public trust doctrine liegen im römischen Recht: Dort galten Flüsse sowie das Meer als „res communes omnium"; vgl. KASER, Römisches Privatrecht, S.91; zur Entwicklung im amerikanischen Recht KUBE, UTR 1996, 77, 81 ff.

783 Vgl. ERICHSEN, Der ökologische Schaden, S.183.

784 Vgl. Commonwealth v. SS Zoe Coloctroni, 628 F.2d 652, 671 (1st Cir.1980).

Entscheidungen nur die Wiederherstellungskosten als ersatzfähig anerkannt wurden, ist zwischenzeitlich auch Kompensation für verbleibende Wertverluste zugesprochen worden. Die Berechnung der Schadensersatzsumme hat sich dabei allerdings an den Wiederherstellungskosten zu orientieren. Ist eine Restitution nicht möglich, können auch vernünftige Ersatzmaßnahmen Berechnungsgrundlage für ökologische Schäden sein[785].

(b) Die parens patriae doctrine

Neben der *public trust doctrine* ermöglicht auch die sogenannte *parens patriae doctrine*[786] staatlichen Stellen ein gerichtliches Eingreifen, sofern eigene Interessen unmittelbar betroffen sind und diese über bloße individuelle Interessen hinausgehen. Im Umweltbereich kommen insoweit insbesondere das Interesse an sauberen Küstengewässern und dem tierischen und pflanzlichen Leben darin[787] sowie das Interesse an der Erhaltung wildlebender Tiere[788] in Betracht.

Anerkanntermaßen beschränkt sich die durch die *parens patriae doctrine* verliehene Klagebefugnis nicht auf Unterlassungsansprüche, sondern dient auch unmittelbar als Grundlage für Schadensersatzforderungen aufgrund von Umweltbeeinträchtigungen[789]. Umstritten ist allerdings auch hier, ob die allgemeine Eigenschaft des Staates als Schutzherr natürlicher Ressourcen allein zur Begründung gerichtlicher Legitimation ausreicht[790] oder ob der Staat nicht zuvor besondere gesetzliche Regelungen zum Schutz der betroffenen Umweltgüter getroffen haben muß, um sich auf die *parens patriae doctrine* berufen zu können[791].

(c) Private als Treuhänder ?

Treuhänderische Aufgaben im Interesse der Allgemeinheit können in den USA schließlich auch Privaten zugewiesen werden. Besondere Bedeutung kommt dabei den Umweltschutzverbänden zu. So wird diesen das Recht eingeräumt,

---

785 Commonwealth v. SS Zoe Coloctroni, 628 F.2d 652, 677 (1st Cir.1980).

786 Übersetzt: die Lehre von der vormundschaftlichen Funktion des Staates.

787 State of Maine v. M/V Tamano, 357 F.Supp. 1097, 1100 (D.Me.1973).

788 Siehe hierzu In Re Steuart Transportation Company, 495 F.Supp. 38, 40 (E.D.Va.1980).

789 Vgl. State of Maine v. M/V Tamano, 357 F.Supp. 1097, 1100 (D.Me.1973).

790 So die Auffassung des Gerichts im Fall State of Maine v. M/V Tamano, 357 F.Supp. 1097 (D.Me.1973).

791 So die wohl herrschende Auffassung in der Literatur, vgl. McFARLAND/FREEDMAN, Natural Resource Damages, S.19, WARD/DUFFIELD, Law and Economics, S.21; ebenso die Rechtsprechung in Commonwealth v. Agway Inc., 232 F.2d 69 (Pa.Super.Ct.1967); offengelassen in Commonwealth v. SS Zoe Coloctroni, 628 F.2d 652, 671 (1st Cir.1980).

gegen staatliche Akte, die die Natur beeinträchtigen, vorzugehen (*standing to sue*), sofern sie nur belegen können, daß einige ihrer Mitglieder das in Mitleidenschaft gezogene Naturgut in ihrer Freizeit nutzen und deshalb direkt betroffen sind[792]. Die individuelle Betroffenheit der Mitglieder dient somit als Schlüssel zur Wahrnehmung ideeller Verbandsinteressen.

Ein weiteres Instrumentarium zur privaten Wahrnehmung öffentlicher Interessen ist der sog. „*citizen suit*“[793]. Hierbei sind zwei Arten zu unterscheiden: Zunächst können Private - singulär oder als Gruppe - gegen andere Private klagen, denen sie vorwerfen, Umweltrecht zu verletzen; daneben besteht die Möglichkeit, gegen staatliche Stellen vorzugehen, die entgegen einem gesetzlichen Auftrag im Vollzug des Umweltrechts untätig bleiben[794]. Einfordern können die Privaten im *citizen suit*-Verfahren ein bestimmtes Tun oder Unterlassen (*injunctive relief*) und sog. *civil penalties* (nichtstrafrechtliche Bußen), nicht aber Schadensersatzleistungen. Klassische Treuhandfunktion kommt ihnen damit ersatzrechtlich nicht zu[795].

bb) Gesetzliche Haftungsgrundlagen

Außerhalb des *common law* finden sich umwelthaftungsrechtliche Anspruchsgrundlagen auch in verschiedenen bundes- und einzelstaatlichen Gesetzen. Gleich mehrere Bundesstaaten haben etwa Regelungen verabschiedet, die deliktische Ansprüche wegen Schäden durch unsachgemäß abgelagerten Abfall gewähren[796]. Daneben wurde das von der Rechtsprechung entwickelte *common tort law* häufig von der Legislative aufgegriffen und in Gesetzesform gegossen[797].

Eine ganze Reihe weiterer gesetzlicher Vorschriften betrifft indirekt ebenfalls die Haftung für Umweltschäden, gehört aber, da eine Kompensation individualrechtlicher Schäden nicht vorgesehen ist, nicht unmittelbar in den Bereich des Deliktsrechts. In diese Kategorie fallen der auch international bekannte *Comprehensive Environmental Response, Compensation, and Liability Act* (CERCLA), der *Oil Pollution Act* (OPA), der *Clean Water Act* (CWA) sowie eine Vielzahl weiterer einzel- und bundesstaatliche Umweltentschädigungsregelungen[798]. Nachdem

---

792 Wilderness Society v. Griles, 824 F.2d 4 (D.C.Cir.1987).

793 Übersetzt BürgerInnenklage; Zur Bedeutung des citizen suit im Bereich toxischer Schäden siehe weiter unten 4 B II 2) i) bb), S.202.

794 BREEN, 24 Wake Forest L.Rev. 851, 870 (1989).

795 Ebenso McCALLION, 3 Fordham Envtl.L.Rep. 125, 133 (1992).

796 Vgl. etwa Minnesota, Minn. Stat. § 1152.01; ebenso Kalifornien, Cal. Health & Safety Code, §§ 25370-25382 (1981).

797 Vgl. etwa 35 Pa.Stat.Ann. § 6080 (Pennsylvania).

798 Zum Clean Water Act und Marine Protection, Research, and Sanctuaries Act sowie den ordnungsrechtlichen Regelungen des Toxic Substances Control Act, des Resource

diese Vorschriften wichtige und auch interessante Ergänzungen bzw. Alternativen zum Deliktsrecht enthalten, soll im folgenden kurz auf sie eingegangen werden.

(1) Der Comprehensive Environmental Response, Compensation, and Liability Act (CERCLA)

(a) Überblick

Ziel des 1980 verabschiedeten CERCLA[799] ist die umfassende, bundesweite Identifizierung und Sanierung von Altlasten[800] sowie die weitgehende Heranziehung des bzw. der Verantwortlichen. Zur Erreichung dieses Ziels stellt das Gesetz ein umfassendes normatives Instrumentarium zur Verfügung. So sind de lege lata geregelt

-das Verfahren der bundesweiten Altlastenerforschung,
-die (Vor-) Finanzierung dieser Verfahren durch einen Fonds, den sog. *Superfund* bzw. private Dritte und
-die (Re-) Finanzierung durch die Verursacher (*responsible parties*).

Die Identifizierung der Altlasten obliegt der nationalen Umweltbehörde EPA[801], die in einem von ihr zu erstellenden Standortplan, dem *National Contingency Plan* (NCP), alle Standorte auflistet und eine Bewertung ihrer Gefährlichkeit und möglicher Sanierungsmethoden vornimmt[802]. Die Sanierung wird dann, sobald sie beschlossen wird[803], entweder durch die EPA selbst durchgeführt[804] oder dem Verantwortlichen durch Verfügung aufgegeben[805]. Möglich ist darüberhinaus auch eine freiwillige Sanierung durch private Dritte.

Sofern der Staat nach *section* 104 selbst im Wege der Ersatzvornahme tätig wird, erfolgt die (Vor-) Finanzierung der Maßnahme unmittelbar aus einem speziell hierfür geschaffenen Sondervermögen, dem sog. *Superfund*[806]. Dieser Fonds speist sich aus steuerlichen Abgaben auf die Herstellung/ Einfuhr von Rohöl und petrochemischen bzw. anorganischen Rohstoffen sowie aus allgemeinen Steuer-

---

Conservation and Recovery Act und des Clean Air Act siehe weiter unten 4 B I 2) b) bb) (2), (3), S.174.

799 42 USCA §§ 9601-9675.

800 Das amerikanische Recht kennt den Begriff der „Altlast" eigentlich nicht; CERCLA spricht insoweit von „release of hazardous substances", sects.101 (14), 101 (22).

801 Environmental Protection Agency.

802 42 USCA § 9605.

803 Die Aufnahme eines Standorts in den NCP ist nicht gleichbedeutend mit der Entscheidung über die Sanierung; vgl. KÄMPNY, Umwelthaftpflichtrecht in den USA, S.102.

804 42 USCA § 9604.

805 42 USCA § 9606.

806 42 USCA § 9611(a) i.V.m. § 9604(a)(1).

mitteln aus dem Bundeshaushalt[807] und soll die möglichst schnelle Entsorgung verseuchter Flächen sicherstellen. Im Anschluß an die Sanierung erfolgt dann über im CERCLA vorgesehene Haftungsbestimmungen die finanzielle Heranziehung der entsprechenden Verantwortlichen.

(b) Die Haftung für CERCLA cleanup- actions

CERCLA-*section* 107 (a)(4)(A) räumt der US-Regierung bzw. einzelnen Bundesstaaten[808] das Recht ein, die im Rahmen der Sanierung entstandenen Kosten gegenüber den Verantwortlichen geltend zu machen und mit den auf diesem Wege erlangten finanziellen Mitteln den *Superfund* wieder aufzustocken. Daneben enthält *section* 107 aufgrund ihres eindeutigen Wortlauts eine eigenständige Anspruchsgrundlage für private Sanierer[809].

Die *sections* 106/107 ziehen den Kreis der verantwortlichen Personen bewußt weit[810]. Er umfaßt praktisch alle, die mit den Abfällen auch nur irgendwie in Berührung gekommen sind. Dies sind im einzelnen:

- die Eigentümer und Betreiber einer Anlage[811],
- alle Personen, die zum Zeitpunkt der Ablagerung der umweltgefährdenden Substanzen Eigentümer oder Betreiber waren[812],
- alle diejenigen, die aufgrund von Verträgen oder sonstigen Vereinbarungen die Deponierung eigener toxischer und umweltgefährlicher Stoffe durch Dritte veranlaßt haben[813] und schließlich
- all diejenigen, die den Transport umweltschädlicher Stoffe zum Zweck der Beseitigung oder Weiterverarbeitung an entsprechenden Örtlichkeiten übernommen haben[814].

Die Haftung tritt ein, wenn eine oder mehrere umweltgefährliche Substanzen aus einer Deponie austreten und Sanierungsmaßnahmen notwendig machen[815].

---

807 Hazardous Substance Superfund; 42 USCA § 9611(a); HAJEN, ZfU 1986, 349, 352; NOTE, Hazardous Waste, 21 Envtl.L. 1141 (1991).

808 42 USCA § 9607 (a)(4)(A); die Regelung umfaßt auch Indian Tribes.

809 42 USCA § 9607 (a)(4)(B): „any other persons"; unter private Sanierer fallen nach anerkannter Auffassung auch Personen, die selbst responsible party sind, vgl. Philadelphia v. Stephan Chemical Co., 544 F.Supp.1135, 1139 (E.D.Pa.1982), Chemical Waste Mgt. v. Armstrong World Ind., F.Supp. 1285, 1291 (E.D.Pa.1987).

810 42 USCA § 9607 (a)(1-4); vgl. auch MAUHS, 15 Envtl.L. 471, 474 (1985).

811 42 USCA § 9607 (a)(1).

812 42 USCA § 9607 (a)(2).

813 42 USCA § 9607 (a)(3); Zur Frage, ob unter diese Kategorie auch die Hersteller umweltgefährlicher Produkte zu fassen sind, siehe ausführlich unter 4 B III 1), S.213 ff.

814 42 USCA § 9607 (a)(4).

815 42 USCA § 9607 (a).

Dabei soll es nach der sowohl auf den Wortlaut wie auch den Zweck des CERCLA gestützten Auffassung der Rechtsprechung weder auf den Nachweis eines Verschuldens noch eines sicheren Verursachungsbeitrages ankommen[816]. Es haftet damit praktisch jeder, der eine toxische Substanz im Wege der Abfallbeseitigung deponiert oder deponieren läßt, für die Kosten einer notwendigen Sanierung.

(2) Weitere bundesstaatliche Umweltschutzgesetze

Die halb öffentlichrechtliche, halb privatrechtliche Grundkonzeption des CERCLA findet sich auch in anderen bundesstaatlichen Regelwerken wieder.

So wird der Bundesregierung entsprechend dem 1990 nach einer Reihe von Tankerunfällen erlassenen *Oil Pollution Act* (OPA)[817] die Möglichkeit eingeräumt, den Umweltverschmutzer zum Aufräumen zu veranlassen oder die erforderlichen Maßnahmen selbst durchzuführen. Nimmt sie die Sanierung im Wege der Ersatzvornahme selbst vor, haftet ihr der für ein Schiff oder eine Anlage Verantwortliche verschuldensunabhängig für die dadurch entstehenden Aufräumungskosten; daneben kann der Staat als Treuhänder der Natur den Ersatz entstandener ökologischer Schäden verlangen[818].

Praktisch identisches gilt nach den Regelungen des *Clean Water Act*[819] und des *Marine Protection, Research, and Sanctuaries Act* (MPRSA)[820]. Die Verantwortlichkeit liegt hiernach bei den Eigentümern und Betreibern von Anlagen oder Fahrzeugen, von denen umweltgefährliche Stoffe in Gewässer gelangen[821].

(3) Umweltschutzgesetze der Einzelstaaten

Neben den Gesetzen des Bundes gibt es schließlich noch eine ganze Reihe einzelstaatlicher Gesetze, die eine Haftung für Umweltschäden vorsehen. Ihre Darstellung würde den Rahmen dieser Arbeit sprengen. Im großen und ganzen orientieren jedoch auch sie sich an der Grundkonzeption des CERCLA. Zum Teil ist allerdings auch der Ersatz privater Personen-, Sach- und Vermögensschäden vorgesehen[822].

---

816 U.S. v. Wade, 14 Envtl.L.Rep. (Envtl.L.Inst.) 20096, 20097 (E.D.Pa.1983).

817 33 USCA § 2702.

818 33 USCA § 2702 (b)(2)(A) OPA i.V.m. section 107 (a)(4)(B) CERCLA.

819 33 USCA § 1321.

820 16 USCA § 1432.

821 Zu den Einzelheiten, insbesondere auch zum Verhältnis des CWA zu CERCLA und OPA siehe KÄMPNY, Umwelthaftpflicht in den USA, S.207 ff.

822 So etwa in Minnesota und Massachusetts, vgl. SELMI-MANASTER, State Envtl. Law, § 9.02, S.9.

II) Die übergreifende Kategorie der toxic torts

Während sich die Einsicht in die engen Zusammenhänge zwischen Produkt- und Umwelthaftung und die sich daraus ergebenden haftungsrechtlichen Konsequenzen in Europa nur zögerlich durchzusetzen beginnt, ist die strukturelle Gleichartigkeit der haftungsrechtlichen Kernprobleme sowie das besondere Beziehungsgeflecht zwischen beiden Haftungssystemen in den USA schon lange erkannt und umfassendes Thema der rechtswissenschaftlichen Auseinandersetzung.

Ausgangspunkt ist dabei der eingetretene Schaden, der unabhängig davon, ob er seine Ursache in einem fehlerhaft hergestellten Produkt, im Betrieb einer Anlage oder im Umgang mit einer umweltgefährlichen Substanz hat, völlig identisch sein kann und häufig auch ist.

Im amerikanischen Recht wurde hierfür die übergreifende Kategorie der toxischen Schäden (*toxic torts*) gebildet.

Die Haftung für *toxic torts* hat sich in den USA im Verlauf der letzten zehn bis fünfzehn Jahre zu einem der führenden rechtswissenschaftlichen Themen entwickelt. Praktisch alle namhaften Universitäten und juristischen Institute haben sich des Themas ausführlich angenommen[823].

1) Der Begriff der toxic torts

Unter *toxic torts* versteht man allgemein alle durch gefährliche Substanzen in Boden, Luft und Wasser verursachten Personen- und Sachschäden[824]. Sie bilden keine eigenständige Anspruchsgrundlage, sondern knüpfen, wie bereits aus ihrem Namen „giftige/toxische Delikte“ zu schließen ist, unsegmentiert an giftige Stoffe, Produkte und Abfälle sowie in deren Umfeld auftretende toxische Schäden wie Krankheiten und Verschmutzungen an.

Dabei bedienen sie sich haftungsrechtlich sowohl der allgemeinen deliktsrechtlichen Anspruchsgrundlagen wie denen der Umwelt- und Produkthaftung[825]. Als Haftungsadressaten kommen demnach sowohl Produzenten umweltgefährlicher Stoffe und Erzeugnisse wie Konsumenten und Entsorger in Betracht[826].

---

823 Aus der Vielzahl an Veröffentlichungen seien beispielhaft folgende Werke genannt: MADDEN, Toxic Torts Deskbook; DORE, Law of Toxic Torts; GASKINS, Environmental Accidents; GINSBERG/WEISS, 9 Hofstra L.Rev. 859 (1981); WEINSTEIN/HERSHENOV, 1991 U.Ill.L.Rev. 269 (1991); beachtenswert ist ferner die Reporter's Study des American Law Institute (ALI), Enterprise Responsibility for Personal Injury (1991).

824 RHEINGOLD/LANDAU/CANAVAN, Toxic Torts, S.42 ff.; ABRAHAM, 88 Col. L.Rev. 942 (1988).

825 Vgl. KÄSTLE, Haftung für toxische Massenschäden, S.45 ff.

826 MADDEN, Toxic Tort Deskbook, S.10 ff; KÄSTLE, Haftung für Massenschäden, S.45 ff.

Die Bandbreite der Stoffe, die *toxic tort*-Verfahren nach sich ziehen können, ist extrem weit. Sie reicht von Arznei- und Impfstoffen über Chemikalien - etwa Pestizide, Fungizide und petrochemische Erzeugnisse - und biologische bzw. radioaktive Stoffe bis hin zu Altlasten und Abfällen[827].

Besondere Bedeutung haben dabei in der Vergangenheit drei *toxic tort*-Fallgruppen erlangt, die stellvertretend für alle anderen das gesamte Spektrum an rechtlicher und tatsächlicher Problematik toxischer Schäden aufgezeigt haben und noch immer verdeutlichen.

Die Rede ist von den Asbestfällen, der Schadensproblematik um das im Vietnamkrieg zur Entlaubung des Dschungels eingesetzte Herbizid *Agent Orange* und von den sog. DES-*cases*[828].

In all diesen Fällen traten bei den Personen, die mit den entsprechenden Stoffen in Berührung gekommen waren respektive ihren Nachkommen spezifische Krankheits- oder Schädigungssymptome auf, die die Vermutung nach einem Ursachenzusammenhang rechtfertigten. In den hieraufhin geführten Schadensersatzrechtsstreitigkeiten wurde heftig um eine ganze Reihe rechtlicher und tatsächlicher Fragen gestritten.

Im Mittelpunkt der rechtlichen Diskussion standen dabei die an die Kausalität zu stellenden Anforderungen einschließlich der damit verbundenen Haftungsverteilungs- und Beweisprobleme, die Frage zulässigen Verteidigungsvorbringens, insbesondere die Relevanz des Kenntnisstandes des Schädigers zum Zeitpunkt des Inverkehrbringens bzw. der Emission, die jeweiligen Haftungsfolgen und schließlich das prozessuale Problem der Bewältigung massenhaft auftretender Schäden.

Die in diesen *trials* von der Rechtsprechung entwickelten Lösungen werden heute zwanglos auf alle anderen Fallgruppen der *toxic torts* angewandt[829]. Dies bedeutet, daß produkt- und umwelthaftungsrechtliche Fallgruppen weitgehend einheitlichen und gleichlaufenden Regelungsmechanismen unterworfen werden. Man kann insoweit rechtstechnisch von einer übergreifenden Klammerung sprechen.

---

827 RHEINGOLD/LANDAU/CANAVAN, Toxic Torts, S.44 ff; MADDEN, Toxic Tort Deskbook, S.184 ff.; MOSKOWITZ, Environmental Liability, S.23 ff.; aktuell im Zusammenhang mit dem Begriff toxic torts diskutiert werden die Auswirkungen von Blei und anderen Giften im Trinkwasser und in sonstigen Lebensmitteln, die Immissionen des Edelgases Radon und die Gefahren elektromagnetischen Smogs (EMF) für Mensch und Natur.

828 Vgl. hierzu auch weiter oben 3 A III 6) a), S.87.

829 Eine systematische Auflistung repräsentativer Produkte findet sich bei MADDEN, Toxic Torts Deskbook, S.184 ff.; vgl. Tasca v. GTE Products Corp., Prod.Liab.Rep.12, 122 (Mich.App.1988; Kobalt). Rushing v. Hooper-Mc Donald, Inc., 300 So.2d 94 (Ala. 1974; Asphalt).

2) Einheitliche Regelungsmechanismen bei toxic torts

Die Reichweite der unsegmentiert einheitlichen Betrachtung und Bewertung erstreckt sich auf eine Vielzahl haftungsrechtlicher Kernfragen.

Dies beginnt mit dem Kreis der geschützten Rechtsgüter und reicht über die verschiedenen Problemfelder der Kausalität und ihres Nachweises bis hin zum Verteidigungsinstrumentarium und Haftungsumfang. Homogen gestaltet sich daneben das prozessuale Instrumentarium, insbesondere was die vorgerichtliche Aufklärung und die Bewältigung des Massenproblems angeht.

a) Der Kreis der geschützten Rechtsgüter

Wie bereits angedeutet, umfaßt die Haftung für *toxic torts* ausschließlich die Individualrechtsgüter Leben, Gesundheit und Eigentum[830]; außerhalb dieser Kategorien liegende Werte werden nicht geschützt. Dies bedeutet, daß alle im Eigentum der Allgemeinheit stehenden Natur- und Kulturgüter aus dem Anwendungsbereich ausgenommen sind[831]. Bei Beschädigungen von ümweltressourcen kann im Rahmen von *toxic tort*-Verfahren also nur dann Ersatz verlangt werden, wenn sie in individuellem Eigentum stehen[832].

Bei den Individualrechtsgütern selbst sind praktisch keine Einschränkungen vorgesehen. Insbesondere macht es in den USA keinen Unterschied , ob privates oder gewerbliches Eigentum in Mitleidenschaft gezogen worden ist. Dies bedeutet, daß sowohl umwelt- wie produkthaftungsrechtlich eine Haftung für betriebliche und gewerbliche Schäden in Betracht kommt[833].

b) Die Regelung der Kausalität

Die Regelung der Kausalität stellt das wohl größte haftungsrechtliche Problem im Anwendungsbereich der *toxic torts* dar. So läßt sich bei vielen toxischen Schäden

---

830 ABRAHAM, 88 Columbia L.Rev. 942 (1988); MADDEN, Toxic Torts Deskbook, S.171 ff.; VETTORI, Haftung für Ökoschäden, S.43; Siehe auch oben 4 B II 1), S.175.

831 Vgl. zu den ökologischen Schäden unten 4 B IV, S.219.

832 Eine Ausnahme hat die Rechtsprechung dennoch zugelassen: So können Berufsfischer ihre Ertragseinbußen aufgrund von Gewässerverschmutzungen einklagen, auch wenn sie an den geschädigten Gewässern kein Eigentum haben, Union Oil v. Oppen, 501 F.2d 558, 560 (9th Cir.1974); eine Ausdehnung dieser Ausnahme auf weitere Geschädigte, etwa Inhaber von Gastronomiebetrieben an verschmutzten Gewässern oder Verkäufer von Meeresfrüchten, wurde indes mehrfach verneint, vgl Pruitt v. Allied-Chemical Corp., 523 F.Supp. 975 (E.D.Va.1981).

833 Vgl. hierzu Airlift International, Inc. v. McDonnell Douglas Corp., 685 F.2d 267 (1982); WESCH, Produzentenhaftung im internationalen Rechtsvergleich, S.145.

nicht zweifelsfrei feststellen, ob ein ursächlicher Zusammenhang zwischen dem Produkt bzw. der Emission und der konkreten Schädigung des Betroffenen gegeben ist.

aa) Das allgemeine Kausalitätserfordernis des amerikanischen Deliktsrechts

Generell verlangt das amerikanische Deliktsrecht - nicht anders als das europäische und das deutsche - als Grundlage für eine Schadensersatzverpflichtung einen kausalen Zusammenhang zwischen dem Verhalten des Schädigers und dem Schaden des Opfers. Das Handeln des Schädigers muß danach zurechenbare Ursache (*proximate cause*) des eingetretenen Schadens sein[834]. Die Feststellung der *proximate cause* vollzieht sich in zwei Schritten: Zunächst ist festzustellen, ob das Verhalten des Schädigers faktisch ursächlich für den eingetretenen Schaden war[835]. Dies geschieht mit Hilfe des sog. *but for*-Tests, der letztlich der *conditio-sine-qua-non*-Regel entspricht. Hieran schließt sich dann - als zweiter Schritt - die wertende Frage der Zurechnung an[836].

bb) Materiellrechtliche Lockerungen bei toxic torts

Aufgrund der in diesem Bereich bestehenden besonderen Kausalitätsprobleme geht die Tendenz bei den toxischen Schäden dahin, das strenge materielle Kausalitätserfordernis aufzulockern. Bedeutsam sind insoweit insbesondere die Zulassung von Abweichungen vom *but for-test* sowie die Theorien der Vorverlagerung der Haftung und der Risikohaftung.

(1) Abweichungen vom but-for test

(a) Substantial contributing factor-test

Die erste Auflockerung liegt in der Anwendung des sogenannten *substantial contributing factor tests*. Im herkömmlichen Deliktsrecht wird dieser Test, was die Kausalität angeht, lediglich in einem Sonderfall - dem der Doppelkausalität - herangezogen[837] und führt dort zu dem Ergebnis, daß von mehreren Bedingungen, die zwar alternativ, nicht aber kumulativ hinweggedacht werden können, ohne daß der eingetretene Schaden entfiele, jede ursächlich ist.

Im Bereich der toxischen Schäden ist mehrfach versucht worden, dieses Institut zur Überwindung von Kausalitätszweifeln fruchtbar zu machen. So wurde in der

---

834 Siehe hierzu nur PROSSER/KEETON, The Law of Torts, 263 ff.

835 Feststellung der cause-in-fact, PROSSER/KEETON, The Law of Torts, 263 ff.

836 PROSSER/KEETON, The Law of Torts, 263 ff.

837 PROSSER/KEETON, The Law of Torts, 266 ff.

produkt- bzw. arzneimittelhaftungsrechtlichen Entscheidung *Basko v. Sterling Drugs* argumentiert, verschiedene parallel eingenommene Medikamente hätten kumulativ den Schaden herbeigeführt, weshalb jedes von ihnen ein *substantial contributing factor* und damit ursächlich gewesen sei[838].

In Fortführung dieser Argumentation haben manche Gerichte später in Fällen, in denen es um Erkrankungen im Zusammenhang mit umweltgefährlichen Substanzen ging, nur noch darauf abgestellt, ob der Beitrag des Beklagten ein wesentlicher Faktor (*substantial factor*) für den Krankheitseintritt sein konnte und war[839]. Dabei wurde es zur Begründung einer Haftung regelmäßig für ausreichend erachtet, daß der Geschädigte mit der umweltgefährlichen Substanz in Berührung gekommen war, ein nachweisbarer (abstrakter) Zusammenhang zwischen dem Stoff und der Krankheit bestand und ein entsprechendes Krankheitsbild vorlag[840].

(b) Factual connection

Noch weiter in der Aufweichung der *conditio sine qua non*-Regel geht der Ansatz der faktischen Beziehung (*factual connection*). Nach ihm soll dann, wenn die Haftung aufgrund des Charakters der Symptome, des langen Latenzzeitraums oder des Fehlens wissenschaftlicher Erkenntnisse nicht an einen klassischen Ursächlichkeitszusammenhang geknüpft werden kann, die bloße enge faktische Beziehung zwischen dem Verhalten des Beklagten und dem Schaden der Kläger ausreichen[841].

Eine solche Beziehung wird dann als gegeben angesehen, wenn ein Schädiger eine abgrenzbare Gruppe von Personen einem Risiko ausgesetzt hat und einzelne Mitglieder dieser Gruppe an Schäden leiden, die durch das Verhalten des Schädigers ausgelöst werden können[842]. Letztlich reichen damit anstelle des vollen

---

838 Basko v. Sterling Drugs, 416 F.2d 417 (2d Cir.1969); vgl. auch die Entscheidung Martin v. Johns-Manville, in der sowohl das Zigarettenrauchen wie die Asbestinhalation als ursächlich für den Lungenkrebs des Klägers angesehen wurde, 502 A.2d 1264 (Pa.Super. 1985); vgl. auch MADDEN, Toxic Torts Deskbook, S.90.

839 Vgl. Elam v. Alcolac, 765 S.W.2d 42 (Mo.1989); BLACK, Tort and Insurance L.J., 487, 492 (1990); GOLD, 96 Yale L.Rev.376 (1986); dies ist deshalb kritisch zu sehen, weil damit die ursprüngliche Anwendungsvoraussetzung des substantial factor-tests, das kumulative Zusammenwirken zweier Umstände, völlig außer acht gelassen wird.

840 Anderson v. W.R. Grace and Co., 628 F.Supp. 1219 (D.Mass.1986); Sterling v. Velsicol Chemical Corp., 855 F.2d 1188 (6th Cir.1988); BLACK, Tort and Insurance L.J. 487, 492 (1990).

841 Allen v. United States, 588 F.Supp. 247 (D.Utah 1984), rev'd on other grounds, 816 F.2d 1417 (10th Cir.1987), cert. denied, 484 U.S.1004 (1988); Cook v. United States, 545 F.Supp. 306, 308 (1982); TRIBE, 84 Harv.L.Rev. 1329, 1344 (1971).

842 Allen v. United States, 588 F.Supp. 247 (D.Utah 1984), rev'd on other grounds, 816 F.2d 1417 (10th Cir.1987).

Kausalitätserfordernisses drei Teilelemente für eine Haftung aus: der Geschädigte muß einer Immission ausgesetzt gewesen sein, er muß einen Schaden erlitten haben und dieser Schaden muß durch die Immission potentiell verursachbar sein. Wegen dieses Ansatzes ist die *factual connection* zu Recht in die Kritik geraten. Sie öffnet willkürlichen Entscheidungen letztlich Tür und Tor[843].

(2) Die Vorverlagerung der Haftung

Ein im Bereich der *toxic torts* von den Gerichten häufig zur materiellrechtlichen Lockerung des Kausalitätserfordernisses angewandtes Institut ist das der Vorverlagerung der Haftung[844].

Die Vorverlagerung der Haftung ermöglicht es, in bestimmten Situationen auch ohne den Nachweis eines konkreten Schadens Kompensationsleistungen zu erhalten. So kann danach Ersatz für emotionale Belastungen (*emotional distress*), die Reduzierung der Lebensqualität und medizinische Überwachung bereits dann gewährt werden, wenn der Kläger Emissionen ausgesetzt war, die geeignet sind, Schäden hervorzurufen. Die Haftung wird damit nicht mehr an den Nachweis konkreter Schädigung, sondern an die allgemeine, statistisch nachweisbare Gefährlichkeit eines Verhaltens geknüpft.

(3) Die Theorie der Risikohaftung

Noch einen Schritt weiter geht die Reformtheorie der allgemeinen Risikohaftung[845]. Ihrem Namen entsprechend knüpft sie die Eintrittsverpflichtung nur noch an ein hervorgerufenes Risiko an. Das haftungsauslösende Moment ist damit nicht mehr eine wie auch immer geartete Schädigung des Betroffenen, sondern die schlichte Schaffung einer Gefahr.

Der Ersatzanspruch entsteht dabei in dem Zeitpunkt, in dem das Risiko erkannt und beurteilt werden kann; die Höhe des Ersatzes wird durch das anteilige Risiko bestimmt, das sich aufgrund wissenschaftlicher Studien für den Betroffenen ergibt. Der von einer Emission Betroffene erhält damit noch vor Eintritt einer möglichen Schädigung einen dem anteiligen Risiko entsprechenden Part vom zu erwartenden Schaden. Damit ist die Kompensation allerdings abgeschlossen. Dies bedeutet, daß der Betroffene, sollte das Risiko später tatsächlich in einen Schaden umschlagen, keine weiteren Ersatzleistungen mehr fordern kann[846].

---

843 Nicht von ungefähr wurde die Allen-Entscheidung später auch aufgehoben, vgl. Fn. 842.

844 CALLAHAN, 23 Ariz.St.L.J. 605, 660 (1992).

845 Vgl. hierzu nur LANDES/POSNER, 13 J.Legal Stud. 417 (1984); ROBINSON, 14 J.Legal Stud. 779 (1985); ELLIOTT, 25 Hous.L.Rev. 781, 789 (1988).

846 ROBINSON, 14 J.Legal Stud. 779 (1985).

c) Beweismaß und Beweislast für die Kausalität

Die Erbringung des Kausalnachweises ist im Bereich toxischer Schädigungen extrem schwierig[847]. Dem Beweisrecht kommt damit Schlüsselfunktion für die Haftung zu. Im Bereich der hier relevanten *toxic torts* hat man in Reflexion dessen von Anfang an Beweiserleichterungen eingeräumt. Hervorzuheben ist dabei insbesondere die Zulassung und Akzeptanz wissenschaftlicher Studien als Beweismittel.

aa) Grundsatz und anerkannte Ausnahmefälle

Im Grundsatz obliegt die Beweislast für das Vorliegen eines kausalen Zusammenhangs auch in den USA dem Kläger. Zu berücksichtigen ist allerdings, daß im angloamerikanischen Deliktsrecht generell das klägerfreundliche Beweismaß der überwiegenden Wahrscheinlichkeit (*preponderance of the evidence*) und nicht - wie etwa im deutschen Recht - das strenge der an Sicherheit grenzenden Wahrscheinlichkeit Anwendung findet. Damit gilt ein Beweis bereits als erbracht, wenn nach der Überzeugung von *jury* oder Einzelrichter das Vorliegen eines kausalen Zusammenhangs wahrscheinlicher ist als sein Nichtvorliegen[848].

Von der vorgenannten, grundsätzlichen Beweislastverteilung wird allgemein nur in wenigen Fällen abgewichen und die kausale Beweislast auf den Haftungsadressaten verlagert. Zu nennen ist da zunächst der auch dem europäischen Juristen geläufige Grundsatz der *res ipsa loquitur*, der dann zur Anwendung kommt, wenn es gelingt, ein typisches Geschehen plausibel zu machen und gleichzeitig die Möglichkeit anderer Geschehensabläufe auszublenden[849]. Die *res ipsa loquitur* beeinflußt dabei nicht nur die Frage des Verschuldens, sondern indirekt auch die Kausalitätsfeststellung, indem von der Wahrscheinlichkeit eines typischen Kausalzusammenhangs auf das Vorliegen konkreter Kausalität geschlossen wird.

Eine weitere allgemeine Form der abweichenden Beweislastverteilung ist die faktische Beweislastumkehr bei Verletzung von Sicherheits- und Warnvorschriften (*negligence per se*). Steht eine solche Verletzung fest, gilt die Vermutung, daß der Schaden ohne sie nicht eingetreten wäre[850]. Dies wird auf zwei grundsätzliche Erwägungen gestützt: Zum einen erhöht der feststehende Verstoß gegen eine Sicherheitsregel nach der allgemeinen Lebenserfahrung die Wahrscheinlichkeit

---

847 Siehe oben 3 A III 6), S.86 ff; 3 B II 6) f), S.139.

848 PROSSER/KEETON, The Law of Torts, 269.

849 PROSSER/KEETON, The Law of Torts, 244.

850 PROSSER/KEETON, The Law of Torts, 270.

des Eintritts eines Schadens; zum anderen ist eine Haftung in diesen Fällen aus Präventionsgründen sinnvoll, da sie potentielle Schädiger dazu anhält, die Sicherheitsregeln zu beachten[851].

Im Zusammenhang mit den hier relevanten toxischen Schäden haben die soeben dargestellten allgemeinen Abweichungen der Beweislastverteilung bislang, soweit ersichtlich, kaum eine Rolle gespielt. Generell sind sie aber durchaus geeignet, auch in *toxic tort*-Verfahren zur Anwendung zu kommen. Es bietet sich nachgerade an, die Beweislast in Fällen, in denen zwar der konkrete Nachweis einer Kausalität zwischen toxischer Substanz und eingetretenem Schaden fehlt, gleichzeitig aber ein Verstoß des Emittenten respektive Produzenten gegen relevante Sicherheitsvorschriften feststeht, zugunsten des/der Geschädigten umzukehren.

bb) Die Zulassung des toxikologischen Kausalitätsnachweises

Von großer Bedeutung für die Überwindung der Schwierigkeiten des Kausalitätsnachweises bei toxischen Schäden ist die Zulassung und Anerkennung toxikologischer Erkenntnismittel als Beweisgrundlage. Sie bewirkt erhebliche Erleichterungen für den/die Geschädigten.

Unter toxikologischen Erkenntnismitteln versteht man Studien, die die Wirkung giftiger Substanzen auf verschiedene unterschiedlich betroffene Gruppen von Organismen beobachten und mit Hilfe von statistischen Methoden auswerten[852]. Beispielhaft hierfür stehen bakterielle Untersuchungen, Tierversuche und epidemiologische Studien. Dabei kommt letzteren besondere Bedeutung zu: Sie ermöglichen durch einen Vergleich einer immissionsbetroffenen Gruppe mit einer nicht betroffenen Gruppe die Feststellung, zu welchem Anteil die betreffende Substanz zum allgemeinen Risiko der jeweiligen Schädigung beiträgt[853].

Toxikologische Erkenntnismittel sind von der amerikanischen Rechtsprechung lange Jahre mit größter Skepsis betrachtet worden[854]. Die meisten Gerichte hielten statistische Feststellungen für willkürlich und beharrten auf der Beibringung partikularistischer Erkenntnismittel (*particularistic evidence*), also dem konkreten körperlichen Nachweis, daß die Schädigung des Opfers auf die Wirkung der toxischen Substanz zurückging. Dies wiederum verlangte in der Konsequenz die Beibringung individueller Diagnosen, konkreter Immissionsdaten und schließlich individualbezogener Erklärungsmodelle im Prozeß.

---

851 Vgl. MALONE, 9 Stanford L.Rev. 60, 72 (1956).

852 BRENNAN, 73 Cornell L.Rev. 469 (1988).

853 CALLAHAN, 23 Ariz.St.L.J. 605, 619 (1992); BRENNAN, 51 U.Pitt.L.Rev.1, 21 (1989).

854 KAYE, 77 Mich.L.Rev.1456 (1979); CALLAHAN, 23 Ariz.St.L.J. 605, 619 (1992); DORE, 7 Harv.L.Rev. 429, 431 (1983).

Probleme bereitete dies deshalb, weil in vielen Fällen toxischer Schädigungen überhaupt keine Immissionsdaten mehr zur Verfügung standen und sich die Wirkung einer Vielzahl giftiger Substanzen zudem häufig auch gar nicht partikularistisch erklären läßt. Dies und die Tatsache, daß auch die Medizin immer mehr begann, statistische Erkenntnismittel zu verwenden, bewog schließlich auch die amerikanische Gerichtsbarkeit zu einer Meinungsumkehr[855]. Immer häufiger wurden gerade epidemiologische Studien als Grundlage für den positiven Nachweis der Kausalität anerkannt[856].

Heute verneinen nur noch vereinzelte Entscheidungen den Erkenntniswert dieser Studien. Es hat sich die Überzeugung durchgesetzt, daß toxikologische Untersuchungen ein taugliches und aussagekräftiges Erkenntnismittel im Rahmen des wissenschaftlichen Kausalitätsnachweises sind[857]. Es liegt auf der Hand, daß damit erhebliche Vorteile für die geschädigten Kläger verbunden sind.

Bei aller Euphorie darf jedoch nicht übersehen werden, daß toxikologische Erkenntnismittel kein beweisrechtliches Allheilmittel sein können und sind. Man muß sich immer vor Augen halten, daß solche Studien nur statistische Aussagen liefern und damit nicht definitiv belegen können, daß das Verhalten des Schädigers oder ein Produkt im Einzelfall auch tatsächlich den eingetretenen Schaden verursacht hat[858]. Hinzu kommt, daß sie bereits per se mit Unschärfen versehen sind. So stimmen die zugrundegelegten Bedingungen häufig nicht mit den Bedingungen des zu entscheidenden Falls überein[859]. Auch kann die Verläßlichkeit verschiedener Studien erheblich differieren, je nachdem, mit welchem Aufwand und mit welcher Sorgfalt sie betrieben wurden. Schlußendlich ist zu beachten, daß epidemiologische Studien nicht für alle Fälle toxischer Kausalzusammenhänge verläßliche Ergebnisse liefern können, insbesondere nicht bei niedrig dosierten Immissionen.

---

[855] Vgl. In Re „Agent Orange" Prod.Liab.Litig., 611 F.Supp. 1223 (E.D.N.Y.1985), aff'd, 818 F.2d 187 (2d Cir.1987), cert. denied sub nom. Lomabardi v. Dow Chemical Co., 108 S.Ct. 2898 (1988).

[856] Am Anfang stand die Bejahung des Kausalzusammenhangs zwischen der Substanz Asbest und dem Krankheitsbild Mesothelioma, nachdem Studien gezeigt hatten, daß die Krankheit unter Asbestarbeitern 46mal häufiger auftritt als bei anderen Personen; anerkannt ist ferner der Zusammenhang zwischen Benzol und Leukämie, vgl. Glaser v. Cincinnati Milacron, Inc., 808 F.2d 285 (3rd Cir.1986).

[857] BRENNAN, 51 U.Pitt.L.Rev. 1, 21 (1989).

[858] Die amerikanische Gerichte akzeptieren epidemiologische Studien aus diesem Grund auch nur dann, wenn das anteilige Risiko mehr als 50% des Gesamtrisikos beträgt, vgl. DeLuca v. Merell Dow Pharmaceuticals, 911 F.2d 941 (3d Cir.1990).

[859] CALLAHAN, 23 Ariz.St.L.J. 605, 623 (1992); DORE, 7 Harv.L.Rev. 429, 431 (1983).

d) Die Regelung der Kausalität und des Haftungsverhältnisses bei mehreren Beteiligten

Geradezu idealtypisch für praktisch sämtliche Arten toxischer Schäden ist, daß das Verhalten mehrerer, vielfach unabhängig voneinander agierender Personen zur Schadensverursachung geführt hat. Dies wirft aus rechtlicher Sicht zwei Fragen auf, erstens, in welchem Verhältnis die einzelnen Haftungsadressaten herangezogen werden und zweitens, unter welchen Voraussetzungen das Verhalten des einzelnen überhaupt als haftungsrelevanter Beitrag angesehen werden kann. Die amerikanische Rechtsprechung hat bezüglich beider Fragen übergreifende und einheitliche Bewältigungsmuster entwickelt.

aa) Das Haftungsverhältnis bei mehreren Schädigern

Bei der Aufteilung der Haftung zwischen verschiedenen Verursachern kommen grundsätzlich zwei Möglichkeiten in Betracht: Zum einen die der getrennten und anteilsmäßigen Haftung, nach der jeder einzelne Schädiger nur für den von ihm verursachten Schaden einzustehen hat (*several liability*); zum anderen die der gesamtschuldnerischen Haftung (*joint and several liability*), die im Außenverhältnis - unabhängig vom tatsächlich verursachten Anteil - eine volle Eintrittsverpflichtung vorsieht.

Im vorliegend relevanten Bereich der deliktischen und toxischen Schäden wird von der US-Rechtsprechung - aus pragmatischen Gründen und zum Schutz des Opfers - seit jeher dem Prinzip der gesamtschuldnerischen Haftung der Vorzug gegeben[860]. Allerdings wird den einzelnen Schädigern die Möglichkeit eingeräumt, den von ihnen verursachten Anteil darzulegen und sich damit - auch im Außenverhältnis - zu entlasten[861].

Im Ergebnis bedeutet dies, daß die Schädiger immer dann einer gesamtschuldnerischen Haftung unterliegen, wenn ihnen der definitive Nachweis einer nur anteilsmäßigen Verursachung nicht gelingt. Nachdem dieser Nachweis gerade bei toxischen Schäden schwierig zu führen ist, ist die gesamtschuldnerische Haftung die Regel[862].

---

[860] Restatement (Second) of Torts, § 875.

[861] PROSSER/KEETON, The Law of Torts, S.345.

[862] Allerdings stößt sie neuerdings immer mehr auf Kritik. Dies gilt aus Gerechtigkeitserwägungen heraus insbesondere für solche Fälle, in denen der Schadensbeitrag des in Anspruch genommenen Schädigers gering und unbedeutend war. Zumindest insoweit ist in den USA eine leise Tendenz weg von der joint and several liability hin zu flexibleren Systemen wie der anteiligen Haftung festzustellen; vgl. hierzu ZEKOLL, IPRax 1997, 198, 199 (für das amerikanische Produkthaftungsrecht).

bb) Die Haftungsrelevanz des einzelnen Tatbeitrags - Theorien zur Überwindung bestehender Identifikations- und Haftungsverteilungsprobleme

Von der Frage, wie sich das Haftungsverhältnis bei mehreren deliktisch haftenden Schuldnern gestaltet zu unterscheiden ist die, inwieweit ein Schadensbeitrag überhaupt kausal geworden sein muß, um zu einer Haftung zu führen. Dies ist in den Fällen, in denen lediglich die Haftung eines einzelnen zu beurteilen ist, weitgehend unproblematisch; dort findet die *but for*-Regel Anwendung[863].

Sind mehrere beteiligt, besteht in den USA über verschiedene Rechtsinstitute die Möglichkeit, den einzelnen auch dann heranzuziehen, wenn sein Beitrag für sich genommen nicht die Anforderungen des *but-for*-Tests erfüllt. Dies ist insbesondere für die im Bereich toxischer Schäden schwierige Schädigeridentifizierung von Bedeutung.

(1) Concert of action

Das traditionellste Haftungsinstitut, das bei Beteiligung mehrerer eine Haftung einzelner Beteiligter trotz unbekanntem konkretem Tatbeitrag zuläßt, ist das der gemeinschaftlich begangenen unerlaubten Haftung (*concert of action*). Danach haben mehrere gemeinschaftlich oder in Ausführung eines gemeinsamen Plans (*common plan*) Handelnde gegenüber dem Geschädigten einzeln für den gesamten entstandenen Schaden einzustehen[864].

Diese allgemeindeliktsrechtliche Regel wurde sowohl im Bereich des Produkthaftpflichtrechts wie auch später in Umwelthaftungsfällen zur Bewältigung bestehender Identifikationsprobleme herangezogen. Dabei wurde argumentiert, daß gemeinsames Handeln im Sinne einer *concert of action* auch dann vorliege, wenn mehrere Schädiger, obwohl sie unabhängig voneinander handelten, wußten oder hätten wissen müssen, daß auch andere vergleichbar gefährliche Tätigkeit entfalten und das Zusammenwirken aller geeignet ist, den Gesamtschaden herbeizuführen[865].

---

[863] Siehe hierzu oben 4 B II 2) b), S.177 ff.

[864] Restatement (Second) of Torts, § 876; PROSSER/KEETON, The Law of Torts, S.324.

[865] Abel v. Eli Lilly & Co., 289 N.W.2d 20, 25 (Mich.App.1979), aff'd, 343 N.W.2d 164, 176 (1984); Bichler v. Eli Lilly & Co., 436 N.Y.S.2d 625, 631 (App.Div.1981), aff'd, 436 N.E.2d 182, 189 (1982); SHEINER, DES and a Proposed Theory of Enterprise Liability, 46 Fordham L.Rev. 963, 976 (1978); von etlichen Gerichten wurde bloßes Parallelverhalten der Hersteller/Umweltschädiger indes nicht für ausreichend erachtet, um eine concert of action anzunehmen: vgl. Sindell v. Abbott Laboratories, 607 P.2d 924, 26 Cal.3d 588 Cal.Rptr.132, cert. denied, 449 U.S. 912 (1980); kritisch ebenfalls In Re Related Asbestos Cases, 543 F.Supp. 1152, 1159 (N.D.Cal.1982).

(2) Alternative liability

Eine weitere, allgemein gültige Theorie zur Überwindung bestehender Identifikationsprobleme ist die Haftung bei alternativer Verursachung (*alternative liability*). *Alternative liability* kommt immer dann zum Tragen, wenn mehrere an einer deliktischen Handlung beteiligt sind und feststeht, daß einer den Schaden verursacht hat, gleichzeitig jedoch Ungewißheit darüber besteht, wer[866].

Im Bereich toxischer Schäden wurde *alternative liability* dann angenommen, wenn der Geschädigte dartun konnte, daß mehrere gefährliche Tätigkeiten entfaltet hatten, definitiv aber nur einer von ihnen den Schaden tatsächlich verursacht hatte[867]. Der Geschädigte wurde und wird insoweit von der Last befreit, nachweisen zu müssen, daß zwischen dem Tatbeitrag des einzelnen und dem konkret eingetretenen Schaden eine kausale Verbindung besteht. Es liegt vielmehr an den einzelnen Haftungsadressaten, sich zu entlasten und darzulegen, daß sie die Verletzung nicht herbeigeführt haben.

(3) Market und pollution share liability

Schließlich können auch nach der zu Beginn der 80-er Jahre entwickelten *market/pollution share liability* mehrere potentielle Schädiger ohne konkrete Identifizierung zur Haftung herangezogen werden[868]. Ihren Ursprung hat die *market share liability* in den produkthaftungsrechtlichen DES-Fällen. Dort waren die Geschädigten aufgrund des langen Zeitablaufs nicht mehr in der Lage, den konkreten Hersteller des Produkts, durch das sie zweifelsfrei zu Schaden gekommen waren, zu identifizieren mit der Folge, daß, nachdem auch die traditionellen Rechtsinstitute zur Überwindung von Identifizierungszweifeln[869] nicht weiterhalfen, eine Haftung der Hersteller praktisch nicht in Betracht kam. Um den Geschädigten aus dieser mißlichen und auch unbefriedigenden Situation herauszuhelfen - immerhin war klar, daß mindestens einer der Hersteller die Verantwortung trug -, wurde das Institut der *market share liability* entwickelt, von der Rechtsprechung aufgegriffen und konsequent ausgebaut[870].

---

866 Restatement (Second) of Torts, § 433 B (3); SCULLY, 36 Maine L.Rev.117, 132 (1984).

867 Hall v. E.J. Du Pont de Nemours and Co., 345 F.Supp. 353, 371, 378 (E.D.N.Y.1972); in den produkthaftungsrechtlichen DES-Fällen wurde die alternative liability überwiegend abgelehnt, vgl. hierzu auch KÄSTLE, Haftung für toxische Massenschäden, S.81 ff.

868 SHEINER, 46 Fordham L.Rev. 963 (1978); PROSSER/KEETON, The Law of Torts, S.713; NOTE, Market-Share Liability: An Answer to the DES Causation Problem, 94 Harv.L.Rev. 688 (1981); vgl. auch BODEWIG, AcP 185 (1985), 508 ff.; VON HÜLSEN, RIW 1982, 2 ff.

869 Concert of action-Theorie und alternative bzw. enterprise liability.

870 SHEINER, 46 Fordham L.Rev. 963 (1978). Wegweisend dann die Entscheidung des Supreme Court of California Sindell v. Abbot Laboratories, 26 Cal. 3d 588, 607 P.2d 924 ff., 163 Cal.Rptr.132, cert. denied, 449 U.S. 912 (1980).

Nach ihrem Konzept haften mehrere Hersteller, die ein Produkt nach gleicher Formel hergestellt haben, dann, wenn der Produzent des konkret schädigenden Produktes ohne Verschulden des Geschädigten nicht (mehr) identifiziert werden kann und wenn der Geschädigte einen wesentlichen Teil aller Produzenten verklagt hat, im Verhältnis ihrer Marktanteile, sofern nicht dem einzelnen der Entlastungsbeweis gelingt[871].

Wie bereits angedeutet, liegen der Theorie überwiegend rechtsethische Erwägungen zugrunde. So liegt nach Auffassung der Gerichte eine Sorgfaltspflichtverletzung aller Hersteller vor mit der Folge, daß sie es eher als die unschuldigen Opfer verdienen, den Schaden zu tragen.

Aus denselben Erwägung heraus wurde die ursprünglich allein für den Bereich der Produkthaftung entwickelte Theorie schnell auch auf Umweltschadensfälle angewendet[872]. Dies gilt insbesondere für die sog. „Altlastenfälle", d.h. Fälle, in denen gewerbliche Unternehmen Abfälle abgelagert hatten, die sich später zu einer Gefahr für die Umwelt entwickelten (*pollution share liability*). Als vergleichbar wurde und wird die Situation deshalb angesehen, weil sowohl die Hersteller wie auch die Abfallerzeuger wirtschaftlichen Profit aus ihrer Tätigkeit ziehen, die Produzenten durch den Verkauf ihrer Produkte, die Abfallerzeuger durch die Entledigung ihrer giftigen Abfälle auf Kosten der Umwelt[873].

Nach den Grundsätzen der *market/pollution share liability* kann und muß der Geschädigte die wesentlichen Emittenten verklagen, die dann entsprechend ihrem Marktanteil für die Umweltbeeinträchtigung haften. Genau betrachtet handelt es sich bei der *market/pollution share liability* damit um eine Beweislastregel nach Art der *alternative liability*, jedoch mit der Abweichung lediglich anteiliger statt gesamtschuldnerischer Haftung. Verklagt werden muß ein nicht näher umschriebener „wesentlicher Teil" (*substantial share*) aller potentiell in Betracht kommender Schädiger. Die Beklagten haben wiederum die Möglichkeit, weitere Schädiger in den Prozeß zu ziehen.

Die Aufteilung des Schadens erfolgt - anders als es der Name auf den ersten Blick suggeriert - nach dem Anteil des einzelnen an der Summe der Marktanteile der verklagten Schädiger[874]. Beträgt also der Gesamtschaden $ 1.000.000 und werden 6 Schädiger verklagt, deren Marktanteil jeweils 12% beträgt, so haftet jeder einzelne Schädiger auf $ 166.000. Dies hat für den Geschädigten den

---

[871] Leitsatz aus Sindell v. Abbot Laboratories, 26 Cal.3d 588, 607, P.2d 924 ff., 163 Cal. Rptr.132, cert. denied, 449 U.S. 912 (1980).

[872] STRAND, 35 Stan.L.Rev. 575 (1983); DELGADO, 70 Cal.L.Rev. 881 (1982); FRIEDLAND, 9 Col.J.Envtl.L. 297 (1984); SCULLY, 36 Maine L.Rev.117 (1984); HAGER, NJW 1986, 1961, 1967; ROSENBERG, 97 Harv.L.Rev. 851 (1984).

[873] FRIEDLAND, 9 Col.J.Envtl.L. 297 (1984); HAGER, NJW 1986, 1961, 1967.

[874] BODEWIG, AcP 185 (1985), 508, 510.

Vorteil, daß er vollen Schadensersatz auch dann erhält, wenn die Marktanteile der verklagten Schädiger zusammen weniger als 100% ausmachen.

In der amerikanischen Rechtspraxis hat die *market/pollution share liability* zu einer erheblichen Erleichterung der Kausalitätsproblematik für die Geschädigten und im Ergebnis auch zu einer größerflächigen Entschädigung geführt. Dennoch ist sie auch in den USA nicht nur mit Zustimmung aufgenommen worden[875]. Kritisiert wurden beispielsweise von Anfang an das Erfordernis, einen wesentlichen Anteil der in Frage kommenden Schädiger verklagen zu müssen (*substantial share*)[876], und der Umstand, daß nirgends festgeschrieben ist, welcher Marktanteil als *substantial* anzusehen ist[877]. Als ökonomisch kontraproduktiv und zudem unfair wurde ferner angesehen, die verklagten Schädiger für den gesamten Schaden haften zu lassen[878].

e) Die Berücksichtigung des Mitverschuldens

Eine weitere gleichgerichtete Entwicklung des amerikanischen Deliktsrechts, die sich im Bereich der toxischen Schäden besonders ausgewirkt hat - und auswirkt -, ist die Ablösung des früher praktizierten Alles oder Nichts-Prinzips des anspruchsausschließenden Mitverschuldens (*contributory negligence*) durch das nur noch anspruchsvermindernde Mitverschulden (*comparative negligence*). Hierzu muß man wissen, daß in den USA lange Zeit ein Anspruch des Geschädigten ausgeschlossen war, wenn ihn ein auch noch so geringes Mitverschulden traf. Diese harte und ungerechte Regelung wurde später durch flexiblere Ansichten beseitigt, die sich für eine sinnvolle anteilige Berücksichtigung des Mitverschuldens bei der Schadensbemessung aussprachen[879]. Damit wird der *jury* die verantwortungsvolle Aufgabe zuteil, den zu ersetzenden Schaden entsprechend dem jeweiligen Verschuldensanteil des Geschädigten zu reduzieren oder sogar ganz zu verneinen.

---

875 So lehnen etwa die Gerichte in South Carolina, Georgia, Massachusetts, Missouri, Iowa und Illinois die Anwendung der market/pollution share liability kategorisch ab; vgl. KÄSTLE, Haftung für toxische Massenschäden, S. 153.

876 ROBINSON, 68 Virg.L.Rev. 713, 725 (1982). Tatsächlich besteht vom Standpunkt der Gerechtigkeit keine Rechtfertigung für dieses Erfordernis.

877 Teilweise wurden 50 % für ausreichend gehalten, zum Teil wurden 75 % verlangt, vgl. MILLER/HANCOCK, 88 Virg.L.Rev. 81 (1985).

878 FISCHER, 34 Vand.L.Rev. 1623, 1646 (1981). Anlaß zur Kritik gaben - und geben - schließlich auch Probleme bei der Marktanteilsbestimmung.

879 PROSSER, 51 Mich.L.Rev. 465 (1963); SCHWARTZ, Comparative Negligence; vgl. hierzu auch section 105 PLRA 1998/1999, die eine prozentuale Herabsetzung des Schadensersatzes für Schäden, die auf Mißbrauch oder Veränderungen am Produkt zurückzuführen sind, vorsieht. Als Mißbrauch gilt dabei u.a. die Mißachtung der Warnhinweise und besonderen Bedienungsanweisungen, die auf dem Produkt bzw. seiner Verpackung angegeben sind, section 105 (a)(1)(A), (B) PLRA 1998/1999.

f) Das Verteidigungsinstrumentarium des/der Haftungsadressaten

Im Ergebnis homogen präsentiert sich auch das Verteidigungsinstrumentarium des/der Haftungsadressaten in *toxic tort-cases*. So besteht zunächst unproblematisch die Möglichkeit, sich auf höhere Gewalt und vorsätzliches Eingreifen Dritter zu berufen[880]. Partiell unterschiedlich beurteilt wurde in der Vergangenheit allerdings die Frage der Zulassung der *state of the art-defense* und die haftungsrechtliche Bewertung normgerechten Verhaltens.

aa) Die state of the art-Einrede im US-amerikanischen Produkt- und Umwelthaftungsrecht

Die Zuweisung des Entwicklungsrisikos gehört zu den Kardinalfragen der haftungsrechtlichen Behandlung toxischer Schäden. Es geht dabei um die Frage, ob und inwieweit derjenige, der - sei es durch das Inverkehrbringen eines Produkts oder eine sonstige Handlung - eine Gefahr für andere oder die Umwelt schafft, für Schäden haften soll, deren Eintritt zum haftungsrelevanten Zeitpunkt wissenschaftlich und/oder technologisch nicht erkennbar war. Die Fragestellung hat in der Vergangenheit erhebliche Bedeutung erlangt. Betroffen waren sowohl Produkte wie Asbest, Holzschutzmittel und sonstige Chemikalien wie giftige Emissionen und Abfälle.

(1) Entwicklungsrisiken im Bereich der Umwelthaftung

Im Bereich der Umwelthaftung kennt das amerikanische Recht generell keinen Ausschluß der Haftung für Entwicklungsrisiken[881].

(a) CERCLA

Dies ist im CERCLA zwar nicht explizit ausgeführt. Der entsprechende Wille des Gesetzgebers läßt sich jedoch aus der Systematik von *section* 107 (b) ableiten. Diese Vorschrift enthält verschiedene *defenses*[882], nicht aber die *state of the art--defense*. Hieraus ist zu schließen, daß sie gerade nicht eröffnet, *section* 107 (b) vielmehr abschließend verstanden werden soll[883].

---

[880] Daneben besteht natürlich die Möglichkeit des Einwandes des Mitverschuldens, siehe oben 4 B II 2) e), S.188.

[881] Eine Ausnahme bildet lediglich die verschuldensabhängige negligence-Haftung.

[882] Section 107 (b) gewährt eine Haftungsfreistellung bei höherer Gewalt (act of God), Kriegshandlungen (act of war) und bei nicht zurechenbarem Verhalten Dritter (sog. third-party-defense), vgl. hierzu NOTE, Developments in the Law: Toxic Waste Litigation, 99 Harvard L.Rev. 986 ff. (1986).

[883] UEJIO, 1 Fordham Envtl. L.Rep. 81, 95 (1989); GLASS, 12 Harvard Envtl. L.Rev. 386, 420 (1988).

Dieser Argumentation folgend haben die Gerichte - von wenigen, vereinzelt gebliebenen Ausnahmefällen abgesehen[884] - die Berufung der Haftpflichtigen auf die *state of the art-defense* abgelehnt und eine Haftung auch dann bejaht, wenn der eingetretene Schaden zum Zeitpunkt der Entledigung der Stoffe/Abfälle nicht vorhersehbar war[885]. Dieses haftungsrechtlich weite Verständnis ist auch in der Literatur auf Zustimmung gestoßen[886]. Dies überwiegend unter Hinweis auf den vom Kongreß gewollten Standard als verschuldensunabhängige Kausalhaftung.

(b) RCRA, CAA, CWA

Analog dem CERCLA ist die *state of the art-defense* auch im Regelungsgefüge anderer Umwelthaftungsvorschriften, etwa des *Resource Conservation and Recovery Act*, des *Clean Air Act* und des *Clean Water Act,* nicht vorgesehen. Daraus ist - wiederum - zu folgern, daß eine Haftung für Entwicklungsrisiken gewollt und beabsichtigt ist. Dies bestätigend wurde für den Anwendungsbereich des RCRA mehrfach entschieden, daß *section* 6972 (a)(1) lediglich eine Kausalbeziehung zwischen der Kontaminierung und dem Haftungsadressaten verlange und es auf weitere Faktoren im Hinblick auf den Gesetzeszweck, der in der möglichst weitgehenden Heranziehung von Verantwortlichen liege, nicht ankomme[887]; dies gelte insbesondere für Verschuldensstandards mit der Konsequenz, daß auch für Entwicklungsrisiken gehaftet werden müsse[888].

---

884 Vgl. etwa Mardan Corp. v. C.G.C. Music, Ltd., 600 F.Supp. 1049, 1056 (D.Ariz.1984); United States v. Conservation Chem.Corp., 619 F.Supp. 162, 204, 206 (W.D.Mo.1985).

885 State of New York v. Shore Realty Corp., 759 F.2d 1032 (2d Cir.1985); United States v. Bliss, 667 F.Supp. 1298, 1304 (E.D.Mo.1987); United States v. Multichem., 19 Chem. Waste Litig.Rptr., 1185, 1186 (W.D.Key 1989); United States v. Aceto Agricultural Chem.Corp., 872 F.2d 1373, 1378 (8th Cir.1989); Dedham Water Co. v. Cumberland Farms Dairy, 889 F.2d 1146, 1154 (1st Cir.1989); State of Colorado v. Idarado Mining Co., 707 F.Supp. 1227, 1232 (D.Colo.1989); General Electric Co. v. Litton Industrial Automation Systems, Inc., 920 F.2d 1415, 1418 (8th Cir.1990); United States v. Fairchild Industries, Inc.,766 F.Supp. 405, 410 (D.Md.1991); United States v. Alcan Aluminium Corp., 964 F.2d 252, 259 (3rd Cir.1992).

886 GLASS, 12 Harv.Envtl.L.Rev. 386, 428 (1988), ABRAHAM, 88 Columbia L.Rev. 942, 957 (1988); DAVIS, CERCLA and Similar State Laws, S.54; SCALLON, 29 San Diego L.Rev. 93, 98 (1992).

887 Vgl. Zands v. Nelson, 797 F.Supp. 805, 810 (S.D.Cal.1992); Sachs v. Exxon Co., USA, 9 Cal.4th 1491, 1497, 12 Cal.Rptr.2d 237 (Cal.Ct.App.1992).

888 So das Gericht in Zands v. Nelson, 797 F.Supp. 805 (S.D.Cal.1992): „Individuals are liable under RCRA without regard to fault and negligence...it would be improper to read a negligence standard into the statute, not only because of the plain language of the statute but because of the hazardous nature of the activity..."

Analog dem wird auch im Anwendungsbereich des CAA[889] und des CWA[890] argumentiert. Alle bundesstaatlichen Regelungen sehen damit eine strikte Haftung für Entwicklungsrisiken vor.

(c) Common law

Trotz des Umstands, daß es sich bei den §§ 519, 520 des *Restatement (Second) of Torts* um *common law* handelt, zu dessen anerkannten *defenses* im Grundsatz auch die *state of the art-defense* zählt[891], wird von der Rechtsprechung auch im Bereich der *strict liability for abnormally dangerous activities* eine Haftung für Entwicklungsrisiken angenommen[892]. Als tragendes Argument für diese weitgehende Haftungserstreckung wird angeführt, daß es im Rahmen einer Gefährdungshaftung nicht auf Verschuldensparameter wie die Vorhersehbarkeit eines Schadens ankommen könne, wolle man sie nicht völlig aufweichen[893].

(2) Die Diskussion im Rahmen der Produkthaftung

Wesentlich kontroverser als bei der Umwelthaftung gestaltet sich die Diskussion um die Haftung für Entwicklungsrisiken im Bereich der strikten Produkthaftung[894]. Hier hatte die überwiegende Anzahl der Gerichte in der Vergangenheit die Anwendung der *state of the art-defense* bejaht[895]. Allerdings ist zwischenzeitlich eine deutliche Trendwende eingetreten.
Das gesamte Spektrum an Meinungen und Argumenten pro und contra Produkthaftung für Entwicklungsrisiken spiegelt sich in der Rechtsprechung zu den Asbestfällen wieder[896]. Dabei konkurrier(t)en im wesentlichen zwei unterschiedliche Ansätze, die produkt- und die verhaltensbezogene Sichtweise.

---

[889] Vgl. United States v. Sealtite Corp., 739 F.Supp.464 (E.D.Ark.1990).

[890] United States v. CPS Chemical Co., 779 F.Supp. 437, 442 (E.D.Ark.1991): „Compliance with the Act is a matter of strict liability and a permittee's intention to comply or a good faith attempt to do so does not excuse a violation."

[891] GLASS, 12 Harv.Envtl.L.Rev. 386, 428 (1988).

[892] Flatt v. Johns-Manville Sales Corp., 488 F.Supp. 836, 841 (E.D.Tex.1980); Carter v. Johns-Manville Sales Corp., 557 F.Supp. 1317, 1321 (E.D.Tex.1983).

[893] SCALLON, 29 San Diego L.Rev.93, 114 (1992); vgl. zu dieser Argumentation auch unten (c), S.194.

[894] In reinen negligence-Fällen steht die Zulassung der state-of the art-defense außer Frage; vgl. ELLIS/CASE, Toxic Tort Litigation, § 7-8, S.187.

[895] Einen guten Überblick geben BECKER/ RUSCH, ZEuP 2000, 90 ff; vgl. auch MADDEN/ OWEN/DAVIS, On products liability, S.50.

[896] BECKER/RUSCH, ZEuP, 2000, 90, 100.

(a) Die produktbezogene Betrachtungsweise

Bei der produktbezogenen Betrachtungsweise steht die Fehlerhaftigkeit des Produkts im Vordergrund. Niederschlag hat sie insbesondere in der sog. *Beshada*-Entscheidung des *Supreme Court of New Jersey*[897] gefunden, in welcher erstmalig, gestützt auf rechtssystematische und rechtspolitische Argumente, eine Produkthaftung für Entwicklungsrisiken angenommen wurde.

Kläger waren Arbeiter und Rechtsnachfolger verstorbener Arbeiter, die über längere Zeiträume mit von der Beklagten[898] gelieferten, asbesthaltigen Werkstoffen in Berührung gekommen waren und sich aufgrund dieses Umstands Asbestose und andere asbestbedingte Krankheiten zugezogen hatten. Sie waren der Auffassung, daß nach dem in New Jersey geltenden Recht ein Instruktionsfehler vorläge, da die Asbestprodukte nicht mit hinreichenden Warnhinweisen versehen gewesen seien. Demgegenüber verteidigte sich die beklagte Asbestherstellerin damit, daß es bis in die neuere Zeit überhaupt nicht bekannt gewesen sei, daß Asbest bereits in geringen Dosen schädliche Folgen nach sich ziehen könne[899].

Aufgrund der Tatsache, daß das Gericht die Behauptung der Beklagten, die Gefahr sei unerkennbar gewesen, als wahr unterstellte, mußte es zu der Frage der Zulässigkeit der *state of the art-defense* Stellung beziehen. Diese verneinte es schließlich unter Heranziehung von vier Argumenten, der Systematik der *strict liability*, der angemessenen Risikoverteilung, der Unfallverhütung und der Prozeßvereinfachung[900].

Im einzelnen führte das Gericht aus, die Nichterkennbarkeit eines Risikos könne im Rahmen der produktbezogenen *strict liability* keine Berücksichtigung finden, da sie lediglich schuldhaftes Verhalten des Herstellers betreffe[901]. Darüberhinaus seien die Produzenten aber auch am besten in der Lage, die aus produktbedingten Schäden resultierenden Kosten über den Preis zu verteilen und somit der geeignetste Haftungsadressat[902]. Schließlich würde die Einbeziehung der Entwicklungsrisiken in die Haftung, so der *Supreme Court*, zu einer erheblichen Reduzie-

---

897 Beshada v. Johns-Manville Products Corp., 90 N.J. 191; 447 A.2d 539 (N.J.1982); ausführlich hierzu PFEIFER, Produktfehler, S.170 ff.; zu beachten ist, daß Beshada nach eigenem Bekenntnis nur auf failure to warn-cases anwendbar sein soll.

898 Hierbei handelte es sich um die Asbestherstellerin Johns-Manville Products Corp.

899 Beshada v. Johns-Manville Products Corp., 90 N.J. 191; 447 A.2d 539, 542 (N.J.1982).

900 Beshada v. Johns-Manville Products Corp., 90 N.J. 191; 447 A.2d 539, 547 ff. (N.J.1982).

901 Beshada v. Johns-Manville Products Corp., 90 N.J. 191; 447 A.2d 539, 554 (N.J.1982): „...when a plaintiff sues under strict liability, there is no need to prove that the manufacturer knew or should have known of any dangerous properties of its product - such knowledge is imputed to the manufacturer".

902 Beshada v. Johns-Manville Products Corp., 90 N.J. 191; 447 A.2d 539, 547 (N.J.1982); vgl. auch KEETON, 48 Texas L.Rev. 398, 407 (1970).

rung der Unfallkosten und zu einer sinnvollen Senkung der gerichtlichen Verfahrenskosten führen, nachdem komplizierte und langwierige Beweisaufnahmen vermieden werden könnten[903].

(2) Die verhaltensbezogene Betrachtungsweise

Gerade entgegengesetzt entscheidet die verhaltensbezogene Betrachtungsweise und votiert für die Zulassung der *state of the art-defense* im Rahmen der Produkthaftung.

Zur Begründung führt sie überwiegend rechtspolitische Gesichtspunkte an, etwa, daß eine Warnung vor dem Unerkennbaren nicht möglich sei, weshalb ein entsprechendes Unterlassen der Hersteller auch nicht als haftungsbegründend gewertet werden könne[904]; daneben äußert sie die Befürchtung, daß die Angst vor einer eventuellen Haftung dazu führen könnte, daß die Hersteller neue Produkte nur verzögert oder aber gar nicht vermarkten würden[905]. Schließlich wird als argumentum pro *defense* die angebliche Unversicherbarkeit von Entwicklungsrisiken angeführt.

Die vorgenannten Argumente bewogen nicht wenige Gerichte, den durch die Zulassung der *state of the art-defense* ausgelösten Einbruch von Verschuldenselementen in die an sich verschuldensunabhängige *strict liability* hinzunehmen und zu akzeptieren. Beispielhaft hierfür steht der kalifornische Asbestfall *Anderson v. Owens-Corning Fiberglass Corp.*[906] Nachdem sich die Vorinstanz hier noch für eine Haftung für Entwicklungsrisiken entschieden hatte, sprach sich der *Supreme Court* gerade entgegengesetzt für die Zulassung der *state of the art-defense* aus. Zur Begründung wurden drei wohlbekannte Argumente angeführt: Erstens sei keine absolute Haftung des Herstellers gewollt[907], zweitens könne nicht vor etwas gewarnt werden, das überhaupt nicht bekannt sein könne[908] und drittens sei der zugegebenermaßen dogmatisch inkorrekte Einbruch von Verschuldenselementen in die *strict liability* nur eine von mehreren dogmatischen Ungenauigkeiten und daher zu akzeptieren[909].

---

903 Beshada v. Johns-Manville Products Corp., 90 N.J. 191; 447 A.2d 539, 547 (N.J.1982).

904 Vgl. Feldman v. Lederle Lab., 479 A.2d 374 (N.J.1984).

905 Leibowitz v. Ortho Pharmaceutical Corp., 307 A.2d 449, 458 (Pa.1973).

906 Anderson v. Owens-Corning Fiberglass Corp., 53 Cal.3d 987 ff., 281 Cal.Rptr. 528, 810 P.2d 549 (Cal.1991).

907 Anderson v. Owens-Corning Fiberglass Corp., 53 Cal.3d 987, Leitsätze 5a-5c (Cal.1991).

908 Anderson v. Owens-Corning Fiberglass Corp., 53 Cal.3d 987, 1002 (Cal.1991); dieselbe Argumentation findet sich in Carlin v. Superior Court, 920 P.2d 1347 (Cal.1996).

909 Anderson v. Owens-Corning Fiberglass Corp., 53 Cal.3d 987, 1004 (Cal.1991); zu beachten ist allerdings, daß nach der Auffassung der Mehrheit im Supreme Court die Berufung auf den Stand der Wissenschaft und Technik nur bei Instruktionsfehlern (failure to warn)

(c) Der aktuelle Diskussionsstand

Wie bereits angedeutet, geht die aktuelle produkthaftungsrechtliche Tendenz in den USA deutlich in Richtung einer Haftung für Entwicklungsrisiken[910]. Dies ist Ausdruck des Erkennens, daß sich die gegen eine solche Haftung angeführten Argumente letztlich als nicht stichhaltig erwiesen haben und erweisen.

So ist mit Recht bezweifelt worden, daß eine Haftung für Entwicklungsrisiken die Innovationsbereitschaft der Industrie hemme[911]. Hersteller müssen schon deshalb innovativ sein, um auf dem Markt bestehen zu können; zudem existieren Erfahrungswerte, wonach die Innovationsbereitschaft durch eine Haftung für Entwicklungsrisiken nicht beeinträchtigt wird[912].
Kritisch zu beurteilen ist daneben die pauschale Behauptung, eine Haftung für Entwicklungsrisiken sei nicht versicherbar. Dies ist, auch wenn sich die Probleme bei der Schätzung des Schadensumfangs und der Eintrittswahrscheinlichkeit nicht von der Hand weisen lassen, mitnichten so. Jedenfalls wird die Versicherbarkeit von der Versicherungswirtschaft nicht ernsthaft in Frage gestellt[913].

Demgegenüber gewinnen die Argumente, die für eine Haftung für Entwicklungsrisiken und damit gegen eine Zulassung der *state of the art-defense* streiten, immer stärker an Gewicht und Überzeugungskraft.

Allen voran zu nennen ist das dogmatische Prinzip der Gefährdungshaftung[914]. Verschuldensunabhängige Haftungsformen beinhalten eine objektive Haftung für besonders risikoreiche Unternehmungen und sollen Ausgleich für vom Verantwortlichen mit Billigung der Gesellschaft eröffnete Gefahrenquellen schaffen, die ihrer Art nach auch bei pflichtgemäßer Kontrolle nicht in jeder Hinsicht kontrolliert werden können. Es ist damit gerade die Funktion der strikten Haftung, die herkömmlichen Haftungsprinzipien dort, wo die Technik eine volle Gefahrabschirmung nicht zu gewährleisten vermag, zu ergänzen[915].

Eine totale Gefahrabschirmung ist nun aber auch und gerade im Verantwortungsbereich der Produzenten nicht möglich. Trotz immer besserer und ausgefeilterer Kontrollmöglichkeiten läßt sich absolute Produktsicherheit nicht erreichen. In der

---

gelten soll und daß die Nichthaftung für Entwicklungsrisiken teilweise durch nachwirkende Produktbeobachtungspflichten (post-sale duties) ausgeglichen wird.

910 Vgl. MADDEN/OWEN/DAVIS, On products liability, S.50 ff.

911 So schon RHEINGOLD, 18 Rutgers L.Rev. 947, 1017 (1964).

912 Ein anschauliches Beispiel hierfür geben das amerikanische und das deutsche Arzneimittelhaftungsrecht, die jeweils eine Haftung für Entwicklungsrisiken vorsehen (vgl. § 84 S.2 Nr.1 ArzneiMG) und keineswegs zu einer Innovationshemmung geführt haben.

913 Vgl. COWELL, PHI 1986, 30, 31.

914 PLACITELLA/DARNELL, 51 Fordham L.Rev. 801, 807 (1983).

915 ELLIS/CASE, Toxic Tort Litigation, § 7-8, S.188.

Konsequenz werden sich daher immer wieder unerkennbare Schadenspotentiale realisieren. Dieses verbleibende technische Restrisiko rechtfertigt es, eine Verantwortlichkeit der Produzenten als Wagnisträger auch für Entwicklungsrisiken anzunehmen[916].

Neben dieser rein dogmatischen Argumentation läßt sich die Einbeziehung der Entwicklungsrisiken aber auch auf überzeugende prozeßökonomische Gesichtspunkte stützen. So können langwierige Beweiserhebungen mit komplizierten Sachverständigengutachten über den Stand von Wissenschaft und Technik zum Zeitpunkt des Inverkehrbringens vermieden werden[917]. Diese kosten, wie die Erfahrung gezeigt hat, viel Zeit und Geld. Meist reich(t)en zwei Gutachten nicht aus, um zu einer klaren Überzeugungsbildung zu gelangen. Zuguterletzt ist es ohne Zweifel sozial gerechter, den Hersteller, der das Risiko am besten beherrscht und zudem wirtschaftliche Vorteile aus dem Verkauf des Produkts zieht, anstelle des unschuldigen Konsumenten bzw. Dritten haften zu lassen[918]. Dies gilt umso mehr, als Hersteller in der Lage sind, ihnen angelastete Entwicklungsrisiken über den Preis weiterzugeben und damit umzuverteilen[919].

(d) USA de lege ferenda

Nicht überraschend haben sich die soeben genannten Argumente für eine Haftung für Entwicklungsrisiken zwischenzeitlich Eingang in die legislatorischen Reformvorhaben verschafft. So sieht der aktuelle *Product Liability Reform Act of 1998/1999* im Widerspruch zu allen Vorentwürfen, u.a. dem des American Law Institute für ein *Restatement (Third) of Torts* von 1994[920], keine Verteidigung mit der *state of the art-defense* mehr vor[921]. Damit geht die Kongruenz zwischen

---

916 ELLIS/CASE, id. Fn.915; S.188 ff.; vgl. auch MARBURGER, Grundsatzfragen, S.13 ff.

917 KEETON, 20 Syracuse L.Rev. 559, 570 (1969), ders., 48 Texas L.Rev. 398, 409 (1970); SCHWARTZ, 67 Cal. L.Rev. 435, 487 (1979).

918 Kritisch HENDERSON, 69 Cal. L.Rev. 919, 952 (1981).

919 POLELLE, 8 Rutgers Camden L.J. 101, 105 (1976); WEGMAN, 51 Cornell .L.Q. 678, 716 (1966).

920 So heißt es dort in § 2, der die „Categories of Product Defects" festlegt:„(b) a product is defective in design, when the foreseeable risks of harm posed by the product could have reduced by the adoption of a reasonable alternative design by the seller or a predecessor in the commercial chain of distribution and the omission of the alternative design renders the product not reasonably safe; (c) a product is defective due to inedequate instructions or warnings when the foreseeable risks of harm posed by the product could have been reduced by the provision of instructions or warnings by the seller or a predecessor in a commercial chain of distribution and the omission of reasonable instructions or warnings renders the product not reasonably safe"; damit werden die Entwicklungsrisiken als unvorhersehbare Risiken ausgeschlossen bzw. die Produkte als nicht fehlerhaft angesehen; vgl. hierzu OWEN, 49 S.C.L.Rev., 273 ff.(1998).

921 Vgl. SCHOLLAERT, PHI 1998, 20, 24.

Umwelt- und Produkthaftung in diesem Teilbereich sogar weit über den Anwendungsbereich der *toxic torts* hinaus.

(e) Fazit

Im Ergebnis läßt sich somit festhalten, daß in den USA ein deutliches Umdenken im Hinblick auf die Einbeziehung von Entwicklungsrisiken in die Produkthaftung stattgefunden hat. Dieses Umdenken erfaßt den gesamten Bereich der *toxic torts* und geht sogar noch darüber hinaus, wie sich dem neuesten Entwurf für ein bundeseinheitliches Produkthaftungsgesetz eindeutig entnehmen läßt. Letztlich wird das Entwicklungsrisiko damit für alle Arten toxischer Schäden einheitlich bewertet.

bb) Übereinstimmung mit hoheitlich vorgegebenen Normen

Entsprechendes gilt für die Verteidigung mit der Behauptung, daß hoheitlich vorgegebene Normen eingehalten wurden. Diesbezüglich war von der US-amerikanischen Rechtsprechung in der Vergangenheit partiell die Ansicht vertreten worden, daß sich die Einhaltung solcher Vorschriften haftungsausschließend auswirken müsse. Diese Auffassung hat sich jedoch nicht durchsetzen können. Herrschend ist vielmehr, daß die bloße Übereinstimmung mit staatlichen Vorschriften bzw. Standards zu keiner automatischen Haftungsfreistellung führt. Entsprechend führte das Bundesgericht im Formaldehyd-Fall *Shorter v. Champion Home Builders Co.* aus, daß die Behauptung des beklagten Herstellers, der Formaldehydgehalt des von ihm in Verkehr gebrachten Produktes entspräche den anzuwendenden Standards des *National Manufactured Home Construction and Safety Standards Act* (NMHCSSA)[922], nicht ausschließe, daß das Produkt dennoch konzeptionell oder aufgrund von fehlenden Warnhinweisen unvernünftig gefährlich sei[923]. In einer anderen Entscheidung wurde festgestellt, daß der Übereinstimmung chemischer Produkte mit den Vorgaben der *Environmental Protection Agency* in *toxic tort-cases* haftungsrechtlich keine Bedeutung zukomme[924].

---

922 42 USCA § 5401-5427.

923 Shorter v. Champion Home Builders Co., F.Supp. 1991 WL 212776 (N.D.Ohio 1991): „compliance with the standards could be treated as a piece of evidence going toward the issue of defective design but does not preclude a finding that the manufacturer should have undertaken additional warning, labeling, or design initiatives".

924 Ferebee v. Chevron Chemical Co., 736 F.2d 1529, 1540 (D.C.Cir.1984): „EPA standard may be taken into account by the jury...but jury need not give that determination conclusive weight". Analog dieser Rechtsprechung findet sich auch in keinem die Sicherheit von Produkten regelnden Gesetz und schließlich auch nicht im neuen Produkthaftungsreformgesetz eine den Einwand normgerechten Verhaltens berücksichtigende Vorschrift; vgl. SCHOLLAERT, PHI 1998, 20, 24.

g) Art und Umfang des zu ersetzenden Schadens

Einheitlich gestalten sich im Rahmen von *toxic tort*-Verfahren ferner Art und Umfang des zu ersetzenden Schadens. Zu unterscheiden sind hier zwei Arten des Schadensersatzes, *compensatory damages* und *punitive damages*.

aa) Compensatory damages

Compensatory damages dienen dem Ausgleich aller an Leben, Gesundheit und individuellem Eigentum entstandenen Schäden[925].

(1) Schadensersatz bei Eigentumsverletzung (property damage)

Die Verletzung individuellen Eigentums eröffnet verschiedene Ersatzoptionen, die Geltendmachung von Wiederherstellungskosten (*costs of repair*), von Wertminderung (*diminution of value*) und von Nutzungsentgang (*lost use*).

Wiederherstellungskosten können verlangt werden, sofern die Beeinträchtigung nur vorübergehender Natur ist und die Möglichkeit der Restitution besteht. Begrenzt werden sie durch das Maß der eingetretenen Wertminderung bzw. den Verkehrswert des in Mitleidenschaft gezogenen Eigentums. Dahinter steht der Gedanke, daß der Geschädigte wirtschaftlich nicht besser gestellt werden soll als vor der Verletzung.

Ist eine Wiederherstellung nicht mit verhältnismäßig vertretbaren Aufwendungen (*reasonable costs*) möglich, kommt ausschließlich der Ersatz der eingetretenen Wertminderung in Betracht. Wie bei den Restitutionskosten ist auch hier als oberste Grenze der Verkehrswert der in Mitleidenschaft gezogenen beweglichen oder unbeweglichen Sache festzumachen.

Soweit Grundeigentum tangiert ist, besteht schließlich die Möglichkeit, Ersatzansprüche wegen der Beeinträchtigung der ungestörten Nutzungsmöglichkeit (*lost use and enjoyment of property*) geltend zu machen[926]. Dabei handelt es sich um einen reinen Vermögensschaden. Der Verlust der ungestörten Grundstücksnutzung wird in der Praxis insbesondere bei nicht gewerblich genutztem Eigentum als Schaden geltend gemacht.

---

[925] MADDEN, Toxic Torts Deskbook, S.172.

[926] Sterling v. Velsicol Chem. Corp., 647 F.Supp. 303, 321 (1986).

(2) Schadensersatz bei Gesundheitsbeeinträchtigungen (personal injury)

Führen toxische Immissionen zu Personenschäden (*personal injury*), eröffnet dies dem Geschädigten ebenfalls eine ganze Palette an Ansprüchen.

So kann grundsätzlich Ersatz für medizinische Behandlungs- und Rehabilitationskosten (*medical and rehabilitation expenses*), für verminderte Lebensqualität (*loss of enjoyment of life*) und Schmerz bzw. Leid (*pain and suffering*) verlangt werden. Darüberhinaus ist es unter bestimmten Voraussetzungen möglich, Schadensersatz wegen eines gesteigerten Krankheitsrisikos (*increased risk of future illness*)[927] oder wegen einer insoweit erforderlichen medizinischen Behandlung (*medical surveillance*)[928] geltend zu machen. Manche Gerichte gestehen zudem Ersatz für seelisches und emotionales Leid (*emotional distress*) zu[929].

(3) Ersatz von Vermögensschäden (economic damages)

Neben dem Ersatz von Personen- und Sachschäden kann unter der Maßgabe, daß sie im Zeitpunkt der unerlaubten Handlung vorhersehbar waren, grundsätzlich auch Kompensation für alle durch die Verletzung verursachten Folgeschäden verlangt werden[930]. Hierunter fallen u.a. Vermögensschäden (*economic damages*) wie der entgangene Gewinn (*lost profit*) und/oder die Beeinträchtigung der Erwerbsfähigkeit (*impairment/loss of earning capacity*)[931].

Voraussetzung für die erfolgreiche Durchsetzung von *economic damages* ist allerdings, daß ein individuelles Rechtsgut verletzt worden ist[932] und daß kumulativ entweder Sach- oder Personenschäden geltend gemacht werden. Vom Erfordernis dieses „*physical damage*“ haben die Gerichte nur wenige begrenzte

---

927 Sterling v. Velsicol Chem. Corp., 647 F.Supp. 303, 321 (1986); MADDEN, Toxic Tort Deskbook, S.175.

928 Der Kostenersatz wegen „medical surveillance“ setzt voraus, daß der Betroffene umweltschädlichen Immissionen ausgesetzt war und wegen des deshalb vorhandenen Risikos eines Krankheitseintritts das Bedürfnis nach medizinischer Untersuchung gegeben ist; vgl. Merry v. Westinghouse Electric Corp., 684 F.Supp. 847, 850 (M.D.Pa.1988); MADDEN, Toxic Tort Deskbook, S.176.

929 Gemeint ist damit ein Ausgleich für die nicht unbegründete Furcht vor dem gesteigerten Risiko einer möglichen Erkrankung (z.B. Cancerophobie): Dartez v. Fibreboard Corp., 765 F.2d 456, 468 (5th Cir.1985); Sterling v. Velsicol Chem. Corp., 647 F.Supp. 303, 320 (1986); DWORKIN, 53 Fordham L.Rev. 527, 556 (1984); MADDEN, Toxic Tort Deskbook, S.176.

930 MADDEN, Toxic Tort Deskbook, S.173; COOKE, Law of Hazardous Waste, Vol.3, § 17, S.17.

931 FRUMER/FRIEDMAN, Personal Injury, S.243; MADDEN, Toxic Tort Deskbook, S.173.

932 Restatement (Second) of Torts, § 766 C.

Ausnahmen zugelassen: So ist etwa Fischern, die auf die gewerbliche Nutzung eines Gewässers unmittelbar angewiesen waren, Ersatz ihres entgangenen Gewinns auch ohne das Vorliegen eines individuellen Personen- oder Sachschadens zugebilligt worden[933]. Die Ausdehnung dieser Rechtsprechung auf weitere die Natur nur mittelbar nutzende Gewerbetreibende wurde allerdings abgelehnt[934].

(4) Umfang des Schadensersatzes

Haftungshöchstgrenzen sind dem amerikanischen Deliktsrecht zwar nicht gänzlich unbekannt[935], stellen aber noch immer eine Seltenheit und in gewissem Sinne auch einen Fremdkörper dar. Dies gilt auch im hier relevanten Bereich der *toxic torts*. Es kann damit im Regelfall unbegrenzter Schadensersatz geltend gemacht werden.

bb) Punitive damages

Eine Spezialität des amerikanischen Rechts mit besonderer Bedeutung für den Bereich toxischer Schäden liegt in der Gewährung von Strafschadensersatz (*punitive damages*)[936]. Im Gegensatz zu *compensatory damages* dienen *punitive damages* nicht der Schadenskompensation; es handelt sich vielmehr um eine Entschädigung mit Strafcharakter.

Ansatzpunkt für *punitive damages* ist grobes, rücksichtsloses Verhalten, das kumulativ zur Verpflichtung zu kompensatorischem Schadensersatz sanktioniert werden soll[937]. Gerade im Bereich der *toxic torts* wurden dabei oft exorbitante Größenordnungen erreicht[938]. Die Kehrseite dieser auf den ersten Blick für Geschädigte günstigen Regelung war, daß viele Unternehmen unter der Last des Strafschadensersatzes finanziell zusammengebrochen sind mit der Folge, daß spätere Opfer häufig nicht einmal mehr kompensatorischen Schadensersatz

933 Pruitt v. Allied Chem.Corp., 523 F.Supp. 975 (E.D.Va.1981).

934 COOKE, Law of Hazardous Waste, Vol.3, § 17, S.17 ff.; Pruitt v. Allied Chem.Corp., 523 F.Supp. 975 (E.D.Va.1981).

935 Vgl. etwa CERCLA-section 107 (c) (1); auch die Haftung nach dem Oil Pollution Act (OPA) ist in section 1004 (a) (1) der Höhe nach begrenzt.

936 Neben punitive damages wird vielfach auch von exemplary bzw. triple damages gesprochen.

937 RILEY, Proving Punitive Damages, S.104; MORRIS, 44 Harv.L.Rev. 1173, 1176 (1931).

938 Vgl. Kemner v. Monsanto Co., Tox.L.Rep. 612 (7th Cir.1987), in der das beklagte Unternehmen wegen unterlassener Warnung vor den Gefahren von Dioxin zur Zahlung eines Strafschadensersatzes von $ 16,25 Mio. verurteilt wurde.

erlangen konnten[939]. Nicht von ungefähr stehen die *punitive damages* deshalb im Mittelpunkt der Kritik[940]. Dabei geht die Tendenz klar in Richtung Beschränkung und Begrenzung. Nur als Beispiel sieht das Gesetz zur Produkthaftpflichtreform (PLRA 1998/1999) eine sowohl tatbestandliche wie auch summenmäßige Begrenzung vor[941]. Für die Zukunft stehen weitere Beschränkungen zu erwarten.

h) Die Regelung der Verjährung

Die Verjährung bereitet bei toxischen Schäden besondere Probleme. So beginnt die zwei- bis dreijährige Verjährungsfrist nach den herkömmlichen deliktsrechtlichen Regeln mit dem Beginn des Delikts, also mit der ersten toxischen Immission. Dies ist deshalb problematisch, weil es den Geschädigten innerhalb dieser kurzen Zeit häufig überhaupt nicht möglich ist, Schäden zu erkennen bzw. festzustellen. Um der daraus resultierenden Ungerechtigkeit abzuhelfen wurde in den meisten Staaten die sog. *discovery rule* eingeführt, die die Verjährungsfrist erst dann anlaufen läßt, wenn Kenntnis von der Schädigung erlangt wird oder diese Kenntnis unter normalen Umständen erwartet werden kann[942].

Auch die *discovery rule* ist indes kein Allheilmittel. Es ist zu berücksichtigen, daß viele toxische Substanzen ihre Schädlichkeit zeitlich abgestuft entfalten. Damit verschiebt sich das Problem hin zu der Frage, ob bereits die Feststellung erster Krankheits- bzw. Schädigungssymptome die Verjährungsfrist zum Laufen bringt[943]. Nicht zuletzt um diesem Problem auszuweichen, wurde von den Gerichten die bereits weiter oben dargestellte Theorie der Vorverlagerung der Haftung kreiert und zur Anwendung gebracht[944].

---

939 Paradigmatisch hierfür steht der Konkurs des Asbestherstellers Johns-Manville Corp., vgl. NOTE, Bankruptcy, Waste and Mass Tort, 23 Hous.L.Rev.1243 (1986); HENSLER, Asbestos, S.22.

940 Vgl. ZEKOLL, IPRrax 1997, 198, 200.

941 Section 108 PLRA.

942 HENSLER, Asbestos, S.38; vgl. auch section 106 (a) PLRA.

943 Bejaht in Staiano v. Johns-Manville Corp., 450 A.2d 681 (Pa.Super.Ct.1982); a.A. Wilson v. Johns-Manville Corp., 684 F.2d 111 (D.C.1982).

944 Vgl. oben 4 B II 2) b) bb) (2), S.180.

i) Einheitliche prozessuale Instrumentarien

Wie bereits angedeutet, beschränkt sich die einheitliche Beurteilung toxischer Schäden nicht auf die soeben dargestellten materiellen Rechtsfragen, sondern erfaßt auch das prozessuale Instrumentarium.

aa) Das Instrument der pretrial discovery

Dies beginnt mit dem vorgerichtlichen Beweisermittlungsverfahren, der sog. *pretrial discovery*. Wenngleich es sich dabei um ein allgemeines Instrument des amerikanischen Prozeßrechts handelt, das nicht speziell auf das Deliktsrecht und damit auch nicht auf den Bereich der *toxic torts* zugeschnitten ist, hat es - wegen der bestehenden Kausalitätsprobleme - doch gerade hier erhebliche Bedeutung erlangt.

Hierzu muß man wissen, daß die Sachverhaltsaufklärung und die dazu meist notwendige Beweisermittlung im amerikanischen Recht grundsätzlich den Parteien obliegt und dem eigentlichen *trial* vorgeschaltet ist[945]. Um den Parteien diese vorgerichtliche Aufklärung überhaupt möglich zu machen, wird ihnen ein umfassendes und effektives rechtliches Instrumentarium zur Verfügung gestellt. So wird - im Rahmen der *pretrial discovery* - die Möglichkeit eröffnet, umfassend Einsicht in die Unterlagen der Gegenseite zu nehmen, Beweisfragen zu stellen und Sachverständige bzw. Zeugen zu hören.

Besondere Bedeutung kommt dabei insbesondere dem vor der mündlichen Verhandlung durchgeführten (Kreuz-) Verhör (*deposition*) zu. Mit den unter Eid gemachten Aussagen von Parteien und Zeugen kann die Glaubwürdigkeit von Unterlagen und sonstigen Beweismitteln des Prozeßgegners - etwa durch Aufdecken von Widersprüchlichkeiten - erheblich erschüttert und gegebenenfalls sogar ganz zunichte gemacht werden. Weitere effektive Aufklärungsmittel sind schriftliche Fragen an die Gegenpartei, die innerhalb einer bestimmten Frist unter Eid schriftlich zu beantworten sind (*written interrogatory*), und das Verlangen der Vorlage prozeßrelevanter Unterlagen und Gegenstände (*production of documents or other things*); zuguterletzt gibt die *pretrial discovery* die Möglichkeit, bereits vorgerichtlich medizinische und andere Gutachten (*expertise*) einzuholen.

Trotz einer nicht zu leugnenden Mißbrauchsgefahr[946] haben sich diese Möglichkeiten, die letztlich materiellrechtlichen Auskunfts- und Aufklärungsansprüchen gleichkommen, in der Praxis als äußerst sinnvoll und effektiv erwiesen. Gleich in

---

945 Vgl. hierzu EBERSTEIN/BRAUNEWELL, Grundlagen der Produkthaftung, S.104 ff.

946 EBERSTEIN/BRAUNEWELL, Grundlagen der Produkthaftung, S.105.

einer Vielzahl von *toxic tort*- Fällen brachte erst das *discovery*-Verfahren ans Licht, daß Unternehmen schon lange um die (Umwelt-) Gefährlichkeit ihrer Produkte gewußt und dieses Wissen absichtlich vor der Öffentlichkeit geheimgehalten hatten[947].

bb) Citizen suits

Ein weiteres, wichtiges *toxic tort*-Instrumentarium ist die sog. Bürger(Innen)klage (*citizen suit*)[948]. Wie schon im Rahmen der Darstellung des US-amerikanischen Umwelthaftungsrechts ausgeführt, ist vorrangiges Ziel dieses Verfahrens nicht die Schadenskompensation; vielmehr sollen mit Hilfe der Gerichte staatliche Versäumnisse aufgedeckt und - über unmittelbare gerichtliche Anordnungen (*judicial lawmaking*) - wettgemacht werden. Damit wird Privatpersonen unmittelbare Kontrollfunktion eingeräumt[949]. Mißbrauch und schädliche Absprachen zwischen Wirtschaft und Staat können so direkt bekämpft werden.

Citizen suits bildeten lange Zeit die Speerspitze im Kampf gegen toxische Schäden. In jüngerer Zeit ist ihre Bedeutung allerdings erheblich zurückgegangen. Dies hat seine Ursache indes nicht etwa in zunehmender Umweltverdrossenheit der Bürger; vielmehr sind die Gerichte dazu übergegangen, die Zulässigkeitsvoraussetzungen erheblich zu verschärfen[950]. Etwa wird im Gegensatz zu früher eine konkrete Betroffenheit des bzw. der Kläger verlangt. Akademische Streitigkeiten und Klagen sogenannter „*bird watcher*“ werden nicht mehr zugelassen[951].

cc) Das verfahrensrechtliche Handling des Massenproblems

Toxische Schäden betreffen häufig eine Vielzahl von Personen und Sachen. Dies bringt, wie schon mehrfach im Rahmen dieser Untersuchung angesprochen, spezielle Probleme bei der prozessualen Bewältigung mit sich[952]. Hervorzuheben sind insbesondere die Überlastung der Gerichte und die mit den Geboten der Fairneß nur schwer in Übereinklang zu bringende potentielle Inkonsistenz individueller Entscheidungen.

---

[947] Anschaulich zur Asbestproblematik BRODEUR, Outrageous Misconduct: The Asbestos Industry on Trial (1985).

[948] MADDEN, Toxic Torts Deskbook, S.124 ff.

[949] COMMENT, The Rise of Citizen Suit Enforcement of Environmental Law: Private and Public Attorneys General, 81 N.W.U.L.Rev. 220, 223 (1987).

[950] Vgl. GLABERSON, Citizen Suits, Once a weapon Against Polluters, are Losing Their Power, The New York Times, June 5, 1999.

[951] GLABERSON, Citizen Suits, Once a weapon Against Polluters, are Losing Their Power, The New York Times, June 5, 1999.

[952] Vgl. hierzu ausführlich oben 3 B II 6) j), S.148 ff.

(1) Die Grundkonzeption des amerikanischen Zivilprozesses

Vom Grundsatz her ist das amerikanische Zivilprozeßrecht - ähnlich wie das europäische und deutsche - eindeutig individualistisch geprägt[953]. Es dominiert der Zweiparteienprozeß. Allerdings sind durchaus Mechanismen der prozessualen Kollektivierung vorgesehen. So bestehen von Gesetzes wegen die Möglichkeiten der Verfahrensverbindung (*consolidation*), der Änderung der örtlichen Zuständigkeit (*transfer*) und der Gruppenklage (*class action*).

Im vorliegend relevanten Bereich der *toxic torts* wurde diesen Mechanismen lange Zeit kaum, um nicht zu sagen überhaupt keine Bedeutung zuteil. Im Vordergrund standen vielmehr eindeutig die Individualverfahren.

Erst gegen Mitte der 80-er Jahre begann insoweit - von verschiedenster Seite initiiert - ein Umdenkungsprozeß einzusetzen.

So sahen die Kläger und ihre Anwälte die Erfolgs- und Profitchancen durch lange Prozeßdauern immer stärker schwinden, die auf der Gegenseite stehende Industrie begann die horrende Kostenlast zahlreich geführter Individualprozesse[954] zu beklagen und die Gerichtsbarkeit schließlich sah sich im Hinblick auf die Flut an Verfahren an ihrer Bewältigungsgrenze angelangt oder bereits darüber.

(2) Allgemeine Mechanismen der prozessualen Kollektivierung

Als Folge wurden verschiedene Lösungsmodelle entwickelt, die allesamt auf eine prozessuale Bündelung der Verfahren hinausliefen. Dabei reicht(e) die Bandbreite von loser Zusammenarbeit der Beteiligten über Musterprozeßvereinbarungen bis hin zur gerichtlichen Verfahrenskonsolidierung.

(a) Informelle Zusammenarbeit

Besonders häufig praktiziert wurde und wird die Kooperation verschiedener Kläger- und Beklagtenvertreter im Rahmen der *pretrial discovery*. Die Vorteile dieser Verfahrensweise liegen auf der Hand. So können wertvolle Informationen ausgetauscht, gemeinsame Fragenkataloge ausgearbeitet und effektive Arbeitsteilungen vorgenommen werden[955]. Größtmögliche Bedeutung erlangt die Zusammenarbeit im Rahmen der *discovery*, wenn alle Prozeßbeteiligten, d.h. Kläger und Beklagte, einvernehmlich daran mitwirken. In diesem Fall ist es möglich,

---

[953] Einen guten Überblick über das US-amerikanische Prozeßrecht geben SCHACK, Einführung in das US-amerikanische Zivilprozeßrecht (1988) und LANGE/BLACK, Der Zivilprozeß in den Vereinigten Staaten (1986).

[954] CASTLEMAN, Asbestos: Medical and Legal Aspects, S.667.

[955] RHEINGOLD, Mass Disaster Litigation, 1977 Litigation 518.

lediglich ein einziges Aufklärungsverfahren durchzuführen und die dort gefundenen Ergebnisse mit Zustimmung der Beteiligten in sämtlichen gleichgelagerten Fällen anzuwenden[956]. Formen der koordinierten *pretrial discovery* bewirken regelmäßig eine erhebliche Einsparung an Kosten; daneben führen sie zu einer zeitlichen Straffung, nachdem Zeugen und Sachverständige nur einmal und nicht mehrfach befragt werden müssen.

Noch weitergehende Effekte bewirkt die ebenfalls mögliche und in der Vergangenheit zum Teil auch in die Tat umgesetzte Vereinbarung eines Musterprozeßverfahrens[957]. Mittels einer solchen Absprache einigen sich Kläger- und Beklagtenvertreter darauf, zunächst einen oder mehrere vieler gleichartiger Fälle vor Gericht zu bringen und dessen Ergebnis ganz oder in Teilen als verbindlich für alle weiteren zu akzeptieren. Die maßgeblichen Fragen müssen damit nur einmal verbindlich entschieden werden.

(b) Modifikation in der Gerichtsorganisation

Neben den Bemühungen der Parteien wurden auch seitens der Judikative erhebliche Anstrengungen unternommen, um der zunehmenden Flut an *toxic tort*-Verfahren Herr zu werden. So begann man etwa, die Fälle nicht mehr, wie herkömmlich, in der Reihenfolge ihres Eingangs und damit durch verschiedene Richter zu bearbeiten, sondern spezielle Abteilungen zu bilden und diesen gleichgelagerte Fälle zuzuweisen. Beispielsweise wurden an vielen Gerichten die Asbestfälle einem einzigen Richter übertragen, der dann meist einen Fall als sog. *master case* führte und die Verfügungen und Entscheidungen dieses Falls auf alle anderen ihm anvertrauten Verfahren übertrug[958].

Daneben gingen die Richter immer mehr dazu über, auf eine gütliche Erledigung durch Vergleich hinzuwirken. Zu diesem Zweck wurden zum Teil sogar professionelle Schlichter (*special masters*) beauftragt, die mit den Parteien Konsensgespräche führen konnten, ohne gleichzeitig dem richterlichen Zurückhaltungs- und Neutralitätsgebot zu unterliegen[959]. Dies im übrigen häufig mit gutem Erfolg: Nicht wenige Verfahren konnten dank der wertvollen Vorarbeit der Schlichter einvernehmlich und damit ohne hohen gerichtlichen Aufwand erledigt werden[960].

---

956 TRANGSRUD, 70 Cornell L.Rev.779, 811 (1985).

957 Ein solcher Musterprozeß war beispielsweise der Fall Allen v. United States, 588 F.Supp. 247 (D.Utah 1984).

958 Vgl. HENSLER, Asbestos, S.68.

959 Die Möglichkeit zur Beiziehung von Vermittlern ist in F.R.Civ.Pr.53 explizit vorgesehen. In der Praxis kamen Vermittler insbesondere im Fall Agent Orange zum Einsatz; vgl. hierzu McGOVERN, 69 B.U.L.Rev. 659 (1989).

960 Vgl. hierzu McGOVERN, 69 B.U.L.Rev. 659 (1989).

(c) Verfahrenskonsolidierung

Eine bei toxischen Massenschäden häufig praktizierte und über bloße koordinatorische Maßnahmen hinausgehende Art der prozessualen Bündelung besteht in der Konsolidierung mehrerer bereits anhängiger Streitfälle zu einem Verfahren[961].

Die Rechtsgrundlage hierfür bildet F.R.Civ.Pr.42. Danach können mehrere bei einem Bundesgericht anhängige Streitigkeiten durch *consolidation* verbunden werden, sofern ihnen wenigstens eine Rechts- oder Tatsachenfrage gemein ist. Die Verbindung kann sich auf die *pretrial discovery* bzw. einzelne Fragen beschränken oder auf das gesamte Verfahren erstrecken. Eine Zustimmung der Parteien ist nicht erforderlich. Zwingende Voraussetzung ist aber, daß die Verfahren beim selben Bundesgericht anhängig sind. Dies kann - soweit es nicht schon der Fall ist - mit Hilfe des Rechtsinstituts des *transfer* erreicht werden.

Transfer ermöglicht es, einen Rechtsstreit an ein an sich unzuständiges Gericht zu übertragen[962]. Dabei sind zwei Varianten denkbar: Nach der einen kann die Übertragung von den beteiligten Bundesgerichten in eigener Regie vollzogen werden, sofern dies als sachdienlich angesehen wird[963]. In der Praxis wesentlich bedeutsamer ist die zweite Möglichkeit, der Vollzug des *transfer* durch das *Judicial Panel for Multidistrict Litigation* (*MDL-Panel*). Hierbei handelt es sich um ein zentrales Koordinationsgremium aller Bundesgerichte, das mit sieben Richtern verschiedener Bundesgerichte besetzt ist. Es kann mehrere bei verschiedenen Bundesgerichten anhängige Streitigkeiten auf ein gemeinsames Gericht übertragen, sofern sie wenigstens eine Tatsachen- oder Rechtsfrage gemeinsam haben, die Übertragung aus Effektivitätsgründen sinnvoll ist und dem Interesse der Parteien sowie der Zeugen und Sachverständigen dient[964]. Bei der Bewertung dieser Grundlagen wird dem Gremium ein weites Ermessen eingeräumt[965], das in der Vergangenheit häufig auch ausgeschöpft wurde. Nur zum Beispiel wurde im Fall *In Re Asbestos & Asbestos Insulation Material Prod. Liab. Litig.* gegen den Willen beider Parteien eine Verweisung vorgenommen[966].

---

[961] Vgl. In Re Richardson-Merrel Inc., „Bendectin" Prods.Liab.Litig., 533 F.Supp.489 (J.P.M. D.L.1979), vacated, 582 F.Supp. 890 (J.M.P.D.L.1984); Brown v. Superior Court, 751 P.2d 470, 44 Cal.3d 1049 (1988); Johnson v. Celotex Corp., 899 F.2d 1281 (2d Cir. 1990).

[962] 28 USCA §§ 1404 ff.

[963] 28 USCA §§ 1404, 1406 : Kriterien sind dabei das Wohl der Parteien, das Interesse von Zeugen und Sachverständigen sowie die Erfordernisse des Justizbetriebs.

[964] 28 USCA § 1407.

[965] So steht weder die Verschiedenheit der Parteien einem transfer entgegen noch der eventuell entgegenstehende Wille der Parteien, vgl. In Re Asbestos & Asbestos Insulation Material Prod. Liab. Litig., 431 F.Supp.906, 910 (J.P.M.D.L.1977).

[966] 431 F.Supp. 906, 910 (J.P.M.D.L.1977).

Dogmatisch umstritten ist dabei, ob *transfer* nur zum Zwecke einer gemeinsamen *pretrial discovery* oder auch zum Zweck eines gesamteinheitlichen Verfahrens erfolgen kann. Während letzteres von Teilen der Literatur mit Hinweis auf den Wortlaut von § 1407(a) abgelehnt wird[967], nimmt die überwiegende Anzahl der Gerichte die Übertragungswirkung auch auf den der *discovery* nachfolgenden *trial* an[968].

Durch Konsolidierung gelang es in vielen *toxic tort*-Fällen, eine schnelle Erledigung herbeizuführen. Die gemeinsame *pretrial discovery* bei den *Swine-Flu*-Fällen[969] dauerte beispielsweise weniger als zwei Jahre. Mehr als hundert konsolidierte Asbestfälle in Ohio konnten nach nur 27 Monaten durch einen umfassenden Vergleich erledigt werden[970].

(3) Class action und toxic torts

Das im amerikanischen Recht wohl bedeutendste prozessuale Instrument zur Bewältigung der Massenproblematik ist die sog. *class action*[971]. Bei der *class action* treten ein oder mehrere namentlich benannte Kläger für eine in der Klageschrift näher bezeichnete Gruppe (*class*) gleichartig betroffener, aber nicht benannter Personen (*class members*) auf und führen den Prozeß als Stellvertreter. Das auf diesem Wege erstrittene Urteil wirkt grundsätzlich für und gegen alle *class members*[972]. Gruppen können nach der gesetzlichen Regelung sowohl auf Kläger- wie auf Beklagtenseite gebildet werden; dominierend ist allerdings eindeutig die *class* auf der Klägerseite.

Traditioneller Zweck der *class action* ist es, Personen mit gleichgelagerten, aber einzeln relativ geringwertigen Ansprüchen die prozessuale Durchsetzung zu ermöglichen[973]. Hierzu muß man wissen, daß geringwertige Ansprüche im amerikanischen Recht aufgrund der fehlenden Kostenerstattung individuell kaum mit wirtschaftlich sinnvollem Ergebnis zu realisieren sind, nachdem die Ausgaben

---

967 Vgl. TRANGSRUD, 70 Cornell L.Rev. 779, 805 (1985).

968 Pfizer, Inc. v. Lord, 447 F.2d 122, 124 (2d Cir.1971).

969 In Re Swine Flu Immunization Prod.Liab.Litig., 446 F.Supp. 244 (J.P.M.D.L.1978); GASKINS, Environmental Accidents, S.225.

970 McGOVERN, 53 U.Chi.L.Rev. 440, 489 (1986).

971 Vgl. zur class action auch KOCH, Kollektiver Rechtsschutz (1976); SCHNEIDER, Class Actions (1999).

972 Eine Ausnahme besteht lediglich dann, wenn das Ausscheiden aus der class ausdrücklich gegenüber dem Gericht erklärt wird, vgl. NOTE, Class Actions and Mass Toxic Torts, 8 Columb.J.Envtl.L. 269 ff. (1982).

973 Hauptanwendungsbereiche der class action sind insbesondere der Verbraucherschutz und der unlautere Wettbewerb.

meist höher sind als der erstrittene Forderungsbetrag. Die *class action* vermag solche negativen Effekte zu minimieren, indem sie durch eine Bündelung der Verfahren und, damit verbunden, eine Kumulierung der Ansprüche kostendeckendere Entscheidungen ermöglicht.

Im Bereich der toxischen Massenschäden wurde die *class action* zunächst lange Zeit für unanwendbar gehalten[974]. Die Trendwende kam mit dem Fall *Agent Orange*[975], in dem - nicht zuletzt aufgrund des bestehenden Bedürfnisses nach einem effektiven Bewältigungsmechanismus für solche Schäden - erstmals eine *class action* für formal zulässig erachtet wurde.

Seitdem hat sie sich als Kollektivierungsinstrumentarium in der *toxic tort*- Rechtsprechung etabliert und durchgesetzt[976].

(a) Die Vorgaben von F.R.Civ.Pr.23

Im Gegensatz zur einfachen Verfahrensbündelung durch *consolidation* und *transfer* ist die *class action* gemäß F.R.Civ.Pr.23 formell an strenge rechtliche Voraussetzungen geknüpft.

(aa) F.R.Civ.Pr.23 (a)

Zunächst muß die *class* nach F.R.Civ.Pr.23 (a) so groß sein, daß eine subjektive Klagehäufung nicht in Betracht kommt (*numerosity*)[977]. Daneben ist kumulativ erforderlich, daß zumindest einige für alle *class members* gleich zu beantwortende Rechts- und Tatsachenfragen vorliegen[978], daß die Klagen der Repräsentanten eine gewisse gemeinsame Typik aufweisen (*typicality*)[979] und daß die Stellvertreter die Interessen der *class members* fair und angemessen vertreten (*adequacy of representation*)[980]. Stillschweigend wird zusätzlich vorausgesetzt, daß sich die *class* von der übrigen Bevölkerung abgrenzen läßt und die Repräsentanten Mitglieder sind[981].

---

974 Vgl. Ferrigno v. Eli Lilly & Co., 420 A.2d 1305, 1309 (N.J. Super.L.1980).

975 In Re Agent Orange Prod.Liab.Litig., 506 F.Supp. 762, 787 (E.D.N.Y.1983).

976 In Re A.H. Robins Co, 880 F.2d 709, 747 (4th Cir.), cert.denied, 110 S.Ct.377 (1989); In Re Three Miles Island Litig., 87 F.R.D.433 (M.D.Pa.1980); Jenkins v. Raymark Indus., 782 F.2d 468, 474 (5th Cir.1986); weitere Fälle nennen PETERSON/SELVIN, Resolution of Mass Tort, S.16/17 (1988).

977 F.R.Civ.Pr.23 (a)(1).

978 F.R.Civ.Pr.23 (a)(2).

979 F.R.Civ.Pr.23 (a)(3).

980 F.R.Civ.Pr.23 (a)(4).

981 WRIGHT/MILLER/KANE, Federal Practice and Procedure, Vol.7B, S.115 ff.

Die meisten der soeben genannten Erfordernisse sind bei toxischen Massenschäden unproblematisch gegeben. Nur gelegentlich wurde das Vorliegen einer *typicality* und, noch seltener, einer *adequacy of representation* verneint[982]; in den meisten dieser Fälle waren allerdings schon die Beteiligten nicht an der Bildung einer *class* interessiert.

(bb) F.R.Civ.Pr.23 (b)

Mehr Schwierigkeiten bereiten - zumindest formal - die Erfordernisse von F.R.Civ.Pr.23 (b). Danach muß kumulativ zu den Voraussetzungen von F.R.Civ.Pr.23 (a) entweder die Gefahr widersprüchlicher Prozeßergebnisse[983] (*inconsistent adjudications*) oder das Überwiegen gemeinschaftlicher Fragen bei gleichzeitiger Überlegenheit der *class action*[984] (*predominance and superiority*) zu bejahen sein[985].

Die in praxi bedeutsamste Zulässigkeitsalternative ist die der *predominance and superiority* (F.R.Civ.Pr.23 (b)(3))[986].

Bei ihrer Begründung stehen fast ausschließlich Effektivitätserwägungen im Vordergrund. Voraussetzung ist das Überwiegen gemeinschaftlicher Fragestellungen (*predominance*) und die Überlegenheit der Gruppenklage gegenüber anderen Bewältigungsmechanismen (*superiority*). Beide Erfordernisse müssen kumulativ erfüllt sein. Damit soll gewährleistet werden, daß von der *class action* nur dann Gebrauch gemacht wird, wenn tatsächlich ein verfahrensökonomischer Effekt zu erwarten ist.

In der Rechtspraxis wird der Schwerpunkt allerdings deutlich auf das *predominance*-Erfordernis gelegt. Es ist kein Fall bekannt, bei dem *superiority* verneint wurde, wenn *predominance* vorlag. Umgekehrt wird beim Fehlen dieses Erfordernisses automatisch davon ausgegangen, daß auch keine Effizienzverbesserung zu erwarten ist.

---

982 Vgl. In Re Northern Distr.of Cal., „Dalkon Shield" IUD Prod.Liab.Litig., 693 F.2d 847 (9th Cir.1982); Oullette v. International Paper Co., 86 F.R.D. 476 (D.Vt.1980).

983 F.R.Civ.Pr.23 (b)(1)(A).

984 F.R.Civ.Pr.23 (b)(3).

985 Daneben sind die Voraussetzungen auch bei der Gefahr der Anspruchsvereitelung bzw. beim Begehren gleichartigen negatorischen Rechtschutzes erfüllt, F.R.Civ.Pr.23 (b)(1)(B), (b)(2).

986 Die Alternative F.R.Civ.Pr.23(b)(2) wird bei Schadensersatzklagen generell für unanwendbar gehalten, vgl. In Re Agent Orange Prod.Liab.Litig., 506 F.Supp. 762, 789 (E.D.N.Y. 1983); auf F.R.Civ.23(b)(1)(B) wurde bis dato kaum je eine class action gestützt.

Predominance ist vom Grundsatz her nur dann zu bejahen, wenn mehrere Verfahren signifikante und überwiegende Gemeinsamkeiten aufweisen und damit geradezu nach einer kollektiven Bearbeitung verlangen[987]. Von den Gerichten wurde und wird dieses Erfordernis allerdings - dem Wunsch nach einer stärkeren Bündelung der Verfahren entsprechend - äußerst leger gesehen und gehandhabt. Genau genommen besteht über Kunstgriffe sogar die Möglichkeit, ohne *predominance* der gemeinsamen Fragen eine *class action* zu bejahen. So kann das Gericht die *class action* nach F.R.Civ.Pr. 23 (c)(4) auf einzelne Fragen begrenzen und sogar Untergruppen (*subclasses*) bilden. Es ist somit möglich, ein Verfahren „zuzuschneiden" und auf diesem Wege maximale Verfahrenskollektivierung mit der notwendigen Berücksichtigung individueller Belange zu verbinden[988].

(b) Kollektivierung auf der Rechtsfolgenseite

Auch die großzügigste Interpretation des *predominance*-Erfordernisses vermag nichts daran zu ändern, daß die Möglichkeiten zur Kollektivierung im Rechtsfolgenbereich an Grenzen stoßen. Der erlittene Schaden ist bei jedem *class*-Mitglied unterschiedlich und individuell. Um dennoch ganze Fallgruppen umfassend erledigen zu können, wurden von der amerikanischen Rechtsprechung auch insoweit neue und innovative Wege eingeschlagen.

So wurde zum Teil Schadensersatz nur noch in kollektiver bzw. pauschalierter Form zugesprochen. Beispielhaft hierfür steht der Fall *Agent Orange*, in welchem die ausgehandelte Vergleichssumme nicht direkt an die *class members* ausbezahlt, sondern in einen unter gerichtlicher Aufsicht stehenden Fonds mit der Maßgabe eingebracht wurde, die Mittel lediglich an erkrankte Mitglieder weiterzuleiten[989]. An die Stelle von Ersatzleistungen an einzelne Kläger ist damit die Möglichkeit getreten, allen Geschädigten Kompensationsleistungen zufließen zu lassen[990].

---

[987] Payton v. Abott Laboratories, 83 F.R.D. 382, 391 (D.Mass.1979); WRIGHT/MILLER/KANE, Federal Practice and Procedure, Vol.B., S.270.

[988] WRIGHT/MILLER/KANE, Federal Practice and Procedure, Vol.B., S.270.

[989] WEINSTEIN/HERSHENOV, 1991 U.Ill.L.Rev. 269, 320 ff. (1991).

[990] Die Möglichkeit der Pauschalierung bietet sich nach geltendem Recht allerdings nur, wenn der Rechtsstreit mit einem Vergleich endet. Eine Möglichkeit, pauschalierten Schadensersatz auch innerhalb eines Urteils zuzusprechen, besteht nicht; vgl. WEINSTEIN/HERSHENOV, 1991 U.Ill.L.Rev. 269, 320 ff. (1991).

(4) Ergebnis

Zusammenfassend ist zu konstatieren, daß in den USA ein nicht übersehbarer Trend hin zu einer kollektivprozessualen Bewältigung toxischer Massenschäden besteht. Beleg dafür ist, daß letztlich sämtliche größeren *toxic tort*-Fälle der jüngeren Vergangenheit in gebündelten Verfahren haftungsrechtlich be- und abgearbeitet worden sind.

Aus rechtspolitischer Sicht weisen die verschiedenen Kollektivierungsmechanismen, allen voran die *class action*, enorme Vorteile auf: Die Bündelung vieler zu einem einzigen Verfahren spart Gerichts-, Anwalts- und Sachverständigenkosten und entlastet die Gerichte. Daneben wird die Gefahr inkonsistenter Prozeßergebnisse ausgeschaltet und somit allen Geschädigten dieselbe Realisierungschance geboten.

j) Einheitliche Reformtendenzen bei toxic torts

Interessant und erwähnenswert ist am Ende noch, daß in den USA über die Einführung eines allgemeinen und einheitlichen Entschädigungssystems für alle Arten toxischer Schäden nachgedacht wird[991].

Beabsichtigt ist dabei nicht ein rein privatrechtliches, sondern eher administratives System. Derlei Systeme sind dem amerikanischen Recht gut bekannt. Gleich eine ganze Reihe von Sachbereichen wurde durch solche die Haftungsmechanismen zumeist ergänzenden, teilweise aber auch ersetzenden Systeme geregelt[992]. Paradebeispiel ist die Altlastenregelung des CERCLA.

Die beiden hier relevanten und sowohl umwelt- wie produkthaftungsrechtliche Fallkonstellationen umfassenden[993] Vorschläge sehen jeweils ein zweigleisiges System vor, zum einen die Entschädigung aus einem Fonds[994] und zum anderen die Möglichkeit, den „normalen“ deliktsrechtlichen Weg zu beschreiten. In beiden Vorschlägen wird allerdings eindeutig der ersteren Variante der Vorzug gegeben. So soll der Geschädigte nach dem von der Literatur vorgeschlagenen die aus dem Fonds erhaltene Entschädigung voll zurückzahlen, bevor er seine deliktischen Ansprüche rechtshängig machen kann[995]; nach dem Vorschlag des *American Law Institute* muß er sich sogar vorab entscheiden, ob er die Entschädigung aus dem - sicheren - Sondervermögen in Anspruch nimmt oder das Wagnis[996] einer deliktsrechtlichen Klage auf sich nimmt; zudem soll der deliktisch zu erlangende Ersatz auch noch begrenzt sein[997].

---

991 TRAUBERMANN, 7 Harv.Envtl.L.Rev. 177 (1983); ALI, Enterprise Responsibility, S.441 ff.

992 Zu beachten sind etwa die Worker's Compensation-Systeme und die Haftung für Nuklearunfälle nach dem Price-Anderson Act. Eine allgemeine Darstellung über die Entwicklung gesetzlicher Haftungs- und Entschädigungssysteme auf dem Gebiet toxischer Schäden geben ALI, Enterprise Responsibility, S.441 ff. und GASKINS, Environmental Accidents, S.253 ff. (1989).

993 ALI, Enterprise Responsibility, S.317 ff.: „Environmental and other Mass Torts“.

994 TRAUBERMANN nennt ihn „The Hazardous Substances Victims' Compensation Fund“, 7 Harv.Envtl.L.Rev. 177, 237 (1983).

995 TRAUBERMANN, 7 Harv.Envtl.L.Rev. 177 (1983)

996 Zu beachten ist etwa das Insolvenzrisiko.

997 ALI, Enterprise Responsibility, S.29.

3) Zusammenfassende Beurteilung

Dank ihrer übergreifenden und unsegmentierten Sicht der Dinge bildet die haftungsrechtliche Kategorie der *toxic torts* die ideale Verknüpfung von Produkt- und Umwelthaftungsrecht.

Ermöglicht wird dies durch einen aus der Sicht des europäischen Juristen gleichermaßen interessanten wie überraschenden Ausgangspunkt, welcher nicht in einem Produkt, einer Emission oder einem sonst schadensauslösenden Medium und auch nicht in der Person des potentiellen Schädigers liegt, sondern im eingetretenen toxischen Schaden und damit beim geschädigten Schutzgut selbst. Dieser völlig von der Interpretation herkömmlicher Rechtsinstitute losgelöste Ansatz erleichtert und fördert die Erkenntnis, daß die haftungsrechtlichen Kernprobleme aller Arten toxischer Schäden letztlich unabhängig vom auslösenden Medium dieselben sind.

Schlußfolgerung aus dieser Erkenntnis ist wiederum, daß es wenig Sinn macht, die einzelnen Haftungsinstitute isoliert und zusammenhangslos zu betrachten und jeweils nach eigenständigen Lösungen zu suchen, sondern daß es im Gegenteil sinnvoll ist, gleichgerichtete Probleme einer einheitlichen und homogenen Lösung zuzuführen. Dies hat man in den USA frühzeitig erkannt und - eben unter der Klammerbegrifflichkeit der *toxic torts* - eine Vielzahl einheitlicher Regelungsmechanismen kreiert und verwirklicht.

Nicht überraschend sind diese aufgrund ihres opferbezogenen Anknüpfungspunktes ersichtlich von dem Wunsch geprägt, den Geschädigten möglichst Ausgleich für die erlittene Unbill zu verschaffen. Ausdruck findet dies in erster Linie in Lockerungen bei den verschiedenen Anforderungen an die Kausalität sowie beim Kausalitätsnachweis. Darüberhinaus werden, wie gezeigt, das Verteidigungsinstrumentarium der jeweiligen Haftungsadressaten eingeschränkt und Erleichterungen bei der prozessualen Durchsetzung von Ansprüchen gewährt.

Strukturell führt die übergreifende Kategorie der *toxic torts* mit ihrer einheitlichen Beurteilung der Rechtsprobleme zu dem - denklogischen - Resultat, daß beim Vergleich des amerikanischen Produkt- und Umwelthaftungsrecht weit weniger Friktionen festzustellen sind als im europäischen Recht, wo die segmentierte und auf einzelne Haftungsbereiche fixierte Betrachtungsweise noch immer vielfach den Blick für die Gesamtzusammenhänge verstellt. Die meisten der dort auftretenden haftungsrechtlichen Unterschiede sind dem amerikanischen Recht fremd. Dies gilt speziell für die Zuweisung des Entwicklungsrisikos, den Nachweis der Kausalität, die Auskunftsansprüche und das Instrumentarium der prozessualen Bewältigung massenhaft auftretender Schäden. Es liegt damit in hohem Maße Homogenität und Parallelität vor.

III) Kausalhaftung versus Fehler- bzw. Verschuldenshaftung - Kriterien der Haftung des Herstellers für Umweltschäden

Fraglich ist nun aber, ob der Gleichlauf produkt- und umwelthaftungsrechtlicher Regelungsmechanismen in den USA so weitreichend ist, daß er auch dic Einzelheiten des Haftungsmaßstabes umfaßt. Bei der Beantwortung dieser Frage hilft das Rechtsinstitut der *toxic torts* nicht weiter, nachdem es, wie bereits ausgeführt, keine eigenständige Anspruchsgrundlage bildet, sondern vielmehr an bestehende Haftungstatbestände - u.a. die des Produkt- und Umwelthaftungsrechts - anknüpft[998].

Ähnlich wie das deutsche unterscheidet auch das amerikanische Recht verschiedene Haftungsarten, die klassische Verschuldenshaftung, die Kausalhaftung und - praktisch als Zwitter - die im Grundsatz zwar verschuldensunabhängige, indirekt aber doch Verschuldensmomente beinhaltende Fehlerhaftung.

Untersucht man unter dieser Prämisse die verschiedenen Anspruchsgrundlagen des amerikanischen Produkt- und Umwelthaftungsrechts, fallen einem sofort Unterschiede ins Auge. Zwar bevorzugen beide Haftungssysteme generell eine strikte, d.h. verschuldensunabhängige Haftung. Während die Umwelthaftung jedoch völlig auf Verschuldensmomente verzichtet und die Haftung praktisch ausnahmslos an rein kausales Verhalten knüpft, verlangt die Produkthaftung mehr, nämlich kumulativ zur Kausalität einen Produktfehler in Form eines unvernünftig gefährlichen Zustands.

Die insoweit vorhandene Haftungsdiskrepanz wäre allerdings in ihrer praktischen Wirkung aufgehoben, wenn auch die Produzenten unter den Anwendungsbereich der umwelthaftungsrechtlichen Kausalhaftung fielen.

1) Herstellerhaftung nach CERCLA ?

Insoweit soll an erster Stelle geprüft werden, ob die Hersteller potentiell umweltgefährlicher Produkte zu den Haftungsadressaten des CERCLA gehören.

Nach CERCLA-*section* 107 (a) können neben anderen auch all diejenigen, die aufgrund von Verträgen oder sonstigen Vereinbarungen die Deponierung eigener toxischer bzw. umweltgefährdender Stoffe durch Dritte veranlaßt haben, zur Haftung herangezogen werden[999]. In diese Kategorie werden von der Recht-

---

[998] Vgl. oben 4 B II 1), S.175.

[999] 42 USCA § 9607 (a)(3): „any person who by contract, agreement, or otherwise arranged for disposal or treatment, or arranged with a transporter for transport for disposal or treatment of hazardous substances, owned or possessed by such person, ...shall be liable ....".

sprechung generell auch die Produzenten umweltgefährlicher Stoffe, die sog. *generators*, eingeordnet[1000].

Dies hat indes nicht zur Folge, daß jeder Hersteller einer toxischen Substanz, die im konkreten Fall zu entsorgen ist, automatisch für die dabei anfallenden Kosten einzustehen hat. Dreh- und Angelpunkt ist vielmehr die Auslegung des Begriffs *„arranged for disposal"*.

Diesbezüglich zeigten sich die Gerichte zunächst unter Berufung auf den Gesetzeszweck - möglichst schnelle Sanierung sowie möglichst effektiver Zugriff auf solvente Verursacher - äußerst großzügig[1001]. Entsprechend wurde im Fall *United States v. Aceto Agr. Chems. Corp.* der Hersteller von Pflanzenschutzmitteln für Schäden haftbar gemacht, die ein anderer, selbständiger Betrieb, der die zuvor angekauften Substanzen in handelstaugliche Gebinde abfüllte, bei unsachgemäßer Lagerung und Entsorgung verursacht hatte[1002].

Nicht überraschend stieß diese Entscheidung auf scharfen Widerspruch, hatte der Hersteller sein Produkt doch zur bestimmungsgemäßen Verwendung bzw. Weiterverarbeitung und nicht mit der Absicht in den Rechtsverkehr gegeben, sich seiner als Abfall zu entledigen[1003].

Tatsächlich setzte auf der Grundlage dieser Kritik ein Umdenken ein, das darin mündete, die Haftung stärker an die Intention zu knüpfen, sich Stoffen und Substanzen zum Zwecke der Entsorgung zu entledigen[1004].

Beispielhaft hierfür steht der Fall *E. Hines Lumber Co. v. Vulcan Materials Co*[1005]. Dort war - neben dem Betreiber einer Fabrik, die Holz verarbeitete und dabei auch Holzschutzmittel einsetzte - auch der Hersteller des Holzschutzmittels auf Ersatz des Schadens verklagt worden, den es verursachte, indem es im Rahmen des Gebrauchs am behandelten Holz heruntertropfte und im Boden versickerte. Hier wertete das Gericht, daß der sogenannte *process-run-off* nicht

---

1000 Vgl. Jones v. Inmont Corp., 584 F.Supp. 1249, 1259 (S.D.Ohio1984).

1001 Vgl. Florida Power & Light v. Allis Chalmers Corp., 872 F.2d 1313, 1317 (11th Cir.1990); United States v. Aceto Agric. Chems. Corp. , 872 F.2d 1373 (8th Cir.1989); einschränkend bereits Kelley v. Arco Indus. Corp.,739 F.Supp. 354, 360 (W.D.Mich. 1990; „cases are careful to limit broad readings of the language or otherwise arranged for the disposal of hazardous substances").

1002 United States v. Aceto Agric. Chems. Corp. , 872 F.2d 1373, 1379 (8th Cir.1989).

1003 Einen guten Überblick geben SCHNEIDER, 5 Toxic Law Reporter, 1059, 1060 (1991); WALDROP, 4 J.of Envtl. Law and Litigation, 143, 153 (1989); LEINEMANN, S.10.

1004 United States v. Ward, 618 F.Supp. 884, 895 (E.D.N.C.1985); New York v. General Electric Co., 592 F.Supp. 291, 297 (N.D.N.Y.1984); E. Hines Lumber Co. v. Vulcan Material Co., 685 F.Supp. 651 (N.D.Ill.1988); Jordan v. Southern Wood Piedmont Co. et al., 805 F.Supp. 1575 (S.D.Ga.1992).

1005 E. Hines Lumber Co. v. Vulcan Material Co., 685 F.Supp. 651 (N.D.Ill.1988).

als Abfall des Herstellers einzustufen sei, nachdem er sein Produkt nicht *„for disposal"*, sondern zur bestimmungsgemäßen Verwendung abgegeben habe. Wörtlich führte es aus:

> „The mere sale of these substances for use in the wood treatment process does not constitute an arranging for disposal or treatment of a hazardous substance...[1006]"

Praktisch im gleichen Atemzug stellte das Gerichte aber klar, daß die bloße Behauptung, man habe Substanzen verkauft bzw. die Bezeichnung des Geschäfts als Kauf nicht zu einer Haftungsfreistellung führen könne, nachdem dies eine Möglichkeit der Umgehung des CERCLA mit seiner erwünscht strikten Haftung eröffnen würde[1007].

Im Ergebnis erfaßt *section* 107 (a)(3) demnach nur solche Erzeuger, die sich ihrer toxischen Substanzen wenigstens *auch* zu Zwecken der Entsorgung entledigt haben. Die bloße Abgabe zum bestimmungsgemäßen, geschäftlichen oder industriellen Gebrauch reicht für eine Haftung nicht aus[1008].

2) Produzentenhaftung nach dem Oil Pollution Act, dem Clean Water Act und anderen gesetzlichen Umwelthaftungsregelungen

Zu untersuchen ist weiter, ob die Produzenten gefährlicher Stoffe in anderen umwelthaftungsrechtlichen Vorschriften, namentlich dem OPA, CAA und CWA, als Haftpflichtige adressiert werden. Die Analyse fördert ein eindeutiges - negatives - Ergebnis zutage. So wird die Eintrittsverpflichtung für Schäden in allen Umwelthaftungsgesetzen ausnahmslos mit Personen verbunden, die unmittelbar umweltgefährliche Tätigkeiten ausüben und/oder die Kontrolle über solche Tätigkeiten innehaben. Entsprechend werden haftungsrechtlich nur Eigentümer und Betreiber von Schiffen bzw. Anlagen[1009], nicht aber auch Erzeuger umweltgefährlicher Produkte herangezogen.

[1006] E. Hines Lumber Co. v. Vulcan Material Co., 685 F.Supp. 651, 656; zum selben Ergebnis gelangt Jordan v. Southern Wood Piedmont Co. et al., 805 F.Supp. 1575, 1581 (S.D.Ga. 1992).

[1007] E. Hines Lumber Co. v. Vulcan Material Co., 685 F.Supp. 651, 656; vgl. auch New York v. General Electric Co., 592 F.Supp. 291, 297 („waste generator's liability under CERCLA is not to be so facilely circumvented by it's characterization of it's arrangement of 'sales'.")

[1008] United States v. Sharon Steel, 1989 Haz. Waste Litig. Rptr., 17435, 17437 (D.Utah 1989); SCHNEIDER, 5 Toxic Law Rep. 1059, 1060 (1991); FOGLEMAN, Hazardous Waste Cleanup, S.201/ 202; LEINEMANN, S.10.

[1009] Vgl. etwa Sect. 1002 (a) OPA; Sect. 311 (f) CWA.

3) Hersteller und nuisance

In verschiedenen Fällen ist aufgrund entsprechenden klägerischen Vortrags ferner die Frage aufgeworfen worden, ob die Hersteller gefährlicher Stoffe und Produkte nach den Grundsätzen der *public bzw. private nuisance* für entstandene Umweltschäden haftbar gemacht werden können.

Dies wurde - und wird - von der ganz überwiegenden Zahl der Gerichte abgelehnt[1010]. Dabei wird zu Recht darauf hingewiesen, daß der Haftungstatbestand der *nuisance* nur dann greift, wenn eine Partei über Gebühr von ihrem Eigentumsrecht Gebrauch macht[1011]. Nachdem der Produzent mit der Inverkehrbringung des Produkts sein Eigentum daran verliert, kommt eine Haftung insoweit nur in Betracht, wenn er über diesen Akt hinaus noch eine Einwirkungsmöglichkeit hat. Es ist augenscheinlich, daß dies nicht oder nur ganz ausnahmsweise der Fall ist. Regelmäßig hält der Abnehmer und Nutzer die alleinige Kontrolle über die Produkte und ist damit auch der richtige Haftungsadressat einer *nuisance*[1012]. Soweit er nicht ordnungsgemäß mit dem Produkt umgeht, kann dies nicht bzw. nicht ohne weiteres dem Hersteller angelastet werden. Eine auf *nuisance* gestützte Haftung des Produzenten kommt damit praktisch nicht in Betracht.

4) Produkthaftung nach den Grundsätzen des trespass

Fraglich ist weiter, ob eine Herstellerhaftung nach den Grundsätzen des *trespass* in Betracht kommt. Dies ist verschiedentlich vorgetragen und behauptet worden[1013] - allerdings ohne durchschlagenden Erfolg. Das argumentum contra der Rechtsprechung war in praktisch allen Fällen, daß es dem Verhalten der Produzenten an einem wichtigen Element des *trespass*, vorsätzlichem Verhalten im Hinblick auf die schädigende Handlung, fehlte[1014]. Diese Begründung steht in Übereinstimmung mit dem *Restatement (Second) of Torts*, wonach eine Haftung

[1010] City of Manchester v. National Gypsum Co., 637 F.Supp. 646, 656 (D.R.I.1986); Town of Hookset School District v. W.R.Grace & Co., 617 F.Supp. 126, 133 (D.N.H.1984); City of Bloomington v. Westinghouse Electric Corp. et al., 891 F.2d 611 (7th Cir.1989); Jordan v. Southern Wood Piedmont Co., 805 F.Supp. 1575 (S.D.Ga.1992).

[1011] Vgl. City of Bloomington v. Westinghouse Corp. et al., 891 F.2d, 611, 614 (7th Cir. 1989); beachtenwert: die dissenting opinion von Judge Cudahy, S. 617, 618.

[1012] City of Bloomington v. Westinghouse Corp. et al., 891 F.2d, 611, 614 (7th Cir.1989).

[1013] Jordan v. Southern Wood Piedmont Co., 805 F.Supp. 1575 (S.D.Ga.1992); City of Bloomington v. Westinghouse Electric Corp. et al., 891 F.2d 611 (7th Cir.1989).

[1014] City of Bloomington v. Westhouse Electric Corp. et al., 891 F.2d 611, 615: „it is required for trespass that there is an intentional act and an intent to do the very act which results in the trespass."

aus *trespass* nur dann begründet wird, wenn der Handelnde selbst oder durch Dritte vorsätzlich und unbefugt auf das Eigentum anderer einwirkt und es dabei beeinträchtigt[1015].

Dabei reicht es nach *Comment J* zu § 158 ausdrücklich nicht aus, wenn lediglich die Einwirkung eines Dritten kausal verursacht worden ist, es sei denn, dies geschieht aufgrund eines Befehls, Zwangs oder aufgrund kollusiven Zusammenwirkens[1016]. In Anbetracht dieser engen Voraussetzungen kann eine Haftung der Hersteller nach *trespass* im Ergebnis kaum begründet werden[1017].

5) Abnormal dangerous activity

In einigen Fällen schließlich hatten die Gerichte darüber zu entscheiden, ob die Vertriebstätigkeit der Produzenten umweltgefährlicher Erzeugnisse als *abnormal dangerous activity* zu werten ist[1018]. Auch dies wurde praktisch ausnahmslos verneint[1019]. Beispielhaft hierfür stehen die beiden *toxic tort-* Entscheidungen *Erbrich Products Co., Inc. 1987*[1020] und *City of Bloomington v. Westinghouse Electric Corp. et al*[1021].

Im ersten Fall klagten Nachbarn einer Chlorgas verarbeitenden Fabrik, die durch den Austritt des Gases Verletzungen erlitten hatten, gegen den Hersteller des Chlorgases, im zweiten die Stadt Bloomington gegen Produzenten und Vertreiber (Monsanto) von polychlorinierten Biphenylen (PCB), die nach der Ablagerung durch Dritte Bodenaufschüttungen und Kanäle verseucht hatten.

In beiden Fällen wurde die Klage gegen den Hersteller abgewiesen. Dies jeweils mit der Begründung, daß man die Produzenten, würde man sie ohne weiteres der strengen, umwelthaftungsrechtlichen (Kausal-) Haftung unterwerfen, automatisch

---

1015 Restatement of Torts (Second) , § 158 (a).

1016 Restatement of Torts (Second), Section 158 (a) Comment J.

1017 Vgl. City of Bloomington v. Westinghouse Electric Corp. et al., 891 F.2d 611 (7th Cir. 1989): „...When Monsanto sold the PCB's to Westinghouse, Monsanto did not know that Westinghouse would deposit harmful waste on city property and Monsanto certainly did not command, request, or coerce Westinghouse to do so. Monsanto thus lacked any kind of trespassory intent..."

1018 Indiana Harbor Belt Railway Co. v. American Cyanamid Co., 517 F.Supp. 314 (N.D.Ill. 1981); Martin v. Harrington and Richardson, Inc., 743 F.2d 1200 (7th Cir.1984); Erbrich Products Co., Inc., 509 N.E.2d, 851 (Ind.1987); City of Bloomington v. Westinghouse Electric Corp. et al., 891 F.2d 611 (7th Cir.1989); Jordan v. Southern Wood Piedmont Co., 805 F.Supp. 1575 (S.D.Ga.1992).

1019 Eine Herstellerhaftung bejaht wurde im Fall Indiana Harbour Belt Railway Co. v. American Cyanamid Co., 517 F.Supp. 314 (N.D.Ill.1981); zu beachten ist allerdings, daß der Produzent hier gleichzeitig auch Transporteur war.

1020 509 N.E.2d, 851.

1021 891 F.2d 611 (7th Cir.1989).

zu Versicherern ihrer eigenen Produkte machte[1022], was insbesondere dann unerträglich wäre, wenn sie diese sorgfältig und mangelfrei hergestellt hätten:

> „If the rule were otherwise, virtually any commercial or industrial activity involving substances which are dangerous only in the abstract automatically would be deemed as abnormally dangerous. This result would be intolerable“[1023].

Gleichzeitig wiesen die Gerichte jedoch darauf hin, daß eine Herstellerhaftung strukturell nicht völlig ausgeschlossen sei. So führten sie aus, daß eine Handlung nur dann nicht als *abnormally dangerous* zu werten sei, wenn die daraus erwachsenden Risiken durch sorgfältigen und vernünftigen Umgang begrenzt werden könnten[1024].

Mit anderen Worten sollen Hersteller nicht für Risiken haften, die andere, etwa aufgrund Miß- oder Fehlgebrauchs, geschaffen haben[1025]. Eine Haftung kommt allerdings dann in Betracht, wenn mit der Einführung eines Produkts in den Rechtsverkehr Gefahren verbunden sind, die vom Verwender bzw. Entsorger nicht erkannt und gesteuert werden können.

Auf dieser Grundlage entschied das Gericht im *Bloomington*-Fall auch nur deshalb zugunsten des Produzenten, weil das von ihm hergestellte Produkt unter allen Gesichtspunkten - auch ökologischen - als fehlerfrei zu qualifizieren war. So hatte Monsanto die gefährliche Chemikalie nur in versiegelten Behältnissen zum Gebrauch in der Elektronikindustrie abgegeben und zusätzlich über die Auswirkungen von PCB's auf die Umwelt, auch im Rahmen der Entsorgung, aufgeklärt. Darüberhinaus hatte sich das Unternehmen verpflichtet, die Rückstände zum Zwecke einer gesicherten Entsorgung zurückzunehmen und den Vertrieb von PCB's zwischenzeitlich sogar ganz eingestellt, nachdem ein umweltverträglicheres Ersatzprodukt zur Verfügung stand[1026].

1022 City of Bloomington v. Westinghouse Electric Corp. et al., 891 F.2d 611, 616 (7th Cir. 1989): „To recognize liability of a manufacturer or distributor would virtually make them the insurer for such products as explosives, hazardous chemicals or hazardous drugs even though such products are not negligently made nor contain any defects.“

1023 City of Bloomington v. Westinghouse Electric Corp. et al., 891 F.2d 611, 616 (7th Cir. 1989); Erbrich Products Co., Inc., 509 N.E.2d, 851, 856 (Ind.1987).

1024 Erbrich Products Co., Inc., 509 N.E.2d, 851, 856 (Ind.1987): „Section 519 is premised not upon negligence, but strict liability for activities presenting risks which cannot be elimi-nated by reasonable care.“

1025 Vgl. hierzu auch die jüngst ergangene Entscheidung Port Authority of New York and New Jersey v. Arcadian Corp., 189 F.3d 305 (3rd Cir.1999); EBKE, RIW 2000, 295, 297.

1026 City of Bloomington v. Westinghouse Corp. et al., 891 F.2d, 611, 613, 619 (7th Cir. 1989).

6) Zusammenfassung

Wie gezeigt, kommen die Produzenten gefährlicher Stoffe im amerikanischen Recht also durchaus als Umwelthaftungsadressaten in Betracht, allerdings nicht unter dem strengen Regime der Kausalhaftung, sondern - abgemildert - nur dann, wenn sich ihr Produkt als fehlerhaft erweist.

Dies wiederum ist auch dann zu bejahen, wenn die Produkte im Rahmen ihrer bestimmungsgemäßen und sachgerechten Verwendung vermeidbare nachteilige Veränderungen von Naturgütern bewirken, wenn keine Warnhinweise bezüglich vorhandener Umwelt- bzw. Entsorgungsgefahren gegeben werden und/oder wenn es versäumt wird, notwendige Rücknahmesysteme zu installieren.

IV) Herstellerhaftung für ökologische Schäden ?

Klärungsbedürftig ist am Ende noch die wichtige Frage, ob Hersteller im amerikanischen Recht auch für rein ökologische Schäden, d.h. die Beeinträchtigung von Boden, Luft und Wasser sowie wildlebenden Pflanzen und Tieren haftbar gemacht werden können. Auch insoweit hilft das Rechtsinstitut der *toxic torts* nicht weiter, nachdem es, wie gezeigt, nur Individualschäden erfaßt.

Die Haftung für Ökoschäden (*natural resource damages*) ruht in den USA auf zwei Säulen, dem *common tort law* und dem Gesetzesrecht[1027]. Dabei obliegt die Geltendmachung jeweils überwiegend staatlichen Stellen[1028].

Wie soeben im Rahmen der Prüfung des Haftungsmaßstabs gezeigt, werden die Produzenten in den gesetzlichen Umwelthaftungsregelungen grundsätzlich nicht als Haftpflichtige adressiert. Dies gilt sowohl für den Anwendungsbereich des CERCLA[1029] wie den des *Oil Pollution Act*, des *Clean Water Act* und des *Marine Protection, Research and Sanctuaries Act*[1030]. Eine Inanspruchnahme aufgrund dieser Vorschriften kommt demnach - von engen Ausnahmefällen abgesehen - nicht in Betracht.

Daneben sind aber auch kaum Fälle bekannt, in denen Hersteller umweltgefährlicher Stoffe nach dem *common law* - etwa über die Rechtsinstitute der *public trust doctrine* oder der *parens patriae doctrine* - für Umweltprimärschäden in

---

[1027] Vgl. oben 4 B I 2) b), S.165 ff.

[1028] Dies sind der Bund, die Bundesstaaten, Gemeinden und Indianerstämme; verstärkt werden auch Umweltschutzverbände als legitimiert angesehen; zur dogmatischen Begründung siehe oben 4 B I 2) b) aa) (5), S.169 ff.; vgl. hierzu auch VETTORI, S.80 ff.

[1029] Siehe oben 4 B III 1), S.213 ff.

[1030] Vgl. hierzu die Ausführungen oben 4 B III 2), S.215.

Anspruch genommen worden sind[1031]. Dies hat seine Ursache indes nicht darin, daß eine Produzentenhaftung für solche Schäden strukturell ausgeschlossen wäre[1032] - so kommt, wie nicht zuletzt der Fall *City of Bloomington v. Westinghouse Electric Corp. et. al.* zeigt, dogmatisch sehr wohl eine Herstellerhaftung für *natural resource damages* in Betracht[1033]. Allerdings unterliegt diese Haftung engen Voraussetzungen, insbesondere im Hinblick auf den Haftungsmaßstab[1034]. Aus diesem Grund sind in der Vergangenheit - nachvollziehbarerweise - primär die der strengeren Kausalhaftung unterliegenden Anwender und Entsorger in Anspruch genommen worden[1035].

1031 Eine Ausnahme bildet der Fall City of Bloomington v. Westinghouse Electric Corp. et al., 891 F.2d 611 (7th Cir.1989).

1032 Vgl. hierzu insbesondere SCHNEIDER, Emerging Menace of increased product liability: Cleanup Liability for Product Sales, 5 Toxic L.Rptr. 1059 (1991).

1033 Vgl. City of Bloomington v. Westinghouse Electric Corp. et al., 891 F.2d 611 (7th Cir. 1989).

1034 Siehe oben 4 B III 5), S.217 ff.

1035 BARAM/PARTAN, Corporate Disclosure of Environmental Risks, S.246: „To date, failure to warn theories have played almost no role in hazardous substances litigation against users and generators of toxic substances by those exposed to waste or a sudden release."

V) Ergebnis:

Im Ergebnis weist das amerikanische Recht - dank seines schadensbezogenen Ansatzes und der auf dieser Grundlage entwickelten übergreifenden Haftungskategorie der *toxic torts* - ein sehr hohes Maß an Gleichlauf produkt- und umwelthaftungsrechtlicher Regelungsmechanismen auf. Es verwirklicht damit im Grundsatz schon heute die Forderung nach einem homogenen Haftungssystem für alle Arten toxischer Schäden unter Einbeziehung der Produzenten als potentielle Haftungsadressaten.

Trotz der Vielzahl an parallelen Mechanismen liegt aber auch in den USA keine vollständige Deckungsgleichheit im Sinne einer umfassenden haftungsrechtlichen Gleichstellung der Produzenten mit anderen Umweltschädigern vor.

Ausdruck findet dies in dem Umstand, daß nach ganz herrschender Auffassung eine umwelthaftungsrechtliche Kausalhaftung des Herstellers für das bloße Inverkehrbringen seiner Produkte nicht in Betracht kommt. Dahinter steht der Gedanke, daß derjenige, der nützliche und wirtschaftlich sinnvolle Produkte herstellt, nicht demjenigen gleichgestellt werden soll, der, gegebenenfalls sorglos, Abfälle und Abwässer an die Umwelt abgibt. Auch wird es als nicht sachgerecht angesehen, den Produzenten über eine Kausalhaftung das volle Verwendungs- und Entsorgungsrisiko aufzubürden und sie somit zu Versicherern ihrer eigenen Produkte zu machen.

Wenngleich keine Parallelisierung, so hält das amerikanische Recht diesbezüglich dennoch eine Angleichung parat. So soll eine Herstellerhaftung dann in Betracht kommen, wenn ein Produkt vermeidbar negative Umweltauswirkungen hat, die vom Verwender/Entsorger nicht bzw. nicht hinreichend gesteuert werden können. Die Produzenten werden dadurch angehalten, möglichst umweltneutrale Produkte zu vertreiben, Warnhinweise zu geben und gegebenenfalls Rückholsysteme zu installieren.

Letztlich verwirklicht das US-Produktumwelthaftungsrecht damit den im Rahmen dieser Arbeit bereits diskutierten ökologischen Fehlerbegriff[1036].

[1036] Siehe hierzu weiter oben 4 A II 2) a), S.156/157.

5.Teil: Schlußbetrachtung

A: Erkenntnisse

Was sind nun die wesentlichen Erkenntnisse der vorliegenden Untersuchung? Da ist in erster Linie die Feststellung, daß die Ansätze des harmonisierten europäischen Produkt- und Umwelthaftungsrechts trotz einer unverkennbar gleichlaufenden Grundkonzeption in verschiedenen Einzelsegmenten Unterschiede aufweisen[1037], die dem Verhältnis beider Haftungssysteme nicht gerecht werden.

Wie gesehen, verbindet Produkt- und Umwelthaftung nicht nur eine hochgradige Verwandtschaft mit einer Fülle von Zusammenhängen und Gemeinsamkeiten, insbesondere was die tatsächlichen und rechtlichen Voraussetzungen der Haftung angeht. Vielmehr bilden beide Haftungsinstitute aufgrund unmittelbarer Berührungen und Überschneidungen ein so tiefgreifendes Beziehungsgeflecht, daß eine trennscharfe Abgrenzung letztlich nicht möglich ist. Auch von Produkten können erhebliche Umweltgefahren ausgehen. Dies gilt zum einen natürlich für die bereits konstitutionell bzw. konzeptionell umweltgefährlichen Erzeugnisse; daneben können aber auch für sich genommen völlig umweltneutrale Produkte unter dem Einfluß weiterer Faktoren Umweltgefahren hervorrufen.

Entgegen dem ersten Anschein trifft für diese - ökologischen - Gefahren neben den Konsumenten und Entsorgern auch die Produzenten erhebliche Verantwortung. Nicht wenige Produkte weisen umweltrelevante Eigenschaften auf, die durch die Gruppe der Verwender und Entsorger nicht oder nicht in ausreichendem Maße gesteuert werden können. Hier ist es - unter dem Aspekt der Verkehrssicherungspflicht - die Aufgabe der Hersteller, für eine größtmögliche Risikominimierung Sorge zu tragen. Erfüllen sie diese Aufgabe nicht oder nur schlecht, sind auch sie - im Sinne eines gerechten und lückenlosen Schutzes - für daraus resultierende Umweltschäden verantwortlich und haftbar zu machen.

Diese enge Verflechtung von Produzenten- und Umweltschädigerhaftung hat man im europäischen Recht bislang - von wenigen Ausnahmen abgesehen - nicht bzw. nicht hinreichend realisiert. Es fehlt sowohl der öffnende Blick dafür, daß die wesentlichen haftungsrechtlichen Kernprobleme für alle Arten toxischer Schäden, unabhängig davon, ob sie ihre Ursache in Produkten oder Abfällen haben, strukturell dieselben sind, wie die wohl noch entscheidendere Erkenntnis, daß auch den Produktherstellern umwelthaftungsrechtliche Verantwortlichkeit zuzuweisen ist.

1037 Dies betrifft in erster Linie die haftungsrechtlich konstitutiven Elemente des Schutzbereichs, der Kausalität, der Zuweisung des Entwicklungsrisikos und der Haftungsfolgen; daneben bestehen Diskrepanzen bei den Auskunftsansprüchen, der Deckungsvorsorge und bei der prozessualen Bewältigung des Massenproblems, vgl. oben 2 D II, S.77 ff.

Die insoweit beschränkte Sichtweise führt, nachdem die Produkthaftung als einziges herstellerorientiertes Haftungskorrektiv[1038] in ihrer bestehenden Form nicht speziell auf den Umweltschadensbereich ausgerichtet ist, zu erheblichen Haftungslücken und Wertungswidersprüchlichkeiten, die zum einen nur schwer mit dem Gerechtigkeitsgefühl in Einklang zu bringen sind und zum anderen einem sinnvollen, alle Verantwortungsträger homogen erfassenden Haftungssystem für Umweltschäden im Weg stehen.

Ganz anders die Situation im US-amerikanischen Recht. Hier hat man, dank eines gänzlich anderen haftungsrechtlichen Ansatzpunktes - dem des eingetretenen Schadens - die engen Verbindungen und Überschneidungen von Produkt- und Umwelthaftpflicht lange erkannt und die entsprechenden Schlußfolgerungen gezogen. Dies in erster Linie in Form der Schaffung einer übergeordneten, d.h. sowohl produkt- wie umwelthaftungsrechtliche Fallkonstellationen umfassenden Haftungskategorie, der *toxic torts*, und mit ihr der Anwendung einer Vielzahl einheitlicher Regelungsmechanismen, angefangen vom Schutzbereich und den verschiedenen Problemfeldern der Kausalität über das Verteidigungsinstrumentarium und den Haftungsumfang bis hin zu den Instrumentarien der prozessualen Bewältigung. Daneben kommt über den Anwendungsbereich der *toxic torts* hinaus eine Produzentenhaftung für rein ökologische Schäden in Betracht.

In der Konsequenz präsentieren sich Produkt- und Umwelthaftung in den USA damit, was die Regelung der gemeinsamen Kernprobleme angeht, in hohem Maße einheitlich und parallel. Dies führt einmal zu einem besseren, weil lückenlosen Schutz der geschädigten Personen, Sachen und Naturgüter, hat daneben aber auch den Vorteil, daß neben den Verwendern und Entsorgern auch die Produzenten - und damit die Personengruppe, die mit ihrer Grundentscheidung pro oder contra Herstellung umweltgefährlicher Erzeugnisse den Schlüssel der Umweltverträglichkeit in Händen hält - homogen in das Umwelthaftungsgefüge eingebunden werden.

Im unmittelbaren Vergleich zeigt sich das amerikanische Rechtsmodell seinem europäischen Pendant strukturell gleich in mehrfacher Hinsicht überlegen. Es vermeidet die dort auftretenden Haftungslücken und - unangemessenen - Wertungswidersprüchlichkeiten und realisiert letztlich schon heute ein alle Verantwortungsträger einschließlich der Produzenten sinnvoll und sachgerecht erfassendes Umwelthaftungssystem.

1038 Wie im Rahmen der Arbeit ausführlich dargestellt, werden die Produzenten in den bisherigen europäischen Umwelthaftungsentwürfen bislang nicht als Haftpflichtige adressiert, vgl. oben 3 B I, S.108 ff.

Nicht überraschend läuft es damit konform mit den auch in Europa diskutierten Angleichungs- und Homogenisierungsmodellen, die ebenfalls eine umweltbezogene(re) Herstellerhaftung im Auge haben. Während diese indes im Ansatz steckengeblieben sind und sich deshalb insgesamt als unausgegoren und nicht zuende gedacht präsentieren, existiert in den USA bereits eine abschließende Gesamthaftungskonzeption, die von ihrer Struktur her ohne weiteres das Potential hat, richtungsweisende Impulse für das gemeineuropäische (Produktumwelt-) Haftungsrecht zu geben.

Wenn in diesem Zusammenhang die Betonung auf die Struktur gelegt wird, hat dies durchaus Sinn und Berechtigung. So erweisen sich die von der amerikanischen Rechtsprechung im Detail entwickelten Regelungsmechanismen vom Standpunkt des europäischen Juristen aus gesehen vielfach als zu weitgehend. Dies gilt insbesondere für den Bereich der Kausalität, wo man in dem fast zwanghaften Bemühen, den Opfern Ausgleich für erlittene Schäden zukommen zu lassen, bereits dazu übergegangen ist, eine individuelle Haftung auch ohne konkrete Kausalität bzw. ohne konkreten Kausalitätsnachweis zu bejahen und damit - bei aller Werthaltigkeit der Überlegungen - sicher über das Ziel hinausgeschossen ist[1039]. Auch die im Bereich der Kollektivierung entwickelten Konzepte dürften sich nur in begrenztem Umfang als übernahmefähig erweisen[1040]. Letztlich beschränkt sich die Vorbildfunktion des amerikanischen Rechts demnach zumindest teilweise auf die übergreifende und damit homogene Behandlung produkt- und umwelthaftungsrechtlicher Fragen.

[1039] Interessanterweise sind insoweit auch in den USA begrenzende Tendenzen festzustellen. So wird insbesondere der Ansatz der factual connection kritisiert; auch die market/ pollution share theory sieht sich zunehmender Kritik ausgesetzt, vgl. KÄSTLE, S.153 ff.

[1040] Dies gilt insbesondere für die haftungsrechtlich bedenkliche Kollektivierung auf Rechtsfolgenseite; auch die zwangsweise Zusammenfassung nach dem Vorbild der amerikanischen „class action" erweist sich als sehr weitgehend, da auch Nichtbeteiligte an nachteilhafte Entscheidungen gebunden werden.

B: Schlußfolgerungen

Welche Schlußfolgerungen sind zu ziehen? In erster Linie sicher die, daß auch in Europa eine Assimilierung und Parallelisierung der produkt- und umwelthaftungsrechtlichen Korrektive erfolgen muß, um ein geschlossenes und sämtliche Verantwortungsträger gerecht erfassendes Umwelthaftungssystem zu verwirklichen.

I) Umwelthaftungsrechtliche Gleichstellungstheorie versus umweltbezogene Erweiterung der Produkthaftung

Dabei macht es im Prinzip keinen Unterschied, ob man die Produzenten angemessen in das Gefüge der umwelthaftungsrechtlichen Vorschriften einbindet oder aber die Produkthaftung umweltbezogen erweitert. Aus optischen wie systematischen Gründen dürfte es indes vorzuziehen sein, die Produkthersteller in ihrem bisherigen Haftungsgefüge zu belassen und sie somit lediglich der Produkthaftung zu unterwerfen. So erscheint es einmal nicht angemessen, die Produzenten, die ja grundsätzlich nützliche und wirtschaftlich sinnvolle Produkte herstellen, gesetzestechnisch auf eine Stufe mit denjenigen zu stellen, die Abfälle, Emissionen und Abwässer an die Umwelt abgeben und damit unmittelbar eine Gefahr für die Umweltmedien heraufbeschwören. Daneben können die notwendigen Korrekturen aber auch unproblematisch im Rahmen der Produkthaftung als maßgeblichem Regulativ der Zuweisung haftungsrechtlicher Verantwortlichkeit an die Hersteller vorgenommen werden.

II) Angleichungsnotwendigkeiten

Anzugleichen wäre die Produkthaftung zunächst - analog der Theorie der umweltbezogenen Erweiterung - im Hinblick auf den Schutzbereich, die Zuweisung des Entwicklungsrisikos, den Nachweis der Kausalität, die Auskunftsansprüche und die Haftungsfolgen. Darüberhinaus müßten aber auch die von der Erweiterungstheorie vernachlässigten Problemfelder der fehlenden Kausalbeziehung und Insolvenz, der Interessenwahrnehmung bei ökologischen Schäden und der Bewältigung von Massenschäden einer im Verhältnis zur Umwelthaftung homogenen Lösung zugeführt werden.

1) Schutzobjekt und Klagerecht

Konkret bedeutet dies, daß zunächst die Herausnahme des gewerblich genutzten Eigentums aus dem Schutzbereich der Produkthaftungsrichtlinie zu streichen wäre. Wie ausführlich gezeigt, erweist sich diese rein verbraucherschutzorientierte Sonderregelung als umweltpolitisch extrem problematisch[1041]. Zudem ist sie aber - siehe das Beispiel des amerikanischen Rechts - auch produkthaftungsrechtlich keineswegs zwingend[1042]. So trifft die Begründung, daß derjenige, der professionell am Markt beteiligt ist, Produktrisiken im Hinblick auf die eigene Sachkenntnis selbst tragen könne, nur begrenzt zu. In den meisten Fällen besteht, was die Sachkunde und damit die Möglichkeit der Absicherung vor Risiken und der Vermeidung von Schäden angeht, kein Unterschied zwischen Gewerbetreibenden und gewöhnlichen Verbrauchern. Jedenfalls aber ist eine Differenzierung nach Sachen, bei denen der gewerblich Tätige über eine besondere Fachkunde verfügt, und solchen, bei denen dies nicht der Fall ist, in der Praxis nicht in der für die ex-ante-Bestimmbarkeit der Schadensersatzpflicht erforderlichen Exaktheit möglich. Es kann insoweit nicht richtig sein, die Produzentenhaftung von vorneherein auf privat genutztes Eigentum zu beschränken[1043]. Dies gilt umso mehr, als der befürchteten Uferlosigkeit der Ersatzpflicht bei Miteinbeziehung gewerblichen Eigentums ohne weiteres durch sonstige Maßnahmen wirksam begegnet werden kann - etwa durch Begrenzungen bei Betriebsausfallschäden und sonstigen (Vermögens-) Folgeschäden.

Neben der soeben dargestellten Erweiterung um nicht privat genutzte Gegenstände müßten im Sinne eines umfassenden Schutzes der Umwelt auch Naturgüter in den produkthaftungsrechtlichen Schutzbereich einbezogen werden. Dies bereitet nur auf den ersten Blick Probleme. Wie nicht zuletzt das europäische und das amerikanische Umwelthaftungsrecht zeigen, die jeweils eine privatrechtliche Haftung für ökologische Schäden vorsehen, können auch kollektive Rechtsgüter Schutzgegenstand zivilrechtlicher Haftung sein[1044]. Haftung und Umweltverwaltungsrecht schließen einander nicht aus, sondern ergänzen sich. Dabei hat die zivilrechtliche Variante sogar den strategischen Vorteil, daß sie sich die Initiative der Betroffenen zunutze macht und lobbyistischer Einflußnahme weitgehend unzugänglich ist[1045]. Entgegen dem ersten Anschein stellt die Einbeziehung von Umwelt- und Naturgütern in den Schutzbereich der Produkthaftungsrichtlinie auch keinen Systembruch dar. Wie im Rahmen der Arbeit gezeigt, hat die Vorschrift durchaus umweltrechtliche Prägung erhalten. Diese Prägung würde durch eine weitere Ökologisierung lediglich stärker betont und intensiviert.

1041 Vgl. oben 3 B II 6) a), S.130 ff.; REHBINDER, NuR 1989, 149, 156/157.

1042 HAGER, AcP 184 (1984), 413, 419.

1043 Ebenso HAGER, AcP 184 (1984), 413, 419.

1044 Vgl. auch VON BAR, in: Verhandlungen des 62. DJT I, 1998, A9, 54.

1045 Dies gilt insbesondere, soweit Interessenvereinigungen, Verbraucher- und Naturschutzverbände Rechte geltend machen.

Im Zusammenhang mit der Einbeziehung kollektiver Naturgüter in das Haftungsgefüge wäre die Frage zu beantworten, wer berechtigt sein soll, die an ihnen entstandenen Schäden bzw. Beeinträchtigungen geltend zu machen. Sinnvoll wäre hier - nachdem es bei dieser Art von Schäden an einem beeinträchtigten Rechtssubjekt fehlt - analog den im Umweltsektor diskutierten Ansätzen ein dogmatisch auf eine Art „Treuhand" gestütztes Klagerecht privater Umweltschutzverbände zu schaffen und dieses um eine Klageberechtigung des Staates zu erweitern[1046]. Damit wäre im Ergebnis eine effektive Ausübung des Klagerechts gewährleistet.

2) Verteidigungsinstrumentarium

Im Bereich der Verteidigungsmöglichkeiten müßte zur Vermeidung von Widersprüchlichkeiten der bislang im Produkthaftungsrecht vorgesehene Einwand, die Fehlerhaftigkeit bzw. Schädlichkeit des Produktes sei zum Zeitpunkt des Inverkehrbringens nach dem Stand von Wissenschaft und Technik nicht erkennbar gewesen, gestrichen werden[1047]. Dies bereitet vom Standpunkt der Richtlinie aus wenig Probleme. Immerhin ist in ihr die Haftung für Entwicklungsrisiken bereits optional angelegt[1048]. Dabei sprechen neben den Homogenitätsgesichtspunkten auch allgemein gute Gründe für eine Einbeziehung dieser Risiken in die Haftung[1049]. Zunächst entspricht es der Billigkeit, die Folgen eintretender Schäden nicht dem zufällig Betroffenen, sondern demjenigen aufzuerlegen, der im Bewußtsein möglicher Schädigungen den wirtschaftlichen Nutzen aus dem Verkauf seiner Erzeugnisse zieht. Daneben besteht für die Hersteller die Möglichkeit, das Risiko, Schadensersatz leisten zu müssen, durch einen Aufpreis des Produktes ausgleichen, was wiederum zu einer rechtspolitisch erwünschten Verteilung des Produktrisikos auf alle potentiell Geschädigten führt. Schlußendlich entfaltet die Haftung für Entwicklungsrisiken aber auch sinnvolle prozeßökonomische und präventive Wirkung. So macht sie lange und kostenintensive Expertenschlachten über die Frage, ob das verwirklichte Risiko überhaupt unerkennbar gewesen ist und von welchem Zeitpunkt an es hätte erkannt werden können, obsolet und fördert so eine zügige und kostengünstige Verfahrenserledigung; zusätzlich trägt sie zu einer wünschenswerten Forcierung der Gefahrerforschungsaktivitäten bei[1050].

1046 BRAUN, NJW 1998, 2318, 2324; HAGER in Blaurock, S.52.

1047 Theoretisch käme hier zur Vermeidung von Wertungswidersprüchlichkeiten auch in Betracht, die state of the art-defense auch im Umwelthaftungsrecht zuzulassen; dies widerspricht jedoch dem europäischen wie internationalen Befund.

1048 Vgl. Art.15 Abs.1 lit.b) PHR; von dieser Option haben drei Mitgliedstaaten Gebrauch gemacht, Finnland, Luxemburg und Norwegen, vgl. HILL-ARNING, Produkthaftung in Europa, S.18.

1049 Vgl. hierzu BÖHMEKE-TILLMANN, Entwicklungsrisiken, S.95; SCHRUPKOWSKI, Entwicklungsrisiken, S.231; HAGER, PHI 1991, 2, 8.

1050 BÖHMEKE-TILMANN, Entwicklungsrisiken, S.99 ff.

3) Kausalität und Beweismaß

Im rechtlich schwierigen Sektor der Kausalität müßten in Angleichung an die umwelthaftungsrechtlichen Regelungen und Entwürfe auch in der Produkthaftung Beweiserleichterungen implantiert werden, um der besonderen Komplexität der Umweltschadensverursachung Rechnung zu tragen[1051].

Sinnvoll wäre es hier, sich mit einer flexiblen, weitgefaßten Formel zu begnügen, die den Gerichten im Hinblick auf die Reduktion des Beweismaßes einen hinreichend großen Spielraum läßt[1052]. Konkret ins Auge gefaßt werden sollte etwa eine Formulierung wie die im Rahmen der Europaratskonvention zur Umwelthaftung verwendete[1053]. Dies würde es ermöglichen, Erfahrungssätze, Wahrscheinlichkeitsüberlegungen und wissenschaftliche Erkenntnismittel - etwa statistische und epidemiologische Studien - angemessen in die Abwägung miteinzubeziehen, gleichzeitig aber die Gefahr einer unangemessenen Haftung ohne Kausalität auf ein akzeptables Maß reduzieren - so haben sich die europäischen Gerichte in der Vergangenheit durchaus als geeignet erwiesen, die notwendigen Ab- und Begrenzungen sachgerecht vorzunehmen.

4) Auskunftsansprüche

Flankierend zu den Beweiserleichterungen sollte den Geschädigten zur Verminderung der Identifikationsproblematik - in Übereinstimmung mit den umwelthaftungsrechtlichen Vorschriften und dem amerikanischen Recht - mit Auskunftsansprüchen auch gegenüber den Herstellern (potentiell) umweltgefährlicher Produkte geholfen werden, soweit hinreichende Verdachtsmomente für eine Eintrittsverpflichtung vorliegen[1054]. Dies würde die Geschädigten in die Lage versetzen, ihre Erfolgsaussichten - gerade im Hinblick auf ein mögliches non liquet - besser einzuschätzen[1055] und zudem zu einer erhöhten Bereitschaft beider Seiten zu einer sinnvollen konsensuellen Streiterledigung beitragen.

[1051] Im Grundsatz sollte die Beweislast den traditionellen Regeln entsprechend beim Geschädigten als Anspruchsteller verbleiben.

[1052] Eine solche Reduktion wäre im übrigen produkthaftungsrechtlich nichts völlig Neues. So hatten die Verbraucherschutzverbände im Vorfeld des Erlasses der Produkthaftungsrichtlinie sogar darüberhinausgehend dafür plädiert, die Beweislast hinsichtlich des Kausalzusammenhangs zwischen Fehler und Schaden ganz zulasten der Hersteller umzukehren, Vgl. TASCHNER/FRIETSCH, EG-PHR, Art.4, Rn.1.

[1053] Art. 10 LC, vgl. oben Fn.292.

[1054] Diese Begrenzung ist zur Vermeidung einer mißbräuchlichen Verwendung dringend geboten, vgl. auch HAGER in Koch, S.142 und die Formulierungen von Art. 16 LC und § 8 Abs.1 des deutschen UmweltHG.

[1055] In manchen Fällen kann mittels Aufklärungs- und Auskunftsansprüchen sogar das Kausalitätsproblem gelöst werden.

5) Kollektive Entschädigungssysteme und Pflichtversicherungen

Kann schließlich trotz aller Erleichterungen kein Kausalitätsband hergestellt werden - etwa bei den emittentenfernen Summations- und Distanzschäden - können nur kollektive Entschädigungssysteme für Ausgleich sorgen[1056].

Solche das traditionelle Haftungsrecht flankierenden Systeme sind im europäischen Umwelthaftungsrecht vorgesehen[1057] und sollen gerade dann zur Anwendung gelangen, wenn die individualhaftungsrechtlichen Mechanismen versagen, aus Gerechtigkeitserwägungen heraus eine Entschädigung aber dennoch geboten ist. Dies ist neben den Fällen der fehlenden Kausalbeziehung auch dann der Fall, wenn ein Schädiger nicht mehr existent oder finanziell notleidend geworden ist. Hier wäre es im Sinne einer Harmonisierung und Homogenisierung sinnvoll, neben denjenigen, die mit gefährlichen Erzeugnissen umgehen bzw. sie entsorgen, auch die Produzenten potentiell umweltgefährlicher Stoffe als Verantwortungsträger einzubeziehen und sie somit finanziell zu belasten[1058]. Die Entschädigungs-/Fondssysteme würden dann auch auf Herstellerebene sinnvolle Internalisierungs- und Anreizwirkung entfalten.

Ergänzend könnte und sollte die angesprochene Insolvenzproblematik dadurch abgemildert werden, daß Pflichthaftpflichtversicherungen vorgeschrieben werden. Auch dies wäre produkthaftungsrechtlich keine Sensation. So ist die Zwangshaftpflichtversicherung in Spezialbereichen der Produkthaftung, z.B. der Arzneimittelhaftung, schon lange Usus. Etwa verpflichtet § 94 des deutschen ArzneiMG die Hersteller von Arzneimitteln schon heute, für angemessene Haftungsdeckung Sorge zu tragen.

1056 Das amerikanische Modell, das in solchen Fällen eine Haftung auch ohne kausales Verhalten ermöglicht, erweist sich aus europäischer Sicht als definitiv zu weitgehend.

1057 Insbesondere das Grünbuch beschäftigt sich intensiv mit der Wirkungsweise und den Problemen von joint compensation systems, interessanterweise aber auch der produkthaftungsrechtliche Calewaert-Bericht vom 17.4. 1979, vgl. oben Fn.561.

1058 Vgl. insoweit auch die Finanzierung des Superfund durch Hersteller von petrochemischen und anorganischen Produkten, oben 4 B I 2) b) bb) (1) (a), S.172.

6) Haftungsfolgen

Bei den Haftungsfolgen müßte zunächst Ersatz für Schäden an Naturgütern vorgesehen werden. Entsprechend den umwelthaftungsrechtlichen Entwürfen wäre dies primär ein Anspruch auf Wiederherstellung[1059] und zwar unabhängig davon, ob die beeinträchtigte Naturressource einem privaten Rechtsträger zugeordnet ist oder nichteigentumsfähige Güter betroffen sind. Für den Fall, daß eine Naturalrestitution nicht möglich oder wegen Unverhältnismäßigkeit ausgeschlossen ist, wäre - ebenfalls analog dem Umwelthaftungsrecht - auf einen kompensatorischen Schadensersatzanspruch zurückzugreifen. Die Entschädigung mit Geld entspricht dem Verursacherprinzip und führt zu einer sinnvollen Internalisierung externer Kosten[1060].

Neben den repressiven Schadensersatzansprüchen sollten im Hinblick auf zukünftige Beeinträchtigungen kumulativ Abwehransprüche implantiert werden. Solche Abwehransprüche wären auf die Vornahme von Schutzvorkehrungen auszurichten und sinnvollerweise von Umweltschutz- bzw. Verbraucherschutzverbänden geltend zu machen[1061]. Vorstellbar wäre beispielsweise, einem Produzenten schon im Vorfeld über gerichtliche Maßnahmen aufzugeben, Warnhinweise bzw. besondere Kennzeichnungen an seine Produkte anzubringen oder - als ultima ratio - eine bestimmte Produktion samt deren Vertrieb einzustellen, etwa wenn erheblich umweltverträglichere Substitute existieren.

Was schließlich den Haftungsumfang angeht, sollte aus Gründen der Homogenisierung auf eine summenmäßige Begrenzung verzichtet werden. Dies ist an sich im europäischen Produkthaftungsrecht schon heute die Regel. Allerdings eröffnet Art.16 PHR die Option, die Gesamthaftung für Schäden infolge von Tod und Körperverletzung der Höhe nach zu beschränken[1062]. Diese Option müßte - dem internationalen produkt- und umwelthaftungsrechtlichen Befund entsprechend - gestrichen werden. Dies führte im übrigen nicht - wie häufig befürchtet - zu einer faktischen Unversicherbarkeit. Notwendig ist lediglich eine im Vergleich zur ebenfalls unbegrenzten Verschuldenshaftung höhere Deckungssumme. Die Prämienlast wird dadurch keineswegs unerträglich. Vielmehr dürfte ihre Kurve wegen der Seltenheit hoher Spitzenschäden asymptotisch abfallen[1063].

1059 Alle Umwelthaftungsregeln betonen ausdrücklich den Vorrang der Naturalrestitution.

1060 Bei der Schadensberechnung könnte man sich - analog den umwelthaftungsrechtlichen Vorschriften - am jeweiligen Marktwert der geschädigten Naturressource orientieren.

1061 Vgl. etwa auch die - entsprechende - Regelung der Verbandsklage in § 13 AGBG.

1062 Von dieser Möglichkeit haben fünf Staaten Gebrauch gemacht: Deutschland, Griechenland, Portugal, Spanien und Island, vgl. HILL-ARNING, Produkthaftung in Europa, S.18.

1063 Ebenso TASCHNER in Von Caemmerer, S.75, 85 ff.

7) Prozessuale Instrumentarien der Bewältigung von Massenschäden

Last but not least müßte auch im Bereich des Produkthaftungsrechts intensiv über kollektive Formen der prozessualen Bewältigung des Massenproblems nachgedacht werden. Wie gezeigt, sind derlei Instrumentarien im europäischen Umwelthaftungsrecht partiell vorgesehen, um bei einer Vielzahl gleichgelagerter[1064] Schadensereignisse inkonsistente Prozeßergebnisse zu vermeiden[1065]. Dies aufgreifend sollte auch im europäischen Produkthaftungsrecht die Möglichkeit vorgesehen werden, verschiedene gleichliegende Einzelverfahren im Sinne der Rechtssicherheit und der Einzelfallgerechtigkeit bei einem Gericht bzw. einer Abteilung zu konzentrieren[1066]. Dies würde sich zusätzlich prozeßökonomisch günstig und für alle Beteiligten kostensparend auswirken.

Darüberhinausgehend sollte die Einführung eines Musterprozeßverfahrens erwogen werden[1067]. Ein solches Verfahren würde es ermöglichen, zunächst einen oder mehrere gleichgelagerte Prozesse vorab durchzuführen, die übrigen zunächst auszusetzen und nach Abschluß des Musterprozesses sowie nach Anhörung der Beteiligten alle Verfahren auf vereinfachte Weise im Beschlußwege zu entscheiden. Der Vorteil dieser Verfahrensweise läge neben erheblicher Zeit- und Kostenersparnis für alle Beteiligten darin, daß die Verwertung der im Musterverfahren gewonnenen Beweisergebnisse vom Prozeßgegner nicht unterlaufen werden könnten. Zudem würde dem Gericht ein effektives Mittel an die Hand gegeben, das es ermöglichte, eine Verwertung auch gegen den Willen der Parteien vorzunehmen[1068].

III) Grenzen der Angleichung

Bei aller sinnvollen und notwendigen Angleichung und Parallelisierung produkt- und umwelthaftungsrechtlicher Regelungsmechanismen sollte die Grenze am Ende allerdings dort erreicht sein, wo es um die Einzelheiten des Haftungsmaßstabes geht. Wie nicht zuletzt das amerikanische Recht zeigt, ist das Prinzip der Kausalhaftung für den Hersteller nicht angemessen. Dies, nachdem durch

---

[1064] Die Zusammenfassung bzw. Bündelung von Verfahren verschiedener Geschädigter muß allerdings dort ihr Ende finden, wo es auf die Besonderheiten des Falles ankommt und es bei der haftungsausfüllenden Kausalität um die Auswirkungen des schädigenden Ereignisses auf den jeweiligen Geschädigten und damit um die Höhe seines konkreten Schadensersatzanspruchs geht; vgl. MÜLLER, VersR 1998, 1181, 1187.

[1065] Vgl. Art.22 LC.

[1066] Das ist die Konzeption der Lugano-Konvention, vgl. Art.22 LC.

[1067] VON BAR, in: Verhandlungen des 62. DJT I, 1998, A 9, 94; vgl. aber auch im deutschen (Verwaltungsprozeß-) Recht die Vorschrift des § 93a VwGO.

[1068] Vgl. VON BAR, in: Verhandlungen des 62. DJT I, 1998, A 9, 95.

seine Tätigkeit in aller Regel nicht unmittelbar eine Gefahr heraufbeschworen wird, sondern Verantwortlichkeiten Dritter, namentlich Nutzer und Entsorger, ins Spiel kommen. Käme man hier zu einem anderen Ergebnis, würde man den Produzenten automatisch das gesamte Verwendungs- und Entsorgungsrisiko auferlegen und sie damit gleichsam zu Versicherern ihrer eigenen Produkte machen. Auch der Hersteller, der sich vollkommen richtig verhalten hat, wäre demzufolge einstandsverpflichtet - eine definitiv unangemessene Ausweitung der Haftung.

Um der Produzentenhaftung dennoch ökologische Steuerungswirkung zu verleihen, sollte allerdings - quasi als Mittelweg - eine entsprechende Erweiterung des produkthaftungsrechtlichen Fehlerbegriffs vorgenommen werden. Wie gesehen, knüpft die Produkthaftung in der bestehenden Form ausschließlich an den bestimmungsgemäßen Gebrauch an und berücksichtigt keinerlei Umweltinteressen. Deren Einbeziehung sollte dadurch erreicht werden, daß man ökologische Gesichtspunkte wie Umweltverträglichkeit und Entsorgungssicherheit in die Kosten-Nutzen-Analyse einbezieht, die dem produkthaftungsrechtlichen Fehlerbegriff zugrundeliegt.

Ein ökologischer Fehler wäre insoweit immer dann zu bejahen, wenn der Gebrauch oder die Entsorgung eines Produktes mit unverhältnismäßig großen und/oder vermeidbaren Umweltrisiken verbunden bzw. wenn vor den Umweltgefahren des Produkts nicht ausreichend gewarnt worden ist.

Tatsächlich sind derlei Überlegungen bereits in nationalen Gesetzesvorhaben aufgegriffen worden. Hervorzuheben ist dabei insbesondere der Ansatz des Kommissionsentwurfs für ein deutsches UGB[1069], der eindeutig Elemente des ökologischen Fehlers enthält. So heißt es dort in § 120, daß Produkte nur „dann in Verkehr gebracht werden dürfen, wenn sie so beschaffen sind, daß bei ihrer bestimmungsgemäßen und sachgerechten Verwendung keine erheblichen nachteiligen Auswirkungen auf die Umwelt und den Menschen entstehen, die nach den Umständen vermeidbar sind.“ Daneben haben Hersteller, wollen sie eine Haftung vermeiden, „beim Inverkehrbringen eines Produktes durch Kennzeichnung und Warnhinweise auf die Gefahren und Risiken für die Umwelt und den Menschen hinzuweisen, die durch das Produkt verursacht werden können“. Schließlich sollen sie „in geeigneter Weise auch auf umweltrelevante Eigenschaften des Produkts hinweisen und Empfehlungen zu seiner umweltschonenden Verwendung und Entsorgung geben“[1070].

[1069] UGB (KOM-E), Entwurf der Unabhängigen Sachverständigenkommission zum UGB beim Ministerium für Umwelt, Naturschutz und Reaktorsicherheit 1998.

[1070] § 120 Abs.3 KOM-E UGB.

C: Gesamtergebnis

Alles in allem kann die Fragestellung der Arbeit - „Produkt- und Umwelthaftung - Parallelität oder Autonomie ?" - demnach nicht mit einem klaren Ja oder Nein bezüglich einer der beiden vorgegebenen Optionen beantwortet werden.

Produkt- und Umwelthaftung werden sich zum Zwecke der Realisierung eines homogenen Umwelthaftungssystems aufeinanderzubewegen und dabei einen hohen Assimilierungsgrad erreichen, nicht aber vollständige Parallelität.

Literaturverzeichnis:

ABRAHAM, KENNETH S., Environmental Liability and the Limits of Insurance, 88 Columbia L.Rev. 942 ff. (1988)

ADAMS, MICHAEL, Ökonomische Analyse der Gefährdungs- und Verschuldenshaftung, Heidelberg 1985 (zit. Ökonomische Analyse)

AHRENS, MARTIN/ SIMON, JÜRGEN (HRSG.), Umwelthaftung, Risikosteuerung und Versicherung, Berlin 1996 (zit. Umwelthaftung)

AMERICAN LAW INSTITUTE (ALI), Enterprise Responsibility for Personal Injury, Reporter's Study, Philadelphia 1991 (zit. Enterprise Responsibility)

AMERICAN LAW INSTITUTE (ALI), Restatement of the Law, Third, Torts - Products Liability, St.Paul/ Minnesota 1998

ANDERLE, CHRISTOPH, Der Haftungsumfang des harmonisierten Produkthaftungsrechtes, Heidelberg 1990 (zit. ProdHR)

ASSMANN, HEINZ-DIETER/ KIRCHNER, CHRISTIAN/ SCHANZE, ERICH (HRSG.), Die Transformationsprobleme des Privatrechts und die ökonomische Analyse des Rechts, Tübingen 1993 (zit. Transformationsprobleme)

BALENSIEFEN, GOTTHOLD, Umwelthaftung, Baden-Baden 1994

BARAM, MICHAEL S./ PARTAN, DANIEL G., Corporate Disclosure of Environmental Risks: U.S. and European Law, Salem 1990 (zit. Corporate Disclosure)

BARTL, HARALD, Produkthaftung nach neuem EG-Recht, Kommentar zum deutschen Produkthaftungsrecht, Landsberg/Lech 1989 (zit. ProdH nach neuem EG-Recht)

BAUER, AXEL, Produkthaftung für Software nach geltendem und künftigem deutschem Recht, PHI 1989, 98 ff.

BAUMANN, PETER, Die Haftung für Umweltschäden aus zivilrechtlicher Sicht, JuS 1989, 433 ff.

BECKER, ULRICH/ RUSCH, KONRAD, Das Problem des Entwicklungsrisikos und der state of the art defense im deutschen, französischen und US-amerikanischen Recht, ZEuP 2000, 90 ff. (zit. Entwicklungsrisiko)

BEHRENS, HANS-JÖRG, Produkthaftung in Ausfüllung der EG-Richtlinie nach den englischen und deutschen nationalen Regeln, München 1991 (zit. Produkthaftung)

BERICHT, Produzentenhaftung auch für landwirtschaftliche Erzeugnisse, DB 1999, 1488 ff.

BICKEL, CHRISTIAN, 20 Jahre Abfallbegriff, NuR 1992, 361 ff.

BLACK, WILLIAM H., Toxic and Hazardous Substances and Environmental Law: Annual Survey, 25 Tort and Insurance L.J. 487 (1990)

BLAUROCK, UWE (HRSG.), Verantwortlichkeit für Abfall in Deutschland und in Frankreich, Baden-Baden 1992

BLAUROCK, UWE, Europäisches Privatrecht, JZ 1994, 270 ff.

BLENK, WERNER, Zum Fehlerbegriff im Richtlinienvorschlag „Produktenhaftung" der EG-Kommission, DB 1978, 1725 ff.

BLOTH, CHRISTIAN, Das Umweltschadensgesetz und die Umweltschadensversicherung in Schweden, NuR 1991, 372 ff.

BODEWIG, THEO, Probleme alternativer Kausalität bei Massenschäden, AcP 185 (1985), 505 ff.

BÖHMEKE-TILLMANN, JAN, Konstruktions- und Instruktionsfehler - Haftung für Entwicklungsrisiken, Marburg 1992 (zit. Entwicklungsrisiken)

BORER, PETER, Produktehaftung: Der Fehlerbegriff nach deutschem, amerikanischem und europäischem Recht, Stuttgart, Bern 1986 (zit. Produktehaftung)

BRAUN, JOHANN, Haftung für Massenschäden, NJW 1998, 2318 ff.

BREEN, BARRY N., Citizen Suits for Natural Resource Damages: Closing a Gap in Federal Environmental Law, 24 Wake Forest L.Rev. 851 (1989)

BRENNAN, TROYEN A., Causal Chains and Statistical Links: The Role of Scientific Uncertainty in Hazardous-Substance Litigation, 73 Cornell L.Rev. 469 (1988)

BRENNAN, TROYEN A., Helping Courts with Toxic Torts: Some Proposals Regarding Alternative Methods for Presenting and Assessing Scientific Evidence in Common Law Courts, 51 U.Pitt.L.Rev. 1 (1989)

BRODEUR, PAUL, Outrageous Misconduct: The Asbestos Industry on Trial, New York 1985

BRÜGGEMEYER, GERD, Umwelthaftungsrecht - Ein Beitrag zum Recht der „Risikogesellschaft"? Kritische Justiz 1989, 205 ff.

BRÜGGEMEYER, GERD, Unternehmenshaftung für „Umweltschäden" im deutschen Recht und nach EG-Recht, in: FS für Günther Jahr zum 70. Geburtstag, hrsgg. von Michael Martinek, Tübingen 1993, 240 ff.

BRÜGGEMEYER, GERD/ REICH, NORBERT, Die EG-Produkthaftungsrichtlinie 1985 und ihr Verhältnis zur Produzentenhaftung nach § 823 Abs.1 BGB, WM 1986, 149 ff.

BUTLER, LYNDA L., Environmental Water Rights - An Evolving Concept of Public Property, 9 Virginia Envtl. L.J 323 (1989)

CALABRESI, GUIDO, The Costs of Accidents, New Haven, Yale University Press 1970

CALLAHAN, CHRISTOPHER L., Establishment of Causation in Toxic Tort Litigation, 23 Ariz.St.L.J. 605 (1992)

CASTLEMAN, BARRY I., Asbestos: Medical and Legal Aspects, 3rd ed., Clifton/ NJ 1984

COMMENT, The Rising of Citizen Suit Enforcement of Environmental Law: Private and Public Attorneys General, 81 N.W.U.L.Rev. 220 (1986)

COOKE, SUSAN, Law of Hazardous Waste, Management, Cleanup, Liability and Litigation, Vol. 2, 3, 6th ed., New York, Oakland 1992 (zit. Law of Hazardous Waste)

COWELL, JOHN, EG-Produkthaftungsrichtlinie - Ein Kompromiß wird Realität, PHI 1986, 30 ff.

DAMM, REINHARD, Gentechnologie und Haftungsrecht, JZ 1989, 561 ff.

DAVIS, SETH A., CERCLA and Similar State Laws, in: The Impact of Environmental Regulations on Business Transactions and Operations 1992, Practising Law Institute (Hrsg.), New York 1992, S.9 ff. (zit. CERCLA and Similar State Laws)

DELGADO, RICHARD, Beyond Sindell: Relaxation of Cause-In-Fact Rules for Indetermined Plaintiffs, 70 Cal.L.Rev. 881 (1982)

DESPAX, M., La pollution d'eaux et ses problèmes juridiques, Paris 1968

DEUTSCH, ERWIN, Aspekte für ein europäisches Haftungsrecht - Versuch einer kritischen, dogmatischen Bestandsaufnahme, KF 1992, 4 ff.

DEUTSCH, ERWIN, Haftungsrecht, Erster Band, Allgemeine Lehren, Köln, Berlin, Bonn, München 1976

DIECKMANN, MARTIN, Das Abfallrecht der Europäischen Gemeinschaft: Systematische Darstellung der gemeinschaftsrechtlichen Vorgaben für die nationale Rechtsetzung und Rechtspraxis, 1.Aufl., Baden-Baden 1994 (zit. EG-Abfallrecht)

DIECKMANN, MARTIN, Der Abfallbegriff des EG-Rechts und seine Konsequenzen für das nationale Recht, NuR 1992, 407 ff.

DIEDERICHSEN, UWE, Die Haftung für Umweltschäden in Deutschland, PHI 1992, 162 ff.

DIEDERICHSEN, UWE, Referat zum Thema: „Ausbau des Individualschutzes gegen Umweltbelastungen als Aufgabe des bürgerlichen und des öffentlichen Rechts, in: Ständige Deputation des deutschen Juristentages (Hrsg.), Verhandlungen des 56. Deutschen Juristentages, Bd. II, München 1986, S.L 48 ff.

DIEDERICHSEN, UWE, Wohin treibt die Produzentenhaftung ?, NJW 1978, 1281 ff.

DIEDERICHSEN, UWE/ FOERSTE, ULRICH, Die Rechtsgrundlagen von Produzenten- und Umwelthaftung, in Müller (Hrsg.), Haftpflichtrisiken in Unternehmen, S.7 ff.

DOBBYN, JOHN F., Injunctions in a Nutshell, St.Paul/ Minnesota 1974

DOOLEY, JAMES A., Modern Tort Law, Liability and Litigation, Vol.1, 3rd ed., Wilmette 1987

DORE, JOHN C., A Commentary on the Use of Epidemiological Evidence in Demonstrating Cause-in-Fact, 7 Harv.L.Rev. 429 (1983)

DORE, MICHAEL, Law of Toxic Torts, Litigation, Defense, Insurance, Vol.2, New York 1991 (zit. Law of Toxic Torts)

DWORKIN, ROGER, Federal Reform of Product Liability Law, 57 Tulane L.Rev. 602 (1983)

EBERSTEIN, HANS-HERMANN/ BRAUNEWELL, MARKUS, Einführung in die Grundlagen der Produkthaftung, Heidelberg 1991 (zit. Grundlagen der Produkthaftung)

EBKE, WERNER F., Neuere Entwicklungen im US-amerikanischen Handels- und Wirtschaftsrecht, RIW 2000, 295 ff.

ELLIOTT, DONALD E., The Future of Toxic Torts: Of Chemophobia, Risk as a Compensable Injury and Hybrid Compensation Systems, 25 Hous.L.Rev. 781 (1988)

ELLIS, L. NEAL/ CASE, CHARLES D., Toxic Tort and Hazardous Substance Litigation, Charlottesville/Va. 1995 (zit. Toxic Tort Litigation)

ENDRES, ALFRED, Die pareto-optimale Internalisierung externer Effekte, Frankfurt/M. 1976

ENDRES, ALFRED/ STAIGER, BRIGITTE, Ökonomische Aspekte des Umwelthaftungsrechts in: Ahrens/Simon (Hrsg.), Umwelthaftung, S.79 ff.

ENGEL, FRIEDRICH-WILHELM, Produzentenhaftung für Software, CR 1986, 702 ff.

ENGELHARDT, WOLFGANG, Die deliktsrechtliche Haftung für Umweltschäden - Ein Beitrag zur Reform des Umwelthaftungsrechtes, Hamburg 1992

ERICHSEN, HANS-UWE, Allgemeines Verwaltungsrecht, 11.Aufl., Berlin, New York 1998

ERICHSEN, SVEN, Der ökologische Schaden im internationalen Umwelthaftungsrecht, Frankfurt, Berlin, Bern 1993

ERMAN, WALTER, Handkommentar zum Bürgerlichen Gesetzbuch, Bd. I, II, 9.Aufl., Münster 1993

FARNSWORTH, E. ALLAN, Introduction to the Legal System of the United States, London, Rom, New York 1983 (zit. Legal System)

FEELEY, MICHAEL SCOTT/ GILHULY, PETER M./ AMMONS, REGINALD, W(h)ither Goes the EC Proposed Directive on Civil Liability for Waste, B.C.Int.&Comp.L.R.15 (1992), 253 ff.

FEESS, EBERHARD, Die Haftung gesicherter Kreditgeber für Umweltschäden aus ökonomischer Sicht, Marburg 1997 (zit. Die Haftung gesicherter Kreditgeber)

FENICHEL, STEPHAN, Daughters at Risk, A Personal DES History, Garden City/N.Y. 1981

FENYVES, ATTILA, Multikausale Schäden in modernen Haftungsrechten, Verhandlungen der Fachgruppe für Zivilrechtsvergleichung auf der Tagung für Rechtsvergleichung in Innsbruck, Frankfurt/M. 1988 (zit. Multikausale Schäden in modernen Haftungsrechten)

FENYVES, ATTILA, Rechtsfragen des Kausalitätsnachweises bei Umweltschäden, in: Nicklisch, Prävention im Umweltrecht, 1988, S.155 ff.

FESTSCHRIFT für Günther Jahr zum 70. Geburtstag, hrsgg. von Michael Martinek, Tübingen 1993

FESTSCHRIFT für Hermann Lange zum 70. Geburtstag am 24.1. 1992, hrsgg. von Dieter Medicus, Hans Joachim Mertens, Knut Wolfgang Nörr und Wolfgang Zöllner, Stuttgart, Berlin, Köln 1992

FESTSCHRIFT für Konrad Duden zum 70. Geburtstag, hrsgg. von Hans-Martin Pawlowski, Günther Wiese und G. Wüst, München 1977

FESTSCHRIFT für Rolf Serick zum 70. Geburtstag, hrsgg. von Ulrich Huber, Heidelberg 1992

FICKER, HANS CLAUDIUS, Grundprobleme der Produzentenhaftung in: Festschrift für Konrad Duden zum 70. Geburtstag, München 1977, S.93 ff.

FINDLEY, ROGER W./ FARBER, DANIEL, Environmental Law in a Nutshell, 2nd ed., St.Paul/ Minnesota 1988 (zit. Envtl. Law)

FISCHER, DAVID A., Products Liability - An Analysis of Market-Share Liability, 34 Vand.L.Rev. 1623 (1981)

FLECKENSTEIN, KURT, Abfallsteuerung durch Abgaben, in: Nicklisch, Prävention im Umweltrecht, S.39 ff.

FLUCK, JÜRGEN, Zum Abfallbegriff im europäischen, im geltenden und im werdenden deutschen Abfallrecht, DVBl. 1993, 590 ff.

FOGLEMAN, VALERIE M., Hazardous Waste cleanup, liability and litigation: a comprehensive guide to Superfund Law, Westport/ Conn. 1992

FRIEDLAND, ELLEN, Pollution Share Liability: A New Remedy for Plaintiffs Injured by Air Pollutants, 9 Col.J.Envtl.L. 297 (1984)

FRIEHE, HEINZ-JOSEF, Der Ersatz ökologischer Schäden nach dem Konventionsentwurf des Europarats zur Umwelthaftung, NuR 1992, 453 ff.

FRIEHE, HEINZ-JOSEF, Der Konventionsentwurf des Europarats über die zivilrechtliche Haftung für Schäden, die aus umweltgefährlichen Aktivitäten herrühren, NuR 1992, 249 ff.

FRIEHE, HEINZ-JOSEF, Die Europarats-Konvention zur Umwelthaftung, NuR 1992, 512 ff.

FRIETSCH, EDWIN, Das Gesetz über die Haftung für fehlerhafte Produkte und seine Konsequenzen für den Hersteller, DB 1990, 29 ff.

FRUMER, LOUIS/ FRIEDMAN, MELVIN F., Personal Injury, Actions, Defenses, Damages, Vol.3, New York 1984 (zit. Personal Injury)

GANTEN, REINHARD, Die Regulierungspraxis des internationalen Ölschadensfonds, VersR1989, 329 ff.

GANTEN, REINHARD/ LEMKE, MICHAEL, Haftungsprobleme im Umweltbereich, UPR 1989, 1 ff.

GASKINS, RICHARD H., Environmental Accidents, Philadelphia 1989

GERSHONOWITZ, ARON, Issue Preclusion: The Return of the Multiple Claimant Anomaly, 14 U.Balt.L.Rev. 227 (1985)

GINSBERG, WILLIAM R./ WEISS, EDITH, Common Law Liability for Toxic Torts, A Phantom Remedy, 9 Hofstra L.Rev. 859 (1981)

GLABERSON, WILLIAM, Citizen Suits, Once a Weapon Against Polluters, are Losing Their Power, The New York Times, June 5, 1999

GLASS, ELISABETH ANN, Superfund and SARA: Are there any defenses left ?, 12 Harv.Envtl.L.Rev. 386 (1988)

GMILKOWSKY, ACHIM, Die Produkthaftung für Umweltschäden und ihre Deckung durch die Produkthaftpflichtversicherung, Frankfurt/Main 1995 (zit. Produkthaftung)

GOLD, STEVE, Causation in Toxic Torts: Burdens of Proof, Standards of Persuasion, and Statistical Evidence, 96 Yale L.Rev. 376 (1986)

GOTTWALD, PETER, Kausalität und Zurechnung - Probleme und Entwicklungstendenzen des Haftungsrechts, KF 1986, 3 ff.

HABICHT, F. HENRY, The Expanding Role of Natural Resource Damage Claims under Superfund, 7 Va.J.of Nat.Res.L. 1 (1987)

HÄGELE, JOACHIM, Produkthaftung - Eine Gefahr für jeden Betrieb, 2.Aufl., Stuttgart 1990 (zit. Produkthaftung)

HAGER, GÜNTER, Die Haftung des Abfallerzeugers nach dem Vorschlag der EG-Abfallhaftungsrichtlinie aus der Sicht des deutschen Rechts, UTR 1991, 149 ff

HAGER, GÜNTER, Europäisches Umwelthaftungsrecht, ZEuP 1997, 9 ff.

HAGER, GÜNTER, Haftung für Produktions-, Konsumtions- und Entsorgungsrückstände - Eine Untersuchung zur rechtlichen Kontrolle von Abfallrisiken, in: Blaurock (Hrsg.), S.9 ff.

HAGER, GÜNTER, Umwelthaftung und Produkthaftung, JZ 1990, 397 ff.

HAGER, GÜNTER, Umwelthaftung, in: Koch (Hrsg.), S.125 ff.

HAGER, GÜNTER, Umweltschäden - Prüfstein für die Wandlungs- und Leistungsfähigkeit des Deliktsrechts, NJW 1986, 1961 ff.

HAGER, GÜNTER, Zum Schutz der Produzentenhaftung, AcP 184 (1984), 413 ff.

HAJEN, LEONHARD, Organisation und Finanzierung der Altlastensanierung, Zeitschrift für Umweltpolitik und Umweltrecht 9 (1986), 349 ff.

HASS, DETLEF, Die Gruppenklage - Wege zur prozessualen Bewältigung von Massenschäden, München 1996

HELLENBRANDT, SIMONE/ RUBIK, FRIEDER, Produkt und Umwelt: Anforderungen, Instrumente und Ziele einer ökologischen Produktpolitik, Marburg 1994

HELMIG, EKKEHARD/ ALLKEMPER, LUDWIG, Der Abfallbegriff im Spannungsfeld von europäischer und nationaler Rechtssetzung, DÖV 1994, 229 ff.

HENDERSON, JAMES A./ PEARSON, RICHARD N., The Tort Process, 3rd ed., New York 1988

HENDERSON, JAMES A., Coping with the Time Dimension in Products Liability, 69 Cal.L.Rev. 919 (1981)

HENSELER, PAUL, Begriffsmerkmale und Legitimation von Sonderabgaben, Baden-Baden 1984

HENSELER, PAUL, Grundfragen einer Umweltgefährdungshaftung, UTR 1988, 205 ff.

HENSLER, DEBORAH R./ FELSTINER, RICHARD N./ SELVIN, MOLLY/ EBENER, PATRICIA, Asbestos in the Courts: The Challenge of Mass Toxic Torts, Santa Monica 1985 (zit. Asbestos in the Courts)

HILDESHEIM, ULRICH, Zum Umfang des Herrschaftsrechts des Grundstückeigentümers nach den §§ 903, 905 BGB - BVerfGE 58, 300, JuS 1985, 96 ff.

HILL-ARNING, SUSANNE, Produkthaftung in Europa: EG-Produkthaftungsrichtlinie, nationale Produkthaftungsgesetze, weitergeltendes Deliktsrecht, Verfahrensrecht und Kosten, Heidelberg 1995 (zit. Produkthaftung in Europa)

HOECHST, PETER, Die US-amerikanische Produzentenhaftung, Köln, Berlin, Bonn, München 1986 (zit. US-Produzentenhaftung)

HOEREN, THOMAS, Produkthaftung für Software, PHI 1989, 138 ff.

HOHLOCH, GERHARD, Produkthaftung in Europa - Rechtsangleichung und nationale Entwicklungen im zehnten Jahr nach der Produkthaftungsrichtlinie, ZEuP 1994, 408 ff.

HOLLMANN, HERMANN, Die EG-Produkthaftungsrichtlinie (I), DB 1985, 2389 ff.

HOLLMANN, HERMANN, Die EG-Produkthaftungsrichtlinie (II), DB 1985, 2439 ff.

HOPPE, WERNER/ SANDNER, WOLFRAM, Zur Reichweite des Verbots PCB-belasteter Recyclingprodukte, NuR 1999, 311 ff.

HULST, ERNST H./ KLINGE VAN ROOIJ, INGRID, Europäisches Haftungsrecht: Das „Umweltgrünbuch"- Ökologie oder Ökonomie, PHI 1994, 108 ff.

IPSEN, KNUT, Völkerrecht, 4.Aufl., München 1999

IWANOWITSCH, DIRK, Die Produkt- und Umwelthaftung im Rahmen des betrieblichen Risikomanagements, Heidelberg 1997 (zit. Risikomanagement)

JAUERNIG, OTHMAR, Zivilprozeßrecht, 24.Aufl., Heidelberg 1993

JAYME, ERIK, Grenzüberschreitende Entsorgung und neues Recht der Abfallwirtschaft, IPRax 1992, 338 ff.

JAYME, ERIK, Grenzüberschreitende Abfallentsorgung und Abfallhaftung nach dem EG-Recht, BB 1993, Beilage 10 vom 30.05.1993, S.50 ff.

JAYME, ERIK, Haftung bei grenzüberschreitenden Umweltbelastungen, in: Nicklisch, Prävention im Umweltrecht, 1988, S.205 ff.

JAYME, ERIK, Identité culturelle et intégration: Le droit international privé postmoderne, in: Recueil des cours, Sonderdruck, Band 251, Den Haag, Boston, London 1995 (zit. Identité culturelle et intégration)

JAYME, ERIK/ MANSEL, HEINZ-PETER (Hrsg.), Auf dem Wege zu einem gemeineuropäischen Privatrecht, 1.Aufl., Baden-Baden 1997

JOHNSON, WILLIAM B., What constitutes Special Injury that entitles Private Party to maintain Action based on Public Nuisance, American Law Reports 4th, 13 (1989)

KÄMPNY, NIELS, Umwelthaftpflicht in den USA, Regensburg 1994 (zit. US-Umwelthaftpflicht)

KASER, MAX, Römisches Privatrecht, 16.Aufl., München 1992

KÄSTLE, FLORIAN, Die Haftung für toxische Massenschäden im US-amerikanischen Produkt- und Umwelthaftungsrecht, München 1993 (zit. Haftung für toxische Massenschäden)

KAYE, DAVID, Probability Theory Meets Res Ipsa Loquitur, 77 Mich.L.Rev. 1456 (1979)

KEETON, W. PAGE, Manufacturer's Liability: The meaning of 'Defect' in the Manufacture and Design of Products, 20 Syracuse L.Rev. 559 (1969)

KEETON, W. PAGE, Products Liability - Inadequancy of Information, 48 Texas L.Rev. 398 (1970)

KERSTING, ANDREAS, Die Vorgaben des Europäischen Abfallrechts für den deutschen Abfallbegriff, DVBl. 1992, 343 ff.

KIETHE, KURTH/ SCHWAB, MICHAEL, EG-rechtliche Tendenzen zur Haftung für Umweltschäden, EuZW 1993, 437 ff.

KILIAN, WOLFGANG, Haftung für Mängel der Computer-Software, Heidelberg 1986

KLASS, JÜRGEN, Zum Stand der Umwelthaftung in Deutschland, UPR 1997/4, 134 ff.

KLEIN, BERNHARD, Produkthaftung bei Baustoffen und Bauteilen, Düsseldorf 1989

KLOEPFER, MICHAEL/ REHBINDER,ECKARD/ SCHMIDT-AßMANN,EBERHARD/KUNIG, PHILIP, Umweltgesetzbuch - Allgemeiner Teil, Berlin 1990

KNEBEL, JÜRGEN, Überlegungen zur Fortentwicklung des Umwelthaftungsrechts, UTR 1988, 261 ff.

KOCH, FRANK A., Deutschland: Herstellerhaftung für die sichere Produktentsorgung, PHI 1992, 20 ff.

KOCH, HANS-JOACHIM (HRSG.), Auf dem Weg zum Umweltgesetzbuch - Symposium über den Entwurf eines AT-UGB, 1.Aufl., Baden-Baden 1992

KOCH, HARALD, Kollektiver Rechtsschutz: Die class action des amerikanischen Rechts und deutsche Reformprobleme, Frankfurt/Main 1976 (zit. Kollektiver Rechtsschutz)

KRÄMER, LUDWIG, EWG-Verbraucherrecht, 1.Aufl., Baden-Baden 1985

KRETSCHMER, FRIEDRICH/ GANSEN, GEORG, Europäische Gemeinschaften: Mitteilung der EG-Kommission zur Umwelthaftung , PHI 1992, 60 ff.

KROPHOLLER, JAN, Europäisches Zivilprozeßrecht, Kommentar zu EuGVÜ und Lugano-Abkommen, 5.Aufl., Heidelberg 1996 (zit. EüGVÜ)

KUBE, HANNO, Private Property in Natural Resources and Inalienable Public Rights - The Example of the Public Trust Doctrine in American Environmental Law, UTR 1996, 77 ff.

KULLMANN, HANS-JOSEF/ PFISTER, BERNHARD, Produzentenhaftung, Loseblattsammlung, Berlin (zit. ProdHR)

KUNIG, PHILIP/ LANG,WINFRIED/ LAGONI, RAINER/ DOLZER, RUDOLF/ KREUZER, KARL/ SCHACK, HEIMO, Umweltschutz im Völkerrecht und Kollisionsrecht (Environmental Protection in Public International Law and Private International Law), Berichte der Deutschen Gesellschaft für Völkerrecht, Heft 32, Heidelberg 1992 (zit. Umweltschutz)

KUNIG, PHILIP/ SCHWERMER, GERFRIED/ VERSTEYL, LUDGER-ANSELM, Abfallgesetz, 2.Aufl., München 1992

LAMBRICHTS, ROGER, Der niederländische Luftverschmutzungsfonds (Het Fonds Luchtverontreiniging), NuR 1990, 97 ff.

LANDES, WILLIAM M./ POSNER, RICHARD A., Tort Law as a Regulatory Regime for Catastrophic Personal Injuries, 13 J.Legal Stud. 417 (1984)

LANDSCHEIDT, CHRISTOPH, Das neue Produkthaftungsrecht, Herne 1992

LANGE, DIETER/ BLACK, STEPHEN F., Der Zivilprozeß in den Vereinigten Staaten, Heidelberg 1986

LARENZ, KARL, Lehrbuch des Schuldrechts, Bd.1, Allgemeiner Teil, 14.Auflage, München 1987

LEHMANN, MICHAEL, Produkt- und Produzentenhaftung für Software, NJW 1992, 1721 ff.

LEHMANN, MICHAEL, Produzentenhaftung bei integrierter Produktion - computer integrated manufacturing (CIM), BB 1993, 1603 ff.

LEINEMANN, RALF, Die Haftung für Altlasten auf Grundstücken im Zivilrecht der USA und der Bundesrepublik Deutschland, Karlsruhe 1991

LEONHARD, MARC, Der ökologische Schaden, Baden-Baden 1996

LEVEL, PATRICE, Proposition de directive C.E.E. du Conseil concernant la responsabilité civile pour les dommages causés par les dechèts, R.A.E. 4/1991, 35 ff.

LINDIG, JOACHIM, Über die fiktive und funktionelle Gegenständlichkeit des Grundstücks, AcP 169 (1969), 459 ff.

LORENZ, WERNER, Europäische Rechtsangleichung auf dem Gebiet der Produzentenhaftung: Zur Richtlinie des Rates der europäischen Gemeinschaften vom 25.Juli 1985, ZHR 151 (1987), 24 ff.

LUKES, RUDOLF, Reformüberlegungen zum Atomrecht, Köln 1991 (zit. AtomR)

MADDEN, M. STUART, Toxic Torts Deskbook, Chelsea/ Michigan 1992

MADDEN, M. STUART/ OWEN, DAVID G./ DAVIS, MARY J., Madden & Owen on products liability, St.Paul/ Minn. 2000 (zit. On products liability)

MALONE, WEX, Ruminations on Cause-In-Fact, 9 Stan.L.Rev. 60 (1956)

MARBURGER, PETER, Die zivilrechtliche Verantwortlichkeit für Abfälle, UTR 1994, 129 ff.

MARBURGER, PETER, Grundsatzfragen des Haftungsrechts unter dem Einfluß der gesetzlichen Regelungen zur Produzenten- und zur Umwelthaftung, AcP 192 (1992), 1 ff. (zit. Grundsatzfragen)

MARBURGER, PETER, Grundstückserwerb und Altlastenhaftung in zivilrechtlicher Sicht, UTR 1987, 169 ff.

MARBURGER, PETER, Schadenszurechnung und Schadensverteilung, KF 1990, 4 ff.

MARBURGER, PETER, Zur zivilrechtlichen Haftung für Waldschäden, UTR 1986, 109 ff.

MASLOW, ABRAHAM A., Toward a Psychology of Being, 4.Aufl., Frankfurt/M. 1992 (zit. Psychology of Being)

MAUHS, FREDERIC M., Judicial Limitations on the CERCLA Private Right of Action, 15 Envtl.L. 471 (1985)

McCALLION, KENNETH F., A Survey of Approaches to Assessing Damages to Contaminated Private Property, 3 Fordham Envtl.L.Rep. 125 (1992)

McFARLAND, CESTJON L./ FREEDMAN, BART J., Natural Resource Damages, Rockeville 1993

McGOVERN, FRANCIS E., Resolving Mature Mass Tort Litigation, 69 B.U.L.Rev. 659 (1989)

McGOVERN, FRANCIS E., Toward a Functional Approach for Managing Complex Litigation, 53 U.Chi. L.Rev. 440 (1986)

MEßERSCHMIDT, KLAUS, Umweltabgaben als Rechtsproblem, Berlin 1986

MEYERS, ROBERT, DES, the Bitter Pill, New York 1983

MICKLITZ, HANS-WOLFGANG, Einheitliche Neuregelung der Produzentenhaftung in Europa, ZRP 1978, 37 ff.

MILLER, KEITH/ HANCOCK, JOHN D., Perspectives on Market-Share Liability: Time for a Reassessment, 88 Virg.L.Rev. 81 (1985)

MORRIS, CLARENCE, Punitive Damages in Tort Cases, 44 Harvard L.Rev. 1173 (1931)

MOSKOWITZ, JOEL S., Environmental Liability and Real Property Transactions, Law and Practice, 2nd ed., Los Angeles 1995 (zit. Environmental Liability)

MÜLLER, GERDA, Haftungsrechtliche Probleme des Massenschadens, VersR 1998, 1181 ff.

MÜLLER, WOLFGANG (HRSG.), Haftpflichtrisiken in Unternehmen, Produkt- und Umwelthaftung, Schriften zur Unternehmensführung, Bd.41, Wiesbaden 1989 (zit. Haftpflichtrisiken in Unternehmen)

MÜNCHENER KOMMENTAR zum Bürgerlichen Gesetzbuch, versch. Bearbeiter, Bd.5, 3.Aufl., München 1997

NAWRATH, AXEL, Die Haftung für Schäden durch Umweltchemikalien, Frankfurt/M. 1982 (zit. Haftung für Umweltchemikalien)

NESSON, CHARLES R., Agent Orange meets the Blue Bus: Factfinding at the Frontier of Knowledge, 66 B.U. L.Rev. 521 (1986)

NETTELBECK, BEATE ILONA, Produktsicherheit - Produkthaftung, Berlin 1995

NICKEL, FRIEDHELM, Der Umweltschaden in der Betriebshaftpflichtversicherung, VW 1987, 1170 ff.

NICKEL, FRIEDHELM, Industrielle Produktion und Gefährdungshaftung, VW 1988, 961 ff.

NICKEL, FRIEDHELM/ KAUFMANN, LARS, Produktsicherheit und Produzentenhaftung, VersR 1998, 948 ff.

NICKLISCH, FRITZ (Hrsg.), Zum neuen Recht der Abfallwirtschaft (I,II), BB 1993, Beilagen 9 und 10 der Hefte 14 und 15

NICKLISCH, FRITZ, Abfallsteuerung durch Haftung nach dem EG-Richtlinienentwurf, BB 1993, Beilage 10 vom 30.05.1993, S.55 ff.

NICKLISCH, FRITZ, Das Recht im Umgang mit dem Ungewissen in Wissenschaft und Technik, NJW 1986, 2287 ff.

NICKLISCH, FRITZ, Prävention im Umweltrecht, Risikovorsorge, Grenzwerte, Haftung, Heidelberg 1988 (zit. Prävention im Umweltrecht)

NICKLISCH, FRITZ, Umweltrisiken und Umweltprivatrecht im deutschen und europäischen Recht, Heidelberg 1995 (zit. Umweltrisiken)

NICKLISCH, FRITZ, Zur Grundkonzeption der Technik- und Umweltgefährdungshaftung, in: UWF, Heft 2, Umwelthaftungsgesetz und Risikomanagement, Heidelberg 1993, S.19 ff.

NICKLISCH, FRITZ, Zur Grundkonzeption der Technik- und Umweltgefährdungshaftung, in: Festschrift für Serick, 1992, 297 ff.

NOTE, Bankruptcy, Waste and Mass Tort, 23 Houston L.Rev. 1243 (1986)

NOTE, Citizen Trust and Government Cover-Up: Refining the Doctrine of Fraudulent Concealment, 95 Yale L.J. 1477 (1986)

NOTE, Class Actions and Mass Toxic Torts, 8 Columb.J.Envtl.L. 269 (1982)

NOTE, Developments in the Law: Toxic Waste Litigation, 99 Harv.L.Rev. 986 (1986)

NOTE, Hazardous Waste, 21 Envtl.L. 1141 (1991)

NOTE, Market-Share Liability: An Answer to the DES Causation Problem, 94 Harv.L.Rev. 688 (1981)

OEHMEN, KLAUS, Umwelthaftung: Die Verantwortlichkeit von Unternehmern und Managern für Umweltschäden, Düsseldorf 1997 (zit. Umwelthaftung)

OWEN, DAVID G., Products Liability Law Restated, 49 South Carolina L.Rev. 273 (1998)

PALANDT, OTTO, Bürgerliches Gesetzbuch, 59.Aufl., München 2000

PALMER, GEORG E., The Law of Restitution, Vol.1, Boston, Toronto, London 1990 (zit. Law of Restitution)

PASCHKE, MARIAN/ KÖHLBRANDT, HELGE, Beseitigung von Industrieabfällen durch Spezialunternehmen, NuR 1993, 256 ff.

PERNICE, INGOLF, Gestaltung und Vollzug des Umweltrechts im europäischen Binnenmarkt - Europäische Impulse und Zwänge für das deutsche Umweltrecht, NVwZ 1990, 414 ff.

PETERSON, MARK A./ SELVIN, MOLLY, Resolution of Mass Torts: Toward a Framework for Evaluation of Aggregative Procedures, Santa Monica 1988 (zit. Resolution of Mass Torts)

PFEIFER, AXEL, Produktfehler oder Fehlverhalten des Produzenten: das neue Produkthaftungsrecht in Deutschland, den USA und nach der EG-Richtlinie, Berlin 1987 (zit. Produktfehler)

PIPERS, ALAIN H., The Lugano Convention on Civil Liability in: Von Bar, Christian (Hrsg.), Internationales Umweltrecht I - Auf dem Wege zu einer Konvention des Internationalen Umwelthaftungsrechts, 1995, S.15 ff.

PLACITELLA, CHRISTOPHER/ DARNELL, ALAN, Beshada v. Johns-Manville Products Corp.: Evolution or Revolution in Strict Products Liability?, 51 Fordham L.Rev. 801 (1983)

POLELLE, MICHAEL, The Foreseeability Concept and Strict Products Liability: The Odd Couple of Tort Law, 8 Rutgers Camden Law Journal 101 (1976)

POSNER, RICHARD A., Economic Analysis of Law, 3.Aufl., Boston, Little Brown 1986

POSNER, RICHARD A., The Concept of Corrective Justice in Recent Theories of Tort Law, 10 J.Legal Stud. 187 (1981) (zit. Corrective Justice)

PROSSER, WILLIAM, Comparative Negligence, 51 Mich.L.Rev. 465 (1963)

PROSSER, WILLIAM/ KEETON, W. PAGE, The Law of Torts, 5th ed., St. Paul/ Minnesota 1984

RABIN, ROBERT L., Environmental Liability and the Tort System, 24 Houston L.Rev. 27 (1987)

REHBINDER, ECKARD, Ersatz ökologischer Schäden - Begriff, Anspruchsberechtigung und Umfang des Ersatzes unter Berücksichtigung rechtsvergleichender Erfahrungen, NuR 1988, 105 ff.

REHBINDER, ECKARD, Fortentwicklung des Umwelthaftungsrechts in der Bundesrepublik Deutschland, NuR 1989, 149 ff.

REICH, NORBERT, Europäisches Verbraucherrecht - Eine problemorientierte Einführung in das europäische Recht, Baden-Baden 1996 (zit. Europ. Verbraucherrecht)

REST, ALFRED, Neue Tendenzen im internationalen Umwelthaftungsrecht, NJW 1989, 2153 ff.

REST, ALFRED, Ökologische Schäden im Völkerrecht. Die internationale Umwelthaftung in den Entwürfen der der UN International Law Commission und der ECE Task Force, NuR 1992, 155 ff.

RHEINGOLD, PAUL D., Mass Disaster Litigation and the Use of Plaintiff's Group, 1977 Litigation 518 (1977) (zit. Mass Disaster Litigation)

RHEINGOLD, PAUL D., Products Liability - The ethical Drug Manufacturer's Liability, 18 Rutgers L.Rev. 947 (1964)

RHEINGOLD, PAUL D./ LANDAU, NORMAN J./ CANAVAN, MICHAEL M., Toxic Torts; Tort Actions for Cancer and Lung Disease Due to Environmental Pollution, publ. by the Association of Trial Lawyers of America, Washington 1977 (zit. Toxic Torts)

RILEY, TOM, Proving Punitive Damages, The Complete Handbook, New York 1981

ROBINSON, GLEN O., Multiple Causation in Tort Law: Reflection on the DES Cases, 68 Virg.L.Rev. 713 (1982)

ROBINSON, GLEN O., Probalistik Causation and Compensation for Tortious Risk, 14 J.Legal Stud. 779 (1985)

RODGERS JR., WILLIAM, Environmental Law, Hazardous Wastes and Substances, Vol. 4, St.Paul/ Minnesota 1992 (zit. Environmental Law)

RODGERS JR., WILLIAM, Handbook of Environmental Law, St. Paul/ Minnesota 1977

ROLLAND, WALTER, Produkthaftungsrecht, Köln 1990 (zit. ProdHR)

ROLLER, GERHARD, Die neuere Entwicklung des Umwelthaftungsrechts - Internationale, gemeinschaftsrechtliche und nationale Regelungen und Vorschläge, PHI 1990, 154 ff.

ROSENBERG, DAVID, The Causal Connection in Mass Exposure Cases: A "Public Law" Vision of the Tort System, 97 Harv.L.Rev. 851 (1984) (zit. Causal Connection)

SACK, ROLF, Das Verhältnis der Produkthaftungsrichtlinie der EG zum nationalen Produkthaftungsrecht, VersR 1988, 439 ff.

SALJE, PETER, Deutsche Umwelthaftung versus europäische Abfallhaftung, DB 1990, 2053 ff.

SALJE, PETER, Europäisierung der Umwelt- und Abfallhaftung, IUR (ZUR) 1992, 66 ff.

SALJE, PETER, Umwelthaftung in Europa - Stand und Entwicklungstendenzen, PHI 1995, 162 ff.

SCALLON, QUINN, Hazardous Waste: Liability of Predecessors in Title, 29 San Diego L.Rev. 93 (1992)

SCHACK, HEIMO, Einführung in das US-amerikanische Zivilprozeßrecht, München 1988

SCHÄFER, HANS-BERND/ OTT, CLAUS, Lehrbuch der ökonomischen Analyse des Zivilrechts, Berlin 1986

SCHLECHTRIEM, PETER, Angleichung der Produktehaftung in der EG - Zur Richtlinie des Rates der Europäischen Gemeinschaften vom 25.7.1985, VersR 1986, 1033 ff.

SCHLOSSER, PETER F., EUGVÜ/LÜ, MÜNCHEN 1996

SCHMIDT, ALEXANDER (HRSG.), Das Umweltrecht der Zukunft, Kritik und Anregungen für ein Umweltgesetzbuch, Berlin 1996

SCHMIDT-SALZER, JOACHIM, Der Fehlerbegriff der EG-Richtlinie Produkthaftung, BB 1988, 349 ff.

SCHMIDT-SALZER, JOACHIM, Die Haftung von Unternehmen für Umweltschäden in Deutschland und Europa in: Ahrens/Simon (Hrsg.), Umwelthaftung, 1996, S.59 ff.

SCHMIDT-SALZER, JOACHIM, EG-Produkthaftung, Bd.I, II, III/1 1.Teil, IV., 1.Teil, 2.Aufl., Heidelberg 1986/1990 (zit. EG-ProdH.)

SCHMIDT-SALZER, JOACHIM, Kommentar zum Umwelthaftungsrecht, Betriebliche Risiken und innerbetriebliche Verantwortung, Heidelberg 1992 (zit. UmweltH.)

SCHMIDT-SALZER, JOACHIM, Produkthaftung, Produkthaftpflichtversicherung, Betriebsorganisation und risk management, BB 1972, 1430 ff.

SCHMIDT-SALZER, JOACHIM, Verbraucherschutz, Produkthaftung, Umwelthaftung, Umweltverantwortung, NJW 1994, 1305 ff.

SCHMIDT-SALZER, JOACHIM/ HOLLMANN, HERMANN, Kommentar EG-Produkthaftung, Bd.1, Deutschland, Heidelberg 1986

SCHNEIDER, HILKA, Class Actions - Rechtspolitische Fragen in den USA und Anerkennung in Deutschland, Münster 1999 (zit. Class Actions)

SCHNEIDER, JOEL, Emerging Menace of increased Product Liability: Cleanup Liability for Product Sales, 5 Toxic L.Rptr. 1059 (1991)

SCHOLLAERT, JEAN-MARIE, Produkthaftpflichtklagen in den USA und in Europa, PHI 1998, 20 ff.

SCHRÖDER, MEINHARD, Aktuelle Konflikte zwischen europäischem und deutschem Abfallrecht, DÖV 1991, 910 ff.

SCHRUPKOWSKI, REINER, Die Haftung für Entwicklungsrisiken in Wissenschaft und Technik: Eine Analyse der Haftungsordnungen der Schweiz, Deutschlands, Frankreichs und der USA, Basel, Frankfurt/M. 1995 (zit. Entwicklungsrisiken)

SCHUCK, PETER H., Agent Orange on Trial, Cambridge/ Mass. 1986

SCHUCK, PETER H., The Role of Judges in Settling Complex Cases: The Agent Orange Example, 53 U.Chi.L.Rev. 337 (1986)

SCHULTE, HANS, Bemerkungen über Eigentum und Umweltschutz, NuR 1988, 131 ff.

SCHWARTZ, VICTOR E., Comparative Negligence, 3rd ed., Charlottesville/ Va. 1997

SCHWARZ, GARY, Foreword: Understanding Products Liability, 67 Calif. L.Rev. 435 (1979)

SCULLY, PATRICK J., Proof of Causation in a Private Action For Acid Rain Damage, 36 Maine L.Rev. 117 (1984)

SEIBT, CHRISTOPH H., Grünbuch der EG-Kommission zur zivilrechtlichen Umwelthaftung, PHI 1993, 124 ff.

SEIBT, CHRISTOPH H., Zivilrechtlicher Ausgleich ökologischer Schäden: Eine rechtsvergleichende Untersuchung zum repressiven Schutz kollektiver Rechtspositionen an Naturgütern und zum Ausgleich von Beeinträchtigungen des Naturhaushalts im Zivilrecht, Tübingen 1994 (zit. Zivilrechtlicher Ausgleich ökologischer Schäden)

SELMI, DANIEL P./ MANASTER, KENNETH A., State Environmental Law, 3rd ed., New York, Rochester 1991

SHEINER, DES and a Proposed Theory of Enterprise Liability, 46 Fordham L.Rev. 963 (1978)

SIMITIS, SPIROS, Produzentenhaftung: Von der strikten Haftung zur Schadensprävention, in: Festschrift für Konrad Duden zum 70. Geburtstag, München 1977, S.605 ff.

SIMON, JÜRGEN, Schadenssteuerung durch Umwelthaftung, in Ahrens/Simon, (Hrsg.), Umwelthaftung, 1996, S.16 ff.

SMITH, TURNER T./ HUNTER, ROSZELL D., The Revised European Community Civil Liability for Damage From Waste Proposal, ELR 21 (1991), 10718 ff.

SPYRIDON, GREGG L./ LEBLANC, SAM A., The Overriding Public Interest in Privately Owned Natural Resources: Fashioning a Cause of Action, 6 Tulane Envtl.L.J. 287 (1993)

STEFFEN, ERICH, Verschuldenshaftung und Gefährdungshaftung für Umweltschäden, NJW 1990, 1817 ff.

STRAND, PALMA, The Inapplicability of Traditional Tort Analysis to Environmental Risks: The Example of Toxic Waste Pollution Victim Compensation, 35 Stan.L.Rev. 575 (1983)

STÜRNER, ROLF, Die Aufklärungspflicht der Parteien des Zivilprozesses, Tübingen 1976

TASCHNER, HANS CLAUDIUS, Begrenzung der Gefährdungshaftung durch Haftungshöchstsummen ? in: Zum Deutschen und Internationalen Schuldrecht, Kolloquium aus Anlaß des 75. Geburtstages von Ernst von Caemmerer, 1983, S.75 ff.

TASCHNER, HANS CLAUDIUS, Internationale Entwicklung in der Produkthaftung, insbesondere Stand der Umsetzung der EG-Richtlinie zur Produkthaftung, PHI, 1997, 68 ff.

TASCHNER, HANS CLAUDIUS/ FRIETSCH, EDWIN, Produkthaftungsgesetz und EG-Produkthaftungsrichtlinie, 2.Aufl., München 1990 (zit. EG-PHR)

TAUPITZ, JOCHEN, Zivilrechtliche Verantwortlichkeit für Abfall im Zusammenwirken von Kreislaufwirtschaftsgesetz, Deliktsrecht und Sachenrecht, UTR 1997, 237 ff.

THOMAS, JÜRGEN, Unternehmenshaftung - Ein neuer Tatbestand an den Grenzen des zivilen Haftungsrechts, UTR 1991, 87 ff.

TOFT, HANS-PETER/ UWER, DIRK, Die Entwicklung des Umwelt- und Technikrechts in den Jahren 1992 und 1993, UTR 1994, 725 ff.

TÖPFER, KLAUS, Die politische Verantwortung der Umweltpolitik für das Umwelthaftungsrecht, VW 1988, 466 ff.

TRANGSRUD, ROGER H., Joinder Alternatives in Mass Tort Litigation, 70 Cornell L.Rev. 779 (1985)

TRANGSRUD, ROGER H., Mass Trials in Mass Tort Cases: A Dissent, 1989 U.Ill.L.Rev. 69 (1989)

TRAUBERMANN, JEFFREY, Statutory Reform of "Toxic Torts": Relieving Legal, Scientific, and Economic Burden of the chemical Victim, 7 Harv.Envtl.L.Rev. 177 (1983)

TRIBE, LAURENCE H, Trial by Mathematics: Precision and Ritual in the Legal Process, 84 Harv.L.Rev. 1329 (1971)

UEJIO, JONATHAN T., Tort Defenses under CERCLA, 1 Fordham Envtl.L.Rep. 81 (1989)

ULBRICH, KLAUS, Die Abgrenzung des privaten Gebrauchs im Verhältnis zum gewerblichen oder sonstigen Gebrauch nach dem Entwurf des Produkthaftungsgesetzes, ZRP 1988, 25 ff.

UMWELTGESETZBUCH (KOM-E), Entwurf der Unabhängigen Sachverständigenkommission zum UGB beim Ministerium für Umwelt, Naturschutz und Reaktorsicherheit, Berlin 1998

VETTORI, ANDREA, Haftung für Ökoschäden im Recht der USA, Frankfurt/M., New York 1996

VILLENEUVE, CAREL DE, Note from the General Directorate XI in: The House of Lords, Select Commitee on the European Communities, 25th Report (1990), S.120 ff. (zit. Note from the General Directorate)

VON BAR, CHRISTIAN, Gemeineuropäisches Deliktsrecht, Bd.1, Die Kernbereiche des Deliktsrechts, seine Angleichung in Europa und seine Einbettung in die Gesamtrechtsordnung, München 1996 (zit. Europ. Deliktsrecht)

VON BAR, CHRISTIAN, Gutachten des Deutschen Juristentages 1998 in: Verhandlungen des DJT I, 1998, A 94 ff.

VON BAR, CHRISTIAN, Internationales Umweltrecht I - Auf dem Wege zu einer Konvention des Internationalen Umwelthaftungsrechts, Köln, Berlin, Bonn, München 1995 (zit. Internationales Umweltrecht I)

VON BAR, CHRISTIAN, Neues Haftungsrecht durch Europäisches Gemeinschaftsrecht, in: FS für Hermann Lange zum 70. Geburtstag am 24.1.1992, S.373 ff.

VON HIPPEL, EIKE, Staatshaftung für Waldsterben, NJW 1985, 30 ff.

VON HÜLSEN, HANS-VIGGO, Ist die von der EG-Kommission vorgeschlagene Form der strikten Produzentenhaftung eine gute Lösung ?, RIW 1977, 373 ff.

VON HÜLSEN, HANS-VIGGO, Neue Entwicklungen zur Produzentenhaftung in den USA, RIW 1981, 1 ff.

VON HÜLSEN, HANS-VIGGO, Produkthaftpflicht USA 1981, RIW 1982, 2 ff.

VON HÜLSEN, HANS-VIGGO, Produkthaftpflicht USA 1982, RIW 1983, 633 ff.

VON HÜLSEN, HANS-VIGGO, Produkthaftung USA 1983/84, RIW 1985, 187 ff.

VON WESTPHALEN, FRIEDRICH, Produkthaftungshandbuch, Band 1, 2.Aufl., München 1997 (zit. ProdHHdb.)

VON WESTPHALEN, FRIEDRICH, Produkthaftungshandbuch, Band 2, 2.Aufl., München 1999 (zit. ProdHHdb.)

VON WILMOWSKY, PETER, Die Haftung des Abfallerzeugers, NuR 1991, 253 ff.

VON WILMOWSKY, PETER/ ROLLER, GERHARD, Civil Liability for Waste, A Legal Analysis of the Proposed EC Directive, Frankfurt/M. 1992 (zit. Civil Liability)

WADDAMS, S.M., Products Liability, 2nd Edition, Toronto/ Canada 1980

WAGNER, GERHARD, Das Umwelthaftungsrecht im Allgemeinen Teil des UGB-Entwurfs, in: Schmidt, Alexander (Hrsg.), Das Umweltrecht der Zukunft, S. 209 ff.

WAGNER, GERHARD, Haftung und Versicherung als Instrumente der Techniksteuerung, VersR 1999, 1441 ff.

WAGNER, GERHARD, Umwelthaftung und Versicherung, VersR 1991, 249 ff.

WALTROP, D. DENNIS, Waste not, Want not, Arranging for Disposal under CERCLA Sec.107 (a)(3), 4 J. of Envtl. L. and Litig. 143 (1989)

WARD, KEVIN M./ DUFFIELD, JOHN W., Natural Resource Damages: Law and Economics, New York 1992 (zit. Law and Economics)

WECKERLE, THOMAS, Die deliktische Verantwortlichkeit mehrerer, Karlsruhe 1974

WEGMAN, RICHARD, Cigarettes and Health, A Legal Analysis, 51 Cornell Law Quarterly 678 (1966)

WEINSTEIN, JACK B./ HERSHENOV, EILEEN B., The Effect of Equity on Mass Tort Law, 1991 U.Ill.L.Rev. 269 (1991)

WEITNAUER, HERRMANN, Diskussionsbeitrag, KF 1963, 41

WESCH, SUSANNE, Die Produzentenhaftung im internationalen Rechtsvergleich; eine rechtsvergleichende Untersuchung ihrer Strukturen in den Ländern Deutschland, England, Frankreich und den Vereinigten Staaten von Amerika, Tübingen 1994 (zit. Produzentenhaftung im internationalen Rechtsvergleich)

WILL, MICHAEL, Quellen erhöhter Gefahr, München 1980

WILLGING, THOMAS, Trends in Asbestos Litigation, Washington 1987

WINKELMANN, THOMAS, Produkthaftung bei internationaler Unternehmenskooperation: Außen- und Innenhaftung nach deutschem, französischem und US-amerikanischem sowie nach internationalem Privatrecht, Berlin 1991 (zit. Produkthaftung bei internationaler Unternehmenskooperation)

WITTE, JÜRGEN, Staatshaftung bei gentechnisch veränderten Mikro-Organismen, Köln, Berlin 1989 (zit. Staatshaftung)

WOODARD, DUANE/ HOPE, MICHAEL R., Natural Resource Damage Litigation under the Comprehensive Environmental Response, Compensation and Liability Act, 14 Harvard Envtl.L.Rev. 189 (1990)

WRIGHT, CHARLES A./ MILLER, ARTHUR R./ KANE, MARY K., Federal Practice and Procedure, St.Paul/ Minnesota 1986

ZEKOLL, JOACHIM, Umkehr im US-amerikanischen Produkthaftpflichtrecht und internationaler Schadensersatzprozeß, IPRax 1997, 198 ff.

ZINKANN, REINHARD-CHRISTIAN, Die Reduzierung der Produkthaftungsrisiken, Berlin 1989

Verzeichnis der US-amerikanischen Entscheidungen

Abel v. Eli Lilly & Co., 289 N.W.2d 20 (Mich.App.1979), aff'd, 343 N.W.2d 164 (1984)

Airlift International, Inc. v. Mc Donnell Douglas Corp., 685 F.2d 267 (9th Cir.1982)

Allen v. United States, 588 F.Supp. 247 (D.Utah 1984), rev'd on other grounds, 816 F.2d 1417 (10th Cir. 1987), cert. denied, 484 U.S. 1004 (1988)

Anderson v. Owens-Corning Fiberglass Corp., 53 Cal.3d 987 (Cal.1991)

Anderson v. W.R. Grace and Co., 628 F.Supp. 1219 (D.Mass.1986)

Ashland Oil v. Miller Oil Purchasing Co., 678 F.2d 1293 (5th Cir.1982)

Bagley v. Controlled Envtl. Corp., 503 A.2d 823 (N.H.1986)

Basko v. Sterling Drugs, 416 F.2d 417 (2d Cir.1969)

Beshada v. Johns-Manville Products Corp., 90 N.J. 191; 447 A.2d 539 (N.J.1982)

Bichler v. Eli Lilly & Co., 436 N.Y.S.2d 625 (App. Div.1981), aff'd, 436 N.E.2d 182 (1982)

Borland v. Sanders Lead Co., 369 So.2d 523 (D.Ala.1979)

Branch v. Western Petroleum, Inc., 657 P.2d 267 (D.Utah 1982)

Brown v. Superior Court, 44 Cal.3d 1049, 245 Cal. Rptr.412, 751 P.2d 470 (1988)

Carlin v. Superior Court (Upjohn Co.), 920 P.2d 1347 (Cal.1996)

Carter v. Johns-Manville Sales Corp., 557 F.Supp. 1317 (E.D.Tex.1983)

Chemical Waste Mgt. v. Armstrong World Ind., F.Supp. 1285 (E.D.Pa.1987)

City of Bloomington v. Westinghouse Electric Corp. et al., 891 F.2d 611 (7th Cir.1989)

City of Bridgeton v. B.P. Oil, Inc., 369 A.2d 49 (N.J.App.1976)

City of Manchester v. National Gypsum Co., 637 F.Supp. 646 (D.R.I.1986)

City of Philadelphia v. Stephan Chemical Co., 544 F.Supp. 1135 (E.D Pa.1982)

Commonwealth v. Agway, Inc., 232 F.2d 69 (Pa.Super.Ct.1967)

Commonwealth v. SS Zoe Coloctroni, 628 F.2d 652 (1st Cir.1980)

Cook v. United States, 545 F.Supp. 306 (N.D.Cal.1982)

Dartez v. Fibreboard Corp., 765 F.2d 456 (5th Cir.1985)

Dedham Water Co. v. Cumberland Farms Dairy, 889 F.2d 1146 (1st Cir.1989)

DeLuca v. Merell Dow Pharmaceuticals, 911 F.2d 941 (3d Cir.1990)

E. Hines Lumber Co. v. Vulcan Material Co., 685 F.Supp. 651 (N.D.Ill.1988)

Elam v. Alcolac, 765 S.W.2d 42 (Mo.1989)

Erbrich Products Co., Inc., 509 N.E.2d 851 (Ind.1987)

Escola v. Coca Cola Bottling Co. of Fresno, 24 Cal.2d 453, 150 P.2d 436 (1944)

Feldman v. Lederle Lab., 479 A.2d 374 (N.J.1984)

Ferebee v. Chevron Chemical Co., 736 F.2d 1529 (D.C.Cir.1984)

Ferrigno v. Eli Lilly & Co., 420 A.2d 1305 (N.J. Super.L.1980)

Flatt v. Johns-Manville Sales Corp., 488 F.Supp. 836 (E.D.Tex.1980)

Florida Power & Light v. Allis Chalmers Corp., 872 F.2d 1313 (11th Cir.1990)

General Electric Co. v. Litton Industrial Automation Systems, Inc., 920 F.2d 1415 (8th Cir.1990)

Glaser v. Cincinnati Milacron, Inc., 808 F.2d 285 (3rd Cir.1986)

Greenman v. Yuba Power Products, Inc., 59 Cal.2d 57, 27 Cal.Rptr. 697, 377 P.2d 897 (1963)

Hall v. E.J. Du Pont de Nemours and Co., 345 F.Supp. 353 (E.D.N.Y.1972)

Hardy v. Johns-Manville Sales Corp., 681 F.2d 334 (5th Cir.1982)

In Re 'Agent Orange' Prod.Liab.Litig., 611 F.Supp. 1223 (E.D.N.Y.1985), aff'd, 818 F.2d 187 (2d Cir.1987), cert. denied sub nom. Lomabardi v. Dow Chemical Co., 108 S.Ct. 2898 (1988)

In Re A.H. Robins Co., 880 F.2d 709 (4th Cir.), cert.denied, 110 S.Ct. 377 (1989)

In Re Agent Orange Prod.Liab.Litig., 506 F.Supp. 762 (E.D.N.Y.1983)

In Re Asbestos & Asbestos Insulation Material Prod.Liab.Litig., 431 F.Supp. 906 (J.P.M.D.L. 1977)

In Re Northern Distr. of Cal. „Dalkon Shield“ IUD Prod.Liab.Litig., 693 F.2d 847 (9th Cir.1982)

In Re Related Asbestos Cases, 543 F.Supp. 1152 (N.D. Cal.1982)

In Re Richardson-Merrel, Inc., 'Bendectin' Prod.Liab.Litig., 533 F.Supp.489 (J.P.M.D.L.1979), vacated, 582 F.Supp. 890 (J.M.P.D.L.1984)

In Re Steuart Transportation Company, 495 F.Supp. 38 (E.D.Va.1980)

In Re Swine Flu Immunization Prod.Liab.Litig., 446 F.Supp. 244 (J.P.M.D.L.1978)

In Re Three Miles Island Litig., 87 F.R.D.433 (M.D.Pa.1980)

Indiana Harbor Belt Railway Co. v. American Cyanamid Co., 517 F.Supp. 314 (N.D.Ill.1981)

Jenkins v. Raymark Indus., 782 F.2d 468 (5th Cir.1986)

Johnson v. Celotex Corp., 899 F.2d 1281 (2nd Cir.1990)

Johnson v. Tipton, 431 N.E. 2d 464 (Ill.App.1982)

Jones v. Inmont Corp., 584 F.Supp. 1249 (S.D.Ohio 1984)

Jordan v. Southern Wood Piedmont Co. et al., 805 F.Supp. 1575 (S.D.Ga.1992)

Kelley v. Arco Indus. Corp.,739 F.Supp. 354 (W.D.Mich.1990)

Kemner v. Monsanto Co., 2 Tox.L.Rep. (BNA) 612 (7th Cir., Oct. 28, 1987)

Leibowitz v. Ortho Pharmaceutical Corp., 307 A.2d 449 (Pa.1973)

Leo v. General Electric Co., 538 N.Y.S.2d 844 (App.Div.2d Dept.1989)

Mardan Corp. v. C.G.C. Music, Ltd., 600 F.Supp. 1049 (D.Ariz.1984)

Martin v. Harrington and Richardson, Inc., 743 F.2d 1200 (7th Cir.1984)

Martin v. Johns-Manville Corp., 502 A.2d 1264 (Pa.Super.1985)

Merry v. Westinghouse Electric Corp., 684 F.Supp. 847 (M.D.Pa.1988)

Miller v. Cuhady, 592 F.Supp. 976 (D.Kan.1984)

New York v. General Electric Co., 592 F.Supp. 291 (N.D.N.Y.1984)

Oullette v. International Paper Co., 86 F.R.D. 476 (D.Vt.1980)

Payton v. Abott Laboratories, 83 F.R.D. 382 (D.Mass.1979)

Pfizer, Inc., v. Lord, 447 F.2d 122, (2d Cir.1971)

Pinole Point Prop. v. Bethlehem Steel Corp., 596 F.Supp. 283 (N.D.Cal.1984)

Port Authority of New York and New Jersey v. Arcadian Corp., 189 F.3d 305 (3d Cir.1999)

Pruitt v. Allied-Chemical Corp., 523 F.Supp. 975 (E.D.Va.1981)

Rushing v. Hooper-Mc Donald, Inc., 300 So.2d 94 (Ala.1974)

Sachs v. Exxon Co., USA, 9 Cal.4th 1491 (Cal.1992)

Seely v. White Motor Co., 63 Cal.2d 9, 45 Cal.Rptr. 17, 403 P.2d 145 (1965)

Shorter v. Champion Home Builders Co., F.Supp. 1991 WL 212776 (N.D.Ohio 1991)

Sindell v. Abbott Laboratories, 26 Cal.3d 588, 163 Cal.Rptr. 132, 607 P.2d 924, cert. denied, 449 U.S. 912 (1980)

Staiano v. Johns-Manville Corp., 450 A.2d 681 (Pa.Super.Ct.1982)

State of Colorado v. Idarado Mining Co., 707 F.Supp. 1227 (D.Colo.1989)

State of Maine v. M/V Tamano, 357 F.Supp. 1097 (D.Me.1973)

State of New York v. Shore Realty Corp., 759 F.2d 1032 (2d Cir.1985)

Sterling v. Velsicol Chemical Corp., 647 F.Supp. 303, (W.D.Tenn.1986), aff'd in part, rev'd in part, 855 F.2d 1188, 1200 (6th Cir.1988)

Tasca v. GTE Products Corp., Prod.Liab.Rep.12, 122 (Mich.App.1988)

Town of Hookset School District v. W.R.Grace & Co., 617 F.Supp. 126 (D.N.H.1984)

Union Oil v. Oppen, 501 F.2d 558 (9th Cir.1974)

United States v. Aceto Agric. Chems. Corp., 872 F.2d 1373 (8th Cir.1989)

United States v. Alcan Aluminium Corp., 964 F.2d 252 (3d Cir.1992)

United States v. Bliss, 667 F.Supp. 1298 (E.D.Mo.1987)

United States v. Conservation Chem.Corp., 619 F.Supp. 162 (W.D.Mo.1985)

United States v. CPS Chemical Co., 779 F.Supp. 437 (E.D.Ark.1991)

United States v. Dickerson, 640 F.Supp. 448 (M.Md.1986)

United States v. Fairchild Industries, Inc., 766 F.Supp. 405 (D.Md.1991)

United States v. Multichem., 19 Chem.Waste Litig.Rep. 1185 (W.D.Key 1989)

United States v. Sealtite Corp., 739 F.Supp.464 (E.D.Ark.1990)

United States v. Sharon Steel, 1989 Haz.Waste Litig.Rep. 17435 (D.Utah 1989)

United States v. Wade, 14 Envtl.L.Rep. 20096 (E.D.Pa.1983)

United States v. Ward, 618 F.Supp. 884 (E.D.N.C.1985)

Wilderness Society v. Griles, 824 F.2d 4 (D.C.Cir.1987)

Wilson v. Johns-Manville Corp., 684 F.2d 111 (D.D.C.1982)

Zands v. Nelson, 797 F.Supp. 805, 810 (S.D.Cal.1992)

Peter Lang · Europäischer Verlag der Wissenschaften

Bong-Seok Kang

Haftungsprobleme in der Gentechnologie

Zum sachgerechten Schadensausgleich

Frankfurt/M., Berlin, Bern, Bruxelles, New York, Oxford, Wien, 2001. 181 S.
Recht & Medizin. Herausgegeben von Erwin Deutsch, Adolf Laufs und Hans-Ludwig Schreiber. Bd. 48
ISBN 3-631-37405-4 · br. DM 69.–*

Die auf § 823 BGB gestützte Verschuldenshaftung bietet für einen effizienten Schadensausgleich keinen angemessenen Lösungsansatz, da beim Umgang mit lebendem Material angesichts der Komplexität der Materie in sehr vielen Fällen ein Verschuldensnachweis vermutlich nicht geführt werden kann. Daher hat man versucht, die Schäden, die auf die gezielte Veränderung von Erbmaterial durch gentechnische Methoden zurückzuführen sind, entweder durch die Einführung der Verkehrspflichtverletzung oder durch eine Gefährdungshaftung zu erfassen.
Mit dem Inkrafttreten des Gentechnikgesetzes am 1. Juli 1990 hat der Gesetzgeber eine positive Grundentscheidung für die Nutzung der Gentechnik getroffen. Das Gesetz wirft jedoch zahlreiche Auslegungsprobleme und Rechtsfragen auf. Die Arbeit beschränkt sich hauptsächlich auf die Fragen, die sich im Zusammenhang mit der Haftung bei gentechnologischen Unfällen stellen.

Aus dem Inhalt: Begriff und rechtliche Entwicklung der Gentechnologie · Haftung für gentechnologische Unfälle · Haftung nach dem GenTG · Haftung nach anderen Rechtsvorschriften

Frankfurt/M · Berlin · Bern · Bruxelles · New York · Oxford · Wien
Auslieferung: Verlag Peter Lang AG
Jupiterstr. 15, CH-3000 Bern 15
Telefax (004131) 9402131

*inklusive Mehrwertsteuer
Preisänderungen vorbehalten

Homepage http://www.peterlang.de

FSC
www.fsc.org
MIX
Papier | Fördert
gute Waldnutzung
FSC® C083411

Kolibri 360 GmbH
Ferdinand-Jühlke-Straße 7
99095 Erfurt, Deutschland
produktsicherheit@kolibri360.de

Druck:
CPI Druckdienstleistungen GmbH
im Auftrag der
Kolibri 360 GmbH
Ferdinand-Jühlke-Str. 7
99095 Erfurt